三國志

지도와 함께 보는 전투 흐름,
명언으로 읽는 영웅들의 리더십

삼국지,
한 권으로 끝내기

나관중 원저
은빛신사 편저

맑은샘

책을 펴내며

우리나라 사람 중에 삼국지를 한 번도 들어보지 못했거나 읽어본 적이 없는 사람은 거의 한 명도 없을 것이다. 물론 전 세계에서 가장 많이 읽힌 책인 『성경』과 비교할 바는 못 되지만, 『삼국지』가 우리 사회 전반은 물론 역사적으로나 문학적으로 미친 영향은 실로 대단하다고 할 수 있다.

나 역시 어릴 때부터 이미 은퇴한 지금까지 인생의 고비마다 삼국지를 꽤 여러 번 읽었다. 그런데 신기한 것은 매번 다시 읽을 때마다 책을 통해 느끼는 감정이 조금씩 다르게 다가온다는 점이었다. 10대나 20~30대 읽었을 때, 그리고 은퇴 후 60대에 읽을 때의 느낌이 다르다는 점은 삼국지가 우리에게 주는 가장 큰 매력 중의 하나일 것이다.

삼국지는 실제 위나라, 촉나라, 오나라가 삼국을 통일하기 위해 치열한 중원 다툼을 벌이는 세 나라 간 전쟁의 역사를 소설화한 책이며, 우리에게 널리 알려진 것은 정사 『삼국지』가 아닌 나관중의 『삼국지연의』이다.

삼국지에는 수많은 영웅들의 이야기가 담겨 있다. 상대를 제압하기 위해 벌이는 기발하고 신출귀몰한 계책이 있는 반면에, 비열한 술수와 모함 그리고 이간질 등이 또 다른 기발한 계책이라는 이름으로 포장되어 무한 반복되고 있다. 어쩜 그러한 것들이 모두 우리 인간의 삶이자 역사라고 생각하니 책을 읽으며 때로는 자괴감이 들 때도 있다.

여기에 어떠한 영웅이나 책사라 해도 예외는 없다.

그래서 정치, 경제, 군사 분야 등 경쟁이 존재하는 모든 조직에 있는 사람이라면 타산지석(他山之石)과 역지사지(易地思之)라는 측면에서 삼국지를 통해서 배울 수 있는 점은 실로 무궁무진하다 할 수 있을 것이다. 특히 국가나 세력을 통치하는 정치지도자나 기업과 조직의 리더를 꿈꾸는 사람들은 반드시 한두 번은 꼭 읽어봐야 할 필독서가 아닐까 싶다.

그런데 항상 삼국지를 읽을 때마다 변하지 않는 불만이 있었다.

이야기의 배경이 중국 전역으로 워낙 광범위하고, 전쟁 기간 역시 100년에 이르다 보니, 싸우고 있는 지명이 중국의 어디쯤인지 도무지 짐작조차 할 수가 없었다. 게다가 셀 수도 없이 등장하는 수많은 사람의 이름도 헷갈릴뿐더러 너무도 뻔하게 정형화된 전투의 반복은 때로 지루하기까지 할 정도였다.

그래서 이 책을 읽는 독자들이 그런 혼란을 느끼지 않고 이해하기 쉽도록 삼국지에 등장하는 지역이 현재의 중국 어디인지 지도에 알기 쉽게 표시해 놓았다. 그리고 매번 싸움에서 지루하게 반복되는 동일한 형태의 계책은 가급적 자제하였다.

기본적으로는 삼국지의 원문을 충실하게 해석, 요약했으며 누구나 이 책 한 권으로 삼국지의 내용을 훤히 꿰뚫고 이해할 수 있도록 명쾌하고 단순하게 정리했다. 책 마지막에는 부록으로 삼국지의 핵심을 더 쉽게 이해할 수 있도록 '삼국지 명언 50개'를 선정하여 원문과 함께 해석과 해설을 덧붙였다.

이 책을 통해 독자들이 많은 시간을 들이지 않더라도 삼국지를 쉽게 읽고, 쉽게 이해할 수 있는 계기가 되었으면 하는 바람이다.

2025년 12월

은빛신사

차 례

제9부 | **촉나라·오나라 멸망, 사마염의 삼국통일**

부록 | **삼국지 명언 50선**

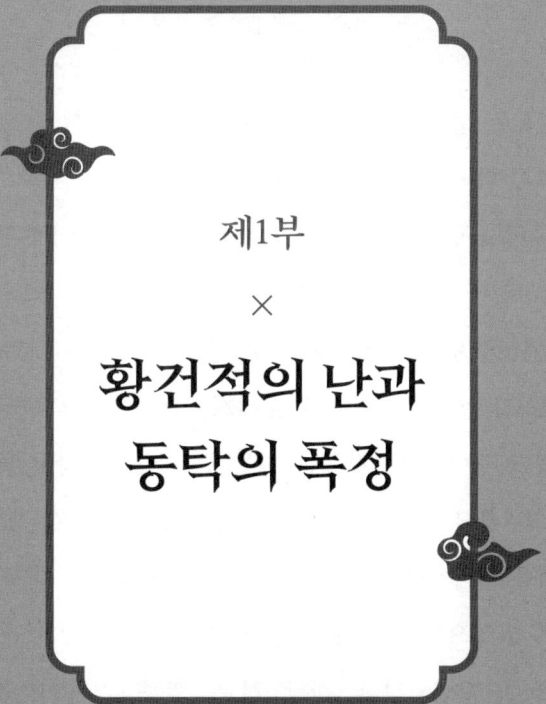

제1부

×

황건적의 난과
동탁의 폭정

황건적의 난과 도원결의(桃園結義)

천하의 대세는 분열됨이 오래가면 반드시 합쳐지게 되고 합쳐짐이 오래가면 반드시 다시 분열되게 마련이다.

한 고조 유방이 한나라를 일으킨 지 어느덧 370년이 흘렀다.

서기 168년. 영제가 13세의 나이로 황제의 자리에 오르자 환제 때부터 득세하기 시작한 궁중의 환관들에게 어린 영제는 한낱 허수아비에 불과하였다. 심지어 어린 황제는 이들 중 한 명인 장양을 아버지라 부를 정도로 환관들의 권세는 그야말로 하늘을 찌를 듯할 정도였다.

이때 조정을 장악하여 황제를 농락하고 나라를 마음대로 주무른 환관의 무리들이 있었으니 이른바 그들을 십상시라 불렀다. 장양, 조충, 봉서, 단규, 조절, 후람, 건석, 정광, 하운, 곽승 열 명이 바로 그들이다. 게다가 외척마저 정사에 관여하니 조정은 날이 갈수록 엉망이 되고 백성들의 삶은 더욱 어지러워져 도적떼들이 여기저기서 벌떼처럼 일어났다.

이때 기주의 거록군에는 장자의 사상에 심취한 장각이라는 한 평범한 사람이 살고 있었다. 그러나 그는 바람과 비를 부를 정도로 신묘한 재주를 얻게 된 다음부터는 스스로를 대현량사(大賢良師)라 칭하며 태평도의 교주가 되었다.

서기 184년 정월에 나라에 전염병이 크게 돌기 시작하였다. 그러자 장각이 수많은 사람을 부적을 태워 치료해 주자 순식간에 제자는 5백여 명으로 불어났고 그 소문은 삽시간에 이 고을 저 고을로 퍼져나갔다. 마침 나라의 폭정에 지친 백성들은 너도나도 장각의 제자가 되겠다며 구름처럼 몰려들었다.

드디어 장각은 우리가 이렇게 못 살고 가난한 것은 낙양성 조정에 있는 저 사람들 때문이니 모두 힘을 합쳐 저 사람들을 끌어 내리고 새로운 세상을 만들자는 야심을 품게 되었다. 그리고는 제자들에게 누런 두건을 쓰게 하고 자신이 직접 만든 유언비어를 퍼뜨리기 시작했다.

푸른 하늘이 이미 죽었고(蒼天已死)
누런 세상이 마땅히 오리니(黃天當立)
갑자년이 오면(歲在甲子)
천하가 큰 복을 누리리라(天下大吉)

사람들은 이들이 머리에 누런 두건을 두르고 누런 하늘을 여는 사람들이라 하여 황건적이라 불렀다. 이때 장각을 따르는 무리가 무려 40~50만 명이나 되었다.

황건적은 기주에서 시작해 유주, 연주, 청주, 예주와 서주 전역에 퍼져나갔고 형주와 양주 일부 그리고 황제가 있는 낙양까지도 일부 영향력을 미치기 시작했다.

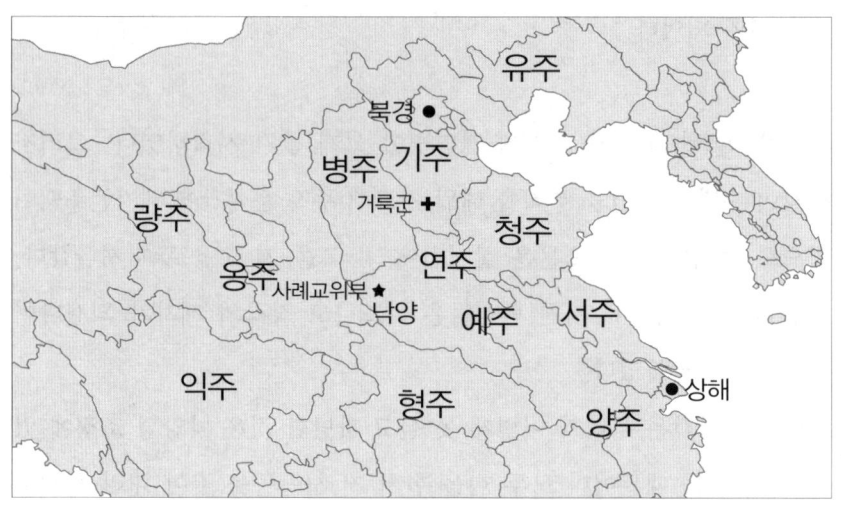

　드디어 장각은 수많은 백성을 거느리고 난을 일으켰다. 황건적이 가는 곳마다 관군들은 대항할 생각조차 못 하고 흩어지자 급기야 조정에서는 하진을 대장군으로 하여 이들을 토벌토록 지시하였다.

　장각의 한 군대가 유주 경계선을 넘어서자 유주 태수 유언은 방을 붙여 의병을 모집하였다. 그때 유주 탁현에 살던 한 영웅이 의병 모집을 유심히 보고 있었다.

　그는 책 읽는 것을 그리 좋아하지 않았고 성품이 관대하고 온후하며 기쁨이나 성냄도 밖으로 잘 드러내지 않았으며 오로지 큰 뜻을 품어 천하의 호걸들과 사귀길 좋아하였다. 얼굴이 옥처럼 희고 귀가 유난히 크며 팔이 긴 28세의 젊은이, 그가 바로 유비였다. 유비는 황실의 종친임에도 불구하고 가세가 기울자, 짚신과 돗자리를 팔며 생계를 꾸리며 홀어머니를 극진히 모시고 있었다.

　　　　　　　　　　　　　　　　　　　삼국지, 한 권으로 끝내기

유비가 의병 모집 방문을 보며 한숨을 크게 쉬자 뒤에서 보고 있던 키가 팔 척이나 돼 보이는 시커먼 수염의 우람한 사내가 소리쳤다. 시장에서 술과 돼지를 잡아 팔고 있던 장비였다.

"사내대장부가 웬 한숨을 그리 크게 쉬시오?"

"나는 유비라는 사람인데 황건적이 난을 일으켜 백성 구할 힘이 없어서 그렇다오."

"그럼 내게 재산이 좀 있는데 함께 마을의 군사를 모으고 뜻을 모아 대사를 도모하는 게 어떻겠소?"

유비는 크게 기뻐하며 바로 의기투합하고 장비와 함께 주점 안으로 들어가 술을 주거니 받거니 마시고 있었다.

그때 갑자기 주막집 앞에 수레가 서더니 한 사내가 술을 마시러 들어왔다.

그는 키가 구 척이나 되고 잘 익은 대춧빛 얼굴에 수염이 길게 늘어져 있고 봉의 눈에 누에 눈썹을 한 당당하고 늠름한 체구의 관우였다.

유비가 관우에게 청해 합석한 후 셋은 통성명부터 하였다.

"나는 관우이고 자는 운장이오. 하동 해량이 고향인데 벼슬아치가 권세에 의지하여 백성을 능멸하는 것을 보고 그를 죽이게 되었소. 그래서 이리저리 강호에 도피하며 지내 온 지가 어언 5~6년이나 되었소, 지금 도적을 물리칠 의병을 모집한다는 것을 보고 특별히 찾아온 것이오."

이에 유비도 자신의 뜻을 밝히자 관우도 크게 기뻐했다. 그러자 장비가 말했다.

"우리 집 뒤뜰에 도원이 있는데 지금 복숭아꽃이 활짝 피어 한창이오. 내일 도원에서 천지신명께 고한 후 제를 올리고, 우리 세 사람이 형제가 되기로 결의한 후 마음을 하나로 모아 협력한다면 가히 대사를 도모할 수 있을 것이오."

세 사람은 즉시 의기투합하여 도원으로 가서 제를 올리고 두 번 절하며 천지신명께 맹세했다.

"저희 세 사람은 비록 성은 다르나 의를 맺어 형제가 되었습니다. 앞으로 마음을 함께 하고 힘을 모아서 어려울 때는 서로를 구해주고 위태로울 때는 서로 도우며, 위로는 나라에 보답하고 아래로는 백성들을 편안케 하고자 합니다. 우리는 같은 해 같은 날 태어나지는 못했으나 같은 날 죽기를 맹세합니다. 하늘과 땅의 신께서는 이 마음을 잘 살피시어 만일 의리를 저버리거나 은혜를 잊는 자가 있다면 하늘과 사람이 함께 그자를 죽여주소서."

제를 마친 유비, 관우, 장비가 바로 그날로 젊은이들을 모으니 바로 3백여 명이나 되었다.

이윽고 대장장이를 불러 유비는 쌍 고검을 만들라 명하고 관우는 82근이나 되는 청룡언월도를 그리고 장비는 장팔점강모를 만들어 각각 전신 갑옷을 입고 마을의 군사 5백여 명을 거느리게 되었다.

장각, 장보, 장량 삼 형제가 이끄는 황건적은 초기에는 승승장구했으나 유주 탁현의 유비군 삼 형제와 오군의 손견, 그리고 조조와, 황보숭, 주전, 동탁이 포함된 관군에 의해 무려 8개월 만에 평정되었다.

십상시의 난

그러나 이미 시작된 왕조의 쇠락은 어쩔 수 없었다.

서기 189년, 영제가 34세의 나이로 죽고 소제 유변이 14세의 나이로 등극하게 되자 외척의 수장 하진은 환관을 몰아내기 위해 황제의 밀서를 각각의 진으로 보내 낙양으로 진격하라는 밀명을 내렸다.

삼국의 100년이 넘는 환란의 시대는 이렇게 시작되었다.

동탁은 황건적 토벌 시에는 큰 공을 세우지는 못해 조정에서는 그에게 벌을 내리려 하였다. 그러나 동탁은 조정의 십상시들에게 수많은 뇌물을 바쳐 죄를 모면할 수 있었다. 그 뒤로 동탁은 조정의 높은 자들과 결탁하여 '서량자사'라는 높은 벼슬을 받아 20만 대군을 거느리고는 항상 기회만 오면 반역할 마음을 품고 있었다.

동탁은 조서를 받고 크게 기뻐하며 표를 올리고 이각, 곽사, 장제, 번조 등을 데리고 낙양을 향해 출발하였다. 이때 조정은 소제의 외삼촌이자 하태후의 오빠인 하진과 십상시의 암투가 극에 달한 상태였다.

십상시는 하진이 자기들을 전부 조정에서 몰아내려는 것을 미리 눈치

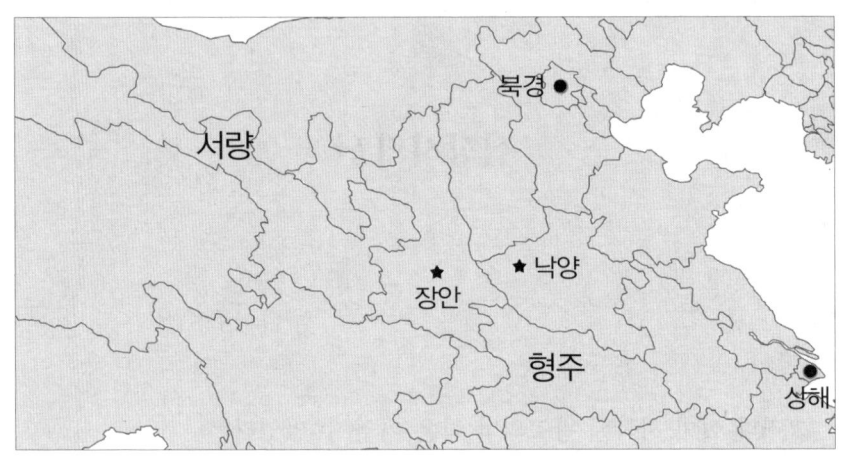

채고 하진을 태후 궁으로 불러들여 몰래 숨어있던 병사들을 시켜 먼저 두 토막을 내어 죽여버렸다. 그러자 이에 분노한 하진의 부하 장수 오광과 황제의 직속 호위대인 기도 교위 조조, 호분 중랑장 원술 그리고 수도와 인근지역 행정 겸 방위를 총괄하던 사예교위 원소가 함께 궁으로 쳐들어가서 환관들은 눈에 보이는 대로 어른, 아이 가리지 않고 모두 죽였다. 또한 달아나는 십상시 무리 중 조충, 하운, 정광, 곽승 4명을 난도질하여 죽이니 궁궐은 이내 피비린내로 진동하였고 화염은 하늘을 찔렀다. 원소가 어른, 아이 가리지 말고 모두 죽이라고 명하자 수염이 없는 사람들도 환관으로 오인되어 죽임을 당한 자가 셀 수도 없이 많았다.

조조는 궁에 타오르는 불을 끄며 한편으로는 군사들을 보내 장양 등의 뒤를 쫓아 추격하며 황제를 찾으라고 하였다.

한편, 장양과 단규는 소제와 진류왕을 겁박해서 연기와 불을 뚫고 달아나 그날 밤 북망산에 이르렀다. 밤 열 시쯤이 되자 뒤쪽에서 함성이 크게 일어나며 인마가 뒤쫓아 오는데 앞에서는 민공이 큰 소리로 외치는 소리가 들렸다.

"역적은 게 멈추어라!"

이에 더 이상 피할 곳도 없이 일이 다급해진 장양은 결국 강물에 몸을 던져 죽었다.

황제와 진류왕은 감히 큰소리도 내지 못하고 강변의 어지러운 풀숲에 엎드려 있었다. 밤 두 시경이 되자 풀숲에 오래 숨어있다 보니 이슬은 내리는데 배가 고파오자 둘은 서로 부둥켜안고 통곡하였다. 그러나 혹여 다른 사람에게 발각될까 두려워 풀숲에 숨어 그저 울음소리를 억지로 삼키고 있다가 진류왕이 나지막이 말했다.

"여기서는 오래 머물 수 없으니 다른 살길을 찾아봐야겠어요."

두 사람은 옷자락을 서로 이어 잡고 강기슭으로 기어 올라가려 하였다. 그러나 날은 어둡고 캄캄하고 길은 온통 가시밭길이라 도저히 어찌할 도리가 없었다.

그때 갑자기 반딧불이가 나타나 빛을 따라가니 점차 길이 보이기 시작했다. 오경(3~5시)까지 그렇게 걷다 보니 다리가 아파서 더 이상 걸을 수가 없었다. 황제와 진류왕은 산언덕 옆에 풀더미 하나를 발견하고는 풀더미 가에 누웠다. 날이 밝자 풀더미 가에 누워 있는 두 사람을 발견한 장원의 주인 최의는 크게 놀라며 두 번 절하고 집 안으로 모시고 들어가 술과 음식을 올렸다.

한편, 민공은 단규를 뒤쫓아가 잡아서 천자가 어디 계시냐고 물었다.

단규가 모른다 하자, 즉시 단규를 죽이고 그 머리를 말목에 매달고 홀로 황제를 찾아 계속 헤매던 중 우연히 최의의 장원에 이르렀다.

최의가 단규의 머리를 보고 어찌 된 거냐 묻자, 민공은 그간의 상황을 상세히 설명하였다. 최의는 곧바로 민공을 황제가 계신 곳으로 안내했다. 황제를 보자마자 황제와 신하는 함께 통곡하였다. 민공이 말했다.

"나라에 임금이 하루라도 없어서는 아니 되옵니다. 폐하께서는 낙양으로 돌아가셔야 합니다."

민공은 황제와 진류왕을 모시고 최의의 집을 떠나 낙양으로 향했다.

채 3리도 가기 전에, 사도 왕윤과 원소 등 수백의 인마가 나와 천자를 맞이하니 임금도 울고 모든 신하가 함께 따라 울었다. 황제 일행이 다시 낙양으로 돌아가기 위해 채 몇 리도 가지 못하였을 때 갑자기 해를 가릴 만큼 수많은 깃발이 나타나고 흙먼지가 하늘을 가렸다. 한 무리의 말을 탄 군사들이 달려오자 백관들은 아연실색하였고 황제 역시 크게 놀랐다.

원소가 말을 박차고 나가 물었다.

"누구냐?"

수를 놓은 깃발 아래 한 장수가 나는 듯이 달려 나와 소리높여 물었다.

"천자는 어디 계시냐?"

황제가 벌벌 떨며 말을 못하자 진류왕이 앞으로 나가 꾸짖으며 말했다.

"네 놈은 누구냐?"

"서량 자사 동탁이오."

"네 놈은 어가를 보호하러 왔느냐? 어가를 덮치려 왔느냐?"

"특별히 어가를 보호하기 위해 왔습니다."

"기왕 어가를 보호하러 왔다면 천자께서 여기 계시는데 어찌 말에서 내리지도 않느냐?"

이에 동탁이 움찔하며 크게 놀라 말에서 내려 엎드려 절을 하였다. 진류왕은 동탁을 위로하고 달래며 지금까지의 자초지종을 빠짐없이 이야기해 주었다. 이에 동탁은 속으로 진류왕을 기특하게 여기면서 이미 소제를 폐하고 진류왕을 세울 뜻을 가슴속에 품었다.

동탁은 군사들을 성 밖에 주둔시켜 놓은 채 철갑 병을 데리고 낙양성 안으로 들어가 제멋대로 거리를 활보하고 다녔다. 그런 모습을 본 백성들은 두려워하고 불안해 떨었다. 게다가 궁궐로 들어가 아무 거리낄 것 없이 노략질을 일삼으니 이제 조정에서조차 아무도 그를 제지할 수가 없게 되었다.

동탁의 폭정

어느 날 동탁이 온명원에서 대신들을 초청해 잔치를 베푼 후 물었다.

"나는 이제 소제를 폐하고 진류왕을 새 황제로 받들고자 하는데 대신들의 의견은 어떻소?"

모두 동탁이 무서워 감히 아무 소리도 못 하고 있었다. 그때 갑자기 형주 자사 정원이 연회장 앞으로 나와 크게 소리쳤다.

"그럴 수는 없다. 절대로 안 된다. 네가 감히 누구라고 그렇게 큰소리를 쳐대는 것이냐? 네가 임금 자리를 빼앗고 역적질이라도 하겠다는 것이냐?"

이 말을 듣고 있던 동탁이 화를 내며 꾸짖었다.

"나를 따르는 자는 살 것이고 나를 거역하는 자는 죽을 것이다."

그리고 차고 있던 칼을 뽑아 즉시 정원을 베어 죽이려 하였다. 그러자 이유가 급히 나서 제지하며 자리를 수습하였다. 정원의 뒤에 있던 한 사내가 방천화극을 손에 쥐고 두 눈을 부릅뜬 채로 동탁을 빤히 노려보고 있었기 때문이었다. 정원은 그대로 말을 타고 가 버렸다.

그다음 날 형주 자사 장원은 반역을 꾀하는 동탁을 죽이기로 하고 군사를 거느리고 성으로 가 싸움을 걸었다. 화가 머리끝까지 치민 동탁은 이유와 함께 성 밖으로 군사를 거느리고 맞서 싸우러 나갔다.

정원이 동탁을 가리키며 꾸짖었다.

"동탁, 네 이놈, 국가가 불행하여 환관이 권력을 잡고 만민이 도탄에 빠졌는데 어찌 너처럼 한치의 공도 없는 놈이 감히 폐립을 운운하며 조정을 어지럽히느냐?"

이 말이 채 끝나기도 전에 여포가 나는 듯이 말을 몰아 쳐들어가자 동탁은 황급히 달아났다. 이에 정원이 군사를 이끌고 함께 덮치자 동탁의 군사는 크게 패하여 30리를 후퇴하여 영채를 세웠다.

동탁이 사람들을 모아놓고 말했다.

"내가 보기에 저 여포란 자는 보통 사람이 아니다. 내가 만일 그를 얻을 수만 있다면 천하에 무슨 근심이 있겠는가?"

그러자 장막 앞에서 호분 중랑장 이숙이 나오며 계책을 냈다.

"주공께서는 염려하실 필요 없습니다. 저는 여포와 고향이 같아서 그를 잘 알고 있습니다. 여포는 비록 용맹은 뛰어나나 지모가 없고 자신에게 이익이 되는 일이라면 한낱 의리 따위는 가볍게 저버리는 사람입니다. 그에게 적토마와 금구슬을 주어 이익으로 그 마음을 달래면 여포는 반드시 정원을 배반하고 주공께 투항해 올 것입니다."

동탁은 이숙의 계책대로 여포에게 적토마와 금구슬 그리고 옥대를 예물로 내주었다. 여포는 동탁의 선물을 전달받고는 그동안 섬겨왔던 양아버지인 정원의 목을 한칼에 베어 들고 이숙을 찾아가 곧바로 동탁에게 의탁하였다. 동탁은 크게 기뻐하며 주연을 베풀어 주고는 여포를 즉시 기도위 중랑장 도정후에 봉하고 양아들로 삼았다.

여포를 양아들로 삼은 동탁은 이제 그야말로 더욱 기세등등하게 되었고 그 위세는 갈수록 하늘을 찌를 듯하였다. 중군 교위 원소는 동탁이 거듭 진류왕을 새로운 황제로 세우려 하자 동탁에 대적하다 백관들과 작별한 후 중군교위직 부월을 동문에 걸어 놓은 채로 기주로 달아나 버렸다.

드디어 서기 189년, 동탁은 소제 유변을 폐하고 진류왕 유협을 황제로 세우니 그가 바로 천자 헌제이다. 이때 황제의 나이는 겨우 아홉 살이었다.

동탁이 상국이 되어 조정을 장악하자 십상시 때보다도 더 큰 혼란이 일어났다. 온 천지가 분노하고 각지에서 앞다투어 의병이 일어나게 되었다. 어느 날 선황의 대신인 왕윤의 생일날이었다. 왕윤은 옛 신하들이 방에 모여 있는 것을 보고 은밀히 말하였다.

"오늘은 이 늙은이의 천한 몸이 태어난 생일이오. 저녁에 감히 여러분들을 모시고 조촐한 술자리를 갖고자 하오니 부디 집으로 와주시오."

이날 저녁 왕윤의 뒤채에는 잔칫상이 차려졌다. 술이 몇 순배 돌자 왕윤이 갑자기 얼굴을 감싸며 대성통곡을 하였다. 다른 관원들이 귀한 생신날 무슨 까닭으로 슬퍼하시냐고 묻자, 왕윤이 말했다.

"사실 오늘은 이 천한 몸의 생일날이 아니오. 동탁이 의심을 품을까 두려워 핑계를 댔을 뿐이오. 동탁이 임금을 속이고 권력을 휘두르니 사직이 조석으로 보존하기 어렵게 되었소. 생각해 보건대 고조 황제께서 진나라와 초나라를 멸하고 어렵게 천하를 얻었는데 오늘에 이르러 동탁의 손에 망하게 될 줄 누가 상상이나 했겠소? 이것이 내가 운 까닭이오."

이 말을 듣자 여러 관원들이 슬프게 따라 울었다.

이때였다. 마침 좌중에 있던 한 사람이 홀로 손뼉을 치며 크게 웃으며 말했다.

"온 조정의 공경들이 날이 밝을 때까지 밤에 울고, 밤이 될 때까지 낮에 운다고 동탁을 죽일 수 있겠습니까?"

왕윤이 보니 기병 지휘관인 효기교위 조조였다. 왕윤이 크게 화를 내며 말했다.

"네 조상 역시 한나라의 녹을 먹었는데 나라의 은혜에 보답할 생각을 안 하고 도리어 비웃는 것이냐?"

"제가 웃은 것은 별일이 아니라 여러분들이 동탁을 죽일 계책이 없기에 웃은 것뿐입니다. 제가 비록 재주는 없지만 동탁의 머리를 베어 도성문에 걸고 천하에 사죄하겠습니다. 요즘 제가 몸을 굽혀 동탁을 섬기는 것도 기회를 보아 그 같은 일을 도모하고자 함입니다."

왕윤이 조심스레 동탁을 제거할 묘책을 물어보자 조조가 말했다.

"왕윤 대인의 칠성 보도를 빌려주시면 상국부에 가서 제가 동탁을 처치하겠습니다."

그다음 날이 되자 조조는 칠성도를 품에 안고 상국부에 들어가 동탁에게 문안 인사를 올렸다. 동탁은 조조에게 왜 이리 늦게 입궐했느냐고 물었다. 조조가 "말이 허약해서 늦었습니다."라고 하자 동탁이 여포에게 말했다.

"서량에서 진상한 좋은 말 중 봉선(여포)이 직접 가서 하나를 골라 조조에게 주도록 하거라."

여포가 자리를 비우자 동탁이 잠든 사이, 조조는 동탁을 살해하려고 칠성도를 꺼냈다. 막 찌르려는 순간 칼날의 광채가 거울에 반사되자 그만 깜짝 놀라 잠에서 깬 동탁에게 걸리고 말았다. 조조는 기지를 발휘하여 보도를 동탁에게 바치려 했다며 동탁에게 보도를 건네고는 재빠르게 궁 밖으로 탈출하였다. 조조에게는 이내 현상금이 걸리고 결국 조조는 쫓기는 몸이 되고 말았다. 그러나 얼마 가지 않아 초군의 중모현에 이르러 군사들에게 잡히고 말았다.

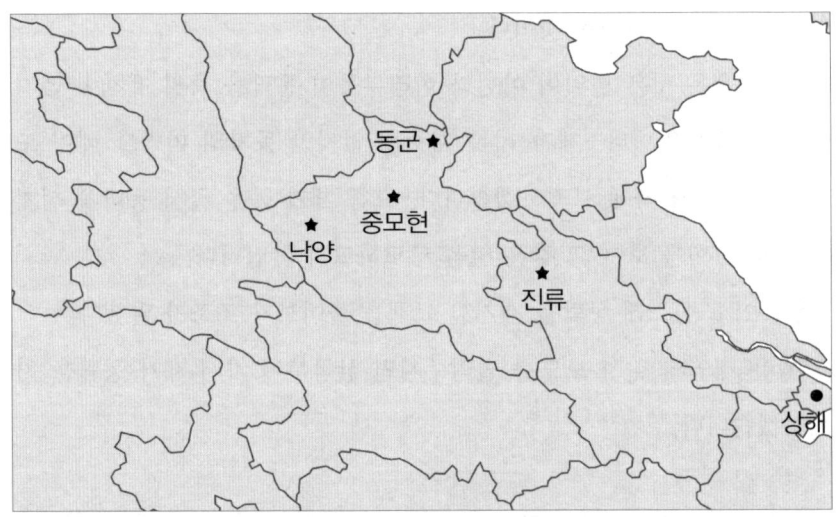

조조가 달아난 진류군 초현: 조조 고향이자 조조 부친 거주지(현 안휘성 박주시)

현령이 조조에게 물었다.

"내가 듣기로 승상께서 네게 다정하게 대해주었는데 어찌 그런 화를 자초하였느냐?"

"제비나 참새가 어찌 기러기와 고니의 뜻을 알겠느냐! 잔말 말고 어서 나를 끌고 들어가 상금이나 받아라."

그러자 현령은 주위 사람들을 물러가게 한 뒤 조조에게 말했다.

"조공 나를 가벼이 보지 마오. 나는 속된 관리가 아니고 아직 주인을 만나지 못했을 뿐이오. 나의 성은 진이고 이름은 공, 자는 공대요. 노모와 처자는 동군에 살고 있는데 지금 공의 충의에 감동하여 벼슬을 버리고 공을 따라 함께 도망치려 하오."

그리고는 절을 올리며 조조의 결박을 풀어주었다.

조조는 매우 기뻐하였다. 이날 밤 진궁은 조조와 함께 편한 복장으로 갈아입고 각각 칼 한 자루씩을 휴대한 채 조조의 고향을 향하여 출발하였다. 둘은 사흘이나 말을 달려 성고 지방에 이르자 날이 저물었다. 그 고을에는 조조의 선친과 의형제로 지내던 큰아버지라 부르는 여백사의 집이 있었다. 여백사는 너무도 반가운 나머지 조카인 조조를 환영하기 위한 술을 사기 위해 문밖을 나섰다. 그 사이 조조와 진궁이 한참이나 기다리고 있는데 갑자기 집 뒤쪽에서 칼을 가는 소리가 들리더니 누군가 말했다.

"묶어놓고 죽이는 것이 어떨까요?"

둘은 사람들이 돼지를 잡으려던 걸 몰래 엿듣고는 자신들을 죽이려 하는 것으로 오해하고 재빨리 남녀 여덟 명을 모두 죽였다.

그리고 급히 여백사 집을 떠나 말을 타고 채 2리도 못 갔을 때, 여백사가 나귀 안장에 술 두 병을 매달고는 과일을 손에 들고 오며 큰 소리로 외쳤다.

"내가 집에 돼지를 잡아 정성껏 준비하라 시켰으니 조카와 선생은 하룻밤 묵고 가시구려."

조조는 사람들을 죽인 것이 탄로 날까 두려워 여백사마저 단칼에 베어 나귀 아래로 떨어뜨렸다. 진궁이 너무 놀라 따져 묻자, 조조가 태연하게 말했다.

"내가 천하의 사람들을 저버릴지언정, 천하의 사람들이 나를 저버리게 하지는 않을 것이오."

그날 밤 몇 리를 더 달아나 두 사람은 여관에 투숙하였다. 진궁은 조조가 먼저 잠든 사이, 조조의 잔악함과 배은망덕에 치를 떨고 칼을 빼 조조를 죽이려다 갑자기 생각을 바꿔 해가 뜨기 전에 동군을 향해 떠났다.

조조도 거기에서 오래 머무를 수 없어 그날 밤으로 진류에 도착하였다. 조조가 아버지를 뵙고 지난 일을 상세히 설명하고 집안의 재물을 처분하여 의병을 모집하고 싶다고 하자 아버지가 말했다.

"재물이 적어 일을 이루지 못할까 두렵구나. 이곳에 위홍이라는 사람이 있는데 재물보다 의리를 중요하게 여기는 큰 부자이다. 만일 서로 도움을 받는다면 가히 큰일을 이룰 수 있을 것이다."

조조는 술상을 차려 위홍을 정중히 초청하여 도와주기를 간청드렸다.

"지금 한나라에는 주인이 없습니다. 동탁이 제멋대로 권력을 쥐고 임금을 속이고 백성을 해치고 있어서 천하가 이를 갈고 있습니다. 제가 사직을 위해 힘을 다하고 싶지만 힘이 부족하여 한스럽습니다. 공께서는 충의로운 선비이시오니 감히 서로 돕기를 청합니다."

위홍이 조조의 큰 뜻을 위해 재산을 털어 함께 돕겠다 하자 조조는 크게 기뻐하였다. 그리고 가짜 조서를 만들어 각 도에 급히 알리고 의병을 소집하기 위해 하얀 깃발 한 면에 '충의'라는 글자를 써서 깃발을 세웠다.

며칠 지나지 않아 의병에 지원하겠다는 사람이 빗발처럼 몰려들었다. 조조가 군사를 모집한다는 소식을 듣고 친척 동생인 하후돈 하후연이 각각 천 명의 장정을 이끌고 찾아왔다. 이들 두 사람은 원래 조조와 형제 사이였다. 조조의 아버지 조숭은 원래 하후씨의 아들이었는데 조씨의 양자로 들어갔기 때문이다. 조인과 조홍 역시 각각 천여 명씩 이끌고 도우러 왔고, 사방에서 군량을 보내오는 사람은 그 수를 다 기억할 수 없을 정도였다.

반동탁 연합군 결성과 해체

　원소도 조조가 보낸 가짜 조서를 받고 군사 3만 명을 이끌고 발해를 떠나 조조와 만나 동맹을 맺기 위해 찾아왔다. 그러자 조조는 다시 격문을 써서 여러 군으로 보냈다.

　"조조 등은 삼가 대의를 가지고 천하에 포고하노라. 동탁은 하늘과 땅을 속이고 나라를 없애고 임금을 죽였으며 궁궐 안을 어지럽히고 백성을 잔혹하게 살해하는 등 그 죄악이 쌓여 하늘에 닿을 정도이다. 이에 천자의 비밀조서를 받들어 의병을 크게 모아 나라를 청소하고자 맹세하니, 흉악한 무리를 죽이고 의병을 일으켜 우리 모두의 공분을 풀어 버리고 왕실을 지키며 백성을 구하기 바라노라. 격문이 도착하는 대로 신속하게 받들어 시행하라."

　조조가 격문을 띄우자 전국의 각 제후들은 각각 문관 및 무관을 대동하고 적게는 1~2만여 명 많게는 3만여 명의 군사들을 이끌고 낙양을 향해 몰려들기 시작했다.

　드디어 원소의 동생 원술과 조조, 손견, 마등, 공손찬, 도겸 등 각 제후들과 유비 삼 형제는 힘을 합쳐서 동탁을 물리치고 한나라를 되찾고자 모두 연합을 맺게 되었다.

연합의 맹주로 추대된 원소가 제후들에게 말했다.

"내 아우 원술에게 군량과 마초(馬草: 말먹이 풀)를 총감독하게 하여 군영에서 쓰는 데 모자람이 없도록 하겠소. 모름지기 한 사람이 선봉이 되어 곧장 사수관으로 가서 싸움을 걸고 나머지는 각 요충지에서 적을 맞아 싸우도록 합시다."

그러자 장사 태수 손견이 선봉에 서겠다고 하며 재빠르게 사수관을 향해 달려 나갔다. 손견은 정보와 황개, 한당, 조무 네 명의 장수와 함께 군사들을 이끌고 사수관 앞에 이르렀다. 화웅의 부장 호진이 5천 군사를 이끌고 나오자 정보가 창으로 찔러 죽이고 손견이 군사를 휘몰아 사수관 문으로 쇄도하였다. 그러자 사수관 위에서 화살과 돌이 비 오듯이 쏟아졌다. 이에 손견은 군사를 이끌고 양동에 주둔하고 사람을 보내 원소에게 승리를 보고하는 한편 군량을 더 지원해 달라고 재촉하였다.

그러자 보급을 맡았던 원술의 심복 중 한 명이 원술에게 말했다.

"손견은 강동의 호랑이라 소문이 자자합니다. 그를 선봉으로 세워 동탁을 제거한다면 '이리를 몰아내고 호랑이를 맞는 격'이 될지 모릅니다. 지금 군량을 대주지 않으면 손견의 군사는 반드시 흩어지게 될 것입니다."

원술이 양초(糧草: 군량 및 말먹이 풀)를 더 이상 대주지 않고 머뭇거리는 사이 오히려 화웅에게 기습을 당한 손견의 군대는 뿔뿔이 흩어졌다. 내친김에 화웅은 철갑기병을 이끌고 사수관을 나와 손견의 붉은 머릿수건을 장대 끝에 매달고 흔들며 영채 앞으로 와서 크게 욕을 하며 싸움

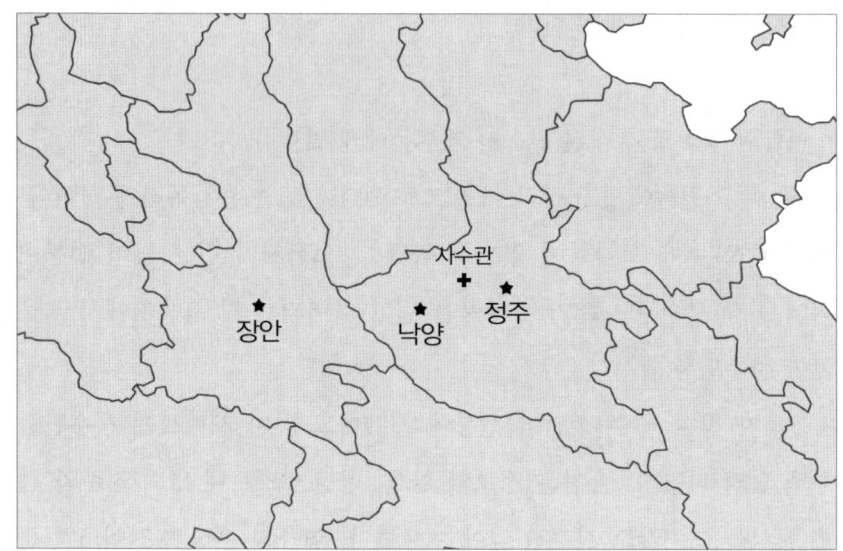

을 걸었다. 먼저 나선 장수들이 화웅에게 달려들어 목을 베이자, 제후
들은 모두 얼굴에 겁을 먹은 기색이 역력했다. 그때 관우가 나섰다.

"화웅의 목을 베지 못하면 내 목을 바치겠소."

그러자 곁에 있던 조조가 출전하는 관우에게 따스한 술 한 잔을 따라
주었다.

"술은 먼저 따라 두시오. 내 잠시 다녀 오리다."

관우는 칼을 들고 막사를 나가서 말에 올라타자마자 바로 화웅에게
달려들어 한칼에 목을 베어 가지고 와서 땅바닥에 내던졌다. 술잔에 따
라 놓은 술은 그때까지 따뜻했다.

이 소식을 들은 동탁은 여포, 이유와 상의 끝에 여포를 선봉장으로 해
서 20만 대군을 이끌고 두 갈래로 나누어 진격했다. 여포가 천리마를
타고 방천화극을 휘두르자 연합군의 장수들은 추풍낙엽처럼 떨어졌다.

공손찬마저 패해 달아나고 말았다.

이때 장비가 나섰다. 장팔사모를 휘두르며 여포와 맞서 50여 차례나 겨뤄도 서로 승부가 나지 않았다. 이때 관우가 청룡언월도를 휘두르며 협공하여 30여 차례나 겨뤄도 여포를 쓰러뜨리지 못하자 유비가 쌍 고검을 뽑아 들고 나섰다. 세 사람은 여포를 둘러싸고 돌아가면서 싸웠다.

여덟 제후의 군사들은 이 싸움을 모두 넋을 잃고 바라보고 있었다. 여포는 세 사람의 공격을 더 이상 버티지 못하고 방천화극을 거꾸로 들고 결국 호뢰관(사수관) 쪽으로 달아나 버렸다.

여포가 패하자 군사들조차 사기가 떨어져 싸울 마음이 없어지게 되었다.

동탁은 더 이상 낙양을 지켜내기가 힘들다고 판단하여 장안으로 천도를 결정했다. 곧이어 동탁은 철갑기병 5천을 보내 수천 명에 달하는 낙양 부호들을 모조리 잡아들이고 그들의 머리에 '반역한 신하무리'라 쓴 깃발을 꽂아 성 밖에서 그들을 모두 처형하고 돈과 재물을 빼앗았다.

이각과 곽사는 낙양의 수백만 백성을 모두 몰아서 먼저 장안으로 향했다. 백성 한 대열마다 군사 한 대열씩 배치해서 서로 잡아끌게 하니 도랑이나 구덩이에는 죽은 자가 이루 셀 수 없을 정도였다. 또 군사들에게 백성의 아내와 딸을 간음하게 하고 백성들의 식량을 빼앗자 울부짖는 소리가 천지에 진동하였다. 또한 걸음걸이가 느린 자는 군사들에게 발견되는 족족 시퍼런 칼날로 길 위에서 죽임을 당했다.

동탁은 또 낙양을 떠나면서 여러 성문에 불을 지르게 하였다. 백성의 집과 종묘 그리고 궁궐과 관청에도 불을 지르게 하자 남북의 두 궁전은 화염에 휩싸이고 장락궁의 뜰 또한 초토화되었다. 또한 여포를 보내 선황과 후비의 무덤을 파헤쳐 금과 보물을 취하도록 하고 군사들에게는 관리와 백성들의 무덤을 모조리 파헤치도록 하였다. 동탁은 이렇게 얻은 금과 구슬 비단과 피륙 등 좋은 물건을 수천 수레에 싣고서 천자와 후비 등을 위협하며 장안을 향해 길을 떠났다.

그제서야 동탁이 낙양을 버리고 장안으로 출발했다는 소식을 접한 제후들은 앞다투어 군사를 이끌고 낙양성 안으로 들어갔다. 유비, 관우, 장비도 호뢰관으로 쇄도해 들어갔다. 가장 먼저 성안으로 진입한 건 손견이었다.

손견은 아직도 잔불이 타고 연기가 자욱하며 잿더미만 남아 폐허가 된 성을 군사들을 시켜 불을 끄게 하였고 여러 제후들은 각각 황무지에 주둔하였다. 그러나 조조는 스스로 만여 명을 이끌고 하후돈 하후연, 조인, 조홍 등을 거느리고 밤중에 동탁을 뒤쫓았다. 그러나 여포가 철갑기병을 이끌고 습격하자 조조의 군대는 크게 패해 영양 쪽을 향해 달아났다. 패잔병들이 도망치던 중 민둥산 기슭에 이르러 솥을 걸고 밥을 지으려 하고 있었다. 갑자기 함성소리가 들리더니 서영의 매복 병들이 사방에서 뛰쳐나와 가까스로 길을 뚫고 달아나던 조조는 결국 서영이 쏜 화살에 어깨에 맞아 그만 두 병졸에게 잡히고 말았다. 그때 조홍이 나는 듯이 말을 타고 달려와 두 병졸을 칼로 베어 죽이고 조조를 구해 들쳐 업고 강물을 건너서 강둑 길을 따라 달아났다.

한편 손견은 궁중의 남은 불을 마저 끄고 낙양성 안에 주둔하여 건장

전 터 위에 막사를 설치하고 군사들에게 명령하여 궁전의 깨어진 기와와 벽돌을 청소하게 했다. 그러던 중 갑자기 우물 속에서 한줄기 오색 영롱한 빛이 새어 나왔다. 다가가 건겨보니 한 여인의 시체가 올라오는데 목 아래 비단 주머니가 둘러있고 그 안에 작은 상자가 있었는데 자물쇠로 잠겨 있었다.

조심스레 상자를 열어보니 전국 옥새(나라를 전하는 옥새)가 그 안에 있었다. 이미 손견의 천하를 위한 야심을 알고 있던 정보가 나지막이 진언했다.

"이제 이곳에 오래 머물지 말고 강동으로 가셔서 훗날의 대사를 도모하는 것이 좋을 듯합니다."

다음 날, 손견은 이 사실을 비밀에 부치고 군사를 거두어 지체 없이 강동으로 떠났다.

간신히 목숨을 구한 조조가 낙양에 당도하자 원소는 사람을 보내 조조를 맞이하고 여러 제후를 모아 술자리를 마련하여 조조의 답답한 마음을 풀어주려 하였다. 술이 몇 순배 돌자 조조가 탄식하듯 말했다.

"내가 처음에 대의를 일으켜서 나라를 위해 역적을 제거하고자 했소. 그러나 모두들 의심스러워 미적거리기만 하고 앞으로 나아가지 않으니 천하를 바로잡고자 하는 희망을 크게 잃고 말았소이다. 나는 이것을 너무도 수치스럽게 생각하오."

이 말을 들은 원소 및 여러 제후는 아무도 대답을 하지 못하였다.

조조는 원소 및 각 제후들이 서로 다른 마음을 품고 있어 일을 이루기

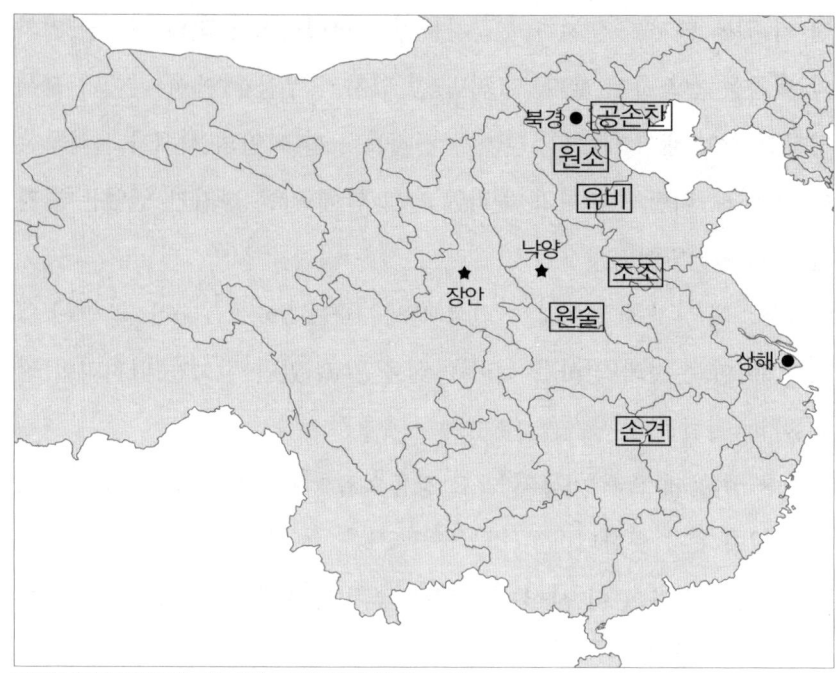

반동탁 연합군 해체 후, 주요 제후들이 돌아간 세력 근거지

어렵다고 판단하고, 남은 군사를 이끌고 미련 없이 양주를 향해 떠났다.

공손찬 또한 유비, 관우, 장비에게 말했다.

"원소는 큰일을 하기에는 능력이 모자라니 오래되면 반드시 변고가 있을 것이오. 우리도 돌아갑시다."

그리고 바로 영채를 거두어 북쪽으로 돌아갔다. 평원에 이르자 공손찬은 유비를 평원 상에 임명하고 자신은 원래 지키던 땅으로 돌아가 군사를 양성했다.

원소도 여러 사람들이 각자 흩어지는 것을 보고는 영채를 철거하고 군사를 거느려 낙양을 떠나 관동으로 가버렸다.

한편, 남양에 있던 원술은 형인 원소가 이미 기주를 차지했다는 소식을 듣고 자신의 형 원소에게 말 1천 필을 지원해 달라고 하는 한편, 형주 자사 유표에게도 사신을 보내 20만 섬의 양식을 빌려달라고 요청하였다. 그러나 모두에게 거절당한 원술은 화가 머리끝까지 치솟아 손견에게 몰래 사람을 보내 유표를 치자는 편지를 전했다.

　'지난번 형주를 지날 때 유표가 옥새를 내놓으라 한 것은 원소가 시킨 것이오. 지금 원소는 또다시 유표와 작당 모의하여 당신을 공격할 것이니 미리 군사를 일으켜 형주를 치면 나는 장군을 도와 기주를 칠 것이오. 그리하면 한 번에 장군의 두 원수를 갚는 길이 아니겠소?'

　밀서를 받아 든 손견은 지난날 옥새를 가지고 강동으로 가던 중 옥새를 빼앗으려 한 유표에게 당했던 원수를 되갚아 줄 기회라 생각하며 아들인 손책과 정보, 황개, 한당 등 휘하 장수들을 거느리고 즉시 군사를 일으켰다.

　손견은 유표 군의 황조와 채모를 상대하며 승전을 계속하여 무서운 기세로 진격했다. 그러나 양양성을 에워싸고 공세를 취하던 중, 여공을 잡기 위해 산 위를 오르다 산 위에 매복한 유표 군의 돌과 화살에 맞아 뇌수가 흘러나와 말과 함께 숨을 거두었다. 손견의 나이 고작 37세였다.

　양양성에서는 황조와 괴월 채모가 군사를 이끌고 나와 강동의 군사들과 어지러이 뒤엉켜 싸웠다. 이때 황개는 황조를 생포하고 정보는 손책을 보호하며 길을 찾아 급히 나아가던 중, 여공을 만나 한 창에 찔러 말 아래 떨어뜨렸다. 밤새 크게 싸우던 양 군은 날이 밝자 군사를 거두었다.

　유표의 군대는 성안으로 다시 들어갔다. 손책도 퇴각하여 한수(漢水)

에 이르렀을 때야 비로소 아버지가 죽었다는 것을 알았다. 그러나 손견의 시체는 이미 유표의 군사들이 둘러메고 성안으로 들어간 후였다. 손책이 대성통곡을 하자 모든 군사들도 함께 따라 울었다.

결국 손책은 생포한 적의 장수 황조를 아버지의 시체와 맞바꾼 후 뱃머리에 조기를 달고 강동으로 돌아왔다.

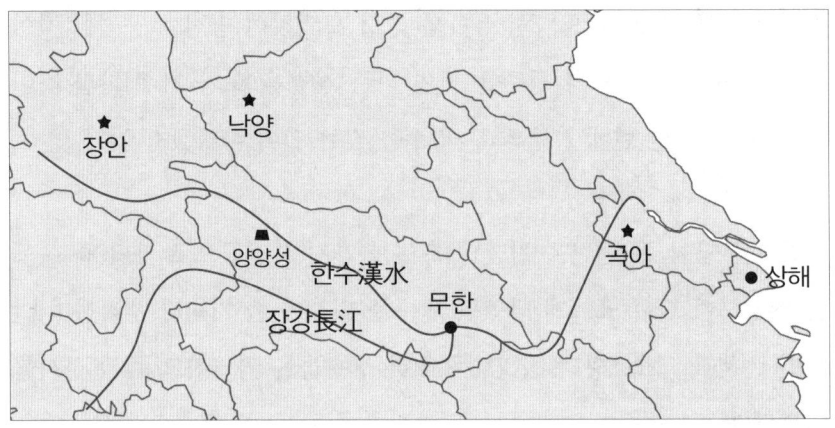

아버지 손견을 잃고 강동으로 돌아온 손책은 아버지를 곡아 땅에 묻고 어진 인물과 장수들을 널리 불러 모으기 시작하였다. 그리고 자신을 낮추고 다른 사람들을 대우하자 사방의 호걸들이 모여들기 시작했다.

한편 조정에서 동탁은 강동의 호랑이로 소문난 손견이 죽었다는 소식을 듣고 크게 한시름 놓으며 말했다.

"이제 내 마음속의 걱정거리가 하나 없어졌구나."

마음을 놓은 동탁은 더욱 교만하고 횡포해져서 제멋대로 황제가 신하에게 주는 최고의 존칭인 '상부'라 부르게 하고 궁을 출입할 때 주제넘게 황제의 의장을 사용하였다.

장안성에서 250리 떨어진 곳에 따로 25만 명을 동원하여 미오성을 지어 20년간 먹을 양식을 쌓아두었고, 민간에서 어리고 꽃다운 미녀 8백 명을 뽑아 두고 그 안에는 금은보화를 잔뜩 쌓아 놓았다. 장안에는 한 달 혹은 반년에 한 번씩만 왕래하였다.

어느 날 동탁이 잔치를 열고 있는데 마침 북쪽 땅에서 수백 명의 병사가 투항해 왔다. 동탁은 앉은 채로 명하여 어떤 사람은 손발을 자르게 하고, 어떤 사람은 눈을 파내며, 어떤 사람은 혀를 자르고 어떤 사람은 큰 솥에 삶으라고 했다. 잔치 자리에는 슬피 울부짖는 소리가 하늘을 진동하였고, 이 광경을 본 백관들은 전율하여 수저를 떨어뜨릴 정도였다. 그러나 동탁은 아무렇지도 않다는 듯 술을 마시며 담소하였다. 게다가 마음에 들지 않는 신하는 가차 없이 그 자리에서 목을 베어 버렸다.

연환계와 동탁의 죽음

원로대신인 왕윤은 집으로 돌아와 오늘 잔치 자리에서의 일을 생각하며 폭정을 일삼는 동탁을 처치하기 위해 양녀로 삼은 딸 초선에게 절을 하며 근심을 털어놓았다.

"지금 백성들은 거꾸로 매달리듯 위태롭고 임금과 신하는 계란을 쌓아놓은 듯 위급하다. 게다가 역적 동탁이 장차 임금 자리를 빼앗으려 하는데, 조정의 문무백관은 도저히 무엇을 어찌해 볼 도리가 없다. 이제 네가 아니면 도저히 이를 구할 수가 없을 것 같구나. 동탁에게는 마침 여포라고 하는 양아들이 있는데 그는 사납고 용맹하기가 보통이 아니다. 그러나 두 사람은 모두 색을 밝히는 자들이라 연환계를 써야 할 것 같다. 먼저 너를 여포에게 시집가도록 한 다음에 동탁에게 다시 바칠 것이니, 너는 중간에서 상황을 보아가며 두 부자 사이를 이간질해 서로 원수가 되도록 하거라. 그다음 여포로 하여금 동탁을 죽이도록 해서 큰 악을 끊어버리도록 하는 것이 좋을 것 같은데 네 생각은 어떠한지 모르겠다. 이제 나라의 사직과 강산을 다시 세우는 것이 오로지 네 힘에 달려 있구나."

그러자 초선이 말했다.

"아버님. 대의를 위해서라면 제 한 몸 저들에게 바치고 만일 대의를 갚지 못한다면 만 개의 칼날 아래에서 죽어도 여한이 없으니 염려하지 마십시오."

다음 날 왕윤은 사람을 시켜 가보로 소장해 오던 빛이 고운 구슬 몇 개를 가지고 가서 그 구슬을 박은 황금관을 만들어 남몰래 여포에게 선물로 보냈다. 여포는 크게 기뻐하며 감사를 표하기 위해 곧바로 왕윤의 집으로 달려왔다.

여포를 반가이 맞은 왕윤이 여포의 재능과 덕을 끊임없이 칭찬해 주자 여포는 통쾌하게 웃으며 기분 좋게 술을 마셨다. 술이 몇 순배 돌자, 여포가 취한 틈을 타서 초선이 들어와 여포에게 술을 올렸다. 여포는 천하일색인 초선을 처음 보자마자 넋을 빼앗겨 정신을 못 차릴 지경이었다.

그러자 왕윤이 초선을 가리키며 여포에게 말했다.

"이 딸을 장군의 첩으로 드릴까 하는데 장군이 받아들일까 모르겠소."

여포는 자리에서 벌떡 일어나 사례하며 말했다.

"만일 제가 이 여인을 얻을 수 있다면 견마지로(犬馬之勞)의 보답을 다 하도록 하겠습니다."

여포가 재삼 절하며 사례하고 돌아간 후 어느 날이었다.

조정에 들어간 왕윤은 여포가 없는 틈을 타서 동탁을 집으로 초대하여 최대한 예를 갖추고 영접하며 동탁의 환심을 샀다. 술이 거나하게 취하자, 왕윤은 동탁을 부축하여 함께 뒤채로 들어간 후 동탁의 호위병들을 물린 후 술잔을 들며 한층 분위기를 돋우었다. 잠시 후 집안에 촛불이 켜지고 시녀들이 술과 음식을 올리는 것이 끝나자, 발 너머에서는 생황 소리가 휘감아 돌며 무녀들이 초선을 둘러싸고 춤을 추었다. 한동안 초선의 춤과 노래가 이어지자, 넋을 잃고 바라보던 동탁이 초선을 가까이 오라 명한 후 말했다.

"마치 선녀가 하늘에서 내려온 듯하오."

이 순간을 놓치지 않고 왕윤이 동탁에게 말했다.

"이 아이를 태사께 바칠까 하옵니다. 즐거이 받아주십시오."

동탁이 이 말을 듣고 크게 기뻐하자 왕윤은 지체 없이 수레를 준비시켜 초선을 승상부로 보냈다.

한편 승상부로 간 초선은 동탁에 의해서 다시 미오성으로 보내졌다. 초선이 미오성으로 간 후 동탁은 초선에게 혼이 나가서 정사도 돌보지 않고 달포 남짓이나 초선을 품고서 방에서 나올 줄을 몰랐다.

나중에 이 사실을 안 여포는 이제나저제나 자기의 여자인 초선을 동탁으로부터 다시 빼앗을 궁리에 몸이 달아 있었다. 왕윤은 여포의 이러한 마음을 알고 여포와 기도위 이숙 등과 함께 동지들을 규합하여 동탁을 제거할 계책을 마련하였다. 이튿날 이숙이 10여 명의 기병을 이끌고 미오성에 당도하여 천자의 조서가 왔다고 알렸다. 동탁이 이숙을 들라 했다.

"천자께서 무슨 조서를 내리셨느냐?"

"천자께서 이제 병이 다 나으시어 문무백관을 미앙전에 모이게 하여 태사께 선위를 의논하신다는 조서이옵니다."

"왕윤은 뭐라 하더냐?"

"왕 사도는 이미 사람을 시켜 선위를 받는 대를 쌓게 하고 주공께서 오시기만 기다리고 있습니다."

이에 동탁이 크게 기뻐하며 말했다.

"내가 황제가 되면 너를 마땅히 집금오(황제의 경호대장)로 삼을 것이니라."

드디어 동탁이 제위에 오르기로 한 날이 되었다.

동탁이 미오성에서 나와 대궐 앞에 이르자 신하들이 조복을 차려입고 마중 나왔다. 북액문에 당도하자 군병들은 모두 문밖에서 제지당하고 수레와 20여 명만 함께 들어갈 수 있었다. 동탁이 멀리 바라보니 왕윤 등이 보검을 쥐고 전문 앞에 서 있었다. 이숙이 수레를 밀고 들어가자 왕윤이 외쳤다.

"역적이 이곳에 왔다. 무사들은 어디에 있느냐?"

왕윤이 미리 숨겨둔 무사들이 동탁에게 달려들어 동탁을 찌르고 베자 땅바닥에 뒹굴며 동탁이 다급히 외쳤다.

"내 아들 봉선(여포)은 어디 있느냐?"

그러자 여포가 수레 뒤에서 달려 나오며 소리쳤다.

"천자의 조서로서 역적을 토벌하노라."

연이어 방천화극으로 동탁의 목구멍을 찌르자 재빨리 이숙이 동탁의 목을 베니 함께 있던 모든 사람들이 만세를 불렀다. 왕윤은 동탁의 머리를 길거리에 매달아 보이게 하였다.

동탁의 시체는 워낙 비만하여 이를 지키던 군사가 배꼽에 심지를 꽂아 불을 붙여 등불로 쓰자 그 기름이 흘러 땅바닥에 흥건하였다. 지나가던 백성들은 동탁의 머리를 집어 던지고 시신을 발로 짓밟곤 하였다. 동탁의 나이 54세, 서기 192년 4월 23일의 일이다.

동탁이 죽은 다음 서량군의 잔재인 이각과 곽사, 장제, 번조는 조정에서 서량의 모든 백성을 다 죽일 거라는 헛소문을 냈다. 그러자 이래 죽나 저래 죽나 마찬가지라 생각하여 모인 백성들을 모아 10만 대군을 이끌고 다시 장안으로 진격했다.

왕윤이 급히 여포와 의논하자 여포는 아무 염려 말라며 군사를 이끌고 출정하였다. 그러나 여포와 정면으로 맞서면 상대가 안 된다고 판단한 이각과 곽사는 여포를 계곡으로 유인해 시간을 끌었고, 장제와 번조는 장안으로 곧바로 진격했다.

이 소식을 뒤늦게 접한 여포는 급히 군사를 수습해 장안으로 진군했으나 장안성은 이미 동탁의 잔당들에 의해서 피바다가 되고 불길에 휩싸인 뒤였다. 여포는 가족들조차 챙기지 못하고 군사들을 잃은 채 어쩔 수 없이 원술에게 의지하기 위해 남양으로 출발하였다.

여포가 성을 버리고 떠나자 동탁의 잔당들은 왕윤과 그 일가를 모두 참수한 후, 천자 헌제를 겁박해서 각각 원하는 벼슬을 차지하고 천하의 대권을 다시 쥐게 되었다.

이각과 곽사는 대권을 다시 장악한 후 백성에게는 잔학하게 굴고 황제 좌우에 심복을 두어 동정을 살피니 헌제는 거동할 때마다 가시밭길을 걷는 것 같았다. 어느 날 서량 태수 마등과 병주 자사 한수 두 장군이 군사 10만을 이끌고 장안으로 쇄도하여 역적을 토벌하러 왔다. 이

들은 마등을 정서 장군, 한수를 진서 장군으로 삼은 헌제의 비밀조서를 받고 힘을 합쳐 역적을 토벌하러 온 것이었다.

그러자 모사인 가후가 말하였다.

"두 군대는 멀리서 오니 해자를 깊게 파고 보루를 높이 쌓아 견고하게 수비하며 막아야 합니다. 그러면 백일도 채 안 지나서 군량이 바닥나서 스스로 물러날 것입니다. 그런 다음에 두 장수를 추격하여 잡으면 됩니다."

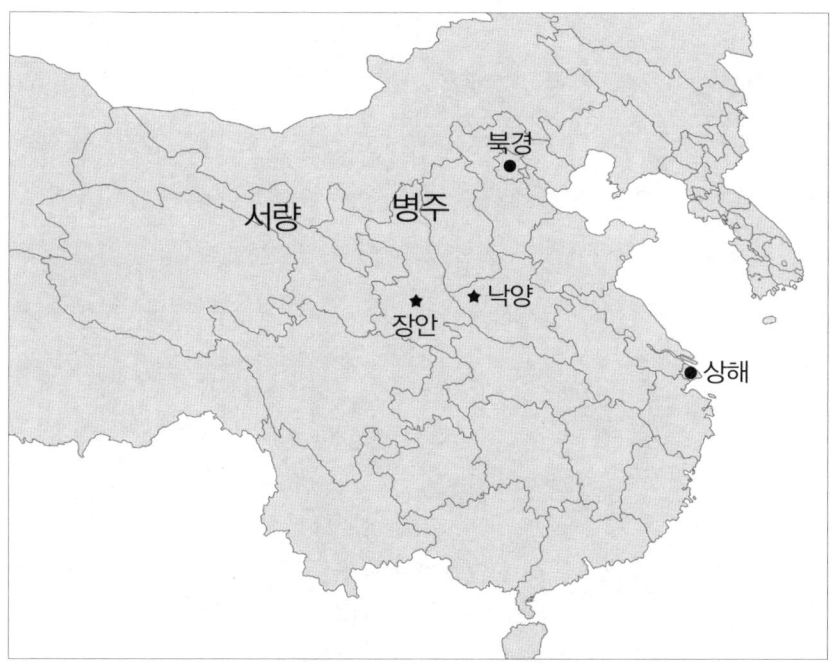

그러나 이몽과 왕방이 이들을 얕잡아보며 나가 싸우자 마등의 아들인 소년 장군 마초에게 몇 합이 지나지 않아 모두 창에 찔려죽고 말았다.

그러자 이각과 곽사는 늦게나마 가후의 선견지명을 믿고 그의 계책대로 견고히 관문을 지키며 나가 싸우지 않았다.

서량군은 채 두 달이 지나지도 않아 군량과 말먹이가 모자라게 되었고 군량이 바닥나자 마등과 한수는 각각 진지를 거두어 퇴각하였다. 이에 이각과 곽사는 장제와 번조에게 이들을 뒤쫓도록 하였다. 이각과 곽사가 자력으로 서량군을 물리치자 이제 어느 제후도 감히 맞서려 들지 않았다. 가후가 백성들을 편안하게 하고 어진 자들과 호걸을 받아들이라 거듭 권하자, 조정에는 다시금 조금씩 생기가 돌기 시작했다.

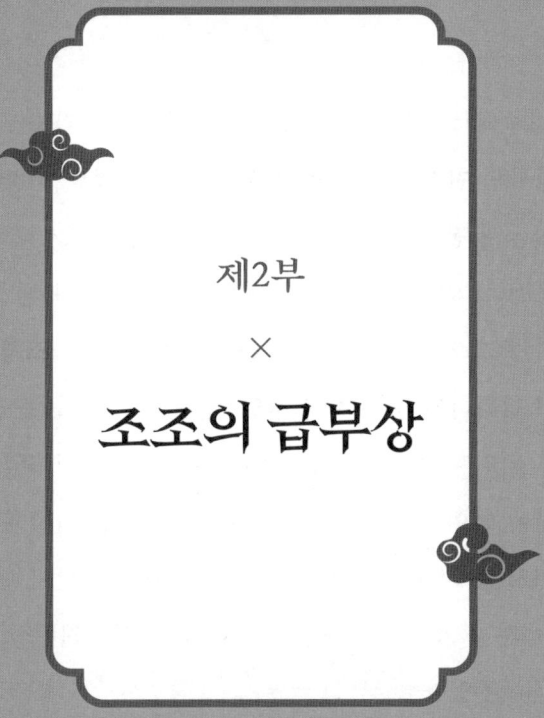

제2부

×

조조의 급부상

서주 대학살과 조조의 급부상

그 무렵 청주에서는 황건적 수십만이 다시 일어났다.

이각과 곽사는 천자의 조서를 내리게 하여 산동의 동군 태수로 있던 조조로 하여금 황건적을 토벌하도록 지시했다. 조조가 황제의 명을 받들어 수양에서 도적들을 격파하고 제북에 이르자 항복한 자가 수만 명이나 되었다. 조조가 항복한 병사들을 선봉으로 삼아 도처에 군사를 보내니 순순히 항복하지 않는 자가 없었다.

백여 일도 되지 않아서 항복한 병사들이 30여만 명이었고 남녀를 다 합치면 백만여 명이나 되었다. 조조는 정예병들을 선발해 청주 병사라 부르고 나머지는 모두 귀농시켰다. 조조의 위세는 날이 갈수록 더해져 갔다. 조정에서는 그 공을 높이 기려서 조조에게 진동장군(鎭東將軍)이란 작위를 내려주었다.

이때 조조는 연주에 있으면서 어진 선비들과 장수들을 받아들였다. 휘하로 많은 인재가 몰려드니 순욱, 순유, 곽가와 우금, 전위 등 책사와 장수가 이 당시에 조조에게 합류하였다. 이로부터 조조의 부하 중에는 문관으로 모사를 꾸미는 신하가 있고 무관으로는 용맹한 장수들이 있으니 조조는 산동 전체에 그 위세를 떨치게 되었다.

　조조는 이제 어느 정도 세력이 넓어지자 서주의 낭야에 사는 부친과 일가를 모셔 오고자 했다. 서주 태수인 도겸은 사람됨이 온후하고 순박하며 인정이 두터운데 조조와 인연을 맺고자 하였으나 그럴 기회가 없었다. 마침 조조의 부친이 이곳을 지나간다는 것을 알고 경계까지 나아가 두 번 절하며 공경하고 크게 연회를 베풀어 이틀간 환대하였다.

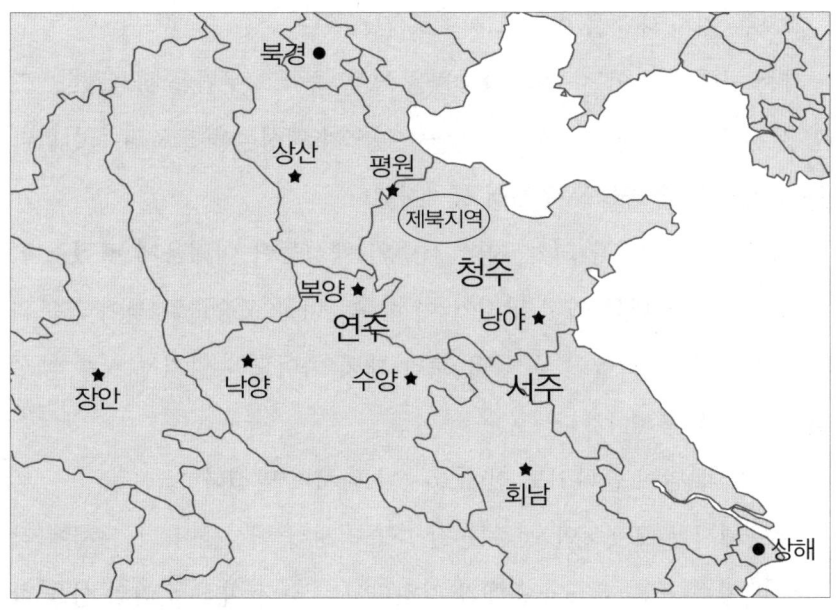

　그리고 조숭이 다시 행차하려 하자 성곽까지 나가 배웅하며 휘하의 장수인 장개로 하여금 병사 5백 명을 거느리고 호위토록 했다. 그러나 호위 도중에 황건적의 잔당으로서 도겸에게 항복했던 장개는 조숭 일행이 가진 재물이 탐이 나자 조숭 일행들을 모조리 죽이고 회남으로 달아

나 버렸다.

이 소식을 들은 조조는 통곡하다가 땅에 쓰러졌다. 사람들이 일으키자 이를 갈며 조조가 말했다.

"도겸이 군사를 풀어서 내 아버지를 죽였으니 이 불구 대천지 원수와 같은 하늘 아래서 살 수 없다. 내가 오늘 대군을 일으켜서 서주를 싹 쓸어버리고 맺힌 한을 깨끗이 씻어버리겠다."

조조는 친히 대군을 이끌고 서주로 진격했다.

가는 곳마다 보이는 족족 백성들을 모두 죽이고 무덤을 파헤쳤다. 도겸은 서주에 있으면서 조조가 군사를 일으켜 백성들을 모조리 학살한다는 소식을 듣고 하늘을 우러러 통곡하였다.

"내가 하늘에 죄를 크게 지어 서주의 백성들이 어려움에 빠졌구나! 조조의 군세가 너무 커서 맞서기 어려우니 나를 포승줄로 묶어 조조의 진영으로 간 뒤 그들이 내 몸을 토막 내어 죽이도록 맡기고 서주 백성들의 목숨을 구해야겠다."

그러자 채 말이 끝나기도 전에 누군가 나서며 말했다.

"부군께서는 오랫동안 서주를 잘 다스리시어 백성들이 그 은혜에 감사하고 있습니다. 조조의 군대가 강하다고는 하나 아직 우리의 성을 함락하지 못했습니다. 부군께서는 백성들과 함께 굳게 지키시고 출전하지 마옵소서. 제가 작은 계책을 써서 조조가 장례를 치를 땅을 한치도 남기지 않겠습니다."

계책을 낸 이는 미축이었다.

다급해진 도겸은 미축의 계책대로 북해군의 공융에게 구원을 요청하였다.

공융이 유비를 성으로 불러들여 서주를 함께 구원하자고 청하자, 유비는 공손찬에게 군사를 빌리고 조자룡과 관우 장비와 더불어 서주성으로 입성했다. 유비는 조조에게 서신을 보내 먼저 화해를 권하는 밀서를 보냈다. 조조는 아직도 분을 못 이겨 서찰을 즉석에서 보고 크게 욕하며 사자를 죽이라 명했다.

그러자 곁에 있던 곽가가 조조에게 간언하였다.

"유비가 멀리 구원하러 와서 먼저 예의를 차리고 군사를 일으키는 것은 뒤로 미루었습니다. 주공께서는 마땅히 좋은 말로 답을 해주시고 유비가 방심하게 하도록 해야 합니다. 그런 뒤에 진군하면 능히 격파할 수 있습니다."

조조는 그 말을 듣고 사자에게 잠시 기다리다 회신을 받아서 가라고 하였다.

그 사이, 조조에게 여포가 연주를 공격해서 빼앗고 다시 복양을 빼앗기 위해 진군한다는 전갈이 왔다.

원래 여포는 이각, 곽사에게 쫓겨 원술에게 갔으나 원술이 의심을 하여 받아주지 않자 원소에게 의탁한 후 원소와 함께 상산에서 장연을 격파하였다. 그리고 여포는 스스로 뜻을 이루었다고 생각하고는 원소의 수하 장수에게 오만불손하게 대하기 시작했다. 이에 화가 난 원소가 죽이려 하자 여포는 급히 장양에게 달아나 있었다. 그런데 방서가 장안성에 있는 여포의 처자식을 몰래 여포에게 보내자, 이각과 곽사가 방서를 처형하고 병주 자사인 장양에게 글을 보내서 즉시 여포를 죽이도록 하였다.

다시 쫓기는 신세가 된 여포는 결국 장양을 버리고 기주 자사인 장막에게로 갔다. 이때 장막의 아우 장초가 진궁을 데려와 장막을 설득하였다.

"이제 천하가 갈라져 무너지니 영웅들이 여기저기서 일어나고 있습니다. 군께서는 천 리에 걸쳐 따르는 세력을 가지고 있음에도 도리어 남에게 제압을 당하고 있으니 이 어찌 부끄러운 일이 아니겠습니까? 지금 조조는 동쪽을 정벌하기 위해 떠나서 그야말로 연주는 텅 비어 있습니다. 아시다시피 여포는 당대의 용사입니다. 이때 여포와 함께 힘을 합쳐 연주를 빼앗는다면 가히 군께서 대업을 도모할 수 있을 것입니다."

진궁의 말이 끝나자 장막은 크게 기뻐하였다. 장막은 즉시 여포에게 연주를 습격하고 복양을 점거토록 하였다.

여포의 습격을 받은 조조 군은 그나마 순욱과 정욱이 계책을 쓴 까닭에 견성, 동아, 범현 세 곳만 온전하게 보전하고 나머지는 모두 여포에게 빼앗기고 말았다. 조인 역시 계속 싸웠지만 여포에게 패전을 거듭하게 되자 이 위급함을 조조에게 알렸다.

전갈을 받고 조조는 크게 놀랐다.

"연주를 잃으면 내게 돌아갈 집이 없어진다. 서두르자."

조조는 일단 유비에게 군사를 물린다는 답신을 하고 연주로 회군하기로 했다.

조조의 답신을 받은 유비는 이제 마음을 놓고 돌아가려고 했으나 도겸은 유비에게 서주를 맡아달라고 두세 차례 거듭 요청하였다. 그러나 유비가 끝내 받아들이지 않자 소패성에 머물며 제발 조조의 재침입에 대비해 서주를 보호해 달라고 간곡히 부탁하였다. 이마저 거절할 수 없어 소패성에 머물기로 한 유비는 최초로 근거지가 생기자 드디어 공손찬으로부터 독립을 하게 되었다.

이때 조운과 공융, 전해는 군사를 이끌고 돌아갔으며 유비는 관우 장비와 함께 성벽을 수리하고 서주의 백성들을 보살피기 시작했다. 연주에 도착한 조조는 여포를 치기 위해서 곧바로 군사를 일으켰다. 그러나 이제 여포의 책사가 된 진궁의 양동작전에 걸려 생포 당하기 직전, 전위의 도움을 받고 극적으로 탈출하였다.

여포의 계략에 빠져 죽다 살아난 조조는 장계취계(將計就計: 적의 계략을 역이용)로 복수하기로 하고 군사들에게 상복을 입혀 상을 치르게 하고는 자신은 화상을 입어 이미 죽었다는 헛소문을 퍼뜨리게 하였다. 조조가 죽었다는 소식을 들은 여포는 군사를 몰아서 마릉산으로 진군했다. 그러나 조조 군의 매복에 걸려서 가까스로 목숨만 건진 채 복양성으로 달아났다.

한편 서주 태수인 도겸은 나이가 들어 중병으로 자리에 눕게 되자 유비에게 서주를 맡아달라고 당부하였다. 그러나 인의를 중시하는 유비는 처음에는 사양하였으나 도겸이 간곡하게 부탁하며 숨을 거두자 서주의 새로운 주인이 되었다.

유비가 서주를 차지했다는 소문을 듣고 조조는 크게 분노하였다.

"내가 아직 원수를 다 갚지도 못했는데 공을 조금도 세우지 않은 유

비가 거저 서주를 얻다니. 내가 반드시 유비를 죽이고 도겸의 시체를
도륙하여 아버지의 원수를 갚고야 말 것이다.”

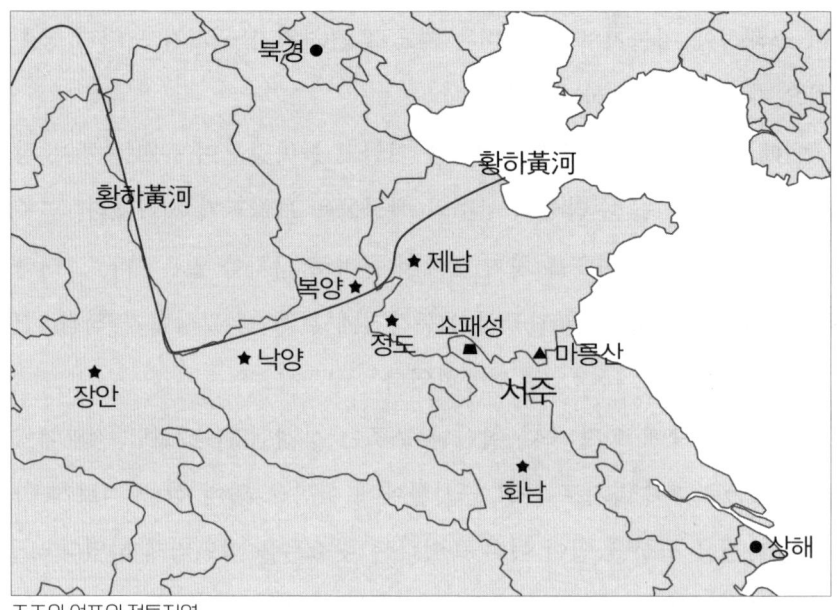

조조와 여포의 전투지역

    조조가 즉시 군사를 일으켜 서주를 치려 하자 순욱이 간언하였다.

    “주공께서는 원래 연주를 본거지로 군사를 일으켰고 황하와 제수 지
방은 천하의 요충지로 옛날의 관중이나 하내와 같습니다. 만일 서주를
공격하여 즉시 빼앗지 못한다면 어디로 돌아가실 것인지요? 지금 도겸
이 죽었으나 유비가 지키고 있고 서주의 백성들은 유비를 잘 따르고 있
습니다. 그래서 유비를 도와 반드시 결사 항전할 것입니다. 주공께서
연주를 버리고 서주를 취하려는 것은 큰 것을 버리고 작은 것을 취하는
것이며, 근본을 버리고 말단을 구하는 것이며, 안정을 버리고 위급함으

                            삼국지, 한 권으로 끝내기

로 바꾸려는 것입니다. 그러하오니 다시 깊이 생각해 주십시오."

이 말을 듣자 조조는 서주 점령 계획을 버리고 동쪽으로 거병해서 남은 황건적 잔당을 물리치고 허저를 투항시켰다. 그리고 허저를 군사 참모로 삼고 포상한 후 후하게 대접했다. 이어 조조는 군을 이끌고 연주로 가서 허저의 도움으로 연주를 다시 찾고 내친김에 복양성으로 진격하였다. 여포는 군사를 이끌고 정도로 달아났다.

조조가 스스로 여포를 추격하여 정도에 이르렀으나 여포가 장막 장초와 함께 성안에 있자 조조는 군을 이끌고 50리 뒤로 물러나 진을 치고 정예 군사들을 매복시켰다. 이튿날 여포가 대군을 이끌고 와서 멀리서 보니 수풀에 깃발이 무수히 꽂혀 있어 병사들을 몰아 진격하며 사방에 불을 질렀지만, 조조 군은 단 한 사람도 보이지 않았다. 여포는 군사들을 몰아 진지 안으로 바로 돌진하였다. 그때였다.

갑자기 북소리가 크게 울리더니 진지 뒤에서 한 무리의 군마가 출현하였다. 여포가 말을 몰아서 그들을 추격하자 갑자기 둑 안에서 매복병들이 여기저기서 튀어나오고 하후돈, 하후연, 허저, 전위, 약진이 말을 몰아 쇄도하였다. 여포는 도저히 중과부적이라 황급히 달아났고 이때 군사 중 삼분의 이를 잃어버렸다.

조조가 승리한 병사를 거느리고 성안으로 쇄도해 들어가니 그야말로 파죽지세의 형국이었다. 이제 산동 일대가 모두 조조의 차지가 되자 조조는 성을 수리하고 백성들을 안정시켰다.

여포는 바닷가에서 패잔병들을 다시 모아 조조와 결전을 준비하던 중 진궁의 계책대로 유비에게 가서 구해달라고 청하였다. 여포가 그 말을 따라 서주로 오자 미축이 반대했다.

"여포는 호랑이와 이리 같은 무리이니 받아들이시면 아니 되옵니다. 그를 거두게 되면 나중에 반드시 우리를 해칠 것입니다."

"전에 여포가 연주를 습격하지 않았으면 어찌 서주의 화가 풀렸겠소? 그가 곤궁함을 당해 내게 투항해 오면서 어찌 다른 마음을 품었겠소?"

그러자 옆에서 장비도 거들었다.

"형님은 마음씨가 너무 좋습니다. 그래도 반드시 대비는 해 두셔야 합니다."

장비가 계속 여포를 반대하자 여포는 이튿날 유비를 찾아와 작별 인사를 하였다.

"사군께서 저를 버리지 않는 은혜를 베푸셨으나 아우분들이 저를 거부하니 다른 거처를 알아보겠습니다."

그러자 유비는 여포를 소패성에 머물도록 조치하고 장비의 불평에 대해 더 이상 문제 삼지 않았다.

한편 조조가 산동을 평정했다는 소식이 전해지자, 조정에서는 주준이 헌제에게 몰래 아뢰었다.

"지금 조조가 병력 20여만 명을 거느리고 책사와 장수가 수십 명이니, 조조를 불러 간사한 무리를 없앨 수만 있다면 종묘사직이 유지되고 천하는 다시 행복해질 것입니다."

그 말을 들은 헌제가 눈물을 흘리며 말했다.

"두 도적이 짐을 업신여기고 능멸한 지 오래요. 만약 그놈들을 죽일 수 있다면 참으로 원이 없겠소."

그러자 양표가 아뢰었다.

"신에게 한 계책이 있습니다. 먼저 두 도적놈끼리 서로를 모질게 해치도록 하겠습니다. 그런 뒤 조조가 병력을 이끌고 와서 두 도적 무리를 청소해 버리면 조정은 금세 편안해질 것입니다."

양표의 반간계(이간질)로 이각과 곽사는 서로 죽이려 하며 매일 싸웠다. 둘의 싸움이 50여 일이 이어지자 죽은 자가 이루 헤아릴 수 없었다.

황제는 계속되는 이각과 곽사의 싸움을 피해 양봉과 동승의 호위를 받으며 장안을 나와 낙양으로 들어갔다.

낙양에 들어가니 궁은 모두 불타고 거리가 황폐하여 눈에 보이는 건 쑥이요, 궁궐은 무너진 담벼락뿐이었다. 게다가 그해에는 몹시 흉년이 들어 낙양에 거주하는 백성들은 거의 수백 가구에 불과하였고, 백성들은 먹을 게 없어서 모두 성 밖으로 나가 나무껍질을 벗기고 풀뿌리를 파서 먹었다. 상서랑 이하 관리들도 모두 성 밖으로 나가 땔감을 주웠고 무너진 담벼락 사이에는 죽은 시체가 즐비하였다.

황제는 모든 것이 갖추어지지 않고 무너진 성곽도 고칠 수 없는 데다 이각과 곽사가 군대를 이끌고 낙양으로 쳐들어온다 하자 동승의 말을 따라 산동을 향하여 거가(車駕: 왕이 타는 수레)를 출발하였다. 모든 문무백관들은 그저 말없이 고개를 숙이고 거가를 따라 걸어갔다.

그런데 낙양을 떠나 얼마 지나지 않아 먼지가 피어올라 해를 가리고 징소리와 북소리가 하늘을 뒤흔들었다. 이어서 끝없이 군사들이 다가오자 황제는 전율하여 아무 말을 할 수가 없었다. 문득 한 기병이 달려와서 절하며 말하는데 앞에서 보니 산동에 보냈던 사신이었다.

"조조가 산동의 병력을 모두 일으켜 조서에 응답하여 달려왔습니다."

그제서야 비로소 황제는 안심하였다.

이각과 곽사의 병력이 거세게 황제 일행을 뒤쫓아왔으나 하후돈과 조홍이 공격하니 이각과 곽사의 병력은 대패하였고 잡혀서 참수된 자만 무려 만 명이 넘었다. 황제는 다시 낙양으로 돌아가고 성밖에는 하후돈이 주둔하였다.

다음 날 조조가 대군을 이끌고 와서 군영을 차린 뒤, 황제를 뵙고 궁전 아래에서 절을 하였다. 황제가 노고를 치하하자 조조가 말했다.

"신은 일찍이 나라의 은혜를 입어서 그것을 마음에 새기고 늘 나라에 보답하고자 했습니다. 지금 이각과 곽사, 두 역적의 죄악은 차고 넘치오니 신이 정예병 20만을 끌고 그들을 토벌하여 반드시 없앨 것입니다. 이제 폐하께서는 옥체를 잘 보존하시고 사직을 중히 여기시옵소서."

조조는 군사들에게 즉시 이각과 곽사를 토벌하라고 명을 내렸다. 이각과 곽사는 조조 군에게 쫓겨 대패하고 서쪽으로 달아나는데 마치 그 모습이 상갓집 개 신세와 같았다. 그들은 더 이상 스스로 몸을 부지할 곳이 없음을 알고 산으로 도망가 산적이 되었다.

황제가 어느 날 사람을 보내 조조에게 입궁해 국사를 의논하도록 했다. 조조는 날마다 여러 책사들과 은밀히 천도 문제를 상의했다. 조조는 순욱의 말을 듣고서 뜻을 굳히고 이튿날 입궁해 황제께 아뢰었다.

"동도(동쪽의 수도, 낙양)는 황폐된 지 오래되어 집을 고치고 지붕을 고칠 수도 없습니다. 또한 백성들이 식량을 운반해 오기도 어렵습니다.

허도는 노양에 가깝고 성곽과 궁실이 튼튼하며 돈과 양식이 풍부하여 백성의 물자를 넉넉히 쓸 수가 있습니다. 신이 감히 청하건대 허도로 도읍을 옮기시옵소서. 신은 폐하의 분부만 따르겠사옵니다."

황제는 감히 따르지 않을 수가 없었다. 여러 신하들 역시 조조의 위세가 두려워 아무도 이의를 달지 못했다. 드디어 날을 잡아 조조가 군대를 일으켜 천자의 수레를 호위하며 행군을 하니 모든 신하가 뒤를 따랐다.

어느덧 천자의 수레가 허도에 당도하자 조조는 궁실과 전각을 짓고 종묘사직과 관아(관청)를 짓고 성곽과 창고를 수리했다. 천자는 동승 등 13인을 열후에 봉하고 신상필벌도 모두 조조가 하자는 대로 하였다. 이 때부터 대권은 모두 조조에게 돌아갔으며 조정의 큰일은 먼저 조조에게 여쭌 뒤에야 천자께 아뢰게 되었다.

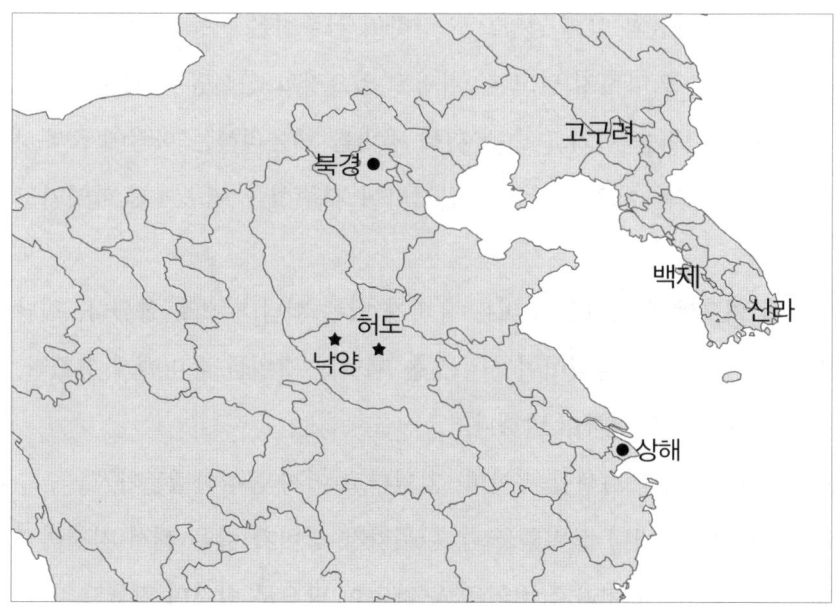

조조는 대사를 다 정리한 다음에 뒤뜰에서 연회를 베풀며 여러 책사의 의견을 들었다. 이때 조조의 책사 순욱은 유비에게 천자의 가짜 밀서를 만들어 유비가 여포를 죽이면 서주 목에 봉한다는 이호경식지계(二虎競食之計: 두 호랑이가 먹을 것을 다투게 하는 계책)의 계책을 냈다. 그러나 유비가 이 밀서를 여포에게 보여주며 안심시키자 여포는 감격의 눈물을 흘리며 물러갔다.

순욱은 이 계책이 실패하자 이번에는 구호탄랑지계(驅虎吞狼之計: 범을 몰아 이리를 잡는 계책)라는 계책을 냈다. 원술에게는 유비가 천자에게 글을 올려서 몰래 남군을 치려 한다 전하고, 유비에게는 천자의 밀서를 만들어 원술을 토벌하도록 조서를 내렸다. 미축이 조조의 계략이라 말렸으나 유비는 계략이라 할지라도 왕명이니 어길 수는 없다고 하였다.

유비는 군사들과 함께 남양으로 향하며 서주성은 진등과 장비에게 맡기며 절대 술을 마시지 말고 잘 지키고 있으라고 신신당부하였다. 그러나 장비가 명령을 어기고 술에 취해 방비를 게을리하는 바람에 소패성에 머물러 있던 여포가 장비를 공격하여 서주성을 여포에게 빼앗기고 말았다.

이에 여포에게 쫓기던 장비는 유비가 있는 회남 땅으로 향했다. 회남 땅에 이른 장비는 울먹이며 서주성을 빼앗긴 경위를 유비에게 고했다. 그러자 유비가 탄식하며 말했다.

"얻었다고 어찌 기뻐할 것이며, 잃었다고 어찌 근심하겠는가?"

관우가 화를 내며 장비를 크게 나무라자 장비가 칼을 빼서 자결하려 하였다. 그러자 유비가 장비의 칼을 빼앗아 땅으로 던지며 말했다.

"부인은 의복과 같으나 형제는 수족과 같다. 옷은 찢어지면 다시 꿰매면 되지만 손발은 어찌 다시 붙이겠는가!"

그 무렵 여포가 서주를 차지했다는 소식을 들은 원술은 기뻐하며 여포에게 사람을 보냈다.

"만일 그대가 유비의 배후를 공격하면 군량 및 기마 그리고 금과 비단 등을 선물하리다."

여포는 곧 군사를 내어 고순에게 군사 5만을 주어 유비를 습격하게 했으나 유비는 이미 광릉 쪽으로 군사를 물린 뒤였다. 그러자 원술은 여포에게 다시 서찰을 보냈다.

"고순이 비록 출전했지만, 유비를 아직 없애지 못했소. 그대가 다시 유비를 잡으면 전에 약속한 물건을 보내겠소."

그제서야 여포는 원술에게 속은 것을 알고 격분하여 원술을 치려고 하였다. 그러자 진궁이 말렸다.

"현재 원술은 군사도 군량도 다 충분하니 가볍게 맞서면 안 됩니다. 유비에게 다시 화해를 청해서 소패로 불러들인 뒤에 그를 통해서 원술을 치도록 하십시오. 그리고 유비를 선봉으로 삼아 원술을 쳐서 제압한 후 원소마저 취한다면 비로소 천하를 가질 수 있습니다."

듣고 있던 여포는 실로 묘책이라 반기며 유비에게 서찰을 보내 다시 돌아오도록 하였다. 여포는 유비가 의심할까 두려워 먼저 유비의 부인인 감 부인과 미 부인을 돌려보냈다. 유비가 다시 돌아오자 여포가 말했다.

"원래 내가 성을 빼앗으려 한 게 아니었소. 그대의 아우인 장비가 술에 취해서 사람을 죽이기까지 하니 장차 일을 그르칠까 두려워 지켜주려 한 것뿐이오."

그러나 유비는 끝내 사양하고 소패로 돌아가 주둔했다. 관우와 장비가 끝내 불평하자 유비가 말했다.

"몸을 숙여서 분수를 지키다가 때를 기다려야지, 목숨을 다투어선 안된다."

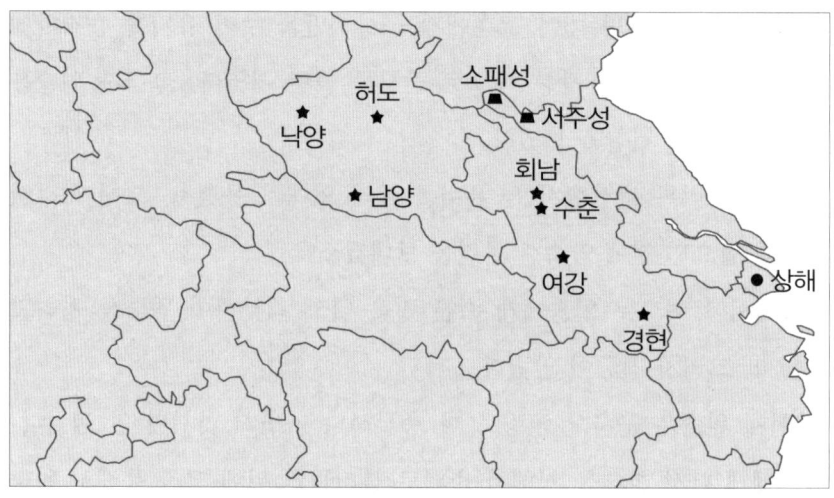

여포가 곧 사람을 시켜 식량과 비단을 보내주자 여포와 유비는 다시 화해하게 되었다.

강동을 평정한 손책

　한편 손책은 부친상을 치른 뒤 서주 태수 도겸과 단양 태수 오경의 불화로 인해 어쩔 수 없이 모친과 식구들을 곡아로 옮기고 원술을 찾아갔다. 원술은 손책을 매우 아껴서 늘 탄식하듯 말하였다.

　"내게 손랑(손책) 같은 아들이 있다면 지금 죽은들 무슨 한이 있으리오!"

　그리고 손책을 회의교위(군사장교)로 삼고 병력을 이끌고 경현 태사 조랑을 치게 하자 손책이 그들을 가볍게 물리치고 돌아왔다. 원술은 손책에게 또다시 여강 태수 육강을 공격하게 하니 이번에도 역시 이기고 돌아왔다.

　그날 밤, 원술과 술자리를 끝내고 돌아온 손책은 원술이 자신을 대하는 태도가 몹시 거만한 것을 보고 속이 상해 달빛이 비치는 뜰 안을 홀로 거닐고 있었다. 그런데 당대의 영웅이었던 아버지 손책에 비해서 이토록 몰락한 자신의 처지를 생각하자니 갑자기 한심하기도 하고 처량하기도 하여 자기도 모르게 크게 통곡하였다.

　그때 밖에서 손견의 부하였던 주치가 들어오더니 손책에게 옥새를 맡기고 군사를 빌리자는 계책을 냈다. 손책은 주치의 말대로 원술을 만나

'곡아에 있는 노모와 처자식이 해를 입을 위기에 있으니 당장 구하러 가겠다'며 대신 옥새를 맡길 테니 병력을 빌려달라 하였다. 옥새를 본 원술은 뛸 듯이 기뻐하며 즉시 군사 3천과 말 5백 필을 내주었다.

손책은 사례한 후 주치, 여범과 부친 시절부터 함께한 정보와 황개, 한당과 함께 강동으로 떠났다. 손책이 병력을 이끌고 역양(歷陽)에 이르자 한 무리의 군사가 달려오는 것이 보였다. 선두에 선 사람은 자태가 우아하고 용모가 수려하였는데 말에서 내리더니 곧장 손책에게 절을 하였다. 손책이 그 사람을 보니 여강군 서성현에서 한때 나이가 같고 서로의 정이 친밀하여 형제의 의를 맺은 주유(자 공근)였다. 둘은 그 당시 손책이 주유보다 두 달이 빨라서 주유가 손책을 형으로 모셨었다.
손책이 주유를 만나 크게 기뻐하며 속마음을 털어놓자 주유가 말했다.
"제가 미천하나마 온 힘을 다 바쳐 대업을 함께 이루겠습니다."
손책이 기뻐하며 말했다.
"내가 공근(주유)을 얻었으니 대업은 이제 이루어진 것이나 다름없소."
손책은 주유가 천하를 다스릴 만한 뛰어난 인재라며 추천한 장소와 장굉을 몸소 찾아가서 함께 강동으로 돌아왔다.

손책은 먼저 유요부터 치기로 했다. 유요는 연주 자사 유대의 아우이며 전에 양주 자사로서 수춘에 주둔하다가 원술에게 쫓겨 강동의 곡아까지 온 것이었다. 주유가 곡아를 습격해서 점령하였고, 손책은 유요의 장수인 우미를 순식간에 사로잡아 진으로 돌아가는데 우미가 사로잡힌 것을 본 번능이 달려가 등 뒤에서 창으로 찌르려는 찰나 군사들이 소리

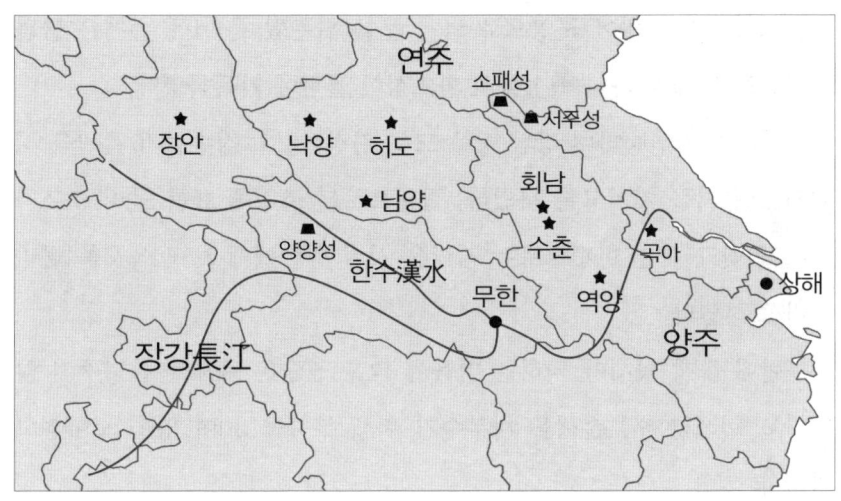

첬다.

"등 뒤에 누군가 몰래 해치려고 합니다!"

깜짝 놀란 손책이 고개를 돌려 크게 고함을 치니 마치 우렛소리 같아서 번능은 크게 놀라 말에서 떨어져 그만 머리가 깨져 죽었다. 이때부터 사람들은 손책을 소패왕이라 불렀다. 정예 병사 2천여 명과 함께 끝까지 유요의 복수를 다짐하던 태사자도 손책과 주유의 계책으로 결국 생포되어 투항하였다.

이제 손책은 수만의 무리를 모으고 강동으로 내려가 백성을 편안케 하고 사람들을 잘 보살피니 투항에 오는 자가 부지기수였다. 강동의 백성들은 모두 손책을 손랑이라 불렀다. 손랑의 군대가 오면 간담이 서늘해서 달아나기에 바빴으나 손책(손랑)이 군사들에게 한 사람도 노략질을 못 하게 하자 닭과 개도 놀라지 않게 되었고, 모든 백성들은 기뻐하여

소를 잡고 술을 내어 군영으로 와서 군을 위문했다. 이에 손책은 금과 비단으로 답례를 하니 백성들의 환호성이 들판에 가득하였다.

손책은 연전연승하며 강남 땅을 모두 평정하였고 장수들과 문관을 시켜서 요충지를 지키도록 하였다. 한편으로는 조정에 표를 올려 조조와 교분을 맺고 다른 한편으로는 사람을 시켜 원술에게 보내 옥새를 돌려달라고 하였다.

그런데 몰래 황제가 되려는 마음을 먹은 원술은 옥새를 돌려주지 않겠다고 회신한 후, 손책을 쳐부수기 위해 부하들 30여 명을 모아놓고 말했다.

"손책이 내 군마를 빌려서 군사를 일으켜 강동지역을 모조리 정벌하고 보답할 생각은커녕 옥새를 돌려달라 하니 무례하기 짝이 없다."

그러자 장사 양대장이 말렸다.

"손책은 장강의 험준한 곳을 점거하고 있고 병사는 정예병이며 식량도 풍부하여 아직 도모할 시기가 아닙니다. 먼저 유비를 토벌하여 예전에 아무 이유 없이 우리를 공격한 원한을 갚은 뒤에 손책을 도모해도 늦지 않습니다. 또한 유비를 공격하기 전에 여포에게 식량을 보내 여포의 마음을 묶어두고 관망하도록 하면 유비를 쉽게 잡을 수 있고 그다음에 여포를 공격하면 서주도 쉽게 얻을 수 있습니다."

이에 기령이 10만 대군을 이끌고 유비를 정벌하기 위해 소패로 진격하자 유비는 즉시 여포에게 서찰을 보내 구원을 요청하였다. 여포가 유비와 기령을 술자리로 불러 중재를 하자 기령과 유비는 각각 군대를 뒤로 물렸다.

기령이 회남으로 돌아가서 원술에게 여포가 원문에서 방천화극 위 작은 가지에 화살을 한 방에 맞추어 화해토록 한 일을 말하자 원술이 크게 화를 내며 말했다.

"여포가 내게 많은 군량미를 받고 오히려 아이들 장난 짓을 하여 유비를 편들어 보호해 주다니 내 마땅히 대군을 일으켜 먼저 유비를 정벌한 뒤에 여포를 토벌하겠다."

원술은 기령의 계책대로 여포와 유비를 이간질하는 소불간친지계(疎不間親之計: 외부인이 내부의 친한 사이를 이간질할 수 없는 계책)를 썼다. 그리하여 여포에게 예물을 보내 원술의 아들과 여포의 딸을 혼인하자고 하였다. 여포는 크기 기뻐하며 청혼을 허락하였다. 이에 여포의 딸이 혼인하기 위해 성 밖으로 출발하자 평소에 유비를 존경했던 진등의 아버지 진규가 소불간친지계임을 알아채고 유비가 위험하다며 병든 몸을 이끌고 찾아와 여포에게 말했다.

"이 결혼은 원술이 주공의 딸을 볼모로 잡고 유비를 치려 하는 것이오. 그러면 이곳 서주도 당장 위험해지게 됩니다. 또한 황제가 된 원술은 이미 역적이라 혼인을 하게 되면 주공 역시 곧 역적이 되는 것입니다."

이 말을 듣고 여포는 정신이 번쩍 들었다. 급히 장요에게 병력을 이끌고 뒤쫓게 하여 3십 리 밖에서 딸을 빼앗아 돌아왔다.

그러던 어느 날 여포의 수하인 송헌과 위속이 산동에서 말 3백 필을 사 오다 절반을 장비에게 빼앗기자 아무도 믿을 수가 없었던 여포는 소패성을 에워싸고 거세게 공격하였다. 유비는 또다시 소패성을 떠날 수밖에 없었다.

소패성을 떠나 근거지 없이 계속 유랑하던 유비는 조조에게 손건을 보내서 서주성을 빼앗긴 경위를 설명하고 의탁하고 싶다는 뜻을 전했다. 조조의 책사인 순욱과 정욱은 항상 경계하던 유비를 제거할 좋은 기회라 여겨 이번에야말로 유비를 죽여 후환을 없애자고 조조에게 권했다.

그러나 조조는 곽가의 말을 듣고서 오히려 유비를 기쁘게 맞이하고 잔치를 베풀어 주었다. 그리고 예주 태수에 임명해서 군사 3천과 1만 석의 양식을 주며 예주로 가서 장졸들을 규합해 오히려 여포를 공격하도록 하였다.

조조도 군사를 일으켜 스스로 여포를 정벌하러 가려는 순간, 장수(동탁의 장수이자 장제의 조카)가 형주 태수 유표와 짜고 완성에 진을 치고 허도를 쳐서 천자를 빼앗으려 한다는 급보가 날아들었다. 조조는 크게 노하여 장수부터 치기로 하였다. 장수는 책사인 가후의 계책에 따라 싸우지 않고 먼저 항복을 하기로 하였다. 조조가 크게 기뻐하자 장수는 매일 조조를 위해 주연을 베풀어 주었다.

그러던 어느 날 조조가 침전에 들며 조카인 조안민에게 넌지시 물었다.
"성안에 기녀가 있느냐?"

조카인 조안민은 조조의 의도를 알아차리고 장수의 숙부인 이미 죽은 장제의 처 추씨 부인을 추천하였다. 조조는 매일 추 부인의 미모에 빠져 성 밖으로 거처를 옮기고 장막 안에서 밤낮을 가리지 않고 추씨의 몸을 탐내며 몇 날 며칠을 보내고 있었다.

추씨 부인이 매일 조조에게 농락당한다는 소문은 곧 장수의 귀에도 들어갔다. 장수는 크게 화를 내며 가후의 계책을 따라 조조를 호위하던 전위에게 술을 진탕 먹여 취하게 한 후, 조조가 있는 군영에 불을 질렀다. 군영이 불바다로 아비규환이 되자 저항하던 호위무사 전위는 장수의 졸개들에게 먼저 죽임을 당하였다.

조조는 가까스로 탈출하여 육수 강가에 이르렀으나 적병이 뒤쫓아와서 추씨 부인을 조조에게 보낸 조안민을 베어 죽인 뒤 그 몸을 다져진 고기로 만들어버렸다. 이때 쫓기던 조조와 말을 바꿔탄 조조의 장남 조앙 역시 목숨을 잃게 되었다. 가까스로 탈출한 조조는 전위와 아들을 위해 넋을 기리는 제를 올리며 여러 장수들을 돌아보며 말했다.

"내가 맏아들과 조카를 잃었으나 깊이 애통하지는 않소, 단지 이렇게 울부짖는 것은 오로지 전위를 잃었기 때문이오."

이를 지켜보던 모든 사람들이 감탄하였다.

이튿날 조조는 명을 내려 군사를 거두어 허도로 회군하였다.

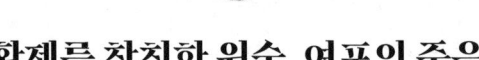

황제를 참칭한 원술, 여포의 죽음

그 무렵 원술은 회남에 있었는데 땅이 넓고 식량은 풍부한 데다 손책이 맡긴 옥새를 가지고 있어서 마침내 황제를 참칭하려 생각했다. 원술은 스스로를 황제라 칭하며 연호를 '중씨'라 하고 관청을 세웠다. 그리고 용봉연(천자의 가마)을 타고 남쪽과 북쪽의 들에서 제사를 올린 후, 풍방의 딸을 황후로 삼고 자신의 아들을 동궁으로 삼았다.

그런데 여포의 딸과 자신의 아들을 중매한 한윤을 여포가 허도로 강제로 압송하여 조조에게 죽임을 당했다는 소리를 듣고 원술은 크게 분노하였다. 원술은 곧바로 20만 대군을 일으켜 서주로 진격했으나 여포에게 크게 패해 회남으로 달아났다.

여포에게 대패한 원술은 사자를 강동으로 보내 손책의 병력을 빌려서 다시 보복하겠다고 하였으나 오히려 손책이 크게 화를 내며 말했다.

"내 옥새를 가지고 황제라고 참칭하며 한나라를 배신했으니 이는 대역무도한 짓을 저지른 것이다. 오히려 내가 군사를 일으켜 원술의 죄를 묻고자 하거늘 이 어찌 역적을 도울 수 있단 말이냐?" 하고는 사자를 돌려보냈다.

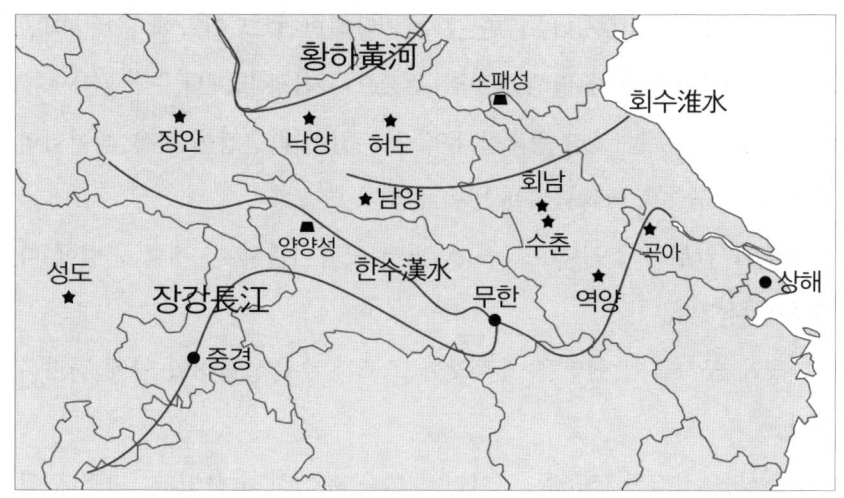

　이때 마침 손책에게 원술을 치라는 천자의 조서가 내려왔다. 손책은 원술을 측면에서 치기로 하고 조조는 예주의 유비와 서주의 여포에게도 서찰을 보내 참전토록 하였다.

　조조와 유비, 여포의 군사들이 밀듯이 밀려들자 원술은 수춘성 문을 닫아걸고 버티다 손책마저 공격해 온다는 소식을 접하자 급히 회수를 건너 피신하였다.

　조조의 군대가 수춘성에 당도하니 몇 년 동안의 가뭄과 물난리로 인해 백성들은 굶주리고 있었다. 조조의 대군도 하루 소비하는 식량이 엄청나다 보니 한 달 만에 군량이 바닥나기 시작했고 군사들도 조조를 원망하기 시작했다. 그러자 조조는 죄 없는 군량 담당 왕후를 불러 네 목을 빌려달라며 아무렇지도 않은 듯이 이렇게 말했다.

"자네 목을 빌려주게나. 17만 군사를 달래려면 그 길밖에 없네. 대신 그대의 처자식은 내가 평생 돌보아 주겠으니 걱정 말게나."

그리고 도부수를 불러 왕후를 문밖으로 끌어내 단칼에 목을 베어버리고 왕후가 군량을 **빼돌렸다**는 방을 붙였다.

'왕후가 일부러 소곡(작은 그릇)을 써서 군량미를 훔친 것을 군법에 따라 처단하였다.'

그렇게 군사들의 원망을 가라앉힌 조조는 수춘성을 3일 만에 점령하였다.

수춘성을 점령한 조조는 연이어 원술을 추격하려 하였다. 그런데 갑자기 유표에게 의탁해 있던 장수가 백성들에게 다시 오만방자하게 굴어 남양과 강릉의 모든 현들이 반란을 일으켰다는 소식이 허도로부터 날아들었다.

조조가 이에 군사를 이끌고 허도로 돌아오자 단외는 이각을 죽이고 오습은 곽사를 죽여서 그 머리를 조조에게 바쳤다. 조조는 이를 크게 치하한 후, 장수를 치기 위해 순욱을 허도에 남겨 장병들을 파견하도록 하고 자신은 몸소 대군을 거느리고 출발하였다.

때마침 군사들이 행군 도중에 밀밭을 지나게 되자 조조는 밀밭을 함부로 밟지 못하도록 엄명을 내렸다. 그런데 밀밭 옆을 지나는데 말발굽 소리에 놀란 비둘기가 갑자기 날아오르자, 조조가 타고 있던 말이 깜짝 놀라 밀밭으로 들어가서 밀밭을 크게 짓밟고 말았다.

조조는 "내가 스스로 법을 만들고 스스로 법을 어긴다면, 어찌 사람들을 복종시키겠는가?" 하고는 즉시 차고 있던 칼을 뽑아 자신을 찌르려 하였다. 장수들이 이를 황급히 제지하였고 옆에 있던 곽가가 조조에게 말했다.

"춘추에도 존귀한 분에게는 법을 적용할 수 없다고 했습니다. 승상께서는 대군을 통솔하고 계시거늘 어찌 스스로 벌하여 죽으시려 하십니까?"

조조가 한참 신음하다가 칼로 자신의 상투를 칼로 잘라서 땅에 던지며 말했다.

"그럼, 머리털로 내 목을 대신하겠다."

이후 삼군의 장병들은 아무도 군령을 거스르지 않게 되었다.

장수는 조조의 군사들이 들이닥치자 남양성 문을 굳게 닫고 나오지 않았다. 조조가 성을 살펴보며 사흘이 지나자, 가후가 조조의 의도를 알아채고는 장계취계(將計就計: 남의 계략을 역이용)하고자 장수에게 일러 말했다.

"서북쪽에 풀을 쌓아 허장성세로 속이고 와자지껄 떠들고 우리 군사를 철수시켜 서북쪽을 지키도록 하면 적들은 야음을 틈타 동남쪽을 공격할 것입니다. 그리고 정예 병력들을 모조리 동남쪽 건물에 숨기고 백성들을 변장시켜 서북쪽을 지키는 척하면 적들이 동남쪽 성을 기어오를 때 일제히 공격해 조조를 잡을 수 있습니다."

장수가 가후의 계책을 따르자, 조조의 정찰병이 장수가 군사를 거두어 전부 서북쪽을 지키게 하여 동남쪽은 텅 비어 있다고 조조에게 보고하였다. 조조는 자신의 계책이 맞았다고 생각하며 낮에는 서북쪽을 공격하다가 밤 10시가 되자 정예 병력을 동남쪽으로 이동하여 한꺼번에 몰려 들어갔다. 그러자 매복병이 사방에서 쏟아져 나오자, 조조 군은 당황하여 급히 물러났다. 이때 뒤에서 장수가 용감한 병사들과 함께 돌격하니 조조는 크게 패하고 성 밖으로 수십 리까지 달아났다. 장수는 날이 밝을 때까지 조조 군을 무찌르고는 군사들을 거두어 입성하였다.

이때 허도에 있던 순욱이 원소가 허도를 침범할 것이라는 소식을 전하자, 조조는 긴급히 허도로 회군하였다. 조조가 허도에 도착해 보니 원소로부터 공손찬을 치려 한다며 군량과 군사를 빌려달라는 편지가 왔는데 그 태도가 교만하기 짝이 없었다. 조조가 곽가에게 의논하였다.

"원소가 이리 오만방자하여 내가 당장 토벌하고 싶은데 힘이 미치지 못하는 것이 한스럽구려. 어찌하면 좋겠소?"

그러자 곽가는 이렇게 말했다.

"지금 원소에게는 열 가지 지는 것이 있고 승상께서는 열 가지 이기는 것이 있으니 원소 군이 지금 막강하다 하여도 두려울 게 전혀 없습니다.

첫째, 도(道) 원소는 번잡한 예의와 과한 의례를 좋아하는데 승상은 자연스러움에 맡깁니다.

둘째, 의(義) 원소는 천자를 거스르나 승상은 순리를 따르십니다.

셋째, 치(治) 원소는 관대함으로 다스리지만, 승상은 엄격하게 법대로 하십니다.

넷째, 도(度) 원소는 밖으로는 관대한 척하며 속으로는 꺼리고 친척에게 중요 소임을 맡기지만 승상께서는 오로지 재능에 따라 사람을 씁니다.

다섯째, 모(謀) 원소는 꾀가 많으나 결단력이 없고 승상은 계책이 정해지면 신속하게 일 처리를 하십니다.

여섯째, 덕(德) 원소는 명예만 얻으려 하지만 승상께서는 정성껏 사람을 대하십니다.

일곱째, 인(仁) 원소는 가까운 사람은 구하고 먼 사람을 홀대하지만, 승상은 주위를 두루 배려하고 보살피십니다.

여덟째, 명(明) 원소는 중상모략에 혹해서 흔들리지만, 승상은 그런 말에 바로 흔들리지 않습니다.

아홉째, 문(文) 원소는 옳고 그름의 기준이 자주 변하나 승상은 법도가 엄격하고 투명하십니다.

열 번째, 무(武) 원소는 병법도 모르고 허세를 부리지만 승상은 적은 병력으로 많은 병력을 이기는 용병술이 뛰어나십니다.

그러하니 어찌 원소를 이기지 못하겠습니까?"

이어 옆에 있던 순욱도 곽가의 말이 옳다며 거들고, 우리가 원소를 공격하면 서주의 여포가 이 틈을 놓치지 않고 허도를 침범할 것이라 하자 조조도 그 말을 따라 동쪽에 있는 여포부터 치기로 하였다.

한편 여포가 서주에서 손님을 맞아 연회를 베풀 때마다 진규 부자는 여포의 덕을 지나치게 칭송하였다. 그것을 못마땅하게 여긴 진궁이 여포에게 진규, 진등 부자를 조심해야 한다고 일렀다. 그러나 여포는 오히려 이들 부자를 편들며 진궁을 몹시 꾸짖었다.

그러던 어느 날, 진궁이 소패 근처로 사냥을 나갔다가 조조에게 군사를 주면 여포를 치겠다는 유비의 밀서를 획득하게 되었다. 이것을 본 여포는 크게 놀라 진궁과 장패를 시켜 동쪽으로 산동과 연주를 취하게 하고 고순과 장요에게 명해 유비를 공격하여 소패성을 빼앗도록 하였다.

여포의 공격에 유비는 조조에게 지원군을 요청하였다. 조조는 하후돈, 하후연, 여건과 이전에게 명하여 지원군 5만을 주고 스스로 대군을 이끌고 뒤따랐다. 이때 하후돈이 고순을 공격하여 추격할 때 여포 군의 진지 위에서 조성이 쏜 화살에 하후돈의 왼쪽 눈이 명중되었다. 하후돈이 급히 한 손으로 화살을 뽑자 눈알까지 뽑혀 나왔다. 하후돈이 크게 외쳤다.

"아버지의 정기와 어머니의 피로 만들어진 것이니 버릴 수 없다!"

그리고 곧바로 눈알을 입으로 삼키고 창을 쥐고 말을 달려 조성을 한 창에 찔러 죽였다. 그리고 말을 달려 돌아가는데 고순이 뒤를 추격하여 군사를 이끌고 일제히 달려들자, 조조 군은 대패하여 패잔병을 이끌고 제북으로 퇴각하여 진지를 다시 세웠다.

여포도 휘하장수와 함께 세 갈래로 유비를 공격하여 유비 역시 결국 부인과 가족을 돌볼 새도 없이 소패성을 버리고 도망갈 수밖에 없었다. 여포는 스스로 군을 이끌고 산동과 연주의 경계로 가고 고순과 장요에게 소패를 지키도록 하였다. 그런데 소패성이 다시 조조 군의 공격을 받고 있다는 급보에 여포는 조조 군을 치기 위해 준비를 서둘렀다. 그리고 출전에 앞서 진규, 진등 부자의 말에 따라 성안의 가족들과 재물 군량을 하비성에 옮겨 놓았다.

한편 진궁도 진등에게 속아 소관을 버리고 서주로 진격하는 사이 여포도 소관을 향해 진군하다 보니 아군끼리 뒤엉켜 서로 적으로 오인하고 싸웠다. 진등은 조조에게도 소관성으로 진격하라는 밀서를 보낸 터라 진궁과 여포가 서로 아군끼리 오인하고 싸우는 동안 조조가 여포 군

198년, 조조와 여포의 하비성 전투

을 급습하니 여포 군은 결국 대패하고 말았다.

　나중에 여포는 이 모든 것이 진규, 진등 부자의 간계임을 깨달았지만 서주는 이미 조조가 차지하고 난 뒤였다. 조조는 유비와 진등 부자에게 큰 상을 내리고 잔치를 베풀어 주었다.

　서주를 빼앗긴 여포는 지난날의 혼사를 핑계로 원술에게 지원군을 요청했지만, 마음이 자주 변하는 여포를 믿을 수 없다며 원술은 의심부터 했다. 여포는 직접 자신의 딸을 데리고 포위망을 뚫고자 하였으나 유비와 관우, 장비 그리고 조조 군의 서황과 허저까지 겹겹이 에워싸고 있어서 결국 하비성으로 되돌아갈 수밖에 없었다.

　그 이후 여포는 성에 틀어박혀서 초선과 본부인 엄씨를 오가며 주색에만 빠져 나날을 보내고 있었다. 그러던 어느 날 문득 정신을 차리고 거울을 보니 본인 몰골이 말이 아니었다. 여포는 곧장 성안에 명령을 내려 앞으로 술을 마시면 모두 참형에 처한다는 금주령을 내렸다.

그런데 후성이라는 장수에게 말이 15필이 있었는데 그 말을 돌보던 자가 말을 빼돌려 유비에게 주려 한 것을 알고 추격하여 다시 빼앗아 돌아오자 여러 장수들이 이를 축하하였다. 이에 후성은 장수들과 함께 술을 딱 한 번만 마실 것을 요청하자 여포는 화가 나서 곤장 50대를 치게 했다. 이에 격분한 후성은 다른 장수인 위속, 송헌과 함께 여포를 배신할 것을 모의하였다.

먼저 후성이 마구간으로 가서 몰래 적토마를 훔쳐 달아나 조조에게 바치며 그간의 사정을 알렸다. 그리고 조조 군이 들어오면 성안에서 위속과 송헌이 백기를 꽂는 것을 신호로 성문을 열어줄 것이라 하였다. 이 말을 듣고 조조는 뛸 듯이 기뻐하여 바로 군사를 일으켜 하비성을 공격하였다.

한동안 여포가 성안에서 조조 군을 상대하다가 잠시 쉬고 있다 깜빡 잠이 들었다. 송헌은 이때를 안 놓치고 먼저 여포의 방천화극을 훔치고 위속과 함께 여포를 꽁꽁 묶고 단단히 포박했다. 그러고는 방천화극을 아래로 던지고 성문을 활짝 열어젖혔다. 그러자 조조 군이 몰려 들어와 단숨에 성을 점령해 버렸다.

진궁 역시 서황에게 잡혀서 밧줄에 꽁꽁 묶인 채로 끌려왔다. 조조가 자신의 첫 번째 책사인 진궁에게 물었다.

"그동안 별일 없었소? 그런데 어찌하여 여포를 섬겼소?"

그러자 진궁이 대답했다.

"네가 마음을 쓰는 것이 워낙 못돼서 내가 너를 버렸을 뿐이고, 여포는 비록 꾀는 없지만 너처럼 간사하고 교활하며 음흉하지는 않다."

조조가 재차 물었다.

"그런데 자네처럼 지모가 뛰어난 자가 어찌 이렇게 밧줄에 묶여서 끌려온 신세가 되었는가?" 하고 냉소하며 묻자, 턱으로 여포를 가리키며 말했다.

"이 사람이 내 말을 듣지 않았기 때문이다. 내 말대로 하였으면 분명히 잡히지 않았을 것이다."

"그러면 어찌하면 좋겠는가?"

"오늘 죽을 것이다."

"그러면 자네 노모와 처자는 어찌하면 좋겠는가?"

"내가 듣기론 효로써 천하를 다스리는 자는 남의 어버이를 해치지 않으며 어진 정치를 베푸는 자는 남의 제사를 끊지 않는다고 했다. 노모와 처자는 네게 달려 있을 뿐이니 나는 이미 잡힌 몸이라 어서 죽기만 바랄 뿐 다른 걱정은 없다."

조조는 아직도 그를 아끼는 마음이 남아있어서 회유했으나 진궁은 끝내 죽기를 자청하였다. 조조는 진궁의 노모와 처자를 허도로 보내 죽을 때까지 돌보아 주고 진궁의 시신을 거두어 정중하게 장사 지내 주었다.

한편 함께 잡힌 여포는 유비가 대장이 되고 자신이 부장이 되면 천하를 평정할 수 있다며 애타게 살려달라고 하였다. 그러자 곁에 있던 조조가 유비에게 물었다.

"유비, 자넨 어떻게 생각하시오?"

유비가 대답했다.

"승상께서는 정원과 동탁의 일을 잊으셨습니까?"

조조는 여포를 백문루 아래로 끌고 가 즉시 목을 졸라 죽이도록 명령했다. 그러자 여포가 유비를 노려보며 크게 외쳤다.

"이 귀가 큰 놈아. 지난날 원문에서 화살로 방천화극을 맞춰 너를 살려준 일도 기억하지 못하느냐?"

그러자 갑자기 한 사람이 나타나 크게 소리쳤다.

"여포 이 필부 놈아, 죽으면 죽는 거지. 어찌 그리 두려움이 많단 말이냐?"

모두가 바라보니 도부수가 장요를 끌고 오는 것이었다.

조조는 곧바로 명을 내려 여포의 목을 졸라 죽이고 머리를 장대에 매달았다. 조조가 장요마저 칼을 들어 베려 하자 유비와 관우가 팔을 잡고 무릎을 꿇고 제지하며 유비가 말했다.

"이 자는 충성을 다하는 사람이오니 마땅히 머물게 하여 쓰셔야 합니다."

이에 감복한 장요는 조조에게 투항하였다. 하비성마저 이렇게 점령한 조조는 유비와 함께 허도로 돌아왔다.

서기 199년, 북방에서는 원소의 기나긴 공격으로 공손찬이 지키던 역경성이 무너지고 말았다.

역경성은 워낙 견고한 성이었던지라 원소는 성벽 밑으로 땅굴을 파서 곧장 공손찬이 있는 망루까지 이르러 불을 질렀다. 공손찬은 더 이상 달아날 길이 없자 자신의 손으로 처자식을 죽이고 자신도 목을 매어서 모두 불에 타 죽었다. 이로써 기주의 원소는 공손찬의 병력을 얻게 되면서 유주 땅마저 차지하여 이제 그 누구도 넘볼 수 없었던 세력이 되었다.

원소의 아우인 원술은 회남에서 백성들을 돌보지 않고 교만함과 사치함이 지나쳐서 모든 백성들이 자신에게 반기를 들자, 원소에게 사람을 보냈다. 그리고 황제 칭호를 돌려주고, 옥새를 탐내고 있던 원소에게 직접 가서 옥새를 돌려주겠다고 약속하며 회남을 포기하고 하북(기주)에 의탁하고자 하였다.

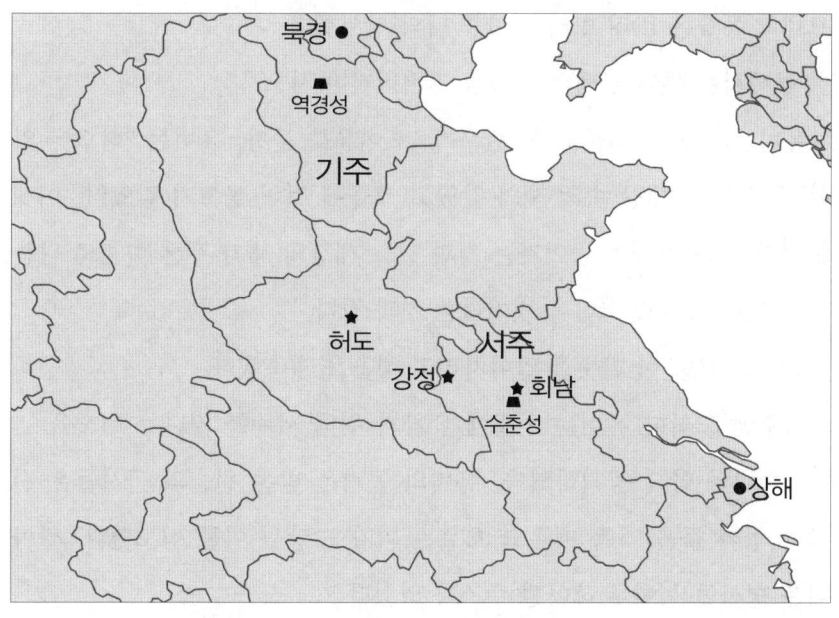

유비는 공손찬의 죽음을 접하고 옛날 자신을 천거해 준 은혜를 생각하며 슬픔을 억누를 수 없었다. 그리고 조운(자룡)이 어찌 되었을까 궁금하던 차에 속으로 생각하였다.

"내가 지금 이 기회를 놓치면 조조에게서 도저히 벗어날 방법이 없구나."

그리고 조조에게 찾아가 말했다.

"원술이 만약 원소에게 넘어가면 분명히 서주를 지날 것입니다. 그럼 제가 가서 길을 막고 공격하여 원술을 잡겠습니다."

조조는 선뜻 수락하고 황제에게 알리고 출병하라 하였다.

또한 군사 5만을 주어 유비가 대장을 하고 주령과 노소를 붙여주어 동행토록 하였다. 유비가 황제께 작별을 고하니 황제는 울면서 유비를 보내고 동승은 10리 밖까지 마중 나와 당부했다.

"공께서는 부디 황제의 마음을 저버리지 마시오."

유비는 행군을 서둘렀다. 관우가 그 이유를 묻자, 유비는 "허도에 있는 동안 나는 새장 속의 새와 같았고 그물에 걸린 물고기 같았다. 이제 물고기가 큰 바다로 들어가는 것과 같고 새장의 새가 푸른 하늘로 나는 것 같으니 새장과 그물을 벗어나는 것과 같다."

관우는 금방 이 말뜻을 알아차리고 행군을 재촉했다.

서주에 도착한 유비는 원소에게 가기 위해 서주를 지나는 원술을 관우, 장비와 함께 공격하였다. 유비의 공격을 받은 원술의 군사들은 시체가 엉켜 들을 가득 메우고 흐르는 피가 도랑을 이룰 정도였다. 달아나는 병사들은 이루 헤아릴 수조차 없었다.

원술은 병력과 재산을 다 잃고 겨우 목숨만 부지하고 달아나 쫓기는 신세가 되자 수춘성으로 다시 돌아가려 했다. 그러나 도적 떼에게 습격을 받아 할 수 없이 강정에 주둔하다가 식량마저 바닥이 나게 되었다. 결국 부하들과 백성들의 외면으로 물 한 모금 얻어 마시지 못하고 흙바닥에 쓰러져 피를 한 말이나 토하고 죽었다. 이때가 199년 6월이다.

　이에 조카 원윤이 원술의 영구와 처자식을 데리고 여강으로 갔으나 서구에게 모조리 살해당했다. 이때 서구가 옥새를 빼앗아 허도에 있는 조조에게 바쳐 옥새는 조조에게 넘어가게 되었다.

　유비는 원술이 죽자 이를 조정에 알리고 주령과 노소는 다시 허도로 돌아가게 하였다. 그러나 유비는 조조의 군사 5만은 서주를 지킨다는 구실로 돌려보내지 않았다.

조조 독살 사건과 관우의 투항

한편 천자 헌제의 측근이자 장인인 동승은 유비가 떠나간 뒤로 밤낮으로 왕자복과 상의했지만, 별다른 계책이 없었다.

서기 200년. 조정의 신년 하례회 때 조조가 천자에게 날이 갈수록 교만과 횡포를 더해가자, 동승은 울분이 솟구쳐서 병이 들어 몸져눕게 되었다. 헌제는 동승이 몸져누웠다는 말을 듣고 왕의 주치의인 길평에게 치료하도록 했다. 길평은 동승의 병을 보자마자 조조 때문에 병이 난 것을 단박에 알아보고 동승에게 은밀히 이야기했다.

"많은 사람들이 개입할 필요도 없이 조조의 목숨은 제 손안에 달려 있습니다. 조조는 만성 두통을 앓고 있는데 뼛속까지 아프고 한 번 발작하면 저에게 치료를 받습니다. 조만간에 조조가 저를 찾으면, 그때 바로 독약을 먹이면 죽을 것이니 굳이 창칼을 사용하지 않아도 되지요."

이에 동승은 크게 기뻐하였다. 그러나 이를 몰래 엿들은 진경동이라는 동승 하인이 조조에게 밀고하였다.

다음 날 조조는 일부러 두통이 있다며 길평을 불러 약을 짓도록 했다. 조조는 길평이 약사발을 달여서 바치자, 독약이 든 것을 미리 알고 지체하면서 약을 먹지 않고 말했다.

"임금께서 병이 나서 약을 마실 땐 신하가 먼저 맛을 보는 것이다. 너는 나의 심복이니 네가 먼저 마셔 보아라."

길평은 일이 사전에 누설된 것을 알고 성큼성큼 걸어가 조조의 귀를 잡고 약을 입에 부어 넣으려 하였다. 그러나 조조가 약을 뿌리치는 바람에 약이 바닥에 쏟아지고 약사발은 산산이 부서졌다. 꼼짝없이 잡힌 길평은 손가락이 모두 잘리는 모진 고문에도 끝까지 버티며 머리를 주춧돌에 박고 자결하고 말았다.

결국 조조 독살 사건은 이렇게 끝이 나고 조조는 독살을 모의한 동승과 다섯 사람의 전 가족 및 일가 등 7백여 명을 모두 성문으로 끌고 가서 죽였다. 조조는 이후 천자 헌제를 자신의 수하인 3천여 명의 어림군으로 궁문을 지키게 하고 조홍을 대장으로 임명하였다. 이제 천자는 꼼짝없이 감금당한 꼴이 되어버렸다.

피비린내 나는 조조 독살 사건이 끝나자, 조조는 이 일에 가담한 서주의 유비와 서량의 마등을 치기로 하였다. 그러나 마등은 서량에 주둔하고 있어 가볍게 취할 수가 없고, 유비를 가만히 두면 인재들이 모여들어 날개가 달려 더욱 제거하기 어려울 것이라 유비부터 먼저 치기로 하였다.

조조는 곧장 20만 대군을 이끌고 다섯 갈래로 나누어 서주로 진격했다. 이 소식을 접한 유비는 하북으로 손건을 보내서 먼저 전풍을 만나서 상세히 설명하였다. 전풍은 손건을 안내하여 원소에게 유비의 서신을 바쳤다.

전풍은 원소에게 조조가 동으로 유비를 공격하면 허창이 텅 빌 것이니 이때를 노려 조조에게 쳐들어가면 천자도 구하고 만민을 구할 수 있다며 원소에게 결단을 요구하였다. 그러나 원소는 자신이 가장 총애하는 막내아들이 병이 들어 참전하지 못하니 대신 만일 유비가 위태로우면 언제든지 이곳으로 오라고 전하였다. 전풍은 조조를 물리칠 절호의 기회를 놓치는 게 안타까워 지팡이로 땅을 치며 말했다.

"이토록 얻기 어려운 기회를 젖먹이 병 때문에 놓친다면 대사를 그르치게 됩니다. 너무도 애석하고 애통합니다" 하며 발을 구르며 길게 탄식하며 나갔다.

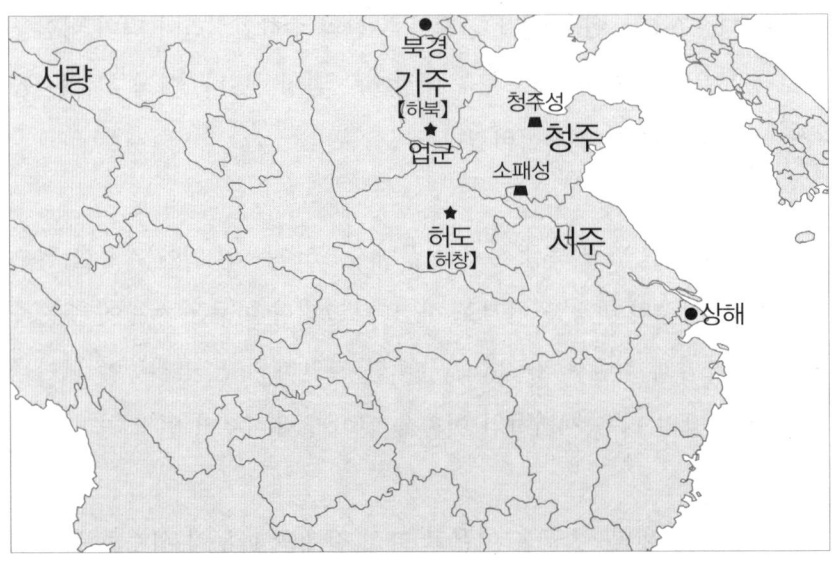

드디어 조조 군이 긴 행군을 해서 서주의 소패성에 도달할 즈음 광풍이 거세게 불더니 갑자기 요란한 소리가 크게 나며 상아로 장식한 깃발

삼국지, 한 권으로 끝내기

이 바람에 부러졌다. 조조는 징조가 안 좋다며 일단 부대를 아홉 부대로 나누어 한 부대만 영채를 세우게 하고 나머지 부대는 모두 여덟 방면으로 매복하였다.

이 사실을 모르는 장비는 조조 군이 긴 행군에 지쳤을 거라 지레짐작하고 조조 진영을 기습했다. 영채에 들어가니 영채는 거의 텅 비어 있고 인마(人馬)들만 드문드문 있었다. 이때 사방에서 불빛이 크게 일더니 함성이 크게 울렸다. 계략에 빠졌다 생각한 장비가 급히 영채 밖으로 나갔다. 그러나 매복한 군사들에 의해 탈출구가 막히고 위급해지자 장비가 거느린 병사들은 원래 조조의 옛 병사들이었던지라 모조리 조조 군에 투항해 버렸다. 장비는 수십 기만 데리고 포위를 뚫고 소패로 가려 했으나 그마저 길이 끊겨 망탕산 쪽으로 달아났다.

이어 유비도 역시 군사들을 이끌고 영채를 덮치려 영채 문에 접근하였다. 그러자 큰 함성이 일면서 사방에서 매복군이 튀어나와 절반의 군사들을 잃었다. 겨우 포위를 뚫고 달아났지만, 하후돈과 하후연이 계속 뒤를 쫓아왔다. 유비가 고개를 돌아보니 겨우 30여 기만 뒤를 따랐다. 하는 수 없이 소패성으로 달아나려 했지만 이미 소패성은 불길이 치솟아서 포기할 수밖에 없었다. 그래서 서주와 하비 쪽으로 가려 했으나 이 모두 조조 군에게 포위되자 단기필마로 황하로 빠져나와 북쪽으로 도주하여 청주 쪽으로 3백 리를 달아났다.

청주성 아래에 도착하자 청주 자사인 원소의 아들 원담이 즉시 문을 열어 맞이하였다. 원담이 역관에 유비를 머물게 하고 기주에 있는 원소에게 보고하였다. 유비가 평원 입구에 다다르자 원소는 몸소 무리를 이끌고 업군 30리 밖까지 나와 유비를 영접하였다.

이렇게 소패성과 서주를 단번에 장악한 조조는 내친김에 하비성을 지키고 있는 관우마저 항복시키고자 하였다. 조조는 정욱의 계책대로 유비의 군사들을 하비성으로 보내서 조조 군에 패해서 도망쳐 왔다고 속이고 성안에 머물게 하였다. 그리고 하비성 문 앞에서 하후돈이 5천 군사를 끌고 관우에게 온갖 욕설을 하자 관우는 참다못해 3천여 명의 군사를 끌고 나왔다. 하후돈이 말 머리를 돌려 달아나자, 관우는 20여 리를 뒤쫓다가 하비성을 잃을까 두려워 돌아가려 하였다. 그러나 서황과 허저가 좌우에서 막아 퇴로를 끊어버렸다.

관우가 두 장수를 무찔러 싸우는데 하후돈이 다시 돌아와서 가로막아 저녁까지 싸우다 관우도 지쳐버렸다. 어느 흙산에서 잠시 쉬는데 조조의 군사들이 흙산을 에워싸버렸다. 산 위에 올라 관우가 바라보니 성에는 불이 타올랐고 거짓으로 항복한 군사들이 성문을 몰래 열어 조조의 대군들이 들어와 이미 성을 점령한 뒤였다.

조조 군에게 하비성을 허무하게 넘겨준 관우는 항복 대신에 장렬하게 싸우다 죽을 것을 맹세하였다. 그러나 조조는 평소에 관우의 충절과 의리 그리고 무예를 높이 생각했던지라 관우를 생포하여 수하로 쓰기 위해서 관우의 옛친구였던 장요를 보내서 회유토록 하였다.

장요가 찾아와서 말했다.

"관우 당신이 여기서 죽는다면 천하의 웃음거리밖에 안 될 것이오. 그대는 세 가지 죄를 짓게 되는 것이오. 첫 번째 죄는 유비와 도원결의하며 한날한시에 죽기로 맹세했는데 그 맹세를 어기는 것이오. 두 번째 죄는 유비가 가솔들을 돌보라 부탁하였는데 지금 전사하게 되면 두 부인은 의지할 데 없으니 그 부탁을 저버리는 것이오. 세 번째 죄는 뛰어난 무예와 학문을 겸비하였는데 유비를 도와서 한나라를 다시 부흥시켜야 함에도 불구하고 자기 혼자 몸만 생각해서 죽으려 하는 것은 가히 의롭다고 할 수 없는 것이오."

장요의 말에 한참 침묵하던 관우는 역시 세 가지 약속을 해주면 항복하겠다고 요청하였다.

"첫째 나는 한나라 황실에 항복하는 것이지, 결코 조조에게 항복하는 것이 아니오. 둘째는 유비의 두 부인에게 봉록을 내려주어 생활하게 하시고 거처에는 아무도 출입을 금하시오. 셋째는 차후라도 내가 유비가 어디 있는 줄 안다면 천 리나 만 리 상관없이 즉시 작별하고 떠나리다. 이 세 가지 중 하나라도 들어주지 않는다면 투항할 수 없소이다."

장요의 말을 전해 들은 조조는 세 번째를 받아들이기 어렵다 거절했으나 장요의 설득에 세 가지를 다 받아들이기로 허락하였다.

조조의 약속을 받은 관우가 수십 기를 이끌고 조조를 만나자, 조조는 스스로 원문에 나와서 맞이하였다. 관우가 말에서 내려 절하자, 조조가 황망히 답례하며 말했다.

"평소에 운장의 충과 의를 사모하다가 오늘 다행히 만나게 되어 내 평생 소원을 이룬 듯하오."

그러자 관우가 재삼 다짐을 받았다.

"장요가 세 조건을 여쭤 승상의 윤허를 받았으니 절대 식언하지 마십시오."

그러자 조조가 흔쾌히 말하였다.

"내가 그대에게 말을 해놓고 어찌 신의를 저버리겠소."

관우가 허창에 도착하자 조조는 저택 하나를 관우에게 주어 살게 하였다. 그리고 조회에서 관우를 데리고 헌제를 뵙자, 헌제는 즉시 관우를 편장군에 임명하였다. 조조는 관우를 매우 후하게 대접하며 작은 연회는 3일에 한 번, 큰 연회는 5일에 한 번씩 열어주었다.

관우를 연회에 초대하여 술을 권하던 어느 날, 관우가 술에 취하여 수염을 쓰다듬는 것을 본 조조가 물었다.

"운장은 수염을 셀 수가 있소?"

관우가 대답하기를, "대략 수백 가닥인데 매년 가을이 되면 몇 개씩 빠집니다. 그래서 겨울이 되면 검은 비단 주머니에 싸두고 끊어질까 걱정하곤 합니다."

그러자 조조가 얇은 비단 주머니를 만들어 관우에게 수염을 보호하도록 하였다. 다음 날 황제를 뵙는데, 황제가 관우의 가슴에 있는 얇은 비단 주머니를 보고 묻자 관우가 대답하였다.

"제 수염이 길다고 승상께서 비단 주머니를 하사하여 넣도록 하였습니다."

황제가 그 자리에서 명하여 꺼내 보니 수염이 배 아래까지 내려왔다.

그 수염을 본 황제가 말했다.

"참으로 미염공(아름다운 수염)이오."

이때부터 사람들은 관우를 '미염공'이라 부르게 되었다.

어느 날 연회가 끝나고 헤어지며 배웅을 하던 중 관우의 말이 마른 것을 본 조조는 안타까워하며 말 한 필을 가져오게 하여 관우에게 주었다. 바로 여포가 타던 적토마였다. 관우는 말을 받자마자 거듭 절하며 사례한 후 칭송을 올리자 조조가 떨떠름하게 말했다.

"내가 여러 번 미녀와 금과 비단을 보냈을 때는 몸을 굽혀서 절한 적이 없더니 이 말을 건네자 거듭 절하니 공은 어찌하여 사람보다 가축을 더 귀하게 여기는 것이오?"

"제가 알기로는 이 말은 하루에 천 리를 간다고 들었습니다. 이제 다행스럽게도 이 말을 얻었으니 만일 유비 형님이 어디 계시는지 알게 된다면 곧장 하루 만에도 달려가서 뵐 수 있기 때문입니다."

조조는 이 말을 듣자 아차 하고 후회했지만, 관우는 이미 인사를 하고 떠난 뒤였다.

제3부

×

조조와 원소의
대 결투 :
백마현 전투와
관도대전

조조와 원소의 백마현 전투

    한편 서주를 조조에게 빼앗기고 원소에게 피해가 있던 유비가 날이 갈수록 근심을 더하자 원소가 보다 못해 물었다.

"공은 어찌 그리 수심이 가득하오?"

"두 아우의 소식도 모를뿐더러, 두 부인은 조조에게 잡혀 있고, 나라에 보답도 못 하고 있으니 근심이 어찌 없을 수 있겠습니까?"

"나도 이제 허도에 있는 조조에게 진군하려 한 지 오래되었소. 마침 봄이라 따스하니 군사를 일으키기에 아주 좋은 때요."

원소가 조조를 격파할 계책을 상의하자 전풍이 간언하였다.

"전에 조조가 서주를 공격해 허도가 텅 비었을 때는 병사를 일으키지 못했습니다. 지금은 서주가 함락되어 조조의 기세가 한창 날카로우니 적을 가볍게 대할 수 없습니다. 좀 더 기다리다가 적에게 틈이 생겼을 때 움직이는 게 좋을 것입니다."

그러자 유비가 말했다.

"조조는 임금을 업신여기는데, 만일 공께서 조조를 토벌하지 않으시면 천하의 큰 뜻을 잃을까 두렵습니다."

유비의 말을 듣고 원소가 출병하려 하자 전풍은 지금 출병하면 안 된다며 거듭 만류하였다. 원소는 크게 노해 전풍을 그 자리에서 죽이려 하였으나 유비가 말리는 바람에 옥에다 가두고는 안량을 선봉으로 삼아 출전하였다.

원소의 대군이 출발하여 여양에 이르렀을 때 동군의 태수 유연이 급히 허창에 알렸다. 조조가 급히 군사를 내어 막을 것을 의논하자 관우가 승상부로 들어와 조조에게 아뢰었다.

"승상께서 군사를 일으키시면 제가 앞장서겠습니다."

그러자 조조는 관우를 번거롭게 하고 싶지 않다며 만류한 후 조만간 상황을 봐서 부르겠다 하고 15만 병력을 이끌고 세 갈래로 나누어 직접 행군하였다.

조조는 우선 5만 병력으로 백마로 가서 흙산을 끼고 주둔하였다. 멀리서 바라보니 산 앞으로 평탄하고 개울이 흐르는 넓은 들판에 안량의 10만 정예병들이 진을 펼치고 있었다.

조조가 놀라며 여포의 옛 장수였던 송헌과 위속에게 대항토록 하였으나 안량의 칼날 앞에 바로 추풍낙엽처럼 나가떨어졌다. 이어서 서황마저 나섰으나 안량과 20합을 싸우다 도망쳐 돌아오자 조조의 군사들은 모두 두려워 떨었다. 이에 조조가 군사를 거두자 안량도 군사를 거두고 뒤로 물러갔다.

잇따라 두 장수를 잃고서 근심에 쌓여 있는 조조에게 정욱이 꾀를 내어 조조에게 말했다.

"승상, 원소 군의 안량을 무찌를 자는 관운장밖에 없을 듯합니다."

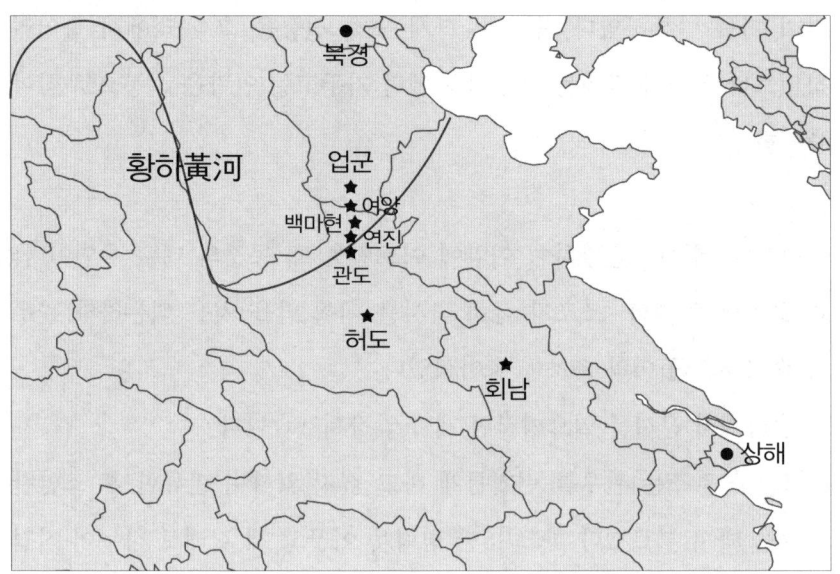

200년, 조조와 원소의 백마현 전투

    정욱은 조조가 만일 관우가 공을 세우면 바로 유비에게 떠날 것이 두려워 부르지 못하자 다시 꾀를 내어 말했다.

    "만일 유비가 살아있다면 반드시 원소에게 가 있을 터이니 이제 관우가 안량을 죽이면 원소가 반드시 유비를 의심해 죽일 것입니다. 그래서 유비가 죽게 된다면 관우는 결국 승상 곁을 떠나지 못할 것입니다."

    조조는 정욱의 계책에 탄복하고 즉시 관우를 백마현으로 오도록 하였다. 백마현으로 달려온 관우는 청룡언월도로 순식간에 안량의 목을 베어 말에 매달고 왔다. 이 광경을 지켜본 하북의 병사들이 크게 놀라 싸울 엄두도 못 하고 저절로 흩어졌다. 이에 기세가 오른 조조 군이 총공격을 하니 적은 죽은 자가 이루 헤아릴 수 없었고 조조 군은 원소 군의 말과 병기를 엄청나게 많이 빼앗았다. 드디어 관우가 말을 달려 산에 오르자 모든 장수들이 기뻐하며 칭송하였다. 관우가 안량의 머리를 조조에게 바치자 조조가 말했다.

"장군은 참으로 신과 같은 사람이오."

그러자 관우가 대답하였다.

"저는 아무것도 아닙니다. 제 아우 장비는 백만 군사 중의 장수 머리를 베어 취하는 것을 마치 주머니 속의 물건 꺼내듯이 합니다."

그 소리를 들은 조조는 크게 놀라며 좌우를 둘러보며 휘하의 장수들에게 옷깃에 적어 기억하도록 하며 명령했다.

"앞으로 장비가 나타나면 절대 함부로 맞서지 말라!"

한편 안량의 패잔병들이 달아나 관우에게 안량이 죽은 것을 알리자, 원소는 유비가 관우와 미리 짠 것이 아닌가 의심하며 도부수를 불러 유비를 죽이려고 하였다. 그러자 당황하지 않고 유비가 침착하게 말했다.

"제가 서주에서 패하고 난 뒤에 관우의 생사를 아직도 모릅니다. 천하에 비슷하게 생긴 사람이 적지 않을 텐데 얼굴이 붉고 수염이 길다고 다 관우겠습니까? 어찌 공께서는 상세히 더 살펴보지 않으십니까?"

원소는 원래 자기주장이 없는 사람이라 유비의 말을 듣고 잘못하면 좋은 사람을 죽일 뻔하였다며 오히려 유비를 상석으로 불러 앉히고 안량의 원수를 어찌 갚을 것인가를 의논하였다.

그때 장막 아래에서 한 사람이 나오며 말하였다.

"안량은 저와 형제와 같습니다. 지금 조조 역적놈에게 죽었으니 제가 그 원한을 갚도록 하겠습니다."

유비가 그 사람을 보니 키가 팔 척이나 되고 얼굴이 해치와 같은 하북의 명장인 문추였다. 원소도 크게 기뻐하며 격려했다.

"그대가 아니면 안량의 원수를 갚을 길이 없소. 내가 10만의 군사를 줄 테니 바로 황하를 건너 조조 그 역적놈을 추격하여 죽이시오."

이에 저수가 군을 연진에 주둔하고 관도에 병력을 분산시키는 것이 상책이라며 황하를 가볍게 건너 변고가 생기면 우리 모두 돌아갈 수 없다고 만류하였다. 그러나 원소는 크게 화를 내며 듣지 않았다. 이때 유비가 거들었다.

"제가 공의 큰 은혜를 입고도 아무 보답을 못 하였으니 문 장군과 동행하게 해주십시오. 첫째 공께 은혜를 갚을 것이고, 둘째 진짜로 관우가 맞는지 직접 눈으로 확인해 보겠습니다."

원소는 크게 기뻐하며 문추를 불러서 유비와 함께 선두 부대를 이끌도록 명령하였다. 그러나 문추가 말하였다.

"유비는 워낙 패전이 많은 장수라 군에 이롭지 않습니다. 그러나 주공께서 그를 보내겠다 하시니 유비에게 3만을 주어 후미를 맡도록 하겠습니다."

이에 문추가 7만 군사를 거느리고 선두에 서고 유비는 3만을 거느리고 그 뒤를 따랐다.

원소가 문추를 보내 황하를 건너 이미 연진 상류를 점거하였다는 소식은 곧 조조에게 전해졌다. 조조는 먼저 백성들을 황하 서쪽에 옮겨 거주하게 한 다음에 스스로 대군을 거느리고 그들을 맞이하였다. 원소군의 문추가 진격해 오자 조조는 선봉대를 오히려 뒤로 물리고 군량을 실은 말을 부리는 군사들을 선봉에 서도록 계책을 썼다.

조조의 계략대로 문추가 공격해 오자 선봉에 섰던 군사들은 말을 버리고 달아났다. 문추의 병사들은 말과 식량을 얻은 덕에 그것을 서로 차지하려고 아귀다툼하다 보니 원소 군은 대오가 크게 흩어지게 되었다. 조조는 '때는 이때다.' 하며 원소 군을 크게 에워싸고 공격하였다.

문추가 급히 말 머리를 돌려 달아나자 장요가 추격하다 문추가 쏜 화살에 맞아 말에서 떨어지고 말았다. 이에 서황이 큰도끼를 휘두르며 맞섰으나 문추 뒤에 있던 군마들이 다시 몰려오자 서황마저 말 머리를 돌려 달아났다.

문추가 서황을 뒤쫓자 갑자기 관우가 나타났다. 관우는 문추를 한칼에 베어 말 아래로 떨어뜨렸다. 조조가 언덕 위에서 이를 지켜보다가 한 떼의 군마를 몰고 덮쳤다. 하북의 군사들 반은 물에 빠져 죽고 그들의 말과 양초(糧草)는 모두 조조 군의 차지가 되었다.

그때 뒤늦게 도착한 유비에게 정찰 기병이 이번에도 문추를 죽인 것이 붉은 얼굴에 긴 수염을 가진 자라 보고했다. 이에 유비가 허둥지둥 말을 달려가 보았다. 유비는 강 건너에 있는 '한수 정후 관운장' 깃발을 본 후, 관우가 살아 있다는 것을 알고는 천지신명께 감사했다.

유비는 조조의 대군이 몰려오자 관우를 불러 만나보려 한 것을 포기하고 군사를 거두어 돌아왔다. 이때 원소가 관도에 도착해 다시 영채를 세웠다. 원소는 문추마저 관우의 청룡언월도에 목이 달아났다는 보고를 받고 분노한 채 유비를 끌어내 당장 목을 베라고 명했다.

그러자 유비가 말했다.

"한마디만 하고 죽겠습니다. 조조가 평소에 저를 꺼려서 제가 지금 이곳에 있는 줄 알고 공을 도울까 두려워 일부러 관우를 시켜서 안량과 문추를 죽이게 하였습니다. 이것을 공께서 아시면 크게 화를 내실께 분명하니 공의 힘을 빌려 저를 죽이려 하는 계책입니다. 그러하오니 부디 살펴주십시오. 이제 제 심복에게 밀서를 주어 운장에게 제가 여기 있다는 것을 알리십시오. 그리하면 운장은 쉬지 않고 제게 바로 달려와 공을 도와서 함께 조조를 처단하고 안량과 문추의 원수마저 갚을 것입니다."

원소는 이에 화를 풀고 크게 기뻐하며 말했다.

"내가 운장을 얻을 수 있다면 안량과 문추의 열 배도 넘을 것이오."

한편 조조는 하후돈에게 병력을 이끌고 주둔하여 관도의 길목을 지키게 하고, 자기는 군사를 이끌고 허도로 돌아와 크게 연회를 열고 관리들을 모아놓고 관우의 공을 치하하였다.

유비, 관우, 장비, 조자룡의 재회

한편 관우는 아직도 남은 황건적, 유벽과 공도의 세력을 소탕하기 위해 출전하여 여남 부근에 이르러 영채를 세웠다. 이에 유비는 손건을 세작으로 보내 관우를 만나도록 하였다.

손건은 관우를 만나 유벽과 공도가 원소에게 투항하여 조조를 공격하는 일을 돕는다 알리고, 내일 전투 시 유벽과 공도가 거짓으로 달아날 테니 두 부인을 모시고 원소 쪽으로 가서 유비와 상봉하도록 권했다.

이튿날 유벽과 공도가 거짓으로 달아나자 관우는 그 고을을 빼앗고 백성들을 안심시킨 뒤 바로 허창으로 돌아왔다. 조조는 성을 나와 운장을 영접하고는 군사들의 노고를 치하하고 상을 주었다. 관우는 지체 없이 두 형수에게 알리고 조조에게 절하며 작별 인사를 하기 위해 찾아갔으나 조조는 미리 알고 손님을 피하는 패를 걸어 놓았다.

관우는 곧바로 거처로 돌아와 조조에게 하직하는 글을 써서 승상부에 전하도록 하였다. 그리고 그동안 하사받은 금은보화를 모두 창고에 놓아두고 유비의 두 부인을 마차에 태우고 자신은 적토마를 탄 채, 청룡언월도를 들고 북문을 가로질러 유비가 있는 곳을 향해 먼 길을 출발하였다.

정욱이 조조에게 말했다.

"승상, 만일 관우가 원소에게 간다면 호랑이가 날개를 다는 격인데 그냥 두면 후환이 두렵습니다. 그를 뒤쫓아 죽여서 미리 화근을 없애야 합니다."

"내가 예전에 허락하고 어찌 신의를 저버릴 수 있겠소? 관우도 자기의 주공을 위해서 가는 것이니 추격하지 마시오. 나 역시 재물과 벼슬도 마다하는 이런 관우를 깊이 존경하오. 오히려 내 마음을 그에게 전하기 위해 노잣돈과 전포를 내려 환송하여 보낼 테니 잠시 기다리시오."

장요가 먼저 출발하여 관우를 추격하여 걸음을 멈추게 하였다. 뒤이어 따라온 조조가 관우에게 말했다.

"나도 신의가 있는 사람이오. 어찌 공과 약조한 일을 져버릴 수 있겠소?"

조조의 말이 끝남과 동시에 한 장수가 말에서 내려 관우에게 황금을 건네려 하자 관우는 다른 장수들에 포상하라며 거절하였다. 그러나 전포는 꼭 받아달라는 조조의 부탁에 혹시 변고가 생길까 봐 청룡언월도 칼끝으로 받아서 걸치고 사례하였다.

"승상께서 하사하신 전포는 감사히 받도록 하겠습니다. 훗날 반드시 다시 만날 수 있을 것입니다."

관우는 지체 없이 유비가 있는 북쪽을 향하여 출발하였다.

관우는 천신만고 끝에 다섯 관문을 지나며 여섯 장수를 죽이고 드디어 마지막으로 황하의 나루터에 당도했다. 황하를 건너면 거기서부터 바로 원소의 땅이었다. 이윽고 관우가 황하를 건너고 수레는 다시 들판을 가로질러 가는데 홀연히 북쪽에서 한 사람이 말을 달려오고 있었다.

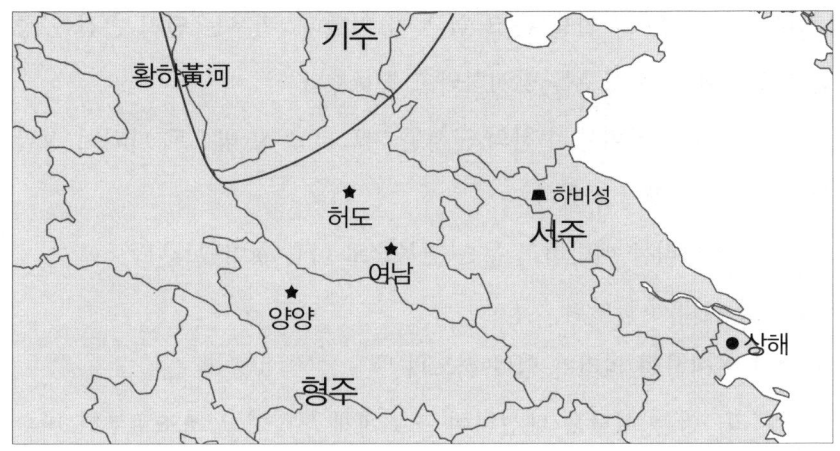

자세히 보니 여남에서 헤어진 손건이었다. 관우를 보자 손건이 말했다.

"유벽과 공도가 장군께서 회군하신 후 다시 여남을 빼앗았습니다. 그리고 저를 하북으로 보내서 원소와 우호를 맺고 함께 조조를 물리칠 계책을 유비께 청했습니다. 그런데 원소는 의심이 많고 주장이 수시로 바뀌어서 제가 유황숙과 상의한 후 먼저 탈출할 계책을 구했습니다. 그러니 장군께서 아무것도 모르고 원소에게 가셨다 해를 입을까 두려워 특별히 저를 보내 장군을 모시고 오라 하였습니다. 장군께서는 어서 여남으로 가셔서 유황숙을 만나십시오."

일행은 방향을 바꿔 다시 여남으로 향했다.

관우와 손건이 여남 땅을 향해 가던 중 한 고성을 발견했다. 관우가 마을 사람에게 묻자, 그가 말했다.

"몇 달 전에 장비라는 장수가 들어와 성을 빼앗았는데 계속 군사를 모으고 말을 사들여 이제 수천의 군사를 거느리고 있다고 합니다."

관우와 손건은 그 말을 듣고 뛸 듯이 기뻤다. 관우는 먼저 손건을 성 안으로 보내서 두 형수를 맞이하라고 통보했다.

그 말을 듣자 장비는 수천의 군사를 거느리고 성 밖으로 나와서 장팔사모를 휘두르며 소리쳤다.

"네 놈이 의리를 배반하고 무슨 면목으로 나를 찾아왔느냐?"

관우가 놀라서 물었다.

"내가 어찌하여 의리가 없다 하느냐?"

"닥쳐. 너는 형님을 배신하여 조조에게 투항하고 조조로부터 벼슬도 받았으면서 나를 속일 셈이냐? 오늘 나랑 죽기 살기로 싸우자."

가만히 듣고 있던 관우는 그것이 오해임을 알고,

"너는 모르는 소리 마라. 두 분 형수님이 계시니 여쭤보아라."

수레 안에 있던 두 부인이 사실대로 말하고 장비를 말렸으나 장비는 아랑곳하지 않았다. 그럴 때 갑자기 관우 뒤에서 먼지가 자욱이 일더니 한 떼의 인마가 몰려왔다. 틀림없이 조조의 군사들이었다. 이에 장비는 크게 화를 내며 장팔사모를 휘두르며 찌르려고 다가오자, 관우가 제지하며 말했다.

"아우야, 잠시 멈춰라. 내가 저기 달려오는 장수를 죽여서 진심을 보여주겠다."

그러자 장비가 말했다.

"그럼 내가 북을 세 번 울릴 때까지 저 장수의 목을 베어와 봐라."

장비는 말이 끝나자마자 북을 직접 두드렸다. 그러나 한차례 북소리도 끝나기 전에 관우가 칼을 휘두르니 맨 앞에 오는 채양의 목이 그대로 떨어졌다. 그러자 군사들은 모두 달아났다. 관우가 깃발을 든 병졸을 잡아서 무슨 까닭으로 여기에 왔나 이유를 물었다. 장비는 그제야 관우를 믿을 수 있었다.

이윽고 두 부인이 하비성이 조조에게 떨어진 날부터 허도에서 떠나올 때까지의 일을 상세히 설명하자 장비는 펑펑 울며 엎드려 관우에게 사죄했다. 다음 날 관우는 장비로 하여금 두 부인과 고성을 지키게 한 후에 여남 땅으로 유비를 찾아 떠났다. 그러나 유비는 이미 하북에 있는 원소에게 돌아가고 없었다.

한편 손건은 관우와 헤어져 기주로 먼저 가서 유비를 만나 그동안의 경위를 설명하였다. 유비는 감격에 겨워 차마 말을 잇지 못했다. 그리고 손건, 간옹과 함께 원소에게서 탈출할 계책을 의논한 후 다음 날 원소에게 가서 알렸다.

"유표가 형주와 양양의 9개 군을 장악하였고 병사들은 잘 훈련되어 있으니 마땅히 우리와 동맹을 맺으면 조조를 깰 수 있을 것입니다."

그러나 원소가 예전에 사자를 보내 동맹하려 했으나 유표가 거절하였다고 하자 유비가 말했다.

"유표는 저와 종친이라 제가 가서 설득하면 반드시 거절하지 않을 것입니다."

이 말을 듣자 마침내 원소는 유비에게 가도록 허락했다.

이윽고 유비는 손건의 안내를 받아서 기주의 경계에서 기다리고 있던 관정의 집에서 관우를 만나 눈물을 흘리며 감격에 겨워 말을 잇지 못했다. 관우 역시 굵은 눈물만 떨어질 뿐 한동안 말이 없었다. 유비 일행이 계속 말을 달려 와우산이 보일 때쯤 저쪽에서 주창이 온몸에 상처투성이를 하고 말을 타고 달려왔다.

관우가 물었다.

"어찌 된 일인가?"

"장군의 명으로 먼저 와우산에 달려가 보니 한 장수가 나타나더니 한 칼에 배원소를 찔러 죽이고 부하들을 전부 잡아서 산채를 차지해 버렸습니다. 저 역시 그 장수와 맞서 싸웠으나 번번이 패하고 이렇게 온몸에 상처만 입고 달려오는 길입니다."

관우가 주창과 함께 유비를 만나기 위해 와우산 기슭에 이르자 유비도 마침 산기슭에 도착했다. 그때 마침 한 장수가 쏜살같이 말을 달려 산기슭에서 내려왔다. 유비는 그를 단번에 알아보았다.

"혹시 자룡 아닌가?" 외치자, 장수는 말에서 내려 엎드려 절을 하였다.

"그대는 어찌하여 여기까지 오게 되었는가?"

"제가 사군과 이별한 후 손찬이 원소와의 싸움에서 패해 스스로 목숨을 끊었습니다. 그래서 원소가 저를 불렀으나 원소는 사람을 쓸 줄 몰라 그에게 가지 않았습니다. 저는 오로지 서주에 계신 사군만을 생각하며 제 몸을 의탁하기 위해 서주로 갔으나 서주가 조조에게로 넘어갔단 소식을 들었습니다. 그래서 운장은 조조에게 항복했고 사군은 원소에게 갔단 소리를 들었습니다. 그리하여 이렇게 구름처럼 정처 없이 떠돌다가 마침 이곳을 지나게 되었습니다. 그런데 갑자기 배원소란 도적놈이 제 말을 빼앗으려 하기에 그를 죽이고 산채를 차지했습니다."

유비는 이 말을 듣고 크게 기뻐하였다. 조자룡은 산채를 불태운 후 일행들을 거느리고 유비의 뒤를 따라 고성으로 갔다. 이에 장비와 미축, 미방이 영접하여 서로 인사를 나누었다. 두 부인이 관우와 함께 있었던 일을 알리자 유비는 감탄해 마지않았다.

이제 유비 삼 형제가 다시 모이고 장수들과 책사도 채워진 데다 조자룡까지 합류하였고 관우는 관평과 주창까지 얻게 되어 너무도 기쁜 나머지 며칠 동안 잔치를 열고 술을 마셨다. 그리고 보병과 기마병 모두 합쳐 4~5천 명을 거느리게 되었다.

이제 여남을 지키기 위해 고성을 버리고 떠나려 하는데 마침 유벽과 공도가 사람을 보내서 오라고 청하였다. 유비는 군사를 이끌고 여남에 가서 주둔하였다. 그리고 여남을 기반으로 군사를 모으고 말들을 사들이고 천천히 적들을 정벌해 나갈 계획을 세웠다.

원소는 유비가 돌아오지 않자 크게 노하여 군사를 내어 토벌하려 하였다. 그러나 곽도가 유비는 아직 걱정할 게 못 되고 유표 역시 강성하지 않으니 강동의 손책과 동맹을 맺어 먼저 조조를 함께 쳐야 한다고 하였다. 그 말을 듣고 원소는 즉시 사신을 손책에게 보냈다.

손책의 죽음과 손권의 즉위

한편 손책은 강동을 제패하여 병력을 잘 훈련시키고 식량 또한 넉넉하였다. 199년, 여강을 공략해 태수 유훈을 몰아내고 예장 태수 화흠도 항복시키니 그 세력은 날로 커져만 갔다.

손책은 신하 장굉을 황제께 보내 승전을 알리는 표문을 올리고 손책에게 대사마(참모총장)의 벼슬을 청했으나 조조는 허락하지 않았다. 손책은 이를 원망하며 언젠가 조조가 있는 허도를 공격할 기회만 엿보고 있었다. 이때 오군 태수 허공이 조조에게 몰래 허도에 사람을 보내 글을 바쳤다.

"손책은 용맹하여 항우와 닮았습니다. 조정에서 그를 겉으로 후대하는 척하며 허도로 불러들이십시오. 손책을 밖에 머물게 하면 후환이 두렵습니다."

그러나 글을 가지고 강을 건너던 사자가 장사에게 잡혀 손책의 처소로 끌려왔다. 손책은 밀서를 보고 크게 화를 내며 허공을 불러들여 무사들에게 명하여 목을 졸라 죽였다. 허공의 식구들은 모두 달아났다.

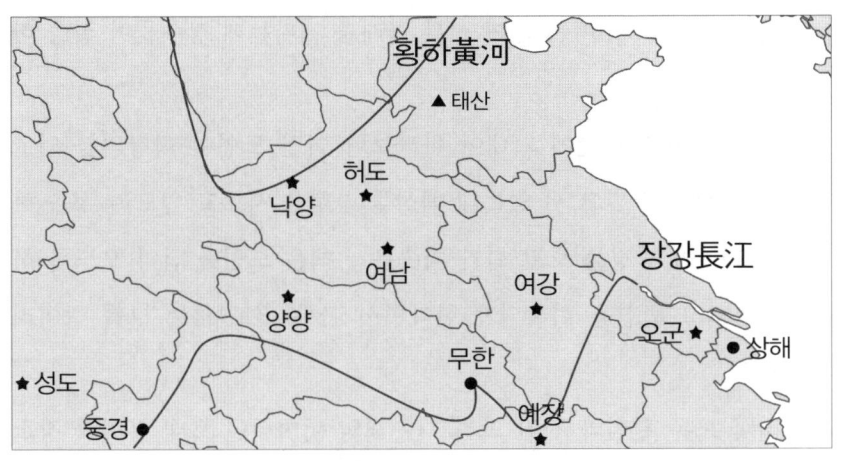

　그런데 허공에게는 식객이 세 명 있었는데 허공의 은혜를 갚자고 모의하여 손책이 사냥을 나간다는 사실을 알고 잠복했다가 창으로 손책의 허벅지를 찌르고 독화살로 손책을 쏘았다. 그러자 정보가 달려와 식객들을 난자하여 죽이고 손책을 살펴보니 손책의 얼굴에는 이미 피가 흘러 상처가 심각하였다. 손책은 화타를 불러 치료해 주기를 청했으나 화타가 중원으로 가고 없자 그 제자가 손책을 치료해 주며 말했다.

　"화살 끝에 독이 발라져 뼛속까지 파고들었으니 백일 간 요양해야 합니다. 만일 화를 다스리지 못한다면 상처가 낫기 힘듭니다."

　그러나 손책은 사람이 몹시 성급하여 20일이 채 지나지 않았음에도 불구하고 상처가 빨리 낫지 않는다고 짜증을 냈다. 그런데 때마침 원소가 손책에게 진진을 사자로 보내 조조를 함께 치자는 밀서를 보내왔다. 손책은 크게 기뻐하며 진진을 환대하고 잔치를 베풀었다. 술을 마시는 사이 갑자기 장수들이 귓속말을 하며 성루 아래로 내려가는 것을 보고 손책이 물었다. 주위에 있던 사람들이 말하기를,

"지금 우신선(우길)이란 분이 성루 아래를 지나는데 장수들이 절을 하려나 봅니다."

손책이 일어나 난간에 기대어 바라보니 어떤 도인이 학창의를 입고 명아주 지팡이를 짚고 서 있는데 백성들이 향을 사르고 엎드려 절을 하고 있었다. 이 광경을 보고 화가 치솟은 손책은 도인을 잡아 오도록 하였다. 그리고 민심을 미혹되게 한다면서 아무 죄도 없는 그를 죽이려 하였다.

그러나 모든 관리와 진진 그리고 손책의 어머니인 오태 부인과 장소도 사람들의 병을 낫게 하고 백성들이 존경하고 우러르는 신선을 절대 해쳐서는 안 된다고 만류하였다. 그러자 손책의 분노는 더해만 갔다.

그때 옆에 있던 모사 여범이 손책에게 아뢰었다.

"제가 평소 알기에 우길 선인은 비바람을 부를 수 있다고 합니다. 마침 지금 가뭄이니 그에게 명하여 비를 부르면 죄를 사해 주시는 게 어떠하신지요?"

우길은 손책의 명을 받고는 목욕재계하고 옷을 갈아입은 후 뜨거운 햇볕 아래에서 스스로 몸을 밧줄로 묶었다. 구경하는 백성들이 거리를 가득 메우자 우길이 여러 사람들에게 말하였다.

"내가 3척의 단비를 빌어 만백성은 구하겠지만 나는 끝내 죽음을 면치 못할 것이오."

잠시 후 손책이 제단 앞에 와서 명했다.

"만일 정오까지 비가 내리지 않으면 우길을 불태워라."

그리고 사람들을 시켜 장작을 쌓아놓고 기다리도록 하였다.

이윽고 오시(11~13시)가 되자 돌연 회오리바람이 불고 검은 구름이 몰려들었으나 정작 비는 내리지 않았다. 손책은 제단에 불을 지르게 하였다. 우길은 순식간 화염 속에 덮이고 말았다. 이때 검은 연기가 하늘로 치솟더니 갑자기 천지가 진동하더니 비가 억수같이 내리기 시작했다. 순식간에 거리에 물이 넘쳐 강을 이루고 냇물들이 모두 가득 차서 족히 3척의 단비가 내렸다.

우길이 장작더미 위에서 큰 소리로 외치자 금세 비가 뚝 그치고 햇볕이 내리쬐었다. 이에 관리와 백성들이 우길을 아래로 부축하여 결박을 풀고 거듭 절하며 칭송하였다.

이를 본 손책은 더욱 화가 치솟아 꾸짖었다.

"해가 뜨거나 비가 내리는 것은 모두 하늘의 정한 이치이다. 이 요사스러운 놈이 어쩌다 맞춘 것을 가지고 너희들은 어찌 이토록 어지러이 미혹되는가?"

즉시 우길을 죽이도록 명하였다. 우길의 목은 한칼에 떨어져 땅바닥에 나뒹굴었다.

그 이후 손책은 밤마다 우길의 환청과 환영에 시달리다가 온몸의 상처가 일시에 터지며 피를 쏟고 말았다. 죽음이 임박했다고 느낀 손책은 손권과 아우들 그리고 장소와 문무백관들을 불러 뒷일을 당부했다.

"내가 죽은 후 일을 결단하기 어려울 때는 조정안의 일은 장소에게 묻고, 바깥일은 주유에게 물어라. 또한 아우들은 형 손권을 잘 보필하고 만일 집안에서 딴맘을 먹는 자 있으면 합심하여 그를 죽이고 골육으로 모의를 꾀한 자는 죽어서라도 조상 땅에 들이면 안 된다."

이에 모두가 분부를 받들 것을 맹세하자 손책은 스르르 눈을 감았다.

이때가 손책의 나이 25세였다.

손책이 죽어 손권이 침상에 올며 쓰러지자 장소가 아뢰었다.

"지금 장군께서는 우실 때가 아닙니다. 장례 준비를 하시고 나라와 군사적인 큰일을 처리하셔야 합니다."

이에 손권은 눈물을 거두었다. 장소는 장례 준비를 하는 한편 문무 관리들의 하례를 받도록 하였다. 손권은 사각턱에 큰 입과 푸른 눈에 자줏빛 수염이 났는데 그때부터 손책의 유언을 받들어 강동을 장악해 나가기 시작하였다.

마침 손책이 죽었다는 소식을 듣고 달려온 주유에게 손권이 말했다.

"형께서 돌아가시면서 내부의 일은 장소에게 묻고, 외부의 일은 주유에게 의논하라 해서 그 말씀을 꼭 지키려 합니다."

그러자 주유가 말했다.

"장소는 어질고 재주가 많은 선비이니 능히 일을 잘해 나갈 것이지만 저는 재주가 부족하여 중임을 맡지 못할까 두려우니 한 사람을 천거하여 장군을 보필하게 해주십시오."

손권이 누구냐고 물었다.

"성은 노고 이름은 숙 그리고 자는 자경입니다. 이 사람은 가슴에 육도삼략을 품고 있고 뱃속에 기지와 계책을 숨기고 있습니다. 그리고 효성이 지극하여 홀로 어머니를 모시고 있고 집안도 부유하여 일찍 재산을 풀어 많은 사람을 구제하였습니다."

손권은 크게 기뻐하며 주유에게 당장 초빙하러 가도록 하였다. 주유는 손권의 명을 받고 몸소 노숙을 찾아 인사를 하고 함께 하자고 청하며 손권의 뜻을 전달하였다.

"예전에 마원이 광무제에게 이르기를, '지금 세상에서는 임금이 신하를 선택하는 것뿐 아니라 신하 역시 임금을 선택합니다'라고 하였소. 지금 내가 모시는 손 장군께서 어진 사람을 가까이하고 선비에게 예를 다하며 비상한 사람들을 채용하는데 이것은 세상에 드문 일입니다. 그대는 다른 생각하지 마시고 나와 함께 동오로 가시지요."

노숙이 그 말을 따라 마침내 주유와 함께 손권을 찾아오자, 손권은 이들을 매우 공경하며 담론하니 하루 종일 지루한 줄을 몰랐다.

하루는 관리들이 모두 돌아가고 손권이 노숙을 머무르게 하여 함께 술을 마시며 같은 침상에서 누워 잠을 자며 부친과 형이 남긴 대업을 이어받아 환공과 문공의 패업을 이루려 한다며 가르침을 청했다.

그러자 노숙이 말했다.

"지금은 조조가 항우와 견줄 만한데 장군께서 어찌 환공이나 문공이 될 수 있겠습니까? 제 생각으로는 당장 한나라를 부흥하게 할 수도 또한 조조도 제거할 수가 없습니다. 장군을 위한 계책으로 오로지 강동 땅을 취해서 세 발의 솥 같은 형세로 천하의 다툼을 살피는 것입니다. 지금은 북방이 복잡한 틈을 노려 황조를 제거하고 유표를 토벌하여 마침내 장강 유역을 점거하고 지켜내야 합니다. 그런 뒤에 제왕이 되어 천하를 도모하면 고조 황제가 대업을 이루는 것과 똑같습니다."

손권은 이를 듣고 크게 기뻐하며 옷을 입고 일어나 노숙에 사례한 후 상을 내렸다. 이때 노숙이 또 한 사람을 천거하니 그가 바로 제갈공명의 형인 제갈근이었다. 제갈근은 손권이 우선 하북의 원소는 조조에게 패할 것이니 원소를 멀리하고 조조를 경계하는 것이 좋다고 진언하였다.

이에 손권은 하북에서 오랫동안 사자로 와있던 진진에게 글을 써주고 원소와의 관계를 끊었다. 때마침 조조도 손책이 죽었다는 소문을 듣고 군사를 일으켜 강남으로 정벌을 하려던 참이었다. 그러나 손책의 사자로 허도에 와있던 장굉이 조조에게 간언하였다.

"남의 상을 틈타서 정벌하는 것은 의로운 행동이 아닙니다. 만약 이기지 못하면 좋은 사이를 불구대천의 원수로 만들 수 있으니 선하게 대우해 주시는 것이 낫습니다."

그 말을 듣고 조조는 손권을 장군으로 봉하고 회계 태수를 맡게 하였다. 그리고 장굉을 회계 도위로 삼아 강동으로 돌려보냈다. 이에 손권은 벼슬도 받고 장굉도 다시 오나라 땅으로 돌아오자 크게 기뻐하며 장소와 더불어 정사를 맡도록 했다.

관도대전

한편 동오에서 하북으로 쫓겨 온 진진이 원소에게 보고하였다.

"손책은 이미 죽었고 그 뒤를 손권이 이어받았습니다. 그리고 조조가 그를 장군으로 삼고 서로 결의를 맺어 밖에서 응원하고 있습니다."

이 소식을 듣자 원소는 크게 노하여 마침내 기주, 청주, 병주, 유주 등 하북의 대군 70여만 명을 이끌고 허창을 공격하기 위해 관도를 향하여 출발했다.

하후돈이 이 소식을 조조에게 급히 알리자 조조는 적을 맞이하기 위해 7만 군사를 이끌고 위해 먼저 나아갔고 순욱은 남아서 허도를 지키도록 했다. 그런데 원소가 출발하기에 앞서 옥중에 있는 전풍이 글을 올려 만류했다.

"지금은 가만히 수비를 하며 때를 기다려야지, 함부로 대군을 일으키면 해롭습니다."

그러자 옆에 있던 봉기가 말했다.

"주공께서는 인의로서 군사를 일으키고자 하는데 전풍이 어찌 이런 불길한 말을 할 수 있습니까?"

원소가 크게 화를 내며 전풍을 죽이려 하자 관리들이 만류하였다. 이에 원소가 원망 섞인 목소리로 말하였다.

"내가 조조를 쳐부순 다음에 반드시 전풍의 죄를 밝힐 것이다."

드디어 원소는 군사들을 재촉하여 출발하였다. 70만 대군을 거느리고 동서남북으로 진을 치니 그 길이가 90여 리나 이어졌다. 조조 군의 세작이 이를 미리 탐지하여 관도에 이르러 보고하였다. 방금 도착한 조조의 군대는 그 소식을 듣고 모두 두려워하였다.

조조가 책사들과 상의하자 순유가 말했다.

"원소의 군대가 비록 많다고 하나 두려워할 것이 없습니다. 우리 군은 정예병 들이라 한 사람이 열 명을 감당할 수 있습니다. 단지 속전 속결해야 유리합니다. 만일 시간을 끈다면 양초(糧草)가 모자라 일을 그르칠 수 있습니다."

그러자 조조 역시 순유와 같은 생각이라며 북을 울리며 전진하였다.

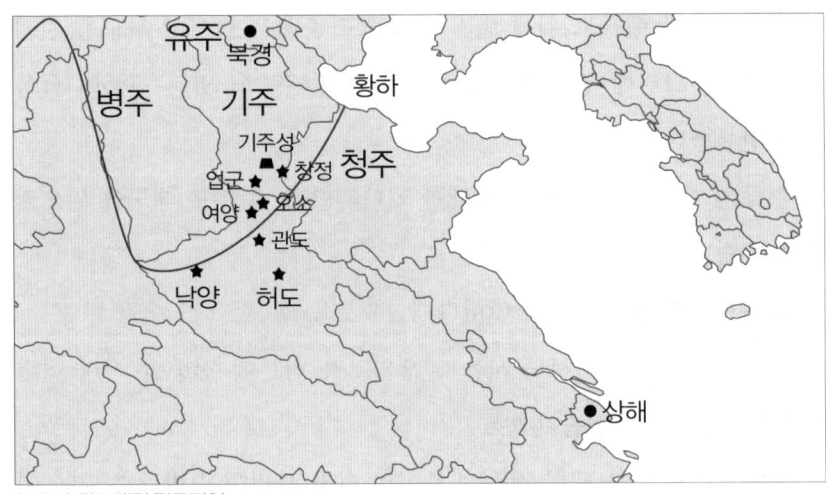

200년, 관도대전 전투지역

북소리가 세 차례 울리자 원소가 황금 투구와 황금 갑옷을 입고 비단 전포에 옥허리띠를 두른 채 진 앞에 말을 타고 섰다. 좌우에는 장합, 고람, 한맹, 순우경 등 여러 장수가 늘어섰고 깃발 등이 매우 삼엄하게 잘 정돈되어 있었다. 조조가 말을 타고 나가자 허저, 장요, 서황, 이전 등이 각종 무기를 들고 앞뒤로 빽빽이 호위하였다.

조조가 채찍으로 원소를 가리키며 말했다.

"나는 천자의 어명을 받아 역적인 네 놈을 치러 왔다."

그러자 원소가 맞섰다.

"네 놈은 이름만 한나라 승상이지 실제로는 한나라 역적이다. 네 죄악은 하늘에 닿을 정도로 왕망이나 동탁보다도 심하거늘 오히려 무고한 사람에게 역적이라 하느냐?"

조조가 즉시 장요를 보내 놈의 머리를 베어오라 하자 원소는 장합을 보내 맞섰다. 40~50 합이 되도록 둘의 싸움이 승부가 나지 않자, 이를 바라보던 조조는 몹시 감탄하였다.

뒤이어 양측에서 허저와 고람이 출전하니 네 장수가 짝을 지어서 맹렬하게 싸웠다. 이때 조조가 명하여 하후돈과 조홍이 각각 3천 군사를 이끌고 적진으로 쳐들어갔다. 그러나 이미 매복해 있던 원소 군이 호포를 터뜨리고 쇠뇌를 한꺼번에 쏘며 공격하자 조조 군은 남쪽을 향해 도주했다.

원소가 군사들을 휘몰아 계속 추격하자 조조 군은 후퇴를 거듭하며 크게 패한 후 관도에 이르렀다.

이에 원소도 대군을 이동하여 관도 가까이 영채를 세웠다.

원소는 조조의 영채 앞에 50여 개의 토산을 쌓아 올려 높은 돈대를 설치하고 그 위에 궁노수들을 배치해 화살을 쏘았다. 이에 조조는 발석기로 맞대응하였다. 원소 군이 굴자 군을 편성하여 땅굴을 파자 조조는 밤을 새워 진지 둘레로 긴 참호를 파게 하니 원소 군의 땅굴은 참호에 이르게 되어 아무 소용이 없었다.

이렇게 조조가 관도를 지킨 지가 8월에 시작해 9월 하순까지 이르자 군의 전력도 떨어지고 식량과 말먹이를 대기도 어려워졌다. 그러자 조조는 사자를 허창으로 보내 순욱에게 급히 식량과 말먹이를 조달하여 밤새 실어 날라 조치할 것을 지시했다. 그러나 사자가 서찰을 가지고 30리도 못 가서 원소의 군사들에게 잡혀 허유에게 끌려갔다.

허유는 원래 조조의 어릴 적 친구였는데 원소 군의 책사로 있었다. 허유는 원소에게 밀서를 보여주며 말했다.

"지금 조조가 관도에 주둔하여 우리와 대치한 지 오래라 허창은 텅 비어 있을 것입니다. 그러니 이때를 놓치지 말고 1군을 떼어내 기습하면 허창을 쉽게 함락시킬 수 있고 조조도 잡을 수 있습니다. 마침 조조 군은 식량과 말먹이도 바닥났으니 이 기회에 두 방면으로 나누어 공격해야 합니다."

그러자 원소가 말했다.

"조조는 원래 꾀가 많은 놈이니 우리를 유인하기 위한 계략일 수 있네."

그때 업군에서 사자가 와서 심배의 서찰을 바쳤다. 서찰을 뜯어보니, 허유가 기주에 있을 때 백성들의 재물을 빼앗고 아들과 조카를 시켜 백성들의 세금과 재물을 거두어 자기 수중에 넣었으므로 지금 아들과 조카를 옥에 가두었다는 내용이었다.

원소가 이 서찰을 보고 크게 화를 내며 허유에게 말했다.

"네 놈이 조조와 친구라 지금도 그놈에게 뇌물을 받을 생각으로 세작이 되어 우리 군대를 농락하려 하는구나. 썩 꺼지고 내 앞에 얼씬거리지도 마라!"

그러자 허유가 하늘을 우러러 탄식하며 말했다.

"충언은 귀에 거슬리고 하찮은 것들과는 함께 모의할 게 못 된다더니! 내 아들과 조카는 이미 심배의 해를 입었으니 기주 사람들 얼굴을 어찌 다시 볼 수 있단 말인가?" 하며 동시에 칼을 뽑아 자살하려 하자 곁에 있는 사람들이 말리며 권하였다.

"공께서는 어찌 목숨을 함부로 버리십니까? 원소는 옳은 말을 듣지 않아 훗날 조조에게 반드시 잡힐 것입니다. 공께서는 이미 조조와 오래된 친구인데 어찌 어두움을 버리고 밝음을 선택하지 않으려 하십니까?"

이 말을 듣고 허유는 조조에게 투항하기 위해 몰래 영채를 빠져나와 지름길로 가다가 그만 조조의 매복군에게 잡혀 끌려갔다.

조조는 어릴 적 친구인 허유가 왔다는 말을 듣고 크게 기뻐하며 신발도 신지 않고 맨발로 나가 바닥에서 절을 하였다. 그러자 허유가 깜짝 놀라 일으켜 세우며 말했다.

"공께선 한나라 승상이시고 나는 평민이거늘 어찌 이렇게 겸손되이 공경하십니까?"

"공은 옛친구인데 감히 벼슬로서 위아래를 따지겠소?"

"제가 주공을 선택할 능력이 부족하여 원소에게 몸을 굽혔으나 제 말을 잘 들어주지 않고 계책도 따라주지 않아 이제 그를 버리고 옛벗을 찾아왔으니 거두어 주시기 바랍니다."

"아무렴요. 이제 그대가 오셨으니 내가 성공하겠구려. 어서 원소를 깰 계책을 가르쳐 주시지요."

허유는 조조가 군량이 바닥난 것을 알고 원소의 양곡창고인 오소부터 빼앗을 계책을 알려주었다. 조조는 허유가 알려준 계책대로 원소의 군기를 달고 군사를 원소 군으로 위장시킨 후 오소에 도착하여 양곡창고에 불을 질렀다. 당황한 원소는 장합과 고람에게 관도로 가서 조조 본진을 치라 명하고 장기에게는 1만 군사를 주어 가서 오소를 구하도록 하였다. 그러나 장기는 오소를 구하러 가는 도중에 조조 군의 장요를 만나 목이 떨어졌고 장요의 뒤를 따르던 조조도 원소 군을 향해 덮치니 장기의 군사 1만 명은 순식간에 조조 군에게 섬멸되었다.

한편 관도로 보낸 장합과 고람 역시 매복해 있던 조조 군에게 대패하고 말았다. 관도에서 대패한 패잔병들은 다시 원소에게 되돌아갔으나 장합과 고람은 목이 벨 것이 두려워 조조 군에게 투항하고 말았다. 조조는 이를 이용하여 장합 고람에게 군사를 주어 삼경(23~1시)에 3개 방면으로 나누어 원소 군을 기습하게 하였다. 양측 군대는 날이 밝아질 때까지 서로 어지럽게 싸우다 각자 병력을 거두었는데 원소 군의 태반이 꺾여지고 말았다.

이에 만족하지 않은 조조는 순유가 낸 계책대로 업군과 여양을 취하러 간다는 헛소문을 냈다. 원소는 이 소식을 듣고 크게 놀라 원담과 신명에게 각각 5만 병력을 주어 밤을 새워 가서라도 두 곳을 지원하도록 하였다.

조조는 이튿날을 타서 8개 방면에서 원소의 영채를 총공격하였다. 원소의 군사들은 아예 싸울 의욕을 잃은 채 사방으로 흩어졌다. 원소는 갑옷도 못 갖춰 입고 말에 올라탔는데 급히 황하를 건너느라 도서와 수레, 의장 그리고 금과 비단을 모두 버린 채 겨우 8백여 명의 수행원만 이끌고 달아났다. 이때 죽은 사람이 8만여 명인데 그 피가 흘러 도랑에 넘쳤고 물에 빠져 죽은 자는 이루 헤아릴 수조차 없었다.

조조는 이 전투에서 승리하여 노획한 금은보화와 비단으로 군사들을 포상했다. 그런데 노획한 책과 문서 중에 서신이 한 다발 나왔는데 모두 허도의 군대들이 원소와 내통하던 글들이었다. 주변에서 이들 이름을 낱낱이 알아내 잡아 죽여야 한다고 건의하자 조조가 말했다.

"원소가 워낙 막강한지라 나 역시 스스로 몸도 보전하기 어려운 상황이었는데 하물며 다른 사람들을 꼭 그렇게 해야겠소?"

그러고는 문서를 모조리 태우라 명령하고 다시는 묻지 않았다.

한편 원소는 기주에 거의 도착하여 영접을 나온 봉기에게 말했다.

"내가 전풍의 말을 듣지 않아 이렇게 패했소. 이제 돌아가 그를 만나기가 부끄럽소."

그러자 봉기가 전풍을 헐뜯으며 말했다.

"전풍이 옥중에서 주공의 패전을 듣고 크게 손뼉 치며 웃으며 '내 예측이 맞았구나'라고 말했습니다."

원소는 크게 노해 전풍을 죽이도록 명했다.

전풍이 죽었다는 소식을 들은 사람들은 모두 탄식하며 애석해했다.

조조와의 전투에서 크게 패한 원소는 기주로 돌아와 마음이 번거롭고 어지러워 정사를 제대로 처리하지 못하고 있었다. 아내 유씨가 이제 후사를 정해야 한다고 권하자 어느 아들을 후사로 정해야 할 것인가를 물었다.

유씨는 자신의 아들인 원상을 후계자로 삼을 것을 권했다. 그러자 원소가 심배, 봉기, 신평, 곽도 네 사람과 상의하자 심배와 봉기는 원상, 신평과 곽도는 원담을 서로 보필하려고 하였다.

원소가 후사를 정하지 못해 주저하는 사이에 원희가 병력 6만을 끌고 유주에서 오고, 원담은 병력 5만을 이끌고 청주에서 그리고 원소의 조카 고간은 5만 대군을 이끌고 병주에서 싸움을 돕기 위해 기주로 달려왔다. 원소는 크게 기뻐하여 군사를 재정비하여 4개 주의 병력 23만을 조조와 싸우기 위해 창정에 영채를 다시 세웠다.

그러자 조조는 황하 가에 진을 치고 정욱의 계책을 따라 십면매복(十面埋伏: 겹겹이 둘러싸고 겹겹이 복병을 두는 것)을 하여 황하 가까지 원소 군을 유인한 후 배수진 전략으로 일제히 공격하였다. 뒤는 강물이요 앞에는 적이니 몸을 떨쳐서 죽을 각오로 싸우는 조조 군에, 원소 군은 달아날 수밖에 없었다. 이에 십면매복한 군사들이 달아나는 원소 군을 뒤쫓아 공격하니 시체가 들판에 가득하고 그 피는 도랑이 되어 흘렀다.

죽기 살기로 달아난 원소는 세 아들을 껴안고 한바탕 통곡하다 혼절하고 말았다. 사람들이 급히 구하려 했지만, 입에서는 피를 토하며 멈출 줄을 몰랐다. 가까스로 목숨을 구한 원소는 기주성에 이르러 아들들을 각각 청주와 유주, 병주 그리고 기주로 돌아가게 하고 자신은 기주로 돌아와 요양하며 셋째아들 원상과 심배 봉기에게 잠시 군무를 관장하게 하였다.

  조조는 창정에서 대승을 거둔 후 삼군을 크게 포상한 후 사람을 보내
기주의 허실을 알아보게 한 후 계속 공격할 것인가를 의논하였다. 그러
던 중 순욱의 서찰이 도착하였다. 유비가 여남에서 유벽과 공도에게 수
만 명의 병력을 얻어 직접 군사를 거느리고 허창으로 진격한다는 보고
였다.

제4부

×

유비의
피난 행렬과
장판파 전투

유비와 조조의 여남 전투

　조조는 조홍에게 병력을 황하 가에 주둔시켜 허장성세를 부리도록 한 후 몸소 대군을 이끌고 유비와 맞서 싸우기 위해 여남으로 향했다.

　유비는 관우, 장비, 조운 등과 함께 병력을 이끌고 허도(허창)를 먼저 기습하려 하였다. 유비가 군사를 이끌고 양산에 도착했을 때 조조 군사들이 들이닥치는 것을 보자 양산에 영채를 세웠다. 그리고는 군사를 세 부대로 나누어 관우가 동남쪽을 맡고 장비는 서남쪽 그리고 유비와 조운은 정남쪽에 진을 쳤다.

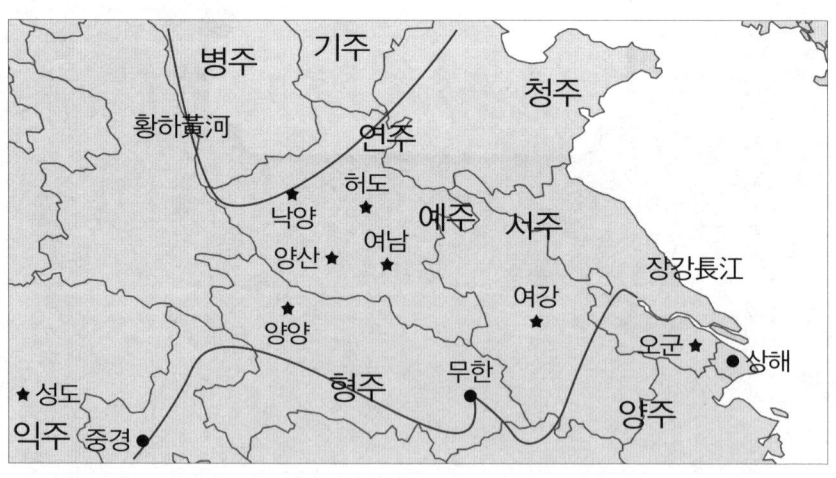

삼국지, 한 권으로 끝내기

조조 병력이 다다랐을 때 유비가 북을 울리며 출격하자 조조 역시 포진을 막 마치고 말채찍으로 유비를 가리키며 소리쳤다.

"내 너를 극진히 높은 손님으로 대우해 주었거늘 너는 어찌하여 배은망덕하게 은혜를 잊었단 말이냐?"

"네가 한나라 승상이라는 이름을 사칭하나 실은 나라의 역적일 뿐이다. 나는 한실의 종친으로 천자의 명을 받아 역적을 토벌하러 왔다."

유비가 소리치며 말 위에서 천자의 비밀조서를 낭송하였다.

양군은 곧이어 조자룡과 허저를 내보내 다투게 했으나 30여 합이 이어지도록 승부가 나지 않았다. 그러자 관우 장비가 나서고 유비마저 군사를 몰아 세 군데서 휘몰아쳐 덮치니 먼 길을 온 조조 군은 피곤하여 더 이상 감당하지 못하고 대패하여 달아났다. 유비는 싸움에서 이기고 돌아와 다음 날 조운(자룡)을 보내 다시 싸움을 걸었다. 그러나 조조의 병력은 10여 일이 지나도록 꼼짝도 안 하고 매복에 들어갔다.

그러는 사이 여남에서 군량을 운반하던 공도가 조조 군사들에게 포위되었다는 보고가 올라오자, 유비는 급히 장비에게 가서 구하도록 명령하였다. 또한 하후돈이 군사들을 이끌고 배후를 공격해 여남을 취하려 한다는 급보가 올라오자, 유비는 크게 놀라며 관우에게 구원하라 하니 이제 양쪽 부대가 모두 떠나고 없었다.

다음 날 하후돈이 이미 여남을 격파하자 유벽이 성을 버리고 달아났고 관우가 포위되었다는 급보가 날아들었다. 공도를 구하러 간 장비도 역시 포위되었다는 전갈이 왔다. 하는 수 없이 유비는 날이 어둡기를 기다려 진영에 군사 일부만 남기고 북소리를 내어 군사가 많은 것처럼 꾸미고 군사를 거느리고 빠져나올 수밖에 없었다.

그러나 얼마 안 가서 조조의 매복군이 나타나 길을 막자 유비의 남은 군사는 이리저리 흩어지고 조운(자룡)이 앞길을 헤치며 겨우 빠져나오고 있었다. 그러자 허저와 우금 그리고 이전이 함께 조운을 협공하니 조운 역시 힘에 겨워 자신을 지키기에도 바쁠 지경이었다. 하는 수 없이 유비는 쌍고검으로 홀로 적진을 헤치며 피해 달아나는데, 정신없이 달리다 보니 조조 군의 함성은 점점 멀어졌고 어느덧 새벽이 밝아오고 있었다.

그런데 갑자기 군사들이 튀어나오는데 크게 놀라 바라보니 유벽이 패잔병 1천여 기를 이끌고 유비의 부인들을 호송해 오고 있었다. 손건, 강옹, 미방도 도착해 유비에게 하소연하였다.

"하후돈의 군세가 너무 예리해서 성을 포기하고 도망쳐 나왔습니다. 다행히 조조 군사들이 뒤쫓는 것을 관우가 가로막아서 벗어날 수 있었습니다."

"운장은 지금 어디 있는지 모르오?"

"장군께서는 먼저 출발하십시오. 그건 다시 알아보겠습니다."

유벽의 말에 따라서 길을 재촉해 가는데 마침 맞은편에서 장합이 이끄는 조조 군이 나타났다. 뒤쪽에서는 고람이 추격해 오고 있었다. 진퇴양난에 빠진 유비는 하늘을 우러르며 탄식하였다.

"이제 끝이로구나 욕된 죽음을 당하느니 차라리 목숨을 끊어야겠다."

유벽은 급히 유비의 자결하려던 것을 만류한 후 목숨 걸고 길을 개척하다가 뒤따르던 고람의 칼에 그만 목을 베이고 말았다. 그러자 유비는 최후의 순간까지 싸우다 죽기로 하고 고람을 향하여 돌진하였다.

이때 고람의 군사 뒤쪽에서 조운이 바람같이 달려와서 고람의 목을 내리쳤고 장합이 군사를 이끌고 오자 장합과 맞서 싸웠다. 때마침 관우도 관평, 주창과 함께 도착해 장합을 쫓아버리고 좁은 산 입구를 벗어나 험한 산을 점령하고 목책을 세웠다. 유비는 관우, 장비, 조운과 함께 싸우다 물러서기를 반복하는데 조조는 유비가 멀리 달아난 것을 알고 더 이상 뒤쫓지 않았다. 유비는 이제 1천여 명도 안 되는 패잔병을 이끌고 달아나다 앞에 한강이 나타나자 멈추어서 길게 탄식하며 말했다.

"그대들은 왕을 보좌할 재능을 가졌음에도 불구하고, 못난 나를 만나 너무 고초를 겪고 있소. 이제 내가 운이 다해 송곳 하나 세울 땅도 없으니 그대들은 다른 주인을 섬기며 공명을 후대에 떨치는 것이 어떻겠소?"

그러자 관우가 말하였다.

"지난날 한 고조께서도 수없이 패하다가 구리산 싸움에서 한번 성공해 한나라 4백 년의 토대를 열었습니다. 싸움에 이기고 지는 것은 병가에서 흔한 일인데 어찌 스스로 뜻을 꺾으려 하십니까?"

이때 잠자코 옆에서 듣고 있던 손건이 유비에게 같은 황실의 종친인 형주의 유표에게 몸을 의탁할 것을 간언하였다. 유비는 밤새도록 손건을 형주로 가게 하여 유표를 설득하였다. 그러자 유표가 크게 기뻐하며 말했다.

"현덕(유비)은 내 아우요. 오래전부터 만나고 싶었으나 그러지 못했는데 이제라도 온다니 참으로 다행이오."

그러자 장수 채모가 유비를 헐뜯으며 말리자 유비가 채모를 꾸짖었다.

"내 뜻은 이미 정해져 있으니 너는 여러 말 말아라."

유표는 손건에게 미리 가서 유비에게 알리도록 하고 스스로 30리 밖까지 나와 유비를 영접하였다.

유비가 형주의 유표에게 의탁했다는 소식은 곧 조조에게도 전해졌다. 머리끝까지 화가 치솟은 조조가 형주마저 곧바로 공격하려 하였으나 정욱이 원소부터 쳐야 한다며 설득하였다. 조조는 정욱의 말을 따라 일단 허도로 철군하였다.

202년이 되자 조조는 다시 출병을 상의한 후, 하후돈과 만총을 보내 여남을 수비하며 유표를 막게 하고, 조인과 순욱은 허도를 지키도록 한 후 스스로 대군을 이끌고 관도로 가서 주둔하였다.

이 소식은 곧 곧 기주의 원소에게 전해졌다. 원소는 세 아들과 고간에게 대항케 했으나 이미 조조 군을 당해 낼 수가 없었다. 원소는 아들인 원상이 조조 군과 싸우다 기주성으로 돌아오자, 상심과 분노를 견디지 못하다가 202년 5월 피를 한 말이나 토하며 죽었다.

서얼 출신이라는 한계를 극복하고 대업 완수에 가장 근접했던 원소는 큰 포부에 비해 배짱이 작았고, 강한 자존심에 비해 지나치게 신중했던 성격적 약점을 극복 못 하고 그렇게 세상을 떠나고 말았다.

이후 조조는 기주, 청주, 유주를 차례로 함락하여 204년에 북방의 새로운 주인이 되었고 원소의 병력 모두 50~60만을 거느리고 허도로 돌아왔다.

유비, 형주로 가서 유표에 의탁하다

　한편 형주에 간 유비는 한동안 유표에게 몸을 의탁하며 극진한 대접을 받고 있었다. 하루는 유표와 둘이 술을 마시는데 귀순한 장무와 진손이 강하 땅에서 반란을 일으켰다는 소식이 전해졌다. 유비가 자원하여 토벌하겠다고 하자 유표는 크게 기뻐하며 군사 3만을 유비에게 주며 진압하도록 했다.

　유비는 명을 받아 즉시 출발하여 하루도 안 되어 강하 땅에 도착했다. 장무와 진손이 병력을 이끌고 맞섰으나 유비는 관우, 장비, 조운과 함께 간단하게 이들을 진압하고 강하의 여러 고을을 안정시킨 후 군사를 되돌려 돌아왔다. 유표는 크게 기뻐하여 성을 나와 영접하고는 연회를 베풀어 그 공을 크게 치하했다.

　이때 조운은 반란군 장수 장무를 죽이고 그가 탄 말 적로마를 빼앗아 유표에게 바쳤으나 유표는 이 말을 유비가 타도록 하였다. 그런데 유표의 부인이자 채모의 누나인 채 부인이 유비의 세력이 커지는 것을 몹시 경계하였다. 유표는 하는 수 없이 유비를 조조 군과 인접한 작은 성인 신야에 머물도록 하였다.

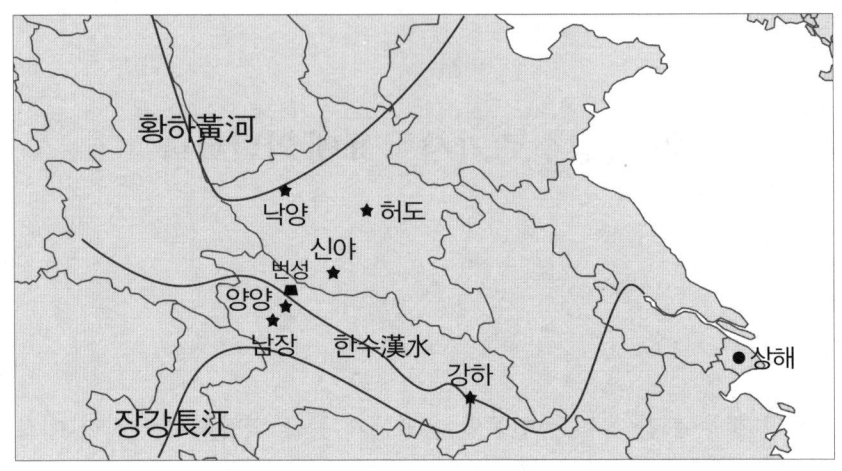

　유비가 신야에 오고부터는 군사들과 백성들이 모두 기뻐하고 하나 되어 고을이 나날이 새로워졌다. 207년 봄, 유비는 신야에서 아들 유선을 낳았는데 어릴 적 이름을 아두라 불렀다.

　한편 형주 자사인 유표에게는 유기, 유종이라는 두 아들이 있었다. 유표는, 형인 유기는 어질기는 하나 유약하기에 아우이지만 총명한 유종이 형을 제치고 대를 잇게 하면 어떻겠냐며 유비에게 물었다.

　그러자 유비가 조심스레 말했다.

　"예부터 맏이 대신 그 아래를 후사로 정하면 난이 일어나기 쉽습니다. 채씨들의 권력이 크면 그걸 서서히 줄여가면 되니, 사사로운 정에 빠져 작은아들을 후사로 삼으심은 옳지 않습니다."

　이때 병풍 뒤에서 유비의 말을 몰래 엿들은 채 부인은 몹시 분하고 원망스러워했다. 유비도 스스로 실언한 것을 알고 일어나서 측간으로 갔

　　　　　　　　　　　　　삼국지, 한 권으로 끝내기

는데 자기도 모르게 넓적다리에 살이 찐 것을 보고 눈물이 줄줄 흘렀다. 유표 또한 유비의 말을 듣고 비록 말은 안 했으나 마음이 몹시 불편하였다. 채 부인이 유비를 미리 죽여 후환을 없애자고 거들자 유표는 말없이 고개를 저었다.

채 부인은 동생인 채모를 불러 이 일을 상의하였다. 채모가 말했다.

"먼저 관사로 가서 그를 죽이고 나중에 주공께 알리지요."

유비가 그날 밤 촛불을 밝히며 취침하려 할 때 이 사실을 엿들은 이적이 몰래 이들의 음모를 알리고 빨리 떠날 것을 재촉하였다. 유비는 날이 밝기를 기다리지 않고 밤새 말을 달려 신야로 돌아왔다. 채모가 군사를 거느리고 관사에 이르렀을 때 이미 유비는 멀리 사라지고 난 뒤였다.

채모는 몰래 채 부인과 상의하여 양양에서 유비를 죽이자고 계략을 꾸몄다. 그리고 다음 날 유표에게 아뢰었다.

"근 몇 년 동안 풍년이 들어서 관리들을 양양으로 불러 모아 위로하고 격려하는 자리를 마련할까 하옵니다. 주공께서도 함께 가시길 청하옵니다."

"내가 요즘 병을 앓아 갈 수가 없으니 나 대신에 유비에게 손님들을 맞이해 달라 청하시오"라고 명하며 참석하지 않았다. 채모는 계략이 적중했다 생각하고 기뻐하며 사람을 보내 유비에게 양양으로 와달라 청하였다.

이에 불안한 나머지 유비는 조운과 마보 군 3백을 거느리고 양양으로 갔다.

채모가 성곽을 나와 영접하는데 몹시 겸손하고 조심스러웠다. 그리고 소와 말을 잡아 크게 연회를 베풀고 술이 몇 순배 돌고 거나해지자 이적이 일어나 유비에게 눈짓하며 채모가 해치려 한다고 낮은 소리로 말하였다. 유비는 바로 알아차리고 뒷간으로 가서 적로마를 타고 홀로 말을 달려 서문 쪽으로 달아났다. 채모는 군사 5백을 이끌고 뒤쫓았다. 그러나 몇 리도 못 가서 큰 냇물에 가로막혀 추격병에게 잡히기 직전이었다.

유비가 다급하게 말했다.

"적로야, 오늘 네가 나를 해치고 말 테냐?"

말을 마치자마자 적로마는 홀연히 물속에서 치솟아 오르며 한 번에 뛰어올라 서쪽 언덕으로 날아올라 달아났다.

조운은 나중에 유비가 사라진 것을 알고 3백 군사를 이끌고 성 밖을 나왔으나 유비를 찾지 못하였다. 다시 성안으로 돌아가려다 매복군에게 있을까 두려워 그대로 신야로 돌아왔다.

한편 홀로 말을 달리던 유비는 어느덧 남장 땅에 이르게 되었는데 해가 곧 서쪽으로 기울어질 때쯤 어느 목동이 소를 타고 단소를 불며 오고 있었다. 목동은 유비를 만나 인사를 하고 유비는 목동의 안내로 목동의 스승을 만나게 되었다. 그는 사마휘라고 불리는 수경 선생으로 양양에 있는 방통과 친교가 깊은 사이였다. 유비는 수경 선생께 그간의 일을 소상히 말하였으나 선생은 이미 모든 것을 다 알고 있다는 듯이 웃으면서 말했다.

"선생은 관우, 장비, 조운은 모두 홀로 만 명을 상대할 수 있는 장수이나 이들을 잘 쓸 사람이 없는 게 애석합니다. 선생의 좌우에 있는 손건이나 미축, 간옹은 백면서생일 뿐 경륜을 가지고 세상을 구제할 인재는 아닙니다."

"그럼, 인재는 누구이고 어디에 있습니까?"

"복룡과 봉추 두 사람 중 하나만 얻어도 천하를 안정시킬 수 있습니다."

유비가 수경 선생에게 절하고 자기를 도와서 함께 한나라를 바로잡아 줄 것을 청하자 수경 선생이 말했다.

"신야에서 한가히 지내는 사람이라 세상에 쓰임을 감당하지 못합니다. 저보다 열 배는 나은 사람이 공을 도우러 스스로 찾아올 것이니 그를 만나보십시오."

이렇게 이야기를 나누는 사이에 장원 밖에서 떠드는 소리가 들려왔다. 그동안 유비를 찾아 나섰던 조운이 군사들을 이끌고 찾아온 것이었다. 유비는 조운과 함께 말에 올라 다시 신야로 무사히 돌아올 수 있었다.

신야에 도착한 유비는 손건을 시켜서 글을 갖고 형주로 가도록 명했다.

유표가 손건을 불러 물었다.

"내가 유비에게 양양에 가라 했는데 왜 자리를 피해 가버렸소?"

손건이 서찰을 바치자 유표는 채모를 끌어내어 죽이라고 명하였다. 그러자 채 부인이 울면서 살려달라 매달렸지만, 유표는 분노가 가라앉지 않았다. 겨우 손건이 만류하여 채모를 풀어주었다. 그리고 맏아들 유기에게 손건과 함께 가서 유비를 만나 사죄하라고 명했다.

유기가 명을 받고 신야에 이르자 유비는 잔치를 베풀고 잘 대접하였다. 술에 취하자 유기가 갑자기 울면서 말했다.

"계모인 채 부인이 저를 늘 해칠 마음을 품고 있습니다. 제가 그 재앙을 벗어날 계책이 없으니 숙부께서 제게 가르침을 주십시오."

유비는 조심조심 효를 다하면 그 화가 자연스레 없어질 것이라 일렀다. 다음 날 유기는 울면서 작별하였고 유비는 성곽까지 나가서 배웅하였다.

유기와 헤어진 유비는 말을 돌려 다시 입성하는 중에 선복(서서)이라고 불리는 범상치 않은 인물을 만나서 가르침을 청한 후, 군사(軍師)로 삼고 자신의 군대를 잘 조련토록 하였다.

이 무렵 원소를 물리친 조조는 형주를 공격할 시기만 노리고 있었다. 때마침 원소 군에서 투항했던 여광과 여상이 공명심에 형주를 정벌하겠다고 자청해서 나섰다.

유비는 서서의 계책대로 움직여 여광과 여상을 죽이고 조조 군을 추격하여 졸개들 태반을 사로잡아서 신야로 돌아왔다. 이 소식을 들은 조인은 2만 5천 군사를 이끌고 번성을 나서 진을 펼쳤다. 조인이 북을 울리고 진군하며 사람을 시켜 유비에게 물었다.

"내 진세를 알아보겠느냐?"

유비가 서서에게 적의 진형이 무엇이냐 물으니 서서가 높은 곳에 올라 살피고 유비에게 말했다.

"팔문금쇄진이라 합니다. 허나 적의 팔문 배치가 허술하기에 남쪽 생문으로 들어가 서쪽 경문으로 나오면 적진은 무너질 것입니다."

유비는 서서의 해박함에 감탄하였다. 유비는 서서의 계책대로 조운이 5백 군사를 이끌고 진을 쳐들어가 깨트리자 조인은 북쪽으로 달아났다. 조인 군대가 금세 혼란이 일어나자 유비가 휘몰아쳐 공격하니 조인은 대패하고 퇴각하였다.

한편 조인은 크게 패하고 나서 이전과 상의하여 이경(21~23시)에 이르러 영채로 와서 다시 공격하려 하였다. 그런데 갑자기 영채에 불이 치솟았다. 조운이 몰래 장수들을 죽이며 다가오자 조인은 자기 영채로 돌아가지도 못하고 북하까지 달아났다.

이때 장비가 한 떼의 군사들을 데리고 나타나 추격하니 조인의 군사는 태반이 물에 빠져 죽었다. 조인이 강을 건너 강둑에 올라 번성으로 들어가려 하였으나 번성은 이미 관우가 빼앗은 후였다. 조인은 결국 많은 군마를 잃고 밤을 새워 허창으로 달아났다.

이전과 더불어 허도로 돌아간 조인은 조조가 싸움에서 패한 경위를 묻자 소상히 아뢰며 엎드려 절하고 처벌을 죄를 청했다. 그러자 조조는 말했다.

"싸움에서 이기고 지는 것은 병가에 항상 있는 일이다. 그런데 유비에게 계략을 도운 이가 누구인가?"

그러자 정욱이 웃으며 말했다.

"그는 서서란 자이며 자는 원직이고 선복은 가짜 이름일 뿐입니다. 그리고 그의 재주는 저의 열 배 정도 됩니다."

"그럼, 그자를 데려올 방법이 있는가?"

"서서는 지극한 효자이고 어려서 부친을 잃고 홀어머니를 홀로 모시고 있습니다. 승상께서 사람을 보내 그 모친을 속이시어 허창으로 부르십시오. 그런 후 아들을 부르면 효자인 서서는 반드시 올 것입니다.”

서서는 정욱의 계책에 당하여 어머니가 조조에게 볼모로 잡혀 있다는 서찰을 받은 후, 어머니를 구하고자 어쩔 수 없이 눈물을 흘리며 유비를 떠나 조조에게 갔다.

서서는 유비를 떠나면서 자신과는 비교도 안 될 정도로 뛰어난 선비가 있는데 그는 양양성에서 20여 리 떨어진 융중이라는 마을에 살고 있으니 그를 몸소 찾아가시라 하였다. 유비가 그를 만나게 해달라 하자 서서가 말했다.

“그 사람은 몸을 굽혀서 오지는 않을 것이므로 사군께서 몸소 찾아가셔야 합니다. 그를 얻으면 옛날 주공이 여망을 얻고 한 고조가 장량을 얻은 거나 마찬가지입니다. 저와 그와의 비교는 까마귀를 난새와 봉황에 비교하는 것과 같습니다.”

유비가 크게 기뻐하며 그의 이름을 듣고 싶다며 묻자 서서가 대답했다.

“이 사람은 낭야군 양도현 사람으로 성은 제갈이고 이름은 량이며 자는 공명입니다. 살고 있는 땅에 언덕이 하나 있는데 와룡강이라 해서 와룡선생이라고도 부릅니다.”

유비는 뛸 듯이 기뻐하였다.

서서는 공명이 세속으로 나와 유비를 돕지 않을까 걱정되어 곧장 말을 타고 와룡강으로 갔다. 서서는 공명을 만나 유비에게 천거했으니 절대 거절하지 말고 그를 도와달라 권한 후 말에 올라 허창으로 향하였다.

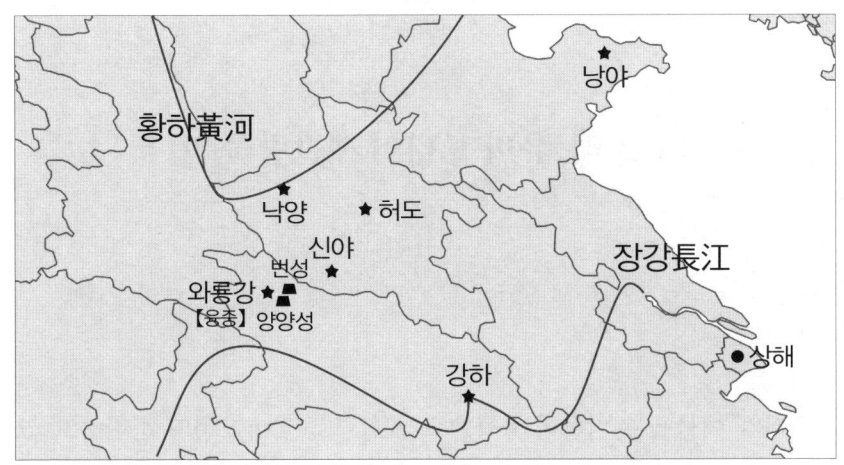

용중은 현 지도 위치와 신야 지역 설 두 군데가 있으나 원문에 따라 양양 인근으로 표기

서서는 허도에 도착하자마자 조조의 속임수에 당한 것을 알게 되었다.

서서의 어머니는, 황숙이며 인의로 다스려 모든 백성이 추앙하는 유비를 버리고 왔느냐며 서서를 야단친 후 목매달아 죽었다. 서서는 노모를 허창의 남쪽 언덕에 장사 지내고 상을 치른 후 무덤을 지켰다. 그리고 조조가 하사하는 모든 것을 받지 않았다.

삼고초려, 유비 드디어 제갈량을 얻다

유비가 예물을 준비하여 융중으로 제갈량을 찾아가려고 준비하고 있는 사이, 수경 선생이 서서를 보기 위해 찾아왔다.

선생은 서서가 조조에게 속아서 간 것을 알고 깊은 탄식을 했다. 유비는 침통한 표정으로 있다가 선생에게 서서가 추천한 제갈량에 대해 물었다.

"공명은 스스로를 춘추 전국시대 관중와 악의에 비교한다 하지만, 내가 보기에 그는 주나라 8백 년을 일으킨 여망(강태공), 한나라 창업 4백년 기초를 닦은 장자방과 견준다 해도 지나침이 없을 것 같소."

수경 선생 사마휘는 유비에게 하직 인사를 올리며 하늘을 우러러 크게 웃으며 이렇게 말하고 홀연히 떠나버렸다.

"와룡이 비록 주군을 제대로 만났으나 때를 아직 얻지는 못했구나!"

수경 선생이 떠나자 유비는 관우, 장비와 함께 즉시 와룡강(臥龍岡)으로 향했다. 일행이 와룡 언덕의 초가에 이르자 동자를 통해 뵙기를 청하였으나 제갈량은 어디론가 가고 없었다. 하는 수 없이 유비는 다시 발길을 돌려 신야성으로 돌아왔다.

그러자 며칠 후 사람을 보내 물으니 공명이 돌아왔다는 소식을 전했다. 유비가 다시 공명을 만나러 갈 채비를 하자 장비가 투덜댔다.

"아니 천한 시골구석 선비를 들라 하면 될 것을 왜 이렇게 몸소 형님이 가십니까? 그냥 사람을 시켜 불러들이시면 안 됩니까?"

"너는 맹자께서 하신 말씀도 모른단 말이냐? 현자를 만나기 위해서는 도리를 따르지 않는다면 마치 안으로 들이려고 하면서 문을 닫는 것과 마찬가지니라."

유비의 꾸짖음에 장비는 금세 머쓱해서 입을 닫았다.

때는 마침 한 겨울이라 날이 몹시 추운데 구름마저 잔뜩 끼었다. 몇 리도 못 가서 북풍이 몰아치고 눈이 펄펄 내리니 온산이 은빛이었고 천지는 그야말로 꽁꽁 얼어붙었다. 그러자 계속 투덜대는 장비를 보며 유비가 말했다.

"공명에게 간절한 내 뜻을 알게 하고 싶은 것이니 만일 아우들이 이 추위를 두려워한다면 먼저 돌아가도 좋다."

그러자 장비가 말했다.

"죽는 것도 두렵지 않거늘, 어찌 이따위 추위가 두렵습니까? 다만 형님께서 헛수고하실까, 걱정돼서 그렇지요."

천신만고 끝에 세 사람이 도착해 사립문을 두드리니 지난번 그 동자가 또다시 나타났다.

"초당에서 글을 읽고 계십니다."

유비가 관우와 장비를 데리고 초당 앞으로 가니 웬 젊은이가 무릎을 꿇고 화롯가에서 시를 읊고 있었다.

"장군은 신야성의 유예주 아니십니까? 제 형을 만나러 오신 것 같습니다만. 전 동생 제갈균이라고 합니다. 와룡은 제 둘째 형이신데 오늘 오전 중 최주평과 약속이 있어서 유람하러 나가셨습니다."

유비는 이번에도 투덜대는 장비를 꾸짖은 후 자신의 간곡한 뜻을 적은 글을 동생인 제갈균에게 전하고 돌아왔다.

두 번이나 허탕을 친 유비는 신야에서 하루도 공명을 잊은 적이 없었다.

이윽고 해가 바뀌고 새봄이 돌아왔다.

유비는 목욕재계한 후 길일을 택해서 와룡강으로 향했다. 이번에는 관우마저 예가 너무 지나치다고 말렸으나 유비는 다시 꾸짖으며 관우, 장비와 함께 융중으로 출발했다.

초가집에서 반 리쯤 떨어진 곳에서 유비가 말에서 내려 걸어가는데 제갈균을 만났다. 제갈균은 어제저녁 형님이 돌아왔다며 오늘은 만나실 수 있다고 하였다. 초가에 도착하니 공명은 낮잠을 자고 있었다.

유비는 관우, 장비 두 사람에게 문 앞에서 기다리도록 한 후 천천히 걸어 들어갔다. 공명은 초당의 돗자리에 반듯이 누워 있었다. 유비는 섬돌 아래에 서서 한참을 기다렸으나 잠에서 깨어나지 않았다. 두 시간이 지나자 공명이 드디어 잠에서 깨어났다.

공명은 뒤채로 들어가더니 한참을 지나서야 의관을 갖추고 맞이하였다. 유비가 공명을 보니 키가 팔 척이나 되었으며 얼굴은 관옥같이 희고 머리에는 윤건을 쓰고 있었으며 몸은 학창의를 입어 바람에 날리는데 신선의 기품 그대로였다. 유비가 허리 굽혀 인사하며 말했다.

"한실의 별 볼 일 없는 후예이자 탁군의 어리석은 사내가 오래전부터 선생의 큰 명성을 우레와도 같이 들었습니다. 지난날 두 차례 찾아왔으나 뵙지 못하여 그때 제 천한 이름을 남기고 돌아갔는데 아직 읽어보지 않으셨는지요?"

"지난번에 남기고 가신 글을 읽으니 장군께서 얼마나 나라를 걱정하시는지 알고도 남음이 있습니다. 다만 제가 워낙 어리고 재주가 모자라는데 장군께서 사람을 잘못 보신 것 같습니다."

공명이 겸양의 말을 하자 유비는 거듭 자신을 도와줄 것을 간절히 청하였다.

"지금 한실은 기울고 간신에게 나라를 빼앗겼습니다. 제가 역량을 다하고자 하나 준비가 안 되었고 천하의 대의를 펼치고자 하나 지혜와 계략이 짧아서 아무것도 이룬 것이 없습니다. 그러니 저의 어리석음을 깨우쳐 주시고 재앙에서 건져 주십시오."

그제서야 공명은 더 이상 거절할 수 없음을 알고 유비에게 말했다.

"장군께서 패업을 이루시려면 북으로는 조조에게 천시(하늘이 내린 기회)를 양보하시고 남으로는 손권에게 지리적 이익을 가지도록 양보하며 장군께서는 가히 인화를 근본으로 삼아야 합니다. 먼저 형주에 터를 잡고 그다음 서천을 취해 대업의 토대를 세운 후 정족지세(鼎足之勢: 솥의 세 다리처럼 맞선 형세)를 이루어야 중원을 도모할 수 있습니다."

유비는 두 손 모아 사례한 후 공명에게 물었다.

"선생의 말씀을 들으니 그간 막혔던 것이 확 뚫리는 것 같습니다. 다만 형주의 유표나 익주의 유장은 다 한 황실 종친인데 어찌 그 땅을 빼앗겠습니까?"

"밤에 천문을 보니 유표는 머지않아 명을 다할 것이고 유장은 대업을 이룰 군주가 아니기에 자연스레 장군께 넘어올 것입니다."

유비는 머리를 조아려 다시 한번 절을 하고 눈물을 쏟았다. 그리고 끝까지 거부하는 공명에게 거듭 청하며 말했다.

"선생께서 나오시지 않으시면 백성은 어찌한단 말입니까?"

말을 마치자 눈물이 옷소매를 적셔서 옷깃이 모두 젖었다. 공명은 유비의 뜻이 매우 깊고 정성스러운 것을 보고 견마지로의 노력을 아끼지 않겠다며 그제야 응하였다. 유비는 크게 기뻐하며 관우와 장비를 들어오게 해 절하게 한 후 금과 비단을 예물로 바쳤다. 세 사람은 그날 밤 공명의 집에서 묵고 다음 날 제갈균과 작별한 후 공명과 함께 신야로 돌아왔다.

이때가 207년 공명의 나이 27세, 유비는 47세였다. 신야로 돌아온 유비는 스무 살 차이에도 불구하고 공명을 스승으로 대하며 같은 침상에서 자고, 한 상에서 밥을 먹으며 하루 종일 천하의 일들을 함께 의논하였다.

박망파 전투

서기 202년, 조조는 원소를 격파하고 강동에서 세력이 커진 손권을 자기의 휘하에 두고자 손권의 아들을 불러 천자를 모시도록 손권에게 사자를 보냈다. 손권이 어찌할지 결정하지 못하자 오태 부인이 주유와 장소에게 의견을 물었다. 그러자 장소가 말했다.

"조조가 아들을 보내라 함은 제후를 견제하는 방법인데 보내지 않으면 조조가 강동으로 출병할 것이니 나라의 형세가 위태로워질까 걱정입니다."

그러자 주유가 말했다.

"장군(손권)께서는 부친(손견)과 형님(손책)의 유업을 이어받아 6개 군(郡)의 백성들을 거느려서 병사는 정예하고 식량은 넉넉하며 장수들은 명령을 받듭니다. 그런데 어찌하여 인질을 남에게 보내려 하십니까? 인질을 보내면 조조와 연합하지 않을 수 없어 그가 오라고 하면 가지 않을 수 없으니, 남에게 통제를 받게 되는 것입니다. 인질을 보내지 말고 천천히 관망한 후 별도로 좋은 방책을 마련해야 합니다."

오태 부인이 주유의 말이 옳다고 하자 손권은 사자만 돌려보내고 아들은 보내지 않았다.

분노한 조조는 강동을 즉시 정벌하기로 마음을 먹었으나 북쪽에 있는 원소가 아직 완전히 정벌 되지 않아 강동 정벌을 잠시 미루었다. 그리하여 오나라에는 5년 동안 평화가 찾아왔다. 5년 동안 손권은 강동이 지형방어에 유리한 수군을 강력히 육성하였다.

　그 무렵 유비는 사람을 보내 강동의 소식을 알아보도록 시켰는데 동오가 황조를 공격한 후 지금 시상에 주둔해 있다는 보고가 올라왔다. 유비가 공명을 불러서 이야기를 나누던 중, 형주의 유표에게서 급히 의논할 일이 있다는 전갈이 왔다. 그러자 공명이 말했다.

　"이것은 필시 강동이 황조를 격파했기 때문에 주공에게 청해서 복수할 계책을 상의하고자 함입니다. 제가 주공과 함께 동행하겠습니다. 제게 좋은 방책이 있습니다."

　공명의 말을 따라 유비는 관우를 남겨서 신야를 지키게 하고 장비에게 5백 군사를 이끌고 형주로 가는 것을 수행토록 하였다.

　유비가 말 위에서 공명에게 물었다.

　"이제 유표를 만나면 어떻게 대비해야 합니까?"

　"먼저 양양에서 일어난 일을 사과하시고 유표가 강동을 함께 치자 해도 절대 응하지 말고 신야로 돌아가 군마를 정돈하게 해 달라고만 말씀하십시오."

　형주에 도착하자 유비는 장비를 성밖에 머물러 주둔시키고 공명과 함께 유표를 만났다. 예를 마치고 유비가 섬돌 아래에서 죄를 청하자 유표가 말했다.

　"내가 아우님이 해를 입은 일을 모두 알고 있소. 당시 채모의 목을 바로 베어서 아우님께 드리려 했으나 사람들이 목숨만은 살려달라 말려서 용서해 주었소. 그러니 너무 나쁘게 생각하지 말아 주시오."

유비가 말했다.

"그건 채 장군이 한 일이 아니라 아랫사람들이 한 일이라 생각합니다."

"이제 강하를 지키지 못하고 황조가 해를 입어서 현명한 아우님을 청해 복수할 계책을 함께 논의하고 싶소."

유표가 복수할 계책을 의논하자 유비가 말했다.

"황조는 사람됨이 난폭하여 사람을 쓸 줄 몰라 화를 입은 것입니다. 지금 출병하여 남쪽을 정벌할 때 만일 조조가 북쪽에서 밀고 내려온다면 어찌하시겠습니까?"

그러자 유표가 말했다.

"내가 이제 늙고 병들어 일을 잘 처리하지 못하니 나를 도와주시고 내가 죽은 뒤에 아우님이 형주의 주인이 되어 주시오."

그러나 유비는 형주의 주인을 맡을 수 없다며 거절한 후 유표와 작별하고 관역으로 돌아왔다. 공명이 왜 거절했느냐 묻자 유비는 유표가 평소 나를 인의로 대했는데 위기에 빠진 틈을 타서 땅을 차지할 수는 없는 법이라 하였다. 이에 공명이 탄식하며 말했다.

"참으로 인자한 주공이십니다.!"

이때 유표의 아들 유기가 찾아와서 눈물을 흘리며 절을 올리며 말했다.

"계모가 저를 미워하여 목숨이 위태로우니 숙부께서 저를 불쌍히 여기시어 구해주시옵소서."

지난번 후사 문제도 있었고 하여 유비는 일단 그 자리에서 거절한 후에, 다음 날 몸이 아프다는 핑계로 공명을 유기에게 보냈다. 공명은 유기에게 가서 자신을 강하로 보내달라 하면 무사할 것이라는 묘책을 주고는 다시 돌아왔다.

208년, 조조는 하후돈을 보내 그동안 미뤄온 유비를 정벌키로 하였다. 하후돈은 10만 군사를 이끌고 신야와 가까운 박망성에 이르러 신야를 염탐토록 하였다.

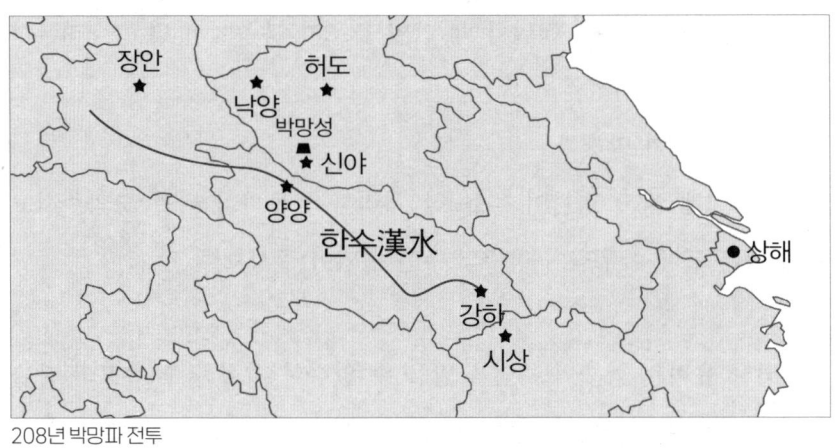

208년 박망파 전투

유비는 관우, 장비와 하후돈을 어찌 막을 것인가를 의논하였다.

관우와 장비는 유비가 평소 공명에게 깍듯이 스승의 예로서 대하는 것을 못마땅하게 생각하던 차여서 공명에게 막아 보게 하라고 비아냥댔다. 할 수 없이 유비는 공명에게 맡길 수밖에 없었다.

그러자 공명은 장수들을 불러 군령을 내렸다.

"박망 왼쪽에 산이 있는데 이름이 예산이고 오른편에는 숲이 있는데 안림이라 하오. 관우는 군사 1천을 이끌고 예산에 매복해 있다가 적군을 그대로 통과시켜 주고 남쪽에서 불이 치솟으면 출격해서 군량과 말 먹이를 불사르시오. 장비는 1천 군사를 끌고 안림 뒤 골짜기에 매복해 있다가 남쪽에서 불이 치솟거든 박망성 양초(糧草)를 쌓아둔 곳에 불을 지르시오. 관평과 유봉은 5백 군사를 이끌고 인화물질을 준비하여 박망파 뒤쪽 양쪽에 기다리다가 초경(19~21시)에 적의 군사가 오면 불을 지르시오."

"또한 조운(자룡)은 적을 정면에서 맞서며 일부러 패한 척하고 달아나시오. 주공은 1군을 이끌고 뒤에서 지원할 것이오."

장수들이 의심을 하며 떠나자, 공명이 유비에게 말했다.

"주공께서는 병력을 이끌고 박망성 아래에 주둔하시고 내일 황혼 무렵 적군이 오면 영채를 버리고 달아나십시오. 그러다가 불길이 치솟으면 즉시 군사를 돌려서 적을 공격하십시오. 저는 미축, 미방과 더불어 5백 군사를 이끌고 고을을 지키겠습니다."

공명이 군사들을 전부 파견하고 배치를 마쳤지만, 유비도 역시 약간의 의심스러워 확실한 판단을 내리지 못하였다.

하후돈이 이윽고 박망성에 도착하였다. 유비의 군을 오합지졸로 본 하후돈은 정면에서 싸우던 조운과 유비가 달아나자 추격을 하며 박망파에 이르렀다. 이때 남쪽에서 큰 불길이 일자 조운은 다시 말 머리를 돌려 하후돈을 공격하고 좌우에서 관우, 장비가 협공하였다. 하후돈의 조조 군은 금세 오합지졸이 달아나기에 바빴고 불에 타 죽거나 말에 밟히거나 한 시체가 박망파 들판에 가득 했고 핏물은 강물이 되어 흘렀다. 하후돈은 패잔군을 수습해 허창으로 돌아갔다.

하후돈이 돌아가자 관우와 장비도 신야로 향하였다. 그때 저쪽에서 공명이 단정하게 수레에 앉아서 5백여 명의 군사와 함께 미축과 미방을 앞세우고 다가오는 모습이 보였다. 관우와 장비는 말에서 급히 내려 엎드리며 공명에게 절하였다. 이윽고 유비와 함께 조운, 유종, 관평이 모두 도착하자 군사들을 모아 노획한 군량미와 보급품을 장병들에게 포상하고 신야로 회군하였다.

신야의 모든 백성들이 먼지를 일으키며 오는 군사들을 바라보며 길을 막고 절을 올리며 말했다.

"우리 목숨이 온전한 것은 모두 사군께서 능력 있는 현인을 잘 얻으신 덕분입니다."

공명은 다음에 조조가 반드시 대군을 이끌고 올 것이라며 유비에게 말했다.

"이곳은 작은 고을이라 오래 머물 수 없고 유표의 병이 위독하니 기회를 봐서 형주를 취하여 정착할 땅으로 삼으면 조조를 충분히 대적할 만합니다."

"공명의 말씀은 참 좋으나 유표의 은혜를 입은 몸으로써 차라리 죽을지언정 의를 거스르는 일은 하지 못하겠습니다"라며 유비는 다시 거절하였다.

유비의 피난 행렬과 장판파 전투

유표는 병이 심해지자 유비를 불러 형주를 다스려 달라고 하였으나 유비는 끝내 사양하였다. 할 수 없이 유표는 후사를 장남인 유기에게 잇도록 부탁하고 유비에게 잘 보필하도록 유언하며 숨을 거두었다.

이때 조조가 대군을 이끌고 온다는 소식이 전해지자 유비는 서둘러 신야로 돌아갔다. 유기는 아버지가 위독하다는 소식을 듣고 급히 달려왔으나 계모 채씨와 채모 장군이 바깥 문을 막고 열어주지 않아 다시 강하성으로 돌아갈 수밖에 없었다. 계모 채씨는 아들 유종에게 거짓 유언장을 만들어 형주를 다스리게 하였다. 이때 유종의 나이가 14세였는데 제법 총명한 유종은 관리들을 모아놓고 이렇게 말했다.

"부친께서 돌아가셨지만, 형님은 강하에 있고 더군다나 숙부 유비는 신야에 머물고 계십니다. 그대들이 나를 주인으로 세웠지만 만일 형과 숙부가 군사들과 더불어 와서 내 죄를 묻는다면 어찌할 것입니까?"

관리들이 머뭇거리자 이규가 하답했다.

"공자께서 참 좋은 말씀을 하셨습니다. 이제 강하에 부고를 전하시고 큰 공자를 형주의 새 주인으로 삼으십시오. 그리고 유비에게 명을 내려 함께 일을 처리하십시오. 그래야 조조와 대적할 수 있고 남으로는 손권을 막을 수 있습니다."

이 말에 분노한 채모가 이규를 꾸짖자 이규는 끝내 뜻을 굽히지 않았다. 채모는 크게 화를 내며 이규를 죽이고 유종을 형주의 새로운 주인으로 내세웠다.

이윽고 조조의 대군이 남하하여 완성에 이르렀다. 유종은 조조의 대군과 싸워 이길 수 없으니 항복하자는 밀서를 송충에게 보냈다. 그러나 송충이 돌아오는 도중 관우에게 잡혀서 그간 일어난 일을 유비에게 낱낱이 이야기했다.

유비는 다 듣고 나자 울음이 멈추지를 않았다.

유비가 어찌할까를 몰라서 고민하고 있을 때 공자 유기가 이적을 보내 유표가 돌아가신 것을 전하는 서찰을 전하였다. 유비는 서찰을 다 읽고 나서 송충을 사로잡은 일을 낱낱이 이야기하였다.

"그대는 유종이 자리를 빼앗은 것만 알지 형양의 9군을 조조에게 바친 것을 모르는구려!"

이적이 답했다.

"일이 이렇게 된 이상 조상을 명분으로 삼아 양양으로 가서 유종을 유인하여 나오게 한 뒤 사로잡아 일당을 처형하면 형주는 사군께 속하게 될 것입니다."

그러자 곁에 있던 공명도 이적의 말대로 해야 한다고 권했다. 그러자 유비가 눈물을 흘리면 말했다.

"내 형님께서 돌아가시면서 어린 아들을 잘 돌봐달라 부탁하셨는데 이제 그 아들을 잡아서 땅을 빼앗는다면 이다음 죽어 구천의 자하에서 무슨 면목으로 형님을 뵐 수 있겠습니까?"

그즈음 완성에 있던 조조가 박망파에 이르렀다는 소식이 전해졌다. 공명은 서둘러 이적을 강하로 보낸 뒤 신야성 문을 열어두고 백성들에게 모두 번성으로 피난하도록 방을 붙였다.

조인과 조홍은 10만 대군을 거느려 선봉이 되고 그 앞에 허저가 3천 철갑군을 이끌고 길을 열어 신야로 쇄도하였다. 병력을 거느리고 신야에 도착한 조인이 말을 쉬도록 하였다. 4개의 성문은 모두 열려 있었고 조조 군이 들어와도 아무도 막지 않으니 성안은 그야말로 한 사람도 보이지 않고 텅텅 비어 있었다. 그간 달려오느라 지친 병사들은 계속 굶주리다 보니 모두 백성들 집을 찾아 밥을 짓고 조인과 조홍도 관아에 들어가 쉬고 있었다.

초경이 지나자 갑자기 광풍이 불더니 문을 지키던 병사가 불이 났다고 급히 보고하였다. 조인은 밥을 짓다 불이 난 것이라며 놀라지 말라고 하였다. 그런데 느닷없이 3개의 성문에서 불길이 치솟더니 온 성안으로 불길이 번져 성은 온통 붉은색이었다. 조인이 장수들을 이끌고 불과 연기를 뚫고 길을 찾아 달아나는데 병사들이 서로 짓밟혀 죽은 자가 수도 없이 많았다. 이때 매복해 있던 조운이 뒤를 쫓자 조조 군은 혼비백산하여 겨우 목숨만 건지고 달아났다.

조운의 추격에서 한동안 벗어난 조인과 군사들이 백하 물가에 이르러 강물이 깊지 않은 것을 기뻐하며 인마들이 강물로 뛰어들었다. 이때 관우가 막았던 둑을 터뜨리자 강줄기는 시체로 뒤덮일 지경이었다.

연달아 화공과 수공을 당하고 겨우 목숨만 보전한 채 달아난 조인이 박릉 기슭에 이르자 이번에는 장비가 고함을 치며 달려왔다. 조인과 조홍은 대적할 틈도 없이 달아나기 바빴다. 허저 또한 마찬가지였다.

장비는 뒤쫓다가 유비와 공명을 만나 강을 따라 상류로 가서 일제히 강을 건너 번성으로 갔다. 공명은 선박을 모두 불사르라고 지시하였다.

한편 조인은 패잔병을 수습해 신야에 주둔하고 조홍을 시켜 조조를 만나 패배한 사정을 두루 이야기하도록 했다. 완성에서 이 소식을 전해들은 조조는 불같이 화를 내고 다시 3군을 일으켜 대군을 여덟 방면으로 나누어 번성을 공격하기 위해 떠났다.

이에 유비가 번성을 버리고 양양으로 가려 했으나 신야에서 번성으로 따라온 백성들이 문제였다. 백성들이 유비에게 같이 가겠다고 하자 유비는 위험을 무릅쓰고 백성과 함께 강하로 이동을 결정했다. 노인을 부축하고 남자아이를 끌어안고 여자아이를 업고 큰물이 흐르는 것처럼 강을 건너니 양쪽 강가에서는 울부짖는 소리가 끊이지 않았다.

유비는 배 위에서 이 광경을 바라보며 크게 통탄해하며 말했다.

"백성들이 나 하나 때문에 이러한 어려움을 겪다니 내 살아 무엇하리오!"

유비가 강물에 몸을 던져 죽으려 하자 좌우에서 급히 구했다는 소리를 듣고 통곡하지 않는 사람이 없었다.

배가 남쪽 강가에 도착해 백성들을 바라보니 아직 건너지 못한 사람들이 남쪽을 바라보며 통곡하였다. 유비는 급히 관우에게 명하여 배를 재촉해 그들을 건너도록 한 후 말에 올랐다.

유비의 피난 행렬이 어느덧 양양성 동문에 이르렀다. 유비가 크게 외쳤다.

"유종 조카님! 나는 단지 백성을 구하고자 할 뿐, 다른 욕심은 없으니 어서 문을 여시오."

유비가 온 것을 알고 유종은 감히 무서워서 나오지를 못했다. 채모와 장윤이 망루로 달려오더니 백성들에게 화살을 비가 오듯이 쏘았다.

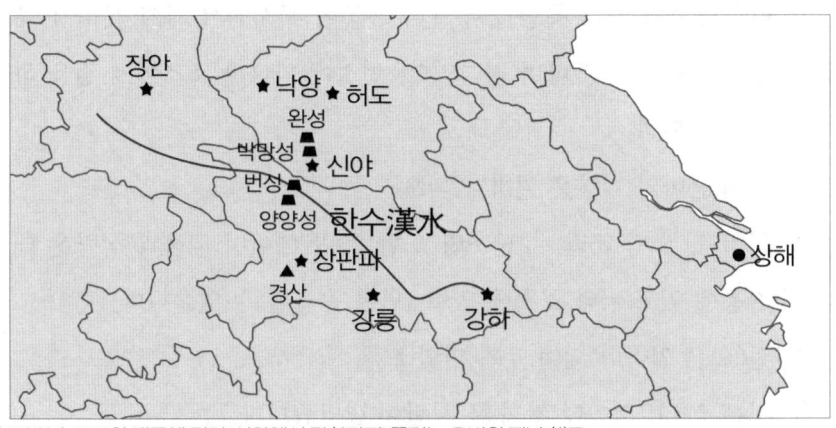

208년, 조조의 대군에 밀려 '신야에서 강하까지' 쫓기는 유비의 피난 행로

이에 백성들이 희생될 것을 염려해 유비가 공명과 상의하자 공명이 답했다.

"강릉은 형주의 요지입니다. 먼저 강릉을 취해서 본거지로 삼는 게 좋겠습니다."

유비는 백성들을 이끌고 모조리 양양 대로를 따라 강릉 쪽으로 떠났다. 유비가 군대와 백성 10만여 명을 이끌고 가느라 느릿느릿 하루에

10여 리밖에 못 가자 장수들이 어느 시절에 강릉엘 가냐며 백성들을 버리고 가자고 하자 유비가 눈물을 흘리며 말했다.

"대사를 일으키는 자는 반드시 사람을 근본으로 삼아야 하오. 지금 사람들이 내게 의지하는데 어찌 버리겠소?"

이 말을 들은 백성들은 감동하여 슬퍼하지 않는 자가 없었다.

번성에 있던 조조가 유종을 부르니 유종이 무서워서 가지 못하자 채모와 장윤이 대신 가겠다며 청하였다. 번성에 다다라 조조에게 절을 하자 조조가 물었다.

"형주의 군마와 식량은 얼마나 되오?"

"기병 5만, 보병 15만, 수군 8만 도합 28만 명이며 재물과 식량은 태반이 강릉에 있고 기타 곳곳에 있어 1년은 공급할 수 있습니다."

"전선(배)은 얼마나 되며 누가 맡았소?"

"전선은 7천여 척인데 저희 두 사람이 맡았습니다."

조조는 즉시 채모를 진남 수군대도독, 장윤을 부도독으로 삼았다. 둘은 사례하고 돌아와 조조를 만난 일을 보고하자 유종은 기뻐하며 어머니인 채 부인과 함께 형주의 도장과 병부를 조조에게 바치고 항복하였다.

조조는 유종에게 청주 자사라는 벼슬을 내렸다. 유종이 청주로 가는 도중 조조가 유종 모자를 죽여 후환을 없애라고 명하자 우금이 뒤쫓아 가 유종 모자를 죽였다.

한편 유비는 십수만 명의 백성과 3천여 군마를 이끌고 한 걸음 한 걸음씩 강릉을 향하여 천천히 나아갔다. 조조는 장수들에게 유비를 계속 추격하게 하였다.

유비가 간옹, 미축, 미방과 행군하는 도중에 갑자기 광풍이 일더니 먼지구름이 하늘로 치솟고 붉은 해를 가리었다. 흉조라 생각한 유비는 바로 앞의 당양현 경산에 주둔하라고 명령했다. 때는 가을에서 초겨울로 넘어가는 무렵이라 서늘한 바람이 뼛속까지 파고들었다.

밤이 깊어 사경(1~3시)이 되자 천지가 진동하는 함성이 일더니 조조 군이 다가오고 있었다. 유비가 크게 놀라서 2천여 명의 병사를 데리고 맞섰으나 조조 군의 기세를 당해낼 수가 없었다. 유비가 죽기 살기로 싸우는 중, 위급한 순간에 장비가 군사를 이끌고 달려와 길을 가까스로 뚫고 유비를 구하여 동쪽으로 달아났다.

장비가 유비를 보호하며 달아나고 싸우기를 반복하다가 동이 틀 무렵이 되어 함성도 멀어지자 말을 세웠다. 부하들은 거의 1백여 명 남짓이고 백성들과 식구들 그리고 미축, 미방, 간옹, 조운 등 함께 가던 사람들의 행방을 알 수가 없었다.

갑자기 미방이 화살을 맞아 비틀거리며 나타나 피투성이가 된 채로 말했다.

"조자룡이 배신하고 조조의 진영으로 갔습니다."

듣고 있던 장비가 "내가 그를 찾으러 가서 눈에 띄기만 하면 한 창에 그를 찔러 죽이겠소"라고 하자 유비가 꾸짖으며 말했다.

"함부로 의심하지 말아라. 자룡이 그리로 갔다면 반드시 이유가 있을 것이다. 자룡은 결코 나를 버릴 사람이 아니다."

장비가 그제야 수긍하고 20여 기를 이끌고 장판교에 도착했다.

한편 조운(자룡)은 밤에 조조 군이 몰려들자 홀로 좌충우돌 적을 무찌르며 동틀 무렵까지 싸우고 있었다. 한참을 싸우다 보니 유비와 가솔들이 보이지 않자 유비와 가솔들을 군사들 틈에서 찾아 헤매고 다녔다.

　조운은 감 부인을 발견하고 말에 태우고 죽을 각오로 큰길을 뚫고 장판파까지 보내드렸다. 조운은 또 다른 부인인 미 부인을 찾으려 하는데 적군들이 몰려왔다. 조운은 적을 무찌르며 토담 쪽으로 가보니 미 부인이 아이를 안고 우물가에 앉아서 울고 있었다. 조운이 달려가 엎드려 절을 올리자, 미 부인이 "장군께서는 이 아이를 잘 돌봐주시고 부친을 만나게 해주신다면 첩은 죽어도 원이 없습니다. 전 이미 중상을 입었으니 어서 떠나세요!" 하더니 그만 우물에 몸을 던지었다. 조운은 부인이 죽자 조조 군이 시체를 훔쳐 갈까 봐 흙담을 우물에 밀어 넣어 우물을 덮어버리고 아이를 포대에 안은 채 말에 올라탔다. 수많은 조조 군사들이 조운의 길을 가로막자, 신출귀몰할 정도로 조조 군의 이름난 장수 50여 명을 싸워서 베어 죽이고 마침내 포위를 뚫고 길을 열었다.

　조조가 이때 경산 정상에서 한 장수가 그 위세를 떨치는 것을 보고 누구냐고 묻자 조운이 나는 듯이 말을 타고 크게 외치며 물었다.

　"나는 상산의 조자룡이다."

　조조가 참으로 범 같은 장수라 감탄하며 그를 꼭 생포하겠다고 말했다. 그리하여 종진과 종신이 조운을 가로막았으나 조운이 그들을 간단하게 베어 죽이자 나머지 무리들은 모두 부리나케 달아나 흩어졌다. 조운이 장판교를 무사히 건너 유비를 만나 말에서 내려 땅에 엎드려 절하며 울자 유비도 함께 따라 울었다.

　그리고 미 부인께서 우물에 몸을 던진 것과 공자(아두)를 안고서 적의 포위망을 뚫고 온 것에 대해 소상히 이야기하며 마침 잠이 들어 아직도 깨지 않은 공자를 두 손으로 유비에게 넘겨주었다. 유비는 아이를 받자마자 땅에 던지며 말했다.

"이깟 어린애 때문에 대장 한 명을 잃을 뻔했구나."

조운은 황망히 아두를 안아 올려 눈물을 흘리며 말했다.

"제가 비록 간과 뇌를 길바닥에 뿌린다 한들 어찌 은혜를 다 갚겠습니까?"

한편 문빙도 조운을 쫓아 군사를 이끌고 장판교에 도착하였고 뒤이어 조인, 이전, 하후돈, 하후연, 악진, 장요, 장합, 허저 등이 모두 도착했다. 그러나 공명의 꾀가 두려워 아무도 전진하지 못하였다. 그때 장비가 큰 소리로 외쳤다.

"내가 연인 장익덕이다. 누구든지 나와서 나와 죽기 살기로 싸워보자!"

이에 조조 군은 예전에 관우가 이야기한 것이 생각나서 아무도 대적할 생각을 못 했다. 장비가 장팔사모를 휘두르며 다시 한번 고함을 치자 조조가 갑자기 말을 돌려 달아나고, 군사들과 장수들 모두 서쪽으로 달아났다. 이는 마치 젖먹이가 우렛소리를 들은 격이요, 병든 나무꾼이 호랑이의 포효를 들은 격이었다. 장비는 조조 군대가 물러나는 것을 보고 감히 추격은 하지 못하고 장판교 다리를 끊고 군사들과 함께 유비에게 돌아왔다.

그런데 조조 군의 허저와 장요가 다시 장판교를 살피더니 장비의 계교에 속았음을 알고 수만 명의 군사를 수습해서 다시 유비를 뒤쫓았다.

조조 군에게 계속 쫓기던 유비가 드디어 큰 강가에 도착하였다. 그러나 조조 군이 흙먼지를 일으키며 바짝 다가와 오더니 이제야말로 유비를 생포할 절호의 기회라 여겼다. 그때 홀연히 산비탈 뒤쪽에서 북소리가 나더니 한 떼의 군마가 나타나 크게 외쳤다.

"내가 너희를 여기서 오래 기다렸다."

앞장선 대장은 청룡도를 들고 적토마를 타고 있었다. 관우가 강하에서 유기에게 군사 1만 명을 지원받아 돌아오는 중이었다. 이에 또 공명의 계책에 빠졌다고 생각한 조조는 군사를 재차 물리고 퇴각하였다. 관우는 그들을 뒤쫓다 군사를 돌려서 유비를 보호하며 다시 한강나루로 돌아와 배를 타고 이야기를 나누고 있었다.

그런데 갑자기 강남 쪽에서 북소리가 크게 울리더니 수많은 배들이 오고 있는 것이 보였다. 바로 유기가 수군을 이끌고 오고 있었다. 마침 공명도 서남쪽에서 전선들을 이끌고 미끄러지듯이 오고 있었다. 이제 유비는 의기가 다시 치솟아서 휘하들을 모아서 조조를 물리칠 방책들을 논의하기 시작했다. 공명이 입을 열어 군사 배치부터 정하였다.

"하구(夏口)를 보니 지세가 험하고 수리가 좋고 식량 또한 풍부하니 주공께선 그리로 가시어 조조 군을 방어하십시오. 유기 공자께선 강하로 가시어 전선을 정돈하여 주공과 기각지세(掎角之勢: 서로 돕고 의지하는 양면작전)를 이루면 조조를 대적할 수 있을 것입니다."

유기 또한 유비에게 자신과 함께 강하로 가셨다가 하구로 가시라고 권하였다.

유비를 뒤쫓던 조조는 유비가 물길을 이용해 자기보다 먼저 가서 강릉을 취할까 두려워서 밤낮없이 말을 달려 강릉에 도착했다.

조조의 대군이 온다는 소식을 듣고 형주의 치중 벼슬을 하던 등의와 별가는 형주의 군사들과 백성을 이끌고 성곽을 나와 항복했다. 조조는 입성해서 백성들을 안정시키고 관리들에게 벼슬과 상을 내렸다.

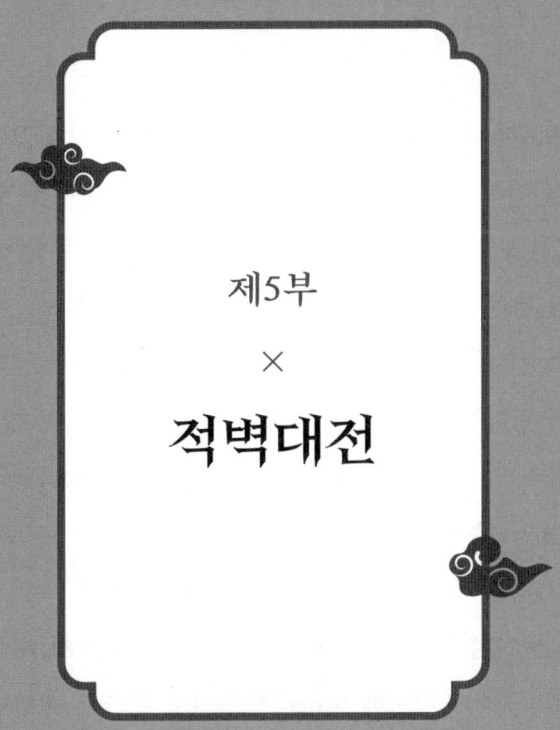

제5부

×

적벽대전

적벽대전

조조는 손권에게 강하의 유비를 토벌하고 형주 땅을 반씩 나누자며 반협박 조의 밀서를 보냈다. 다른 한편으로 손권의 기를 꺾어 놓기 위해 83만 명의 보병과 수병 그리고 기마병의 모든 군을 일으켜 3백 리에 걸쳐 진영을 펼친 후 백만 대군이라고 소문을 퍼뜨렸다.

한편 강하 땅에 이른 유비는 손권에게 구원을 청하려 했으나 손권이 응해줄지 몰라 망설이고 있었다. 그때 마침 손권의 책사인 노숙이 유비를 찾아왔다. 노숙이 와서 동오와 동맹을 맺자고 하자 유비는 공명을 손권에게 보내 그 진의가 무엇인지 파악하고자 했다.

공명은 유비와 유기에게 작별을 고하고 노숙과 함께 배를 타고 시상군으로 향했다. 배가 강둑에 도착하자 노숙은 공명을 여관에서 쉬게 하고 자신은 먼저 가서 손권을 만났다. 손권은 전날 받은 조조의 격문을 노숙에게 보여주었다.

노숙이 격문을 받아 살펴보니 조조는 손권에게 '자신과 함께 연합하여 강하의 유비를 쳐서 형주를 반씩 나눌 것인가? 아니면 자신과 대항

할 것인가?'를 선택하라는 반협박 조의 편지였다.

　조조의 군사가 워낙 막강하여 장소를 비롯하여 문무백관 모두가 조조와 손을 잡기를 원했으나 노숙이 반대하였다.

　"문무백관들이야 조조 휘하에 있어도 지방의 벼슬이라도 당연히 할 수 있어 찬성하겠지만, 주공께서는 고작 조조 밑의 일 개 제후에 그칠 것입니다."

　이에 손권이 쉽게 결정을 내리지 못하자 노숙이 공명을 만나보시는 게 어떠냐고 아뢰었다.

　손권은 먼저 강동의 인재들과 공명을 견주어 보는 자리를 마련했다. 그러나 장소를 비롯한 강동의 인재들인 우번, 보즐, 설종, 육적, 엄준, 정덕추 등이 공명과 문답을 하였으나 공명의 박학한 지혜와 물 흐르는 듯한 언변에 모두 입을 다물 수밖에 없었다. 문답이 길어지자 한 사람이 밖에서 들어와 성난 목소리로 말했다.

"공명은 당대의 기재이거늘 그를 난처하게 하다니 손님 된 도리가 아니오. 조조의 대군이 국경에 임박했는데 적을 물리칠 계책들은 아니 하고 헛되이 말싸움이나 하는 것이오?"

자세히 보니 동오에서 식량 담당을 하는 황개였다. 황개는 공명에게 직접 손권을 만나보기를 권했다. 황개와 노숙이 공명을 당상으로 안내하자 손권은 몸소 계단 아래까지 나와 두터운 예우를 하며 공명을 자리에 앉도록 말했다.

"노숙으로부터 그대의 재주를 많이 들었는데 이제라도 보게 되어 다행입니다. 감히 구하건대 제가 지금 어찌하면 좋겠는지 가르쳐 주시구려."

"지금 조조 군은 먼 길을 오느라 지쳐있습니다. 더구나 북방의 군사들은 수전에 약하고 형주의 사대부와 백성들은 어쩔 수 없어서 조조를 따르긴 하나 본심은 아닐 것입니다. 장군께서는 우리 유예주와 힘을 합치신다면 능히 조조를 물리칠 수 있을 것입니다."

이에 손권은 크게 기뻐하며 유비와 손잡고 조조를 함께 치겠다며 모든 문무 관원에게 알리도록 하였다. 그러나 장소와 문무 관원들이 조조 군은 우리가 치기에 너무 막강하다고 일제히 반대하고 나섰다. 손권이 재차 결정을 못 하고 고민하는 사이 나라 밖의 일은 주유에게 맡기라는 형님의 유언대로 공명으로 하여금 주유를 만나보도록 하였다.

공명이 주유에게 말했다.

"제가 융중에 있을 때 들었는데 조조는 장하 기슭에 동작대란 망루를 지었는데 평생 두 가지 소원이 있다고 합니다. 하나는 사해를 평정하여 제왕의 업을 이루는 것이요, 또 하나는 강동에 있는 동작대에서 대교와 소교 두 미인을 데리고 노년을 실컷 즐기다 죽는 일이라 했습니다."

이미 대교는 손책의 부인이고 소교는 주유의 부인인 걸 알고서 주유를 자극하기 위해 하는 소리였다. 이 말에 화가 머리끝까지 치민 주유가 말했다.

"내가 그 늙은 역적 놈 조조와는 절대 한 하늘 아래에서 숨을 쉬지 않을 것이오."

주유는 그다음 날 손권을 찾아뵙고 조조와 당당히 싸울 것이라고 뜻을 밝혔다. 손권은 자신의 보검을 주유에게 건네며 주유를 대도독으로 삼고 정보를 부도독, 노숙을 찬군 교위로 삼도록 하였다. 그리고 문무 관리 중 명령을 듣지 않는 자는 즉시 그 보검으로 처형하라 명했다.

주유가 손권의 명을 받고 돌아와 공명에게 조조를 무찌를 방책을 물었다.

"주공께서는 아직도 조조가 대군이라 걱정이 많으실 듯하니 장군께서 가시어 의심을 풀어드리고 오십시오."

공명의 말대로 주유가 손권을 찾아뵈니 아니나 다를까 손권은 아직도 근심을 멈추지 않고 있었다. 주유가 웃으면서 말했다.

"조조의 격문에 수륙 대군이 백만이라 하여 의구심이 있으시겠지만, 그 허실에 대해서는 짐작 못 하셨을 것입니다. 그가 중원 병력을 이끌고 온 것은 고작 15~16만에 불과하고 그마저 지쳐있습니다. 또한 원씨로부터 얻은 병력이 7~8만에 불과하며 대다수는 머뭇거리며 복종하지 않습니다. 대체로 오래도록 지친 무리와 여우처럼 의심을 품은 무리는 비록 아무리 숫자가 많아도 두려울 게 못 됩니다. 제가 병력 5만이면 그들을 격파할 수 있으니 염려 놓으십시오."

그제서야 손권은 주유의 등을 어루만지며 말했다.

"이제 내 의혹이 풀리고도 남소. 경은 자경(노숙), 정보와 함께 군사를 뽑아 전진하시오. 내 마땅히 조조 역적과 결전할 것이니 달리 의심은 없을 것이오."

주유는 사례하고 물러나, 공명이 오나라 군주의 마음을 이미 속속들이 다 알고 있어 나중에 강동에 큰 후환이 될 거라 생각하며 반드시 공명을 사전에 제거해야겠다고 마음을 먹었다. 그리고 노숙에게 공명을 죽일 결심을 이야기하였다.

노숙은 조조를 격파하지도 못했는데 어진 선비를 죽이면 안 된다고 반대하였다. 대신 제갈근이 공명의 형이니 동오에 남아 있게 하여 동오를 섬기게 하는 게 어떻겠냐고 하였다. 주유는 그 말을 따라 제갈근을 불러 아우인 공명에게 동오를 섬기게 하도록 권하자며 청했다.

다음 날 형 제갈근이 공명을 찾아와 눈물을 흘리며 설득하였다. 그러나 공명은 형에게 정(情)보다는 의(義)를 지켜야 한다며 단번에 거절하였다. 주유는 제갈근의 말을 듣고 더욱 공명을 원망하게 되었다. 이후에도 주유는 공명과 함께 수많은 일을 의논하였는데 공명이 자기보다 열 배는 더 낫다고 생각하며 언젠가는 공명을 꼭 죽여서 후환을 없애겠다고 다짐하였다.

한편 유비는 유기에게 강하를 지키라 하고 스스로 장수와 병력을 이끌고 하구로 갔다. 멀리 바라보니 강 남쪽 둑을 따라 깃발이 날리고 무기들이 보이자 동오 병력이 움직이는 것을 알고 사람들을 불러 모아 말했다.

"공명이 동오로 떠난 뒤에 아무 소식이 없어서 일이 어찌 돌아가는지 알 수

없소. 누가 가서 허실을 탐지하여 알려주겠소?"

미축이 간다고 하자 유비는 양, 술, 예물을 준비하여 미축을 동오로 보냈다.

미축은 배를 타고 동오에 이르러 예물을 바치며 유비의 뜻을 전했고 주유는 연회를 베풀며 환대하였다. 이에 미축은 공명이 동오에 오래 머물러 있었으니 함께 돌아가고 싶다고 하자 주유가 말했다.

"공명은 나와 함께 조조를 쳐부술 계책을 세우고 있는데 어찌 떠날 수 있겠소? 나 역시 유예주(유비)를 보고 싶으나 대군을 통솔하는 몸이라 떠날 수가 없소. 유예주께서 이곳에 왕림해 주시면 더 이상 바랄 것이 없겠소."

미축이 작별하고 물러난 후 노숙이 그 이유를 묻자 주유가 대답했다.

"유비는 세상이 다 아는 용감한 영웅이라 제거하지 않을 수 없소. 내가 이제 기회를 잡아 그를 유인해 죽여서 나라의 후환을 없애야겠소."

미축은 돌아와 유비에게 주유의 뜻을 그대로 전하였다. 유비는 동오와 동맹하여 조조를 함께 쳐부수자 하였으니 안 가면 동맹의 뜻에 어긋나기에 관우를 대동하고 20여 명의 부하들과 함께 작은 배를 타고 쏜살같이 동오로 갔다.

주유는 유비를 제거할 욕심으로 유비를 초청하여 도부수를 매복시키고 연회를 베풀어 대접했다. 그러나 유비 뒤에 관우가 칼을 매만지며 호

위하고 있자 주유는 군호를 내려 유비를 제거하려던 계획을 포기하였다.

어느덧 유비가 주유와 술자리에서 헤어지고 강변으로 나가니 공명은 이미 먼저 와서 배 안에서 기다리고 있었다. 공명은 유비에게 주유의 계략을 들려주며 말했다.

"주공께서는 오늘 그 자리가 얼마나 위험한 자리인지 아셨습니까?"

유비는 그제야 주유가 자신을 부른 이유를 알아차리고 말했다.

"군사(軍師)도 나랑 같이 번구(강하, 하구 인근)로 돌아갑시다."

그러나 공명이 말했다.

"저는 호랑이 아가리 속에 있지만 안전하기가 태산과 같사옵니다. 주공께선 먼저 돌아가셔서 군선(배)과 군마를 잘 수습하여 주시고 계시다가 11월 20일 자룡을 시켜 작은 배를 남쪽 강변에 대고 기다리게 해주십시오. 절대로 어김이 없어야 합니다. 저는 동남풍이 불면 돌아갈 것입니다."

이윽고 유비가 돛을 올리고 강을 거슬러 올라가자 상류 쪽에서 장비가 50~60척의 배를 몰고 나타났다. 혹시 유비에게 무슨 일이 생기면 관우 혼자 힘으로 어려울까 봐 걱정하여 온 것이었다. 세 사람은 함께 영채로 무사히 돌아갔다.

유비가 돌아간 후, 조조가 보낸 사자가 주유에게 서찰을 가지고 왔다. 주유는 사자를 들라 하였다. 서찰 겉면에 '한나라 대승상이 주 도독에게 내리니 열어보아라!'라고 적혀 있자 주유는 크게 노해 열어보지도 않고 찢어 땅바닥에 던지며 사자를 참하라고 일갈했다. 그리고 사자의 목을 베서 사자와 함께 온 일행에게 주어서 돌려보냈다.

조조는 주유가 서찰을 훼손하고 사자를 죽인 것을 알고 크게 분노가 치밀었다. 그래서 곧바로 동오에서 투항한 형주의 채모와 장윤을 선봉에 세우고 대군을 이끌고 삼강구로 나아갔다.

동오의 선박들은 이미 강을 덮을 정도로 몰려왔고 앞장선 감녕이 배를 몰아 휘몰아치며 전진하였다. 조조의 군사들은 태반이 청주와 서주 출신이라 워낙 수전에 약해 배가 흔들릴 때마다 중심을 못 잡고 몸도 가누지도 못할 정도라 조조 군은 징을 울려 배들을 거두어 퇴각할 수밖에 없었다.

첫 번째 동오와의 첫 전투에서 패한 조조는 채모와 장윤을 불러 대책을 숙의하고 여러 장수들을 불러 주유를 깨트릴 의논을 하고 있었다. 이때 주유와 동문수학했던 장간이 세객을 자처하고 나섰다.

이 무렵 주유도 조조의 수군을 다스리는 도독이 강동에서 오래 있었기에 수전에 능한 채모와 장 윤이라는 사실을 알고 한탄하며 두 사람을 제거하기로 마음을 먹었다.

어느 날 주유는 아무것도 모르는 척 조조의 세객으로 온 장간을 융숭히 대접한 후, 무기와 군량이 넉넉한 창고를 보여주었다. 그리고 그날 밤 술에 만취해 장간과 함께 한 침대에서 잠을 자기를 청했다. 장간이 깨어서 몰래 보니 주유의 머리맡에 "채모, 장윤 삼가 올립니다"라는 글귀가 보였다. 장간은 크게 놀라 몰래 그것을 읽어보았다.

"저희가 조조에게 항복한 것은 벼슬이나 봉록을 바라서가 아니라 형세가 급박했던 것뿐입니다. 지금 이미 북군을 영채 안에서 속였으니 기회를 보아 즉시 조조의 머리를 휘하에 바치겠습니다."

장간은 서신을 옷 속에 몰래 감추고 주유가 잠자는 틈을 이용해 빠져나와서 조조에게 전하였다. 조조는 채모와 장윤이 이미 주유와 내통한 줄 알고 목을 베었다. 장수들이 두 사람을 죽이는 것을 보고 들어와 이유를 묻자 조조는 주유의 계략에 당했음을 알고는 잘못을 인정하기 싫어 장수들에게 말했다.

"두 사람이 군법을 태만하게 함으로 그들을 죽였소."

장수들이 모두 탄식하자 조조는 모개와 우금을 수군의 대도독으로 다시 임명하였다.

다른 장수들은 전혀 모르게 자신의 계략을 성공시킨 주유는 몹시 기뻐하였으나 공명만은 이 반간지계(反間之計: 적의 첩자를 이용하는 계책)의 음모를 알고 있을 거라고 생각하고 이참에 공명마저 제거하기로 마음을 먹었다.

주유는 공명을 죽일 명분을 찾기 위해 공명으로 하여금 화살을 열흘 안에 10만 개만 만들어 달라 하였다. 그러자 공명은 오히려 열흘은 너무 길다며 3일 안에 만들겠노라고 호언장담하였다.

주유는 하도 어이가 없어서 근엄하게 말했다.

"군중에서는 우스갯소리를 하는 법이 아니오."

그러자 공명이 맞받아쳤다.

"그럼 군령장을 쓰겠습니다."

주유는 드디어 공명이 자신의 계략에 말려들었다고 생각했다.

다음 날 노숙이 공명을 찾아가자 공명은 노숙에게 자기를 구해달라며 부탁했다.

"배 20척에 군사 30명씩 태우고 배마다 푸른 휘장을 친 뒤 앞뒤에 짚단 1천 개씩을 양쪽으로 나누어 쌓도록 준비해 주시오. 다만 주유가 절대 알게 해선 안 되오."

노숙은 전혀 공명의 속셈을 알아차리지 못한 채 그대로 준비해 주었다.

공명은 배 20척을 밧줄로 묶게 한 후 북쪽으로 노를 젓도록 했다. 그러자 사흘째 되던 안개가 자욱한 날, 오경이 되자(3~5시) 배는 조조 군의 수군 진지에 접근했다. 공명은 뱃머리를 서쪽에 두게 하고 꼬리를 동쪽으로 하여 한 줄로 길게 배를 늘어뜨리고 북을 치며 함성을 크게 질렀다.

함성소리에 놀란 조조는 필시 매복이 있을 것이라 생각하여 군사를 직접 부딪치지 않고 언덕과 배 위에서 1만 3천여 명의 군사가 일제히 화살을 쏘았다. 공명은 한쪽에 화살이 빈틈없이 채워지자 다른 쪽을 돌려 화살을 가득 맞게 한 뒤 군사들에게 소리치도록 했다.

"조 승상, 화살을 주셔서 고맙습니다."

조조는 공명에게 속은 것을 알고 이를 갈았으나 이미 배는 멀리 달아나고 있었다.

공명은 이렇게 화살을 모아서 노숙으로 하여금 주유에게 전하도록 하였다. 주유는 공명이 화살 10만 개를 모아온 경위를 자세히 설명하자 주유는 길게 탄식하며 말했다.

"내가 공명을 시기하여 해치려고 했구나. 실로 하늘이 내린 사람이로구나!"

주유는 탄복하며 잔치를 베풀고 공명과 함께 조조를 칠 계책을 논의했다.

공명과 주유는 각자 손바닥에 계책을 써보자 하고 서로 손을 펴 보였다. 둘의 손에는 똑같이 '화(火)' 자가 쓰여 있었다. 둘은 소리 내어 웃고 이 일을 비밀에 부쳤다.

어느 날 주유에게 황개 장군이 찾아왔다. 황개 역시 주유나 공명처럼 조조 군을 화공으로 공격하자는 의견을 냈다. 그리고 화공을 하기 위해서는 거짓으로 항복을 먼저 해야 하니 그 고육지계(苦肉之計: 적을 속이기 위해 자신의 몸을 괴롭히는 일)를 자신이 맡겠다고 하였다.

황개는 감택을 시켜 조조에게 투항하겠다는 밀서 한 통을 조조에게 보냈다. 조조는 즉시 거짓 투항일 거라고 의심을 하였다. 그런데 주유의 계략에 죽임을 당한 채모에 대한 복수를 위해서 주유에게 거짓으로 투항하러 가 있던 동생인 채중과 채화로부터 '황개가 주유에게 항복을 권유하다 모진 매를 맞았다'는 편지 한 통이 전달되었다. 조조는 그제서야 의심을 거둘 수 있었다.

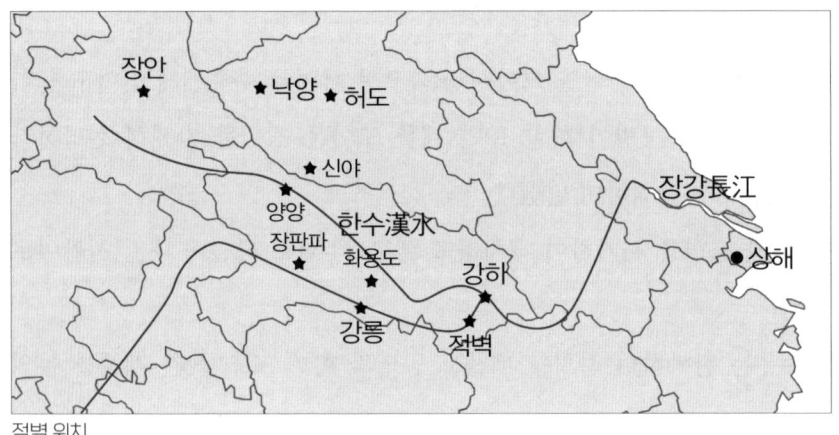

적벽 위치

한편 양양의 방통은 그동안 난리를 피해 강동에 머물고 있었다.

노숙이 일찍 그를 주유에게 추천했으나 그는 아직 찾아오지 않았다. 주유는 노숙에게 조조를 격파할 계책을 방통에게 알아보도록 시켰다.

"조조를 격파하자면 무슨 계책을 써야 하오?"

"조조 군은 마땅히 화공으로 공격해야 하오. 큰 강 위에 배 한 척이 불이 붙어도 나머지 배는 사방으로 흩어지니 배마다 쇠고리로 연결하게 하는 연환계를 쓴 후에 불로 공격해야 하오."

노숙이 그것을 주유에게 알리자 주유가 탄복하며 말했다.

"우리를 위해 그 계략을 행할 사람은 방통 밖에 없소."

한편 주유가 연환계를 쓸 궁리를 하고 있는 사이에 조조는 황개의 항복이 사실인지 염탐하기 위해서 장간을 동오로 보냈다.

주유는 노숙을 불러 장간을 이용할 계책을 알려주었다. 그리고는 장간을 불러서 지난날 기밀 편지를 훔쳐 간 것을 꾸짖고 방통이 거주하는 암자로 보내 머물게 했다. 장간이 그날 밤, 잠이 안 와서 뜰을 거니는데 어디선가 글 읽는 소리가 났다. 가까이 가보니 방통이 방안에서 병서를 읽고 있었다.

방통이 장간을 불러들여 마음속 이야기를 나누던 중 장간이 말하였다.

"공은 재주가 있는데, 왜 불리한 곳에 오셨소? 만일 조조에게 갈 의향이 있다면 당장 인도하여 가리다."

"나도 강동을 떠나려 한 지 오래요. 공이 인도하겠다면 지금 당장 갑시다. 만일 지체하여 주유가 알게 된다면 큰 해를 입을 것이오."

이에 방통은 장간과 더불어 밤새 산에서 내려와 배를 타고 강북으로 갔다. 장간은 조조 영채에 이르러 먼저 들어가 지난 일을 낱낱이 아뢰었다. 조조는 봉추(방통) 선생이 왔다는 말을 듣고 몸소 막사를 나와 맞이하였다.

조조가 자신이 펼친 진을 살펴보고 가르침을 달라고 청하자, 방통은 조조 군 진영을 칭찬한 후 말했다.

"큰 강 안에는 조류가 드나들고 풍랑이 쉬지 않습니다. 북쪽 병사들은 배 타는 일이 익숙지 않아서 배가 요동을 치면 바로 질병이 생깁니다. 그러니 배가 흔들리지 않게 30척이나 50척을 쇠사슬로 일렬로 묶어서 서로 잇고, 그 위에 널빤지를 깔면 사람이 건너다닐 수 있음은 물론이고 말도 달릴 수 있게 됩니다. 이렇게 다닌다면 풍랑이 불고 조수가 드나든들 무엇이 두렵겠습니까?"

조조는 뛸 듯이 기뻐하여 사례하며 말하였다.

"선생의 좋은 계책이 아니면 어찌 동오를 쳐부수겠습니까?"

그러자 방통이 말했다.

"제 얕은 소견이오니 승상께서 잘 판단하십시오."

이때 방통이 조조와 작별인사를 하고 강변에 다다랐는데 삿갓을 쓰고 자신의 계책을 꿰뚫은 자가 꾸짖으며 방통의 손을 잡자 방통은 넋이 달아났다. 자세히 보니 옛친구 서서였다. 방통은 옛친구임을 알고 바로 마음을 안정하고 주위에 아무도 없자 비로소 실토한다.

"그대가 떠들면 강남 12주 백성들이 희생되오."

그러자 서서가 웃으며 말했다.

"그럼, 여기에 있는 83만 명의 인명은 어찌하시겠습니까?"

방통이 자신의 계책을 깨지 말라고 당부하자 서서가 다시 말했다.

"나는 일찍이 유황숙의 은혜를 입었는데 조조가 제 모친을 핍박해 죽였습니다. 그래서 어떤 계책도 만들어 내지 않을 것이라 다짐했는데 어찌 선생의 계책을 깨겠습니까? 그러니 제가 이곳을 벗어날 계책을 알려 주시면 바로 입을 다물고 멀리 피하겠습니다."

그러자 방통이 서서의 귓가에 대고 몇 마디 말을 하였다.

그날 밤 서서는 비밀리에 가까운 사람을 시켜서 각 영채마다 몰래 유언비어를 퍼뜨렸다. 얼마 뒤 마등과 한수가 모반하여 허도로 쳐들어온다는 유언비어가 조조의 귀에도 들어갔다. 이에 서서는 조조에게 3천 인마를 가지고 밤낮으로 달려가 섬서성 대산관으로 가서 좁고 험한 길목을 막겠다고 자청하였다. 이에 조조는 서서 덕분에 걱정을 덜었다며 장패를 선봉으로 하여 함께 막도록 조치한 후 곧장 말을 타고 육상 진지와 수상 진지를 돌아보았다. 그리고 큰 배 한 척에 올라 깃발을 세우고 양쪽으로 수상진지를 세우고 활과 쇠뇌 1천 장을 매복하고 조조는 그 위에 머물렀다.

이때가 207년 겨울 11월 15일, 날씨는 청명하고 바람은 평온하며 물결도 고요하였다. 조조는 장수들을 불러 술자리를 마련하고 풍악을 울리라 명하였다.

하늘빛은 저녁으로 저물어 가고 동쪽 산에는 달이 떠올라 마치 대낮 같이 밝으니 장강 일대는 마치 흰 비단을 두른 듯했다. 조조가 큰 배 위에 앉고 양옆에는 시종 수백 명이 모두 수를 놓은 비단옷을 입고 창을

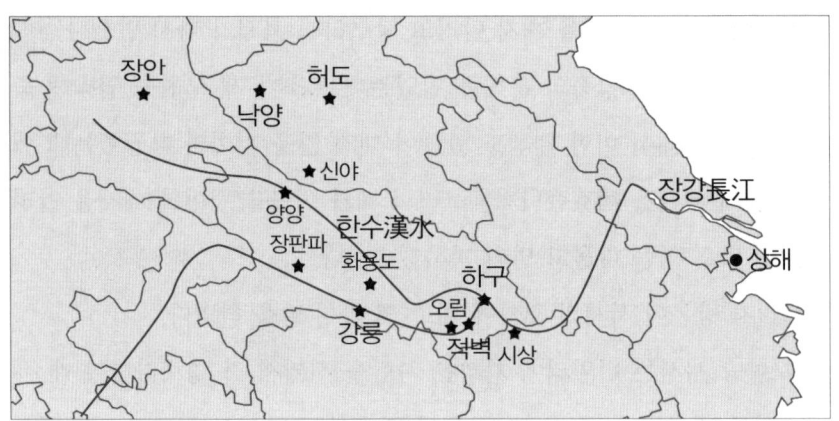

들고 있었고 문무 관리들이 차례로 앉았다.

조조가 남병산을 바라보며 동쪽으로는 시상의 경계를 바라보고 서쪽으로는 하구의 강을 살펴보며 남쪽으로 번산을, 그리고 북쪽으론 오림을 바라보니 사방이 넓게 트여 기쁨에 넘쳐 관리들에게 말했다.

"내가 의병을 일으킨 이래 나라를 위해 흉악하고 해로운 자들을 제거해서 사해를 청소하기를 맹세하고 천하를 평정하려고 하였소만 아직 강남을 얻지 못했소. 이제 백만 군사가 있으니 게다가 모두가 믿고 명을 받드니 어찌 성공하지 못할까 근심하겠소? 이제 강남을 정복한 후에 천하가 무사태평하면 여러분과 더불어 부귀를 누리고 태평세월을 즐기리다."

이에 모든 문무 관리들이 사례하자 조조는 크게 기뻐하여 좌우에 술잔을 돌리게 하고 장수들을 돌아보며 말했다.

"내가 이제 쉰네 살인데 강남을 얻으면 기쁜 일이 생길 것이오. 예전에 교공이 나와 서로 뜻이 맞았는데 내가 알기로 그 두 딸이 모두 국색이었소. 훗날 손책과 주유가 둘을 아내로 맞았소. 내가 이제 새로 동작대를 장수 위에 지었으니 만약 강남을 얻으면 두 교씨를 맞아들여 동작대에 두고 노년을 즐길 것이니 그것으로 나의 소원은 족하오."

말을 마치고 조조는 크게 웃었다.

조조는 이미 취해서 뱃머리에 긴 창을 세워 잡고 술을 강물에 바치며 석 잔을 가득 마셨다. 그리고 흥이 나서 노래를 하였다. 노래를 마치자 모두들 화답하여 기뻐하였으나 유복이 노래가 불길하다 아뢰자 조조는 크게 노해 흥을 깬다며 손에 든 창을 집고는 유복을 찔러 죽였다. 사람들은 모두 놀라 두려워하며 술자리를 끝냈다.

다음 날 조조가 술에서 깨어 뉘우치며 괴로워하였다. 유복의 아들 유희가 아버지의 시신을 거두어 고향으로 돌아가 장례를 치르겠다 청하자 조조가 흐느끼며 말했다.

"내가 어제 취하여 실수로 네 부친을 죽여서 한없이 후회스럽구나. 삼공(三公: 황제를 보좌하는 3명의 최고 신하)의 예로서 두터이 장사를 지내도록 하여라."

다음 날 수군 도독인 모개와 우금이 장막 아래 찾아와 청하였다.

"크고 작은 선박들을 모두 쇠사슬로 연결하고 깃발과 무기를 모두 갖추었습니다. 승상께서 명을 내리시면 날짜를 맞추어 진격하겠습니다."

그러자 정욱이 근심스러운 얼굴로 말했다.

"배가 묶여 있으면 흔들림은 없겠지만 적이 화공을 하면 피할 길이 없습니다."

조조가 크게 웃으며 말했다.

"정욱이 비록 멀리 내다보기는 했으나 헤아리지 못한 것이 있소. 무릇 화공을 쓰려면 바람의 힘을 빌려야 하오. 지금은 한겨울이라 서풍과 북풍이 부니 남쪽에 있는 적군이 화공을 하면 자기들 병력을 태울 텐데 어찌 화공을 두려워하겠소?"

조조의 놀라운 식견에 다들 감탄하며 외쳤다.

"승상의 놀라운 식견은 감히 따를 자가 아무도 없습니다."

조조 군은 드디어 동오를 치기 위해 출전 준비를 서둘렀다.

그때 원소의 부하였던 초촉과 장남이 선봉에 서겠다고 말한 후 다음날 새벽 순찰선 20여 척을 이끌고 수군 진지를 빠져나와 강남을 향해 출발했다. 주유는 한당과 주태를 선봉으로 보내 각 순찰선 5척을 이끌고 좌우로 나아갔다.

초촉과 장남이 용맹한 기운만 믿고 급히 노를 저어 다가가 긴 창으로 한당과 창끝을 겨뤘으나 한당이 한 방에 초촉을 찔러 죽였다. 장남이 뒤따라와 창을 잡고 뱃머리에서 화살을 난사하자 주태가 방패를 들고 장남의 배 위로 뛰어올라 한칼에 장남을 베어 물속으로 떨어뜨리고 배에 탄 병사들을 마구 죽였다. 배가 급히 뱃머리를 돌리자 한당과 주태가 추격하는데 강 한가운데 이르러 문빙의 배와 마주쳤다. 양 군은 배를 정렬하고 한바탕 치열하게 싸웠다.

한편 주유가 장수들을 거느리고 산 정상에 올라가 보니 과연 조조 군의 진용은 배를 서로 엮어서 조금도 흔들리지 않았고 그 수 또한 엄청났다. 주유는 일단 적과 싸우고 있는 한당과 주태를 물러서게 했다. 그런데 주유가 갑자기 뒤로 넘어져 피를 쏟더니 인사불성이 되었다. 장수들이 문병을 와서 의사에게 치료하도록 하였으나 속이 울렁거리며 아프고 정신이 오락가락하여 약조차 삼킬 수가 없었다.

그때 노숙이 공명과 함께 문병을 하였다. 공명은 병의 근원이 동풍이 안 불어서 난 것임을 알고 주유에게 말했다.

"제가 비록 재주는 없으나 일찍이 바람을 부르고 비를 내리게 하는 비법을 배웠소. 주 도독께서 동남풍이 필요하다면 남병산 칠성단에 제단을 쌓고 3일 밤낮으로 동남풍이 불도록 도우려 하는데, 어떻겠소?"

그러자 주유가 답했다.

"3일 밤낮이 아니라 하룻밤만 큰바람이 불어도 대사를 가히 이룰 것 같소."

그러자 공명이 다시 말했다.

"11월 20일 갑자 일에 바람을 불러 22일 병인 일에 바람을 그치게 해 보려는데 어떻겠소?"

주유는 이 말을 듣고 기뻐하여 벌떡 일어나 5백 명의 건장한 군사를 남병산으로 보내 제단을 쌓게 하고 120명으로 하여금 깃발을 들고 단 주위를 지키며 명을 기다리도록 하였다.

드디어 공명은 약속한 동짓날에 목욕재계하고 도의를 걸치고 맨발을 풀어헤친 채 칠성단 앞으로 가서 명을 내렸다. 갑자기 하늘이 흐려지면서 바람이 불더니 장강이 일렁이고 갑자기 동남풍이 불기 시작했다. 이것을 본 주유는 "공명은 천지조화까지 부리는구나!" 하며 오히려 두려움을 느껴서 서성과 정봉을 시켜 공명의 목을 베어오라 시켰다.

이들이 칠성단에 도착하니 공명은 보이지 않고 배를 타고 이미 상류

쪽으로 떠난 뒤였다. 이들이 공명의 배를 다 따라잡고 소리쳤다.

"공명 선생, 주 도독이 돌아오라 하십니다."

공명은 "동남풍이 부니 어서 조조나 치라 하시게. 나는 주유가 이미 나를 해칠 것을 알고 조자룡에게 마중 나오라고 했네" 하며 유유히 사라졌다. 주유가 이 소식을 듣고 놀라서 말했다.

"공명이 이토록 꾀가 많으니 내가 밤낮으로 불안해서 살 수가 없구나."

그러자 노숙이 말했다.

"먼저 조조를 쳐부순 다음에 공명을 제거하시지요."

이 말을 듣고 주유는 여러 장수들을 불러들인 후 드디어 명을 내렸다.

"감녕은 채중과 항복한 병사들을 데리고 남쪽 강 언덕을 따라서 북군의 깃발을 들고 오림 지역에 가서 조조 군의 군량에 불을 질러 신호를 보내시오. 채화는 남겨두시오. 내가 따로 쓸데가 있소. 태사자는 3천 군사를 이끌고 황주 경계의 합비에 있는 조조의 본진을 급습해 불을 지르시오. 붉은 기를 앞세운 군사가 오면 주공이 직접 원군으로 오시는 거니 함께 도와 적을 치시오. 그리고 여몽은 3천 병력을 데리고 감녕을 도와 조조 진지를 불사르고, 오림 쪽에서 감녕이 오면 서로 합류하고 능통은 3천 병력을 이끌고 바로 이릉 입구로 가서 오림에 불이 솟는 걸 확인 후 군사들과 함께 출병하여 합류하시오. 동습은 3천 병력을 끌고 한양을 곧장 취하고 한천에서 조조 영채로 들어가 백기가 보이면 합류하시오. 반장은 3천 군사들과 함께 모두 백기를 들고 한양으로 가서 동습과 합류하시오."

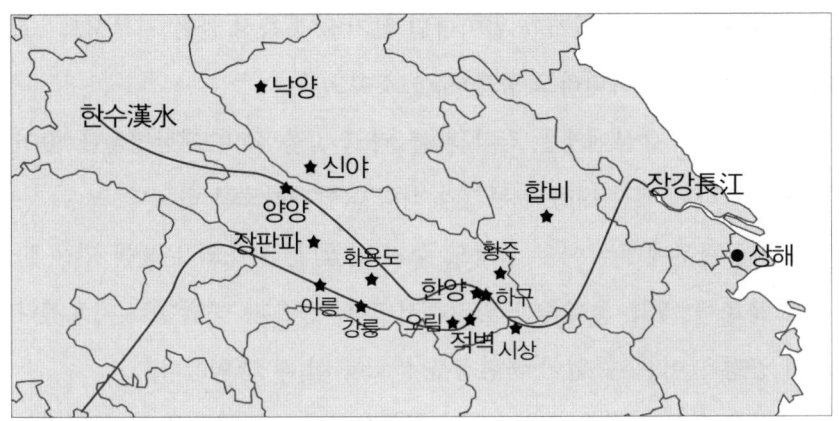
208년 겨울, 적벽대전의 주요 전투지역

선봉 6대가 길을 떠나자 주유는 황개에게 오늘 밤 조조에게 항복 밀서를 전하도록 했다. 그리고 주유는 정보와 함께 군선 위에서 싸움을 지휘하기로 하고 서성과 정봉에게 호위토록 하였다.

한편 하구에서 공명을 기다리던 유비는 공명이 조운과 함께 무사히 도착하자 반갑게 맞아들이고 이미 준비된 전선(배)과 군마를 배치하기를 기다렸다. 공명은 유비와 유기와 함께 막사 안으로 들어가 앉은 뒤 명령하였다.

"자룡은 군마 3천을 거느리고 강을 건너 오림 지역으로 질러가서 수풀과 갈대 우거진 곳에 매복하고 사경(1~3시)쯤 조조가 그 길로 달아나면 반쯤 지나길 기다려서 불을 지르시오. 다 죽이지 못하고 절반만 죽여도 되오."

"장비는 3천 병력을 거느리고 강을 건너 이릉 길을 막으며 호로곡 입구에 매복해 있다가 연기가 일어나면 산기슭에 즉시 불을 지르시오. 조조를 사로잡지 못하더라도 공을 세울 것이오."

미축, 미방, 유봉에게는 각각 배를 타고 강을 돌며 패잔병들을 죽이거나 나포하고 패잔 병들의 무기와 식량을 탈취하도록 하였다.

그런데 관우에게는 아무 임무도 주지 않았다. 조조의 은혜를 입은 관우가 조조를 그냥 놓아줄까 염려해서였다. 관우가 군법대로 따르겠다하자 공명은 어쩔 수 없이 군령장을 쓰도록 한 후 명령했다.

"운장은 화용도 좁은 길 높은 산에다가 장작과 마른풀을 쌓아 연기를 피워 조조를 유인하시오. 연기가 피어오르는 것을 조조가 보면 허장성세라 여겨 반드시 그 길로 올 것이오."

관우는 군령장을 받은 후 관평 주창과 함께 5백 명의 군사를 이끌고 화용도로 매복하기 위해 출발하였다.

한편 조조는 황개의 소식을 오래도록 기다렸다. 그날 밤 동남풍이 몹시 거세게 불자 정욱이 조조에게 아뢰었다.

"동남풍이 부니 마땅히 대비를 해야 합니다."

그러자 조조는 계절이 바뀌어 당연히 그러는 것이니 기이한 일이 아니라 하였다. 그때 군사 하나가 황개의 밀서를 갖고 왔다고 보고하자 조조가 급히 불러들였다. 서찰에는 군량을 싣고서 항복문서를 전하러 온다고 쓰여 있었다. 조조는 크게 기뻐하며 수군 진지의 큰 배 위에서 황개의 배가 오기를 기다렸다.

이윽고 황개가 탄 배가 '선봉 황개'라고 쓴 깃발을 달고 적벽으로 향하였다. 조조가 중군 위에서 강물을 지켜보고 있는데, 황개의 배가 동남풍을 타고 빠르게 다가오고 있었다. 정욱이 조조에게 저 배들이 속임 수를 쓰는 것 같다고 급히 아뢰었다.

"군량을 실은 배라면 속도가 더딜 텐데 저 배들은 너무 가볍고 빠릅니다. 마침 동남풍이 부니 적들의 계책일지 모릅니다."

그러자 조조도 배를 급히 멈추도록 했으나 황개의 배들은 여전히 물살을 헤치고 질주해 왔다. 이윽고 황개의 배에서 조조 군을 향해 화살을 쏘자 뒤따르던 20척의 배들이 불을 붙이고 조조의 배를 향해 돌진하였다. 조조의 배들은 이미 쇠사슬로 묶여 있어서 불길은 이 배 저 배로 옮겨져 순식간에 불바다가 되었다. 강 건너에서 호포 소리가 들리더니 사방에서 불붙인 배들이 일제히 몰려들어 삼강의 물 위에는 불이 바람을 타고 날라 다녀 온통 붉은 빛이 하늘과 땅에 가득 찼다.

조조는 눈앞에서 이 광경을 보고 형세가 다급하여 강기슭으로 뛰어내리려 하였다. 장요가 작은 배 한 척을 가지고 와서 조조를 태우고 10여 명과 함께 조조를 보호하며 언덕으로 달아났다.

황개가 배를 빠르게 접근시켜 손에 예리한 칼을 들고 소리쳤다.

"역적 조조는 달아나지 마라. 황개가 여기 있다."

이때 장요는 황개가 더 가까이 오기를 기다렸다가 화살 한 발을 쏘았다. 황개는 바람 소리와 불빛 속에 있어 화살 소리를 듣지 못하고 어깨에 명중되어 몸이 뒤집혀 물에 떨어졌다. 한당이 황개를 급히 끌어올리게 해 살펴보니 황개는 화살대를 입으로 물어 뽑아내었고 화살촉은 살속에 파묻혀 있었다. 한당은 칼로 화살촉을 발라내고 깃발을 찢어 상처를 묶고 자기 전포를 벗어 황개에게 입히고 다른 배를 태워 진지로 돌려보내 치료하도록 했다.

그날 장강은 불이 가득 넘실대고 함성이 땅을 뒤흔들었다. 왼쪽엔 한당과 장흠의 양 군이 적벽 서쪽에서 쳐들어오고, 오른편엔 주태와 진무의 양군이 적벽 동쪽에서 쇄도해 몰려왔다. 가운데로는 주유, 정보, 서성, 정봉의 대규모 선단이 모두 몰려오니 불길이 가는 대로 병력이 따르고 병력들은 점점 더 불의 위력에 기대니 이것이 바로 삼강의 수전이요, 적벽의 격전으로 조조의 군사들은 창에 찔리고 화살에 맞고 불에 타 죽은 군사들이 이루 헤아릴 수가 없을 정도였다.

조조가 장요와 더불어 1백여 기를 이끌고 오림 쪽으로 달아날 때 한 무리의 군사가 뒤따르며 외쳤다.

"조조 역적은 달아나지 마라."

뒤돌아보니 불빛 속에 여몽의 깃발이 보였다. 조조는 군마를 재촉하여 빨리 앞으로 달아나고 장요를 남겨서 여몽을 막도록 하였다. 그때 산 계곡에서 한 무리의 군사가 몰려와 "능통이 여기 있다" 하고 외치자, 조조는 간담이 모두 찢어질 정도였다. 그런데 불현듯 다시 한 무리의 군사가 달려와 크게 외쳤다.

"승상은 놀라지 마십시오. 서황이 여기 있습니다."

조조는 장요와 서황이 이들을 막는 사이에 가까스로 적벽을 탈출하였다.

한동안 말을 달려 적벽을 벗어나 수풀이 우거지고 산천이 험준한 것을 보고 갑자기 조조가 말 위에서 큰 소리로 웃자 장수들이 물었다.

"승상께서 왜 그토록 웃으십니까?"

"내가 다른 사람을 비웃는 게 아니라 주유가 지모가 없고 제갈량이 지혜가 적어서 비웃는 것이오. 만약 나라면 이곳에 매복을 숨겨두고 사로잡을 텐데."

그때였다. 조조가 말이 끝나기도 전에 양옆에서 북소리가 크게 울리더니 불빛이 하늘을 치솟듯이 일어났다. 조조는 깜짝 놀라 하마터면 말에서 떨어질 뻔했다. 옆에서 한 무리의 군사가 쏟아져 나오더니 큰 소리로 외쳤다.

"나는 조자룡이다. 군사(공명)의 명령을 받들어 오래도록 너를 여기서 기다리고 있었다."

조조는 서황과 장합에게 조운을 막게 한 후 연기와 불길을 뚫고 혼비백산하여 달아났다. 자룡이 뒤쫓지 않고 깃발만 뺏으니 조조는 그곳에서 쉽게 탈출할 수 있었다.

하늘은 어슴푸레하고 먹구름이 땅을 덮고 동남풍은 아직도 멈추지 않았다. 갑자기 큰 비가 내려 옷이며 갑옷이 다 젖었다. 조조가 군사들과 비를 무릅쓰고 나아가니 군사들이 배고픈 기색이 역력했다. 정신없이 달려 한참을 가자 호로구에 이르자 군사들이 배가 고파서 걷지도 못하고 말들도 지쳐서 길 위에 쓰러졌다. 조조도 나무 아래 등을 대고 기대고 앉아 쉬고 있었다. 그때 전군과 후군에서 일제히 함성이 일자 조조는 크게 놀라서 갑옷도 버리고 말에 올라탔다. 사방에서 불길이 치솟고 산 입구에서 한 무리의 군사가 덮치더니 장비가 큰 소리로 외쳤다.

"조조 이 도적놈아. 어디로 달아나느냐?"

장비가 나타나자 조조와 군사들은 간담이 서늘해졌다. 허저가 안장도 못 얹은 채 장비에게 덤벼들고 장요와 서황 두 장수도 말을 내달려 협공하여 양쪽 군마들이 한 덩어리로 엉켜서 싸웠다. 조조가 먼저 말을 달려 탈출하자 장수들도 하나둘 몸을 돌려 달아나고 장비가 뒤를 쫓았다.

조조가 구불구불한 길을 쉬지 않고 달아나자 추격병이 멀어졌다. 뒤돌아보니 수많은 장수들이 이미 온몸에 상처를 입고 있었다. 한참을 가고 있는 사이에 두 갈래 길이 나타났다. 조조는 얼른 산으로 올라가서 살펴보게 하였다. 정찰병이 올라가 보니 좁은 길이 있는 산길에 연기가 피어오르고 있었고 큰길에는 아무런 움직임이 없었다.

조조는 군사들에게 화용도 좁은 길로 가도록 지시하였다. 그러자 장수들이 봉홧불 연기가 피어오르는 곳에는 군마가 있을 것 같다고 우려하자 조조가 말했다.

"병법 책에는 빈 듯하면 차 있고, 찬 듯하면 비어 있다는 허허실실 전술도 못 들어보았느냐? 제갈량은 꾀가 많아서 산 구석에 불을 피워 올려 아군으로 하여금 그 산길로 가지 못하게 만들어 놓고, 오히려 큰길에 매복 병을 숨겨두고 기다리고 있을 것이다. 내가 이미 그걸 헤아려 그 계략에 빠지지 않기 위하여 지시한 것이다."

그러자 장수들이 일제히 대답했다.

"승상의 신묘한 계책에는 따를 자가 없습니다."

이때쯤 모두가 배가 고파 쓰러질 지경이었고 말들도 전부 지쳐버렸다. 머리털은 불에 그을리고 이마는 불에 데어 지팡이를 짚고 걸어가고 있고 온통 화살에 맞고 창에 찔려서 그저 죽을힘을 다해서 달아날 뿐이었다. 군사들은 옷이며 갑옷이며 물에 다 젖어 어디 성한 게 하나도 없었다. 마침 엄동설한이라 그 고통은 이루 다 말할 수가 없었다.

조조가 보니 앞의 군사들이 갑자기 말을 멈추고 더 이상 나아가지 못하자 그 이유를 물어보았다.

"앞쪽 산골짜기 좁은 길에 이른 아침부터 비가 내려서 구덩이 안에 물이 차 진흙탕으로 변해 말굽이 빠져 나아갈 수 없습니다."

그러자 조조가 크게 화를 내며 꾸짖었다.

"군대란 산을 만나면 길을 열고, 물을 만나면 다리를 이어 놓는 법이거늘, 어찌 진흙탕이라고 가지 못할 수가 있단 말이냐?"

이미 군사들은 배고픔에 지쳐 땅에 쓰러져 인마들이 밟고 지나가니 죽은 자들을 이루 헤아릴 수가 없었다.

조조가 노약자와 부상자들은 천천히 뒤따르게 하고 건장한 자들은 흙을 지고 장작을 묶어서 풀과 갈대로 도로를 메우게 하자 길이 조금 평탄해졌다. 조조가 돌아보니 이제는 겨우 3백여 기만 따르는데 아무도 의복과 갑옷을 갖춘 자가 없었다.

그런데 다시 몇 리를 못 가 길 양옆에서 칼을 든 5백여 군사가 늘어서 있었고 관우가 청룡언월도를 들고 적토마에 앉아 길을 막아섰다. 이를 본 조조의 군사들은 넋이 나가고 간담이 떨어질 정도여서 서로 쳐다보며 어찌할 줄 모르고 있었다.

"이미 이렇게 되었으니 죽기 살기로 싸우는 수밖에 없다."

조조의 이 말에 옆에 있던 정욱이 말했다.

"제가 평소 알기에 운장은 윗사람에게 당당하지만 아래 사람들은 업신여기지 않고, 강한 자에겐 맞서지만 약한 자를 능멸하지 않습니다. 그는 은혜와 원한이 분명하고, 신의가 평소 뚜렷합니다. 승상께서 지난날 그에게 은혜를 베푸셨으니, 지금 친히 그에게 고하시면, 가히 이 어려움을 벗어날 수 있습니다."

그 말을 듣고 조조가 말을 달려 앞으로 나아가 몸을 굽혀 관우에게 말했다.

"장군, 그동안 잘 계셨소? 내가 지금 싸움에 지고 형세가 위급해서 갈 길조차 없으니 지난날 우리의 정을 소중히 생각해 주길 바라오."

그러자 관우가 말했다.

"지난날 관 모 씨가 승상의 두터운 은혜를 입었으나 안량과 문추를 죽이고 백마의 포위를 풀어서 이미 보답하였소. 오늘의 일은 감히 사적인 일이기에 공적인 일을 버릴 수 없소."

관우가 대답하자 조조가 다시 한번 간청했다.

"장군은 유비에게 갈 때 다섯 번의 성문을 거치며 여섯 장수의 목을 베었는데도 나는 뒤를 쫓지 않았소. 자고로 장부는 신의를 중히 여겨야 하는 거요."

관우는 의리가 산처럼 무거운 데다 조조의 수많은 은혜 그리고 오관을 돌파할 때 일을 생각하여 한동안 입을 열지 못하였다. 그리고 차마 칼을 대지 못하고 길을 열어주었다. 조조는 화용도의 난관을 극복하고 무사히 탈출하여 조인을 만나 그 무리를 이끌고 남군으로 들어가 휴식을 취한 후 허도로 돌아갔다.

관우도 조조를 놓아주고 군사들을 이끌고 돌아왔다.

이때 먼저 도착한 여러 부대들은 모두 마필과 무기, 재물과 양식을 노획하여 이미 하구로 돌아와 있었다. 오직 관우만이 빈손으로 돌아와 유비를 만났다. 공명은 군령장을 어긴 관우를 무사들에게 호통을 치며 끌어내 참하라 명했다. 이때 유비가 공명에게 말했다.

"지난날 우리 세 사람이 도원에서 결의를 맺을 때 생사를 함께하기로 맹세했습니다. 지금 관우가 비록 죄를 범하긴 했지만 차마 전에 맺었던 맹세를 어길 수 없습니다. 바라건대 잠시 허물을 접어두고 공을 세워 속죄하도록 해주십시오."

유비의 간청을 듣고서 공명은 비로소 관우를 용서하였다.

주유와 공명의 형주 쟁탈전

한편 적벽대전에서 승리한 주유는 군사를 거두고 각각의 공훈을 헤아려 손권에게 보고했다. 그리고 항복한 조조의 병졸들과 함께 모두 출발하여 강을 건너서 크게 잔치를 벌여 3군을 위로한 후, 곧바로 진격하여 남군을 공격하려 하였다.

그런데 갑자기 유비가 손건을 보내 주 도독께 축하를 드린다는 보고가 올라왔다. 주유는 즉시 손건을 불러들여 물었다.

"유비는 지금 어디 계시오?"

"현재 유강 어귀로 옮겨 병력을 주둔하고 계십니다."

주유는 예물을 받고 나중에 사례하리다 말하고는 손건을 바로 돌려보냈다. 그리고 노숙에게 말했다.

"유비가 유강에 주둔한 것은 반드시 남군을 취할 뜻을 가진 거요. 우리는 수많은 병력과 물자를 쏟아부었기에 지금 남군은 손만 뻗으면 취할 수 있소. 그런데 저들이 염치도 없이 가로채려 하다니 아직은 이 주유가 시퍼렇게 살아있는 한 절대 그렇게 내버려 둘 수가 없소."

주유는 노숙과 함께 3천의 경기병(輕騎兵)을 이끌고 서둘러 유강 어귀

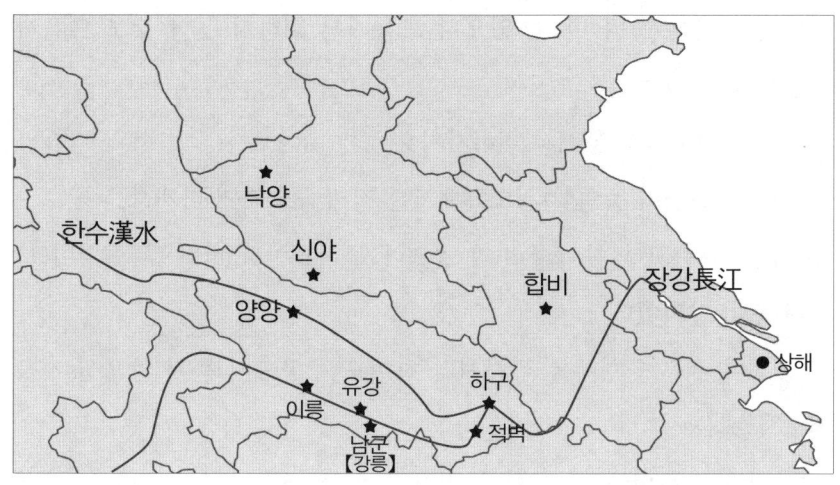

로 갔다. 공명이 조운을 시켜 이들을 영접하였고 술이 몇 순배 돌자 주유가 말했다.

"유비께서 병력을 이곳으로 옮기심은 혹여 남군을 취할 뜻을 품으신 겁니까?"

그러자 유비가 말했다.

"도독께서 남군을 취하려 한다는 소식을 듣고 도우러 왔소이다. 만일 도독이 취하지 않는다면 내가 취하고 말겠소."

그러자 주유가 웃으면서 말했다.

"우리 동오는 오래전부터 한강을 우리 것으로 만들려 하였고 이제 남군도 이미 손안에 들어왔는데 어찌 취하지 않겠습니까?"

유비가 말했다.

"승부란 예정된 것이 아니오. 조조가 돌아갈 때 조인에게 명하여 남군 등 여러 곳을 지키게 하는 기묘한 계책을 주었을 것이오. 게다가 조인의 용맹함은 당해 낼 수 없으니 도독께서 취하지 못할 수도 있을까 걱정이 되어 그렇소."

"그럼, 그때 가서 공께서 취하시지요."

"노숙과 공명이 증인이니 도독께서는 절대 후회하지 마시오."

주유가 노숙과 더불어 유비와 공명에게 작별하고 떠난 후 공명이 크게 웃으며 말하였다.

"당초에 주공께 형주를 취하시라 하여도 주공께서 듣지 않으신 것을 잊으셨습니까?"

"전에는 유표의 땅이라 차마 취하지 못한 것이지요. 지금은 조조의 땅이 되었으니 취한다 해도 이치에 맞지요."

유비가 답하자 공명이 말했다.

"주공께서는 걱정 안 하셔도 됩니다. 주유에게 먼저 싸우도록 하여 남군을 취하게 하여도 조만간 남군 성안 높은 곳에는 주공께서 앉아계실 것입니다."

공명의 말을 듣고 유비는 매우 기뻐하며 강어귀에 주둔만 하고 병력을 움직이지 않았다.

한편 주유는 장흠을 선봉으로 서성과 정봉을 부장으로 삼아 정예병 5천 군마를 거느리고 강을 건너게 하고 주유는 병력을 이끌고 뒤를 따랐다. 조인은 남군에 머물며 조홍에게 이릉을 지키게 하고는 기각지세(掎角之勢)를 이루고 있었는데 오나라 군사가 막 한강을 건넜다는 보고가 올라왔다.

조인은 견고하게 지키기만 하고 나가서 싸우지 않으려 하였다. 그러나 우금이 적이 성 밑에 이르렀음에도 나가 싸우지 않는 것은 비겁하다고 따지자, 조인은 우금에게 명하여 군사 5백 명을 이끌고 출전해 적을 막도록 하였다. 우금이 성을 나가 힘껏 동오 진영으로 쳐들어갔으나 곧바로 정봉에게 포위되었다.

조인은 몸소 휘하장수 수백 기를 이끌고 동오 진영으로 쳐들어가 오군을 무찌르고 우금을 구출하여 돌아왔다.

주유는 감녕에게 3천 병력을 주고 이릉을 치게 하여 조홍을 물리치고 이릉성을 빼앗았다. 그러나 곧바로 조조 군의 조순과 우금의 병력이 도착해서 이릉성을 포위했다.

감녕이 포위되었단 보고를 접하자 주유는 대군을 이끌고 이릉으로 갔다. 조인이 성안으로 들어와 물리칠 계책을 논의하자 조홍이 말했다.

"지금 바로 이릉을 잃고 형세가 급하니, 승상께서 남기신 계책을 열어보고 이 위기를 벗어남이 좋겠습니다."

그러자 조인이 서찰을 뜯어보고 크게 기뻐하며 성 위에 깃발을 꽂아 허장성세를 부린 후 모두 성을 버리고 나왔다. 이에 주유는 조인이 달아나는 것이라 생각하고 친히 군사를 이끌고 성안으로 들어갔다.

그때였다. 한차례 딱따기 소리가 들리더니 양옆에서 활과 쇠뇌가 비오듯이 쏟아졌다. 군사들이 서로 앞다퉈 성안으로 들어가다가 함정에 빠진 것을 안 주유가 말고삐를 당겨서 말 머리를 돌렸지만, 쇠뇌의 화살이 갈빗대에 명중되어 고꾸라지더니 말에서 떨어졌다.

우금이 성안에서 주유를 잡으러 오자 서성과 정봉이 목숨 걸고 주유를 구해 달아났다. 성안에서는 조인의 군사들이 여기저기서 튀어나와 오나라 군사들을 급습하니 주유는 크게 패하며 패잔병을 이끌고 자기의 영채로 돌아갔다.

대패하고 돌아온 주유는 궁리 끝에 정보에게 새로운 계책을 냈다.

"조인의 군사들에게 내 병세가 위급하다고 적들을 속여야 하오. 그리고 심복 군사를 성안으로 보내 거짓 항복하게 하고 내가 죽었다고 하시오. 그러면 오늘 밤 조인이 틀림없이 영채를 덮치러 올 것이오. 그때 우리가 사방에 매복하여 대응하면 조인을 한 번에 잡을 수 있을 것 같소."

한편 조인은 성안에서 사람들과 상의하는 중에, 주유가 노기가 치솟아 금창이 터졌고, 입에서 피를 내뿜으며 말에서 떨어졌으니 머지않아 죽을 것이라고 말했다. 마침 그때 오나라 군사 10여 명이 투항했다는 보고가 올라왔다.

조인이 투항한 군사를 불러들여 묻자 말하기를,

"오늘 주유가 진 앞에서 금창이 터져서 영채로 돌아갔으나 죽었습니다. 지금 장수들은 모두 상복을 입고 애도하고 있는데 저희는 정보에게 욕을 당해서 이리 투항하여 보복을 벼르고 있습니다."

조인이 크게 기뻐하며 오늘 밤 영채를 덮쳐서 주유 시신을 빼앗아 그 목을 베어서 허도로 보내는 게 어떠냐고 의논하자 진교가 말했다.

"이 계획은 속히 실행해야지 지체하면 일을 그르치게 됩니다."

조인이 마침내 영을 내려 우금이 선봉을 맡고 자신은 중군을, 조홍과 조순을 후군을 맡게 하고 출전하였다.

초경(19~21시)이 되자 성을 나서 곧바로 주유의 영채 앞에 도착했다. 그러나 영채 앞에는 한 사람도 보이지 않고 성안에는 공허하게 깃발과 깃대만 꽂혀 있었다. 조인은 계략에 빠진 것을 알고 황급히 군사를 되돌렸다. 그때 사방에서 포 소리가 들리더니 주유의 군사들이 일제히 달려들어 공격하였다. 세 갈래로 진격하던 군사들은 서로 구해주지도 못하고 대패하여 달아났다. 조인도 십수 기를 이끌고 두터운 포위망을 뚫고 남군 가까이 달아나는데 능통과 감녕이 나타나 공격하자 조인은 남군으로도 돌아가지 못하고 양양 대로를 질러 달아났다. 오나라 군사들은 한동안 뒤쫓다가 돌아왔다.

　주유와 정보는 군사들을 거두어 서둘러 남군성 아래 도착하였다. 깃발들이 가득 꽂혀 있는 성의 망루 위에서 한 장수가 외쳤다.
　"도독은 용서하시오. 내가 군사(공명)의 군령을 받들어 이미 성을 취했소. 나는 상산의 조자룡이오."
　주유가 크게 노하여 성을 공격했지만, 성 위에서 무수히 화살이 쏟아졌다. 주유는 어쩔 수 없이 후퇴할 것을 명령했다. 그리고 감녕에게 수천 군마를 이끌고 형주를 취하게 하고 능통은 양양을 취하라 하면서 남군은 그다음에 다시 취해도 늦지 않다고 말했다. 그때 정찰 기병이 달려와 주유에게 보고했다.
　"제갈량이 직접 남군을 취한 뒤 병부를 써서 형주성을 지키던 군사들에게 밤새 구하러 달려오라 속이고 장비를 시켜 형주를 습격했습니다."
　또 다른 정찰 기병이 달려와 보고했다.
　"하후돈이 양양에 머무는데 제갈량이 사람을 통해 병부를 보내어 조인이 구원요청을 한다고 속인 후 하후돈이 출병하도록 유인하고, 그 사이 관우가 양양을 습격했습니다."
　"제갈량이 어찌 병부를 얻었단 말인가?"

주유가 물었다.

"그가 진교를 붙잡았으니 병부가 자연스레 그에게 간 것이지요."

정보가 대답했다.

이 말을 듣고 주유는 크게 외마디 소리를 지르며 금창이 터져버려 한참 후에야 깨어났다. 장수들이 거듭 노여움을 풀라고 권하자 주유가 말했다.

"만일 내가 제갈 촌놈을 죽이지 못한다면 내 심중의 원한을 어찌 삭힐 수 있겠소? 정보가 나를 도와 남군을 공격해서 빼앗고 반드시 동쪽 오나라로 돌려놔야 하오."

그러자 노숙이 말했다.

"불가합니다. 지금 조조와 대치 중이고 아직 승패도 안 가려졌습니다. 주공께서 합비를 공격하여 함락도 못 시켰는데 우리가 서로 싸우는 중에 조조가 허를 찔러서 병력을 이끌고 온다면 그 형세가 가히 위태롭게 됩니다. 더구나 유비와 조조는 서로 예전에 친했던 관계입니다. 만일 형세가 다급해지면 유비가 성을 조조에게 헌납하고 조조와 합동으로 우리를 공격해 온다면 어쩌시렵니까? 일단 참으십시오. 제가 유비를 만나서 설득해 보고 설득이 안 통한다면 그때 병력을 움직여도 안 늦습니다."

장수들이 노숙의 말을 듣고 아주 좋다고 동의하였다.

이에 노숙은 수행원을 이끌고 곧장 남군으로 가서 성문을 열라고 외쳤다. 조운이 나와서 유비는 지금 형주에서 공명과 함께 있다고 말하자 노숙은 남군에는 들어가지도 못하고 서둘러 형주로 갔다. 형주에 이르자 공명이 성문을 활짝 열고 노숙을 영접하여 들라 하였다.

노숙이 형주를 돌려달라 하자, 공명이 말했다.

"원래 형주는 유표가 주인이었는데 아우(유비)가 조카(유기)를 도와 빼앗은 거라 돌려줄 수 없소이다."

"유기가 점거하고 있는 것이라면 이해할 수 있소만, 당연히 유기는 이곳에 없는 것이 아니오?" 하며 노숙이 되물었다.

그러자 공명이 좌우에 청해 공자 유기를 나오게 하였다.

시종 두 명이 병풍 뒤에서 유기를 부축해 나오자, 병이 든 유기를 두 눈으로 확인한 후 노숙이 말했다.

"공자께서 안 계시면 반드시 형주를 우리 동오에 돌려주셔야 하오."

공명이 그리하겠다 약조하자 노숙은 작별하고 성을 나왔다.

제갈공명의 비단 주머니 세 개

한편 적벽대전의 승리에 이어 공명의 계책대로 형주와 양양, 남군까지 손에 넣은 유비는 이적의 천거로 마량이라는 현인을 얻게 되었다. 마씨 오 형제 중 가장 어린 이는 마속이었고 가장 현명한 사람은 마량인데, 눈썹에 흰털(白眉)이 있어서 마씨 형제 중 가장 뛰어나다는 말들을 하였다.

유비가 마량에게 형양(형주와 양양)을 지킬 방책을 물었다. 마량은 유기 공자를 형주 자사로 삼아 민심을 안정시킨 후, 남쪽을 정벌하여 무릉, 장사, 계양, 영릉, 네 고을을 취한 후 군량을 거두어 쌓아두고 기반으로 삼기를 권했다.

유비는 장비를 선봉으로 삼고, 조운은 후군을 맡게 한 후 공명과 함께 중군이 되어 1만 5천 군사를 이끌고 영릉부터 취하기 위해 바로 출병하였다. 영릉을 취한 후 유비는 조운에게 계양을, 장비에게는 무릉을 취하도록 했다.

한편 장사 태수 한현은 평소 성미가 급하고 함부로 살육을 일삼으니

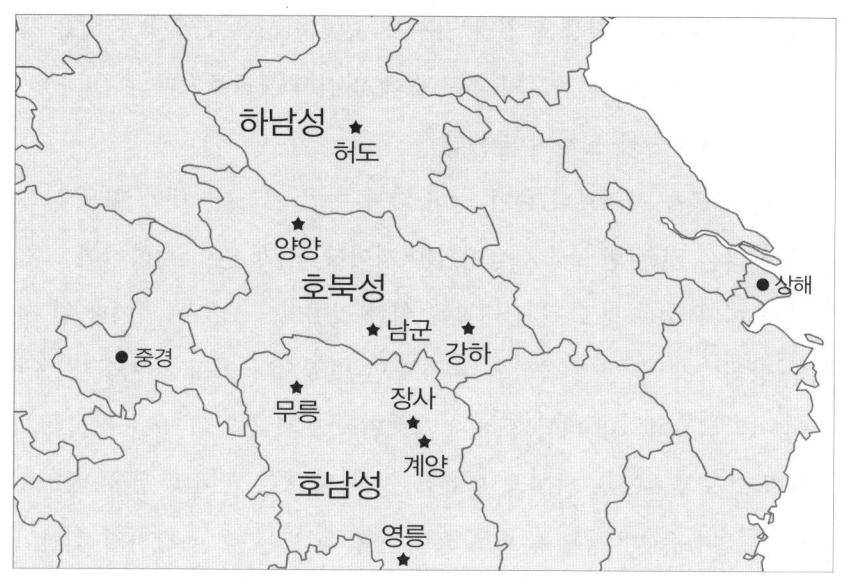

모두가 그를 증오하였다. 한현은 관우의 군사가 도착했다는 말을 듣고 황충을 출전시켰다. 원래 황충은 2석의 힘이 드는 활을 당겨서 백발백중으로 맞추는 자였는데, 첫날 관우의 타도계(拖刀計: 칼을 끌면서 패배한 것처럼 달아나다가 갑자기 되돌아서 적을 베는 기술)에 당해 말에서 떨어져 나뒹굴었다. 관우는 급히 말을 돌려서 양손으로 칼을 쥐고 용맹스럽게 호통을 쳤다.

"내가 일단 네 목숨을 살려 주겠다. 말을 갈아타고 와서 다시 싸우자."

이튿날 한현이 황충에게 청마 한 필을 내어주자 깊이 생각하였다.

"관우의 의기가 이토록 드높을 줄이야. 그가 나를 차마 살해하지 않았는데 나 또한 그를 어찌 쏠 것인가? 그러나 쏘지 않으면 군령을 어기는 것이니 심히 두렵기만 하구나."

이튿날 싸움에서 황충은 전날 자신을 죽이지 않은 관우의 은혜를 생각하며 일부러 화살을 관우의 투구 술에 맞춰서 살려주었다.

이에 한현이 크게 노하며 말했다.

"내가 사흘을 지켜보니 네가 감히 나를 속인 것이다. 네가 힘을 다해 싸우지 않은 것은 반드시 사심이 있어서이다. 어제 말이 실족하여 그가 너를 죽이지 않은 것도 필시 내통을 위한 것이고, 오늘 두 번이나 빈 시위만 당기다가 세 번째 화살은 투구 술만 맞췄으니 어찌 외부와 내통한 것이 아니겠느냐? 내 너를 참하지 않으면 반드시 후환이 있을 것이다."

그리고 도부수들로 하여금 황충을 성문 밖으로 끌어내 목을 베도록 하였다. 황충을 막 성문 밖으로 끌어내 칼을 드는 순간 갑자기 위연이란 장수가 뛰어들어 도부수들을 한칼에 베고 크게 소리쳤다.

"황충은 장사 땅의 방패와 같은 존재이거늘 지금 황충을 죽인다면 바로 장사의 백성들을 죽이는 것이다. 한현은 난폭하고 어질지 못하여 현인들을 업신여기고 선비들에게 오만하니 마땅히 그를 죽여야 한다. 나를 따를 자들은 모두 내게로 오라."

말을 끝낸 위연은 즉시 성 위로 올라가 장사 태수 한현을 한칼에 베어 죽이고 머리를 말에 매달고 나와 관우에게 투항했다.

관우가 장사성을 취하자 유비는 크게 기뻐하며 공명과 함께 장사성 안으로 들어갔다. 이때 위연을 본 공명은 언젠가 모반할 관상이라 하며 죽이려 하였다. 그러나 유비가 이렇게 말하며 말렸다.

"만일 이 사람을 죽이면 항복하는 사람마다 스스로 위험에 빠졌다고 생각할 것입니다."

이제 유비는 형주 양양 남군에 이어 무릉 등 네 고을을 추가로 평정하니 여기저기 의탁할 곳을 찾아 헤매던 예전의 유비가 아니었다. 비로소 유비에게 양곡과 재물이 풍부하게 되니 곳곳의 선비들이 사방에서 몰려들었다.

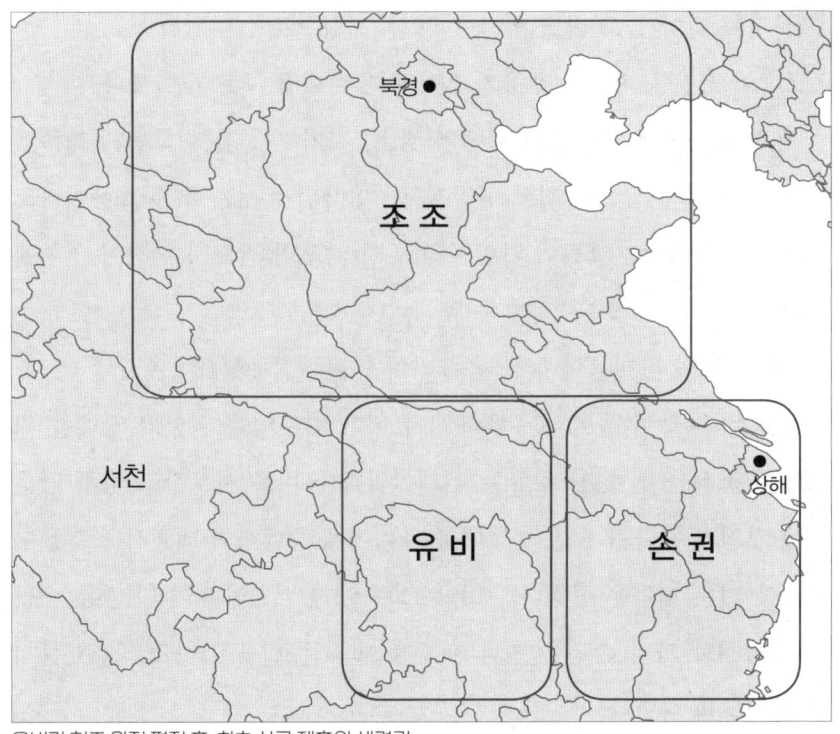

유비가 형주 완전 평정 후, 최초 삼국 제우의 세력권

그러던 어느 날, 공자 유기가 갑자기 죽었다는 비보를 접하게 되었다. 유비는 즉시 관우에게 유기가 있던 양양을 지키도록 하였다.

한편 유기가 죽었다는 소식을 들은 주유는 노숙으로 하여금 약속대로 형주 땅을 돌려받도록 하였다. 노숙이 유비를 찾아와서 이제 형주 땅을 돌려달라 하자, 공명은 이번에는 "서천을 얻으면 형주 땅을 돌려드리겠소"라고 말했다. 그리고 친히 유비가 문서 한 장을 써서 서명을 한 후 보증인으로 공명도 서명을 했다. 이에 노숙도 어쩔 수 없이 서명을 한 후 문서를 받아 들고 작별 인사를 한 후 시상으로 돌아왔다.

노숙이 서찰을 바치자 주유가 읽어보더니 발을 구르며 말했다.

"자경(노숙)께서 제갈량의 꾀에 빠졌소. 그가 서천을 취하면 돌려주겠다 했지만 언제 서천을 취할지 알겠소? 이따위 문서가 무슨 소용이라고 함께 보증을 섰소. 그들이 만일 돌려주지 않으면 반드시 당신이 연루될 것이오."

노숙이 불안한 마음에 몸을 움츠리며 안절부절못했다.

며칠 뒤 세작이 돌아와 주유에게 유비가 감부인을 잃었고 장례를 치렀다는 소식을 전했다. 주유는 이제야말로 유비를 사로잡고 형주 땅을 찾을 기회가 왔다며 손권의 누이를 유비에게 중매하여 데릴사위로 들어오게 하려는 계략을 꾸몄다. 주유는 노숙에게 서찰을 써주며 빠른 배를 타고 남서로 가서 손권을 만나 형주를 빌려준 일을 말하고, 관련 문서를 바치도록 하였다.

노숙이 관련 문서를 바치자 손권이 말했다.

"그대가 이토록 멍청할 수 있소? 이따위 문서를 어디다 쓴단 말이오?"

그러자 노숙은 주유가 써준 서찰을 건네며 "이 계책을 쓰면 형주를 쉽게 취할 수 있습니다"라고 아뢰었다. 손권은 서찰을 보자 고개를 끄덕이며 속으로 크게 기뻐하였다. 그리고 누구를 보낼까를 깊이 생각하다 여범을 보내기로 하였다.

한편 유비는 감부인이 갑자기 세상을 떠나자 밤낮으로 번뇌가 끊이지 않았다. 어느 날 공명과 함께 한담을 나누고 있는데 오나라에서 여범이 찾아왔다고 하였다. 유비가 들라 하자 여범이 말했다.

"제가 듣자니 유황숙께서 배우자를 잃으셨다 하기에 염치 불고하고 중매를 서기 위해 왔습니다. 황숙의 뜻은 어떠하신지요?"

"내 나이가 이제 쉰 살이라 귀밑머리가 희끗하오. 오후(손권)의 누이동생이라면 필시 스물 안팎일 텐데 배우자로 적당하지 않을까 두렵소."

제갈량은 주유의 간사한 계략임을 알고 있었으나 유비가 혼담을 주저하자 일단 유비로 하여금 받아들이도록 하였다. 그리고 유비에게 동오로 가시라고 재촉하며 비단 주머니 세 개를 조운에게 건네고, 첫 번째는 배 위에서 그리고 두 번째와 세 번째는 위기에 닥칠 때마다 열어보라 하였다.

209년 겨울. 유비는 조운, 손건과 함께 군사 5백 명을 거느리고 빠른 배를 타고 형주를 떠나 남서로 출발하였다.

유비가 동오로 가는 도중에 배 위에서 첫 번째 비단 주머니를 열어보자,

"도착하기 전에 이 혼사를 떠들썩하게 소문내고, 도착하거든 주유의 장인인 교국로를 만나보도록 하시오"라고 씌어 있었다.

배가 남서에 닿자 일행은 예물을 사들이며 여기저기 혼사를 소문내었고 동오에 도착하자 바로 교국로를 만나 혼사를 이야기하며 예물을 바쳤다. 교국로는 곧바로 손권이 어머니인 태 부인을 찾아 혼사를 축하하였다.

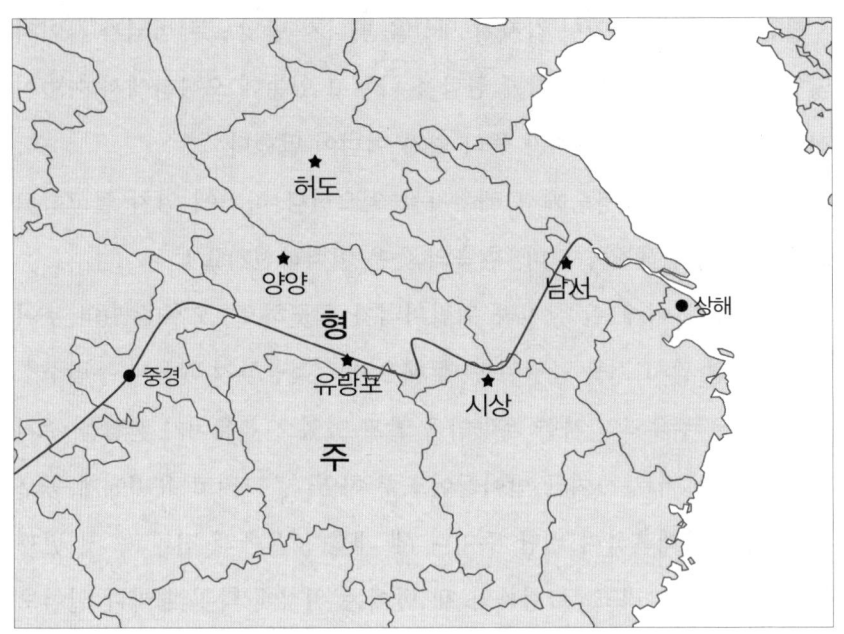

이 사실을 전혀 몰랐던 태 부인은 자신과 한마디 상의 없이 혼사를 추진하였다며 화를 벌컥 냈다. 그러자 손권이 대답했다.

"주유가 계략을 펼쳐 형주를 취하기 위해 유비를 여기에 잡아두고 형주와 맞바꾸려 합니다. 만일 유비가 따르지 않는다면 그를 죽일 것입니다. 그러나 이것은 계책일 뿐, 저의 참뜻은 아닙니다."

태 부인이 유비를 죽이면 딸이 과부가 될 것을 걱정하자 교국로가 태 부인을 거들었다.

"그런 계략으로 형주를 취한들 천하가 비웃을 것인데 어찌하면 좋습니까?"

손권은 아무 말이 없었다. 그러자 태 부인이 주유 욕을 멈추지 않았다.

"형주를 취할 계책을 세우지도 못하고 내 딸을 미인계로 쓰다니 유비를 죽이면 내 딸은 과부가 될 텐데 앞으로 누가 와서 혼담을 꺼내겠느냐?"

그러자 교국로가 태 부인께 권하였다.

"일이 이왕 이렇게 되었고 유비는 한실의 종친이니 그를 정말로 사위로 맞아들여 체면을 세우는 것이 좋겠습니다."

결국 유비는 손권의 누이인 손 부인과 성대한 혼례를 치렀다. 그리고 주유의 계책대로 유비에게 온갖 재물로 호기심을 산 후에 수십 명의 시녀들이 거들게 하였다. 유비는 온갖 풍류와 향락 그리고 여색에 빠져서 형주로 돌아갈 생각조차 못 하고 하염없이 시간이 흘러가고 있었다.

한편 조운은 5백 군사와 더불어 동쪽 관청 앞에 머물며 하루 종일 아무 할 일이 없어서 그저 활을 쏘고 말을 달릴 뿐이었다. 점점 연말이 다가오자 화들짝 놀라며 갑자기 공명이 자신에게 비단 주머니 세 개를 주며 당부했던 일이 생각났다.

"남서에 도착할 때 첫 번째 주머니를 열고, 연말이 되면 두 번째 주머니를 열어보시오. 그리고 위급하여 아무 대책이 없을 때 세 번째 주머니를 열어보시오. 비단 주머니 안에 계책이 들어 있으니 주공을 보호하여 무사히 귀가할 수 있을 것이오."

조운은 이제 올해가 다 끝나가는데 주공께서 여색에 탐닉하여 만날 수도 없으니 두 번째 계책을 실행해야겠다 마음먹고 비단 주머니를 열어보았다. 그 안에는 과연 신묘한 계책이 들어 있었다. 조운은 서둘러 가서 유비를 만나 뵙고 아뢰었다.

"군사(공명)께서 사람을 보내 알려오기를, 조조가 적벽대전의 원수를 갚기 위해 50만 대군을 이끌고 형주로 오고 있다고 합니다. 급히 형주로 돌아가십시오.”

이 소리에 황급히 정신을 차린 유비가 손 부인과 상의하였다. 유비가 눈물을 떨구며 손 부인에게 이야기하자 손 부인도 부군인 유비를 따라가겠다며 나섰다.

210년 정월, 유비는 길을 재촉해 손 부인과 함께 형주로 가기 위해 길을 떠났다. 시상의 경계에 가까워지자 한 떼의 군사들이 길을 막아섰다. 주유가 유비가 언젠가는 달아날 것을 예상하고 길목에 정봉과 서성을 매복해 두었던 것이다. 위급해진 조운은 세 번째 비단 주머니를 유비에게 바쳤다.

유비가 비단 주머니를 열어보고 급히 수레 앞으로 가서 손 부인에게 울면서 말했다.

“부인을 내게 시집보내려 한 것은 사실, 부인을 위한 계책이 아니라 주유와 손권이 짜고 오히려 부인을 미끼로 나를 불러들여서 형주 땅을 빼앗으려던 것이었소. 다행히 부인이 나를 버리지 않고 여기까지 따라오셨으니 부인이 아니면 이 재앙에서 벗어날 수가 없소. 만일 부인이 허락하지 않으면 이 수레 앞에서 죽어서 부인의 은덕을 갚겠소.”

그러자 손 부인은 크게 노하여 길을 막고 있던 정봉과 서성을 꾸짖었다.

“너희가 감히 반역하려 하느냐? 주유는 역적이다. 우리 동오는 너희를 버린 적이 없고 유비는 한나라 황숙이자 내 남편이다. 내 이미 모친과 오라버니에게 형주로 따라간다고 말씀을 드렸는데 너희 둘이 앞길을 막고 우리 부부의 재물을 빼앗으려는 것이냐? 주유가 너희를 죽인다면 나 역시 주유를 죽일 것이다.”

손 부인이 주유를 욕하고 자신들을 꾸짖자, 손 부인을 거스를 수 없다 생각한 서성과 정봉은 조운마저 잔뜩 화가 나 있는 것을 보고 병력을 멈춰 세우고 큰길을 열어 지나가도록 하였다.

이윽고 유비가 말을 달려 유랑포에 이르자 공명이 배를 이끌고 이미 마중 나와 있었다. 주유와 황개가 수군을 이끌고 왔으나 공명은 이미 배를 대고 뭍으로 오른 후, 준비해 놓은 말에 올랐다. 주유도 배에서 내려 말을 타고 유비를 쫓아가자 홀연히 북소리가 울리더니 산골짜기에서 한 무리의 군사들이 몰려나왔는데 그 대장은 관우였다.

주유가 갈팡질팡하며 말 머리를 돌려 달아나자 관우가 뒤쫓았다. 주유가 부리나케 도망가는데 왼쪽에는 황충, 오른쪽에는 위연이 군사를 몰고 나타나 주유를 급습하였다. 주유는 제대로 대적도 하지 못한 채 많은 군사를 잃고 달아나 급히 배에 올랐다. 이걸 보고 공명이 군사들에게 주유를 향해 외치게 하였다.

"주유의 계책에 천하가 태평할 줄 알았더니 손권의 누이마저 빼앗기고 군사들마저 사기가 다 꺾였네."

주유는 화가 치밀어 올라 금창이 다시 터져서 그대로 배 위에 쓰러지고 말았다.

주유의 죽음

유비가 형주 땅을 얻어서 용이 바다에 든 격이라며 걱정하던 조조는 주유를 남군 태수로, 정보를 강하 태수로 임명하여 손권과 유비가 서로 다투도록 만들었다.

남군 태수가 된 주유는 노숙을 보내서 유비에게 형주를 돌려달라 계속 요구하였다. 유비가 서천 땅을 아직 차지하지 못하였으니 아직은 돌려줄 수 없다고 하자 주유는 다시 노숙을 보내 자신이 서천을 뺏어 줄 테니 형주를 지나가게 해달라고 하였다. 형주를 지나갈 때 유비가 나와서 주유를 맞으면 그때 유비를 죽이고 형주를 취하려고 하는 속셈이었다.

공명은 주유의 이 속셈을 알아차리고 크게 웃으며 말했다.

"이게 바로 가도멸괵(假道滅虢: 춘추시대 진나라가 우나라에 길을 빌려 괵나라를 멸하고 우나라도 멸한 고사)이란 계책입니다. 주유는 허울 좋은 명분을 만들어 서천을 빼앗고자 하나 실제로는 형주를 취하고자 합니다."

그리고 유비에게 이 제안을 받아들이도록 권했다.

주유는 드디어 자기의 계략에 공명이 걸려들었다 생각하며 감녕을 선봉에 세우고 주유는 서성, 정봉과 더불어 중군을 그리고 능통, 여몽은 후미를 맡아 군사 5만 명을 이끌고 형주로 향하였다. 성문에 이르자 성 위에는 백기가 꽂혀 있고 사람 그림자조차 없었다. 주유는 말을 세우고 군사들에게 문을 열라 외쳤다. 그런데 갑자기 딱따기 소리가 나더니 성 위에 있는 군사들이 일제히 칼과 창을 세우고 망루 위에 조운이 나와서 말했다.

"주 도독께서 어찌 행차하셨소?"

"내가 그대 주인을 대신해서 서천을 취하고자 하는 걸 모른단 말이오?"

그러자 조운은 공명 군사께서 이미 가도멸괵의 계책을 아시고 나를 여기에 머무르게 하였소. 그리고 오나라가 촉 땅을 취하겠다면 머리를 풀어 산속으로 들어가서 천하에 신의를 잃지 않겠다고 하셨소."

이 말을 듣고 주유가 말 머리를 돌리려 할 때 갑자기 한 사람이 깃발을 들고 나타나 알렸다.

"지금 군마가 네 방면에서 쇄도하고 있습니다. 관우는 강릉에서 장비는 자귀, 황충은 공안에서 그리고 위연은 이릉의 좁은 길에서 쇄도하고 있으나 그 군사 수는 정확히 알지 못합니다. 다만 군사들의 함성이 백여 리에 진동하는 데 모두 주유를 잡겠다고 합니다."

주유는 계략이 안 통했단 걸 알고 외마디 큰소리를 지르고 화살 맞은 상처가 다시 터져서 말 아래로 떨어지고 말았다. 장수들이 주유를 부축해서 배로 갔다. 그때 손권의 사촌인 손유가 원병을 이끌고 오자 주유는 대오를 수습하여 다시 형주로 진격하려 하였다. 그때 형주에서 보낸 사자가 공명이 보낸 서한 한 통을 전했다.

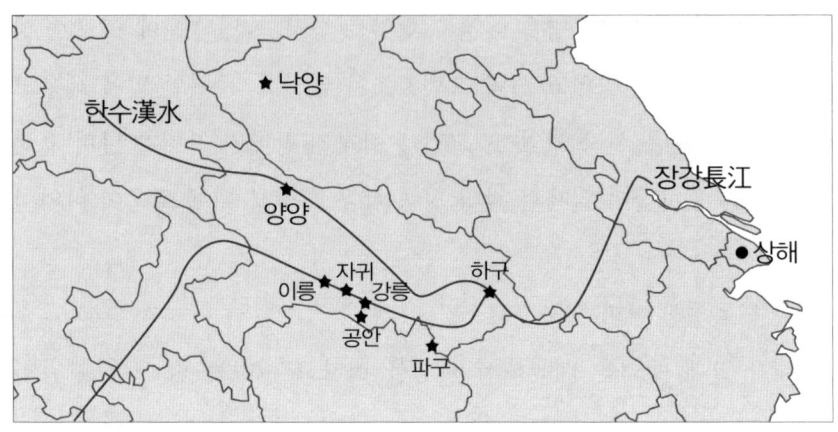

　'지난날 헤어진 이래 항상 그리워하던 차에 이번에 서천을 치러 가신다기에 글을 바치오. 서천은 지세가 험하고 군사는 강하니 지친 군사를 이끌고 가면 힘들 것이오. 게다가 조조가 이 틈을 노려 군사를 낸다면 강남은 쑥대밭이 될 것이오. 이를 그대가 밝게 헤아릴 수만 있다면 그대에게는 퍽 다행일 것이오.'

　주유는 이 글을 본 후 길게 탄식하더니 이제 본인의 생명이 다한 것을 알고 장수들을 불러놓고 말했다.

　"내가 주공께 충성을 다하려 했으나 이제 천명이 거의 다한 것 같소. 부디 주공을 잘 받들어 대업을 이루기를 바라오."

　그리고 하늘을 우러러 길게 탄식하였다.

　"이미 주유를 낳으시고 어찌하여 제갈량을 낳으셨단 말입니까!"

　그러더니 몇 차례 소리를 지르고는 홀연히 숨을 거두었다.

　그때가 서기 210년, 그의 나이 36세였다.

손권은 주유가 죽었다는 소식을 접하고 대성통곡하고 주유의 유언을 따라 노숙을 대도독으로 삼았다. 공명은 군사 5백을 이끌고 제례를 갖추어 배를 타고 파구로 가서 조상하고 제문을 바치었다.

"오! 공근(주유의 자)이여! 불행하게도 요절하셨구려. 목숨의 길고 짧음은 하늘에 달려 있으나 어찌 상심치 않으리오. 내 마음 참으로 비통하여 술 한 잔을 땅에 부어 신이 내려오기를 비오니 그대 넋이라도 있다면 내가 올리는 이 제사를 받아주시구려. 슬프구나! 그대 살았을 적 씩씩한 모습과 빼어난 기상을 어찌 잊으리오.

그대는 큰 재주와 문무를 겸비한 책략을 지녔기에, 화공으로서 적을 격파하였고 강한 자를 억누르며 약한 자를 위하여 사셨지요. 생각해 보니, 그대는 진정 당대의 영웅적인 기개를 떨치셨기에 비록 목숨은 서른여섯에 끝났으나 이름은 백 세대에 드리울 것입니다. 그대와의 정이 간절하여 창자가 천 갈래 얽힌 듯하고 간담은 슬픔이 끊어지지 않는구려.

오호라 공근이여! 이제 생과 사로 영원히 이별하오니 영혼이 있다면 이내 마음을 살펴주소서. 이제 이 하늘 아래에는 나를 알아주는 친구가 없소이다.

오호통재라! 엎드려 비오니 제가 바친 이 제물을 흠향하소서."

공명은 제사를 마치고 땅에 엎드려 대성통곡을 하는데 눈물이 샘솟듯하여 애통하기 그지없었다. 노숙은 공명이 이처럼 슬프고 애절해하는 것을 보면서 '공명이 이렇게 다정한 것을 보건대 공근이 스스로 속이 좁아 죽음을 부른 거구나'라고 슬프게 생각하였다.

제6부

×

천하삼분지계
실현 :
유비의 서천 정벌

유비, 방통을 책사로 삼다

문상을 마치고 이제 돌아가려고 배에 오르려 하자 강변에서 한 사람이 도포 차림에 죽관을 쓰고 검은 끈의 하얀 신을 신은 채 한 손으로 공명을 꽉 잡고 크게 웃으며 말했다.

"멈춰라. 주유를 조롱하여 화를 돋우어 죽여 놓고서 조문을 오다니, 동오에는 눈뜬 사람이 아무도 없단 말이냐?"

공명이 화들짝 놀라 보니 봉추 선생인 방통이었다.

둘은 함께 배에 올라 웃으며 지난날을 이야기했다. 공명은 방통에게 손권이 중용하지 않으면 유비에게 올 것을 권유하며 배를 타고 형주로 돌아갔다.

한편 노숙은 방통을 천거했으나 손권은 눈썹이 짙고 들창코에다가 얼굴은 검고 수염은 짧아 외모의 생김새가 기괴한 데다 방통이 주유마저 경시하는 태도를 보이자 마다하였다. 그러자 방통은 공명과의 약조대로 유비에게로 갔다.

이제 유비는 수경 선생의 말대로 와룡과 봉추 두 명을 책사로 얻으니 호랑이에 날개를 단 격이 되었다. 공명은 군사(軍師) 방통은 부군사였다. 유비가 방통마저 부군사로 삼았다는 말은 곧 조조에게도 들어갔다.

조조가 책사들을 불러서 남쪽을 정벌할 것을 논의하자 순유가 말했다.

"주유가 얼마 전에 죽었으니 손권을 먼저 제거하고 다음에 유비를 공격해야 합니다."

그러자 조조가 말하기를,

"내가 만일 멀리 정벌을 떠나면 아마 마등이 허도를 기습할 것이오. 지난번 적벽대전 당시 군사들 사이에 헛소문이 돌아 서량 땅에서 침입할 것이라 하였으니 반드시 대비해야 할 것이오."

조조는 곧바로 서량의 마등을 천자의 조서를 내려 허도로 들게 한 후, 모반을 했다는 이유로 마등과 그의 아들 마휴, 마철을 죽였다. 그러나 마등의 조카인 마대는 떠돌이 장사꾼으로 변장해 간신히 탈출해서 서량으로 달아났다.

조조는 남방정벌을 위해 30만 대군을 일으키고 합비에 주둔하고 있는 장요에게 양초(糧草)를 준비해서 공급하도록 명령했다.

손권은 급히 유비에게 구원을 청했다. 유비가 대책을 묻자 공명이 계책을 냈다.

"조조가 평생을 두고 무서워한 것은 서량의 군사입니다. 조조가 아버지 마등을 죽였기 때문에 마초가 이를 갈고 있을 테니 마초와 동맹을 맺어 허도로 향하는 길에 군사를 끌고 오게 한다면 조조가 강남을 칠 생각을 못 할 것입니다."

이에 유비가 서량에 사자를 보내자 부친의 죽음으로 조조에게 이를 갈고 있었던 마초는 즉시 승낙하였다. 그리고 서량 태수 한수의 군대와

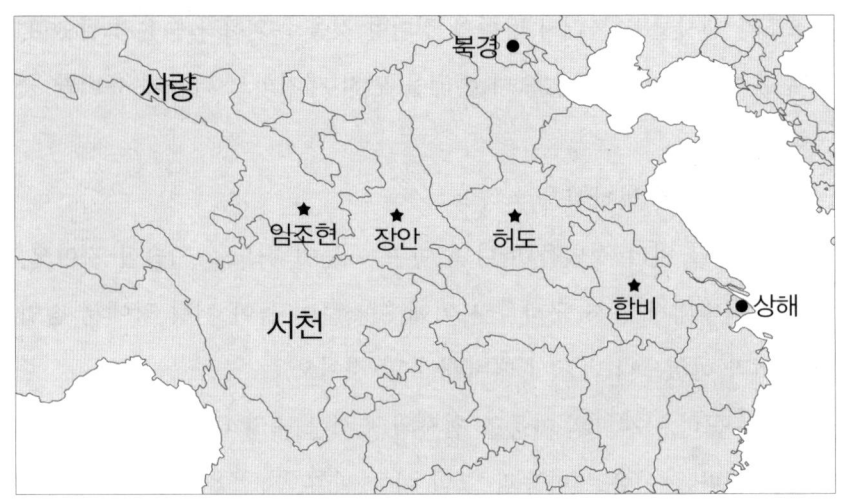

합쳐 20만 대군을 이끌고 곧바로 장안으로 진격했다.

　장안 군수가 성을 **빼앗기고** 달아나자 조조는 마초와 대항하기 위해 남방으로 가던 군사를 돌려 서량군에게 맞섰다. 그러나 우금, 장합이 마초와 교전하다가 패해 달아났고 이통마저 마초의 한 창에 찔려 말 아래로 떨어졌다. 연이어 마초는 마대, 방덕과 함께 1백여 기를 이끌고 조조를 잡기 위해 중군으로 쳐들어갔다. 서량 군사들이 "붉은 전포를 입은 놈이 조조다!"라고 외치자, 조조는 말 위에서 급히 홍포를 벗어버렸다. 그러자 "수염이 길게 난 놈이 조조다!" 외치자, 조조는 수염을 칼로 싹둑 잘랐다. 이에 마초가 "수염이 짧은 놈이 조조다!"라고 외치자, 조조는 깃발을 찢어 목을 감싸고 달아났다.

　마초가 조조를 끝까지 뒤쫓아 나무를 감고 돌던 조조를 발견하고 창으로 힘껏 찔렀으나 창이 나무에 박히고 말았다. 마초가 창을 뽑는 사이 조조는 이미 멀리 달아났다. 마초가 조조를 계속 추격했으나 조홍이 칼을 휘두르며 마초를 막아서는 바람에 조조는 무사히 탈출하였다.

이어 하후연이 수십 기를 이끌고 뒤따라오자, 마초는 혼자 힘으로 감당이 안 되어 말 머리를 돌렸고 하후연도 더 이상 뒤쫓지 않았다.

사흘 후 마초가 한 번 더 조조 군을 급습했으나 허저가 조조를 등에 업고 배에 오르는 바람에 조조는 가까스로 목숨을 부지할 수 있었다.

조조를 놓치고 서로 일진일퇴의 공방전을 지속하는 중, 허저가 마초에게 싸우자는 글을 보냈다. 둘은 서로 백여 합 이상을 겨루었으나 승부가 나지 않았다. 이에 성이 난 허저가 알몸으로 칼을 든 채 말을 타고 마초와 결전을 하러 나아가자 양쪽의 군대가 모두 놀랐다. 둘은 다시 30여 합을 싸워도 승부가 나지 않자 서로의 영채로 군사를 물렸다.

조조는 이에 가후의 계책을 따라 마초와 서량 태수 한수를 이간질 시켜 서로 의심하게 만들어 싸우도록 하였다. 그리고 서황, 하후연, 조홍이 마초를 협공하자 마초는 홀로 적진에서 싸우다 쇠뇌를 맞고 말 아래로 떨어졌다.

이때 서북쪽에서 방덕, 마대가 한 무리 군사와 달려와 마초를 구하여 겨우 30여 기의 군사를 이끌고 농서군 임조현으로 달아났다.

유비의 서천 정벌, 천하삼분지계(天下三分之計) 실현

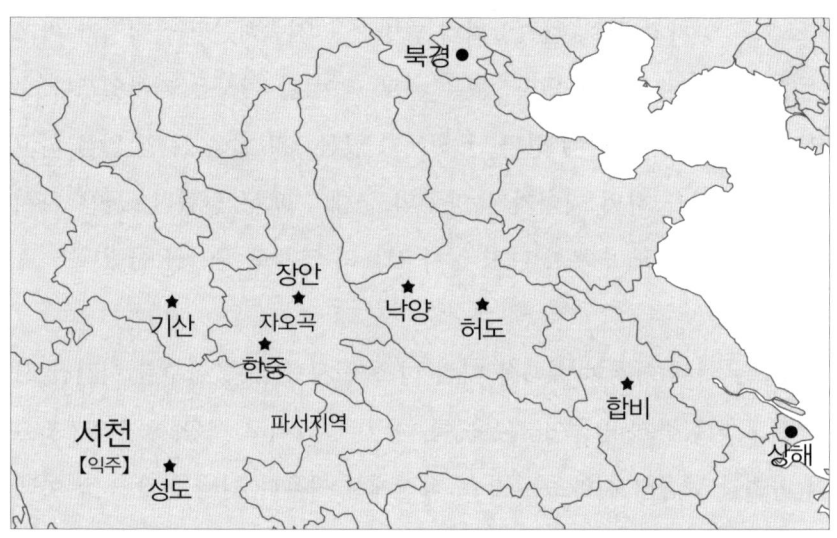

　한중 땅 한녕에는 장로라는 태수가 있었다. 그런데 조조가 마초를 물리치자 이제 곧 한중 땅을 노릴 것이라 여기며 불안해하였다.

　장로가 사람들을 모아놓고 상의하였다.

　"서량에 있던 마등은 이미 도륙당했고 마초는 금방 패했으니 조조가 반드시 우리 한중을 침략할 것이오. 내가 이제 스스로 한녕왕이라 칭하고 병사들을 모아 조조에 맞설까 하는데 어떻게들 생각하시오?"

그러자 염포가 말했다.

"한천의 백성은 가구 수가 십만이 넘고 재물과 양식이 풍족한 데다 사면이 험하고 견고합니다. 이제 마초가 패하여 서량의 백성들이 자오곡을 지나 한중으로 들어온 자가 수만 명입니다. 제 못난 의견으로는 익주의 유장은 어리석고 나약하니 우선 서천의 41주를 취해 발판으로 삼은 뒤에 왕이라 칭해도 늦지 않습니다."

이에 장로는 크게 기뻐하며 아우인 장위와 함께 병력을 일으켰다.

한편, 익주의 유장은 장로의 어머니와 아들을 죽인 일이 있어 장로와는 원수지간이었다. 유장은 방희를 파서 태수로 삼아 장로를 막았는데 장로가 병력을 일으켜 서천을 취하려 한다는 것을 알고 서둘러 유장에게 알렸다. 유장은 평소 나약하기에 이 소식을 듣고 크게 걱정하여 관리들을 모아 의논하였다.

그러자 한 사람이 나와서 당당하게 말했다.

"주공께서는 염려하지 마십시오. 제가 비록 재주는 없으나 세 치 혀를 놀려서 장로가 서천을 넘보지 못하도록 할 것입니다."

그 사람은 이름이 장송이었고 날 때부터 얼굴이 곡괭이처럼 뾰족한 데다 코는 납작하고 뻐드렁니에다가 키가 작아 5척도 못 되고 말소리는 구리종이 울리는 것 같았다.

유장이 계책을 묻자 장송이 대답했다.

"제가 듣기로는 허도의 조조가 중원을 소탕했다고 합니다. 여포와 두 원씨가 모두 조조에게 멸망됐고 최근에는 마초마저 격파하여 천하무적이라 합니다. 조공께서 예물을 바치신다면 제가 허도로 가서 조조를 설득해서 병력을 일으켜 한중의 장로를 치도록 할 것입니다. 그러면 장로는 적을 막느라 감히 촉 땅을 넘보지 못할 것입니다."

유장은 크게 기뻐하며 황금, 진주, 비단 등 조조에게 바칠 예물을 장만하여 장송을 사신으로 보냈다.

장송은 허도로 떠나기 전 서천의 성의 위치와 길 등을 한눈에 볼 수 있게 지도를 그려서 가지고 허도로 출발했다. 이 소식은 형주의 유비에게도 전해져 유비는 사람을 허도로 보내 소식을 알아보도록 하였다.

한편 조조는 서량의 마초마저 물리쳤던지라 흥에 겨워 날마다 술잔치를 벌이고 있었다. 그리하여 장송은 허도에 온 후 며칠을 기다려 조조를 겨우 만날 수 있었다. 조조는 장송을 보자마자 꾸짖었다.

"네 주공 유장은 어찌 해마다 조공을 바치지 않는가?"

"길이 멀고 험하고 도적이 많기 때문입니다."

"내가 중원을 평정해서 천하가 태평한데 무슨 도적 떼가 있단 말이냐?"

"한중에는 장로, 형주에는 유비, 강남에는 손권이 있는데 어찌 천하가 태평하다고 하십니까?"라고 장송이 묻자, 조조는 장송의 망측스런 외모에 비위가 상해있던 참이라 그 자리를 피해 버렸다. 그러나 창고지기인 양수란 자가 장송이 범상치 않은 인물임을 알고 조조에게 다시 한 번 장송을 만나보라 권하였다. 조조는 장소의 기를 꺾어 놓기 위해 호위 영웅 병사들 5만을 도열시킨 후 장송에게 물었다.

"서천에는 이런 영웅 인물들은 본 적이 없지요?"

그러자 장송이 대답했다.

"서천에는 이런 군대는 본 적이 없고 오직 인의로써 백성을 다스릴 뿐입니다."

조조가 낯빛을 바꿔 장송을 노려보는데도 장송이 두려운 기색이 없자 양수가 장송에게 빈번하게 눈짓했다. 조조가 장송에게 말했다.

"나는 천하의 쥐 떼들을 티끌처럼 여길 뿐이오. 우리 대군이 이르는 곳마다 싸워서 이기지 못한 적이 없고 공격해서 취하지 못한 적이 없소. 나를 따르는 사람은 살고 나를 거스르는 사람은 죽는다는 것을 알고 있소?"

그러자 장송이 말하기를,

"승상께서 군대를 몰아서 싸우면 반드시 이기고 공격하면 반드시 취한다는 것은 알고 있습니다. 전에 복양에서 여포를 칠 때, 완성에서 장수와 싸울 때, 적벽에서 주유를 만났을 때, 화용에서 관우와 마주할 때, 동관에서 수염을 자르고 전포를 버린 것과 위수에서 배를 빼앗아 타고 가다 화살을 피한 것. 그 모두가 천하에 당할 자가 없습니다."

그러자 조조가 크게 노하며 소리쳤다.

"천한 선비 놈이 감히 내 결점을 들춘단 말이냐?"

조조는 참았던 화를 터뜨리며 장송을 끌어내어 당장 목을 베라 하였다. 그러나 양수와 순욱의 간곡한 만류로 대신에 곤장을 쳐서 내쫓았다.

원래 장송은 서천 땅을 조조에게 바치려 하였으나 조조의 계속되는 오만함에 실망을 안고 돌아가던 중, 유비를 만나보기로 하고 수행원을 거느리고 형주로 향하였다. 영주 입구에 이르자 조운이 한 무리의 군마 5백여 기를 이끌고 장송을 맞이하고 예를 표하며 미리 준비해 온 음식을 바쳤다. 장송이 조운과 술잔을 나눈 뒤 형주의 경계까지 이르자, 이번에는 관우가 북을 치며 나타나 장송을 맞이하더니 얼마 지나지 않아 유비가 직접 공명과 방통을 데리고 장송을 맞이한 후 잔치를 베풀고 극진히 대접하였다.

사흘 동안 장송을 위하여 매일 잔치를 베풀면서도 유비는 서천 이야기는 입 뻥긋도 하지 않았다. 이제 장송이 떠나려 하자 유비가 10리 밖까지 나와 눈물을 흘리며 배웅했다.

"이제 가시면 언제 뵐 수 있겠습니까?"

장송은 너무도 감격하여 서천을 유비에게 바치기로 하고 속마음을 털어놓았다.

"익주는 지형이 험해서 천연요새이고 기름진 땅이 천 리나 되어 백성들이 항상 풍족하고 넉넉합니다. 게다가 선비들이 황숙을 흠모하고 있으니 군사를 이끌고 오시어 서천을 취하신다면 한나라 황실을 다시 일으킬 수 있을 것입니다."

그러나 유비는 한사코 거절하였다.

"유장 역시 나와 종친이기도 하거니와 서천 땅을 다스리며 내게 은덕을 베풀었는데 어찌 그 땅을 빼앗을 수 있겠소?"

장송은 군사를 이끌고 오면 성안에서 법정과 맹달이 유황숙을 도울 테니 걱정하지 말라며 서천 지도를 꺼내 유황숙에게 건넸다. 장송은 유비에게 작별을 고하고 서둘러 서천 땅으로 출발했다.

익주에 도착한 장송은 유장에게 조조가 서천을 취할 마음을 갖고 있으니 유비와 동맹을 맺어 조조가 서천을 침범할 수 없도록 사자를 보내는 것이 좋겠다는 계책을 냈다. 유장은 장송의 말을 따라 법정을 사자로 보내고 맹달에게 정예병 5천을 주어 유비가 오면 영접하여 서천을 돕도록 하였다.

마침내 법정이 형주에 도착하여 유비에게 익주를 부탁하며 말했다.

"토끼를 먼저 잡는 사람이 임자라는 설이 있습니다. 장군께서 익주를 취하신다면 저는 마땅히 목숨을 바치겠나이다."

유비가 두 손 모아 사례한 후 법정을 몸소 배웅하였다. 이에 방통이 유비에게 하늘이 주신 기회라며 거듭 결단을 촉구하자 드디어 유비는 익주를 정벌하기로 마음을 굳혔다.

유비는 공명을 불러 병력을 일으켜 서쪽으로 함께 갈 것을 의논하였다. 공명은 반드시 병력을 나누어 지켜야 한다고 하였다. 따라서 유비는 공명으로 하여금 형주 수비를 총괄하게 한 후 관우, 장비, 조운과 더불어 형주를 지키게 하고, 자신은 방통을 군사로 삼고 위연, 황충과 함께 5만 보병과 기병을 이끌고 서천으로 진군을 시작했다.

그때가 서기 211년 11월이었다.

서천에 도착하여 유장이 연회를 베풀자 방통과 법정은 술자리에서 유장을 죽이자고 거듭 설득하였으나 유비는 따르지 않았다. 그러던 어느 날 장로가 병마를 정돈하여 가맹관을 침범할 것이라는 급보가 날아들었다. 유장이 유비에게 청하여 그곳을 막아달라 하자 유비는 흔쾌히 승낙하였다. 유비는 그날부로 부하 병력을 이끌고 가맹관으로 가서 병사들을 엄히 단속하고 백성들에게 널리 은혜를 베풀어 민심을 얻기 시작하였다.

그 무렵 손권은 유비가 군사를 이끌고 서천으로 갔다는 소식을 접하고 형주 땅을 차지할 절호의 기회라 여겼다.

장소가 손권에게 계책을 냈다.

"태 부인께서 유비의 처인 손 부인을 죽기 전에 보고 싶다고 하면 손 부인을 안 보낼 수 없을 것입니다. 그때 손 부인이 아두와 함께 온다면 유비는 형주와 아두를 틀림없이 맞바꾸러 올 것입니다."

손권은 주선을 떠돌이 장사꾼으로 위장해 몰래 파견하여 손 부인에게 밀서를 전달하였다.

손 부인은 태 부인이 위중하다는 밀서를 받고는 7살 아들 아두와 함께 동오로 향하기 위해 수레를 타고 강변에 도착해 배에 올랐다. 그때였다.

"배를 멈추시오!"

조운이 강가를 따라 10여 리를 쫓아가다가 동오의 배에 솟구쳐 뛰어올라 아두를 빼앗았다. 조운이 아두를 안고 동오 군과 대치하고 있을 때 마침 순찰 중이던 장비가 동오의 배로 돌진하여 앞을 가로막았다. 주선은 장비가 배에 오르는 것을 보고 맞서다 한칼에 베이고 말았다. 조운과 장비는 아두를 빼앗고 손 부인과 동오의 다섯 척의 배는 그대로 통과시키고 아두를 안은 채 배를 돌렸다.

한편 동오에 도착한 손 부인으로부터 조운과 장비에게 주선이 죽고 아두를 빼앗겼다는 소식을 들은 손권은 분노하여 바로 형주를 공격하려 하였다. 그러나 조조가 적벽대전의 원수를 갚기 위해 동오를 공격하려 한다는 급보가 전해지자, 뒤로 미룰 수밖에 없었다.

한편 조조는 날이 갈수록 그 위세와 복록이 더해져만 갔다. 장사 동소는 조조에게 아첨하며 위공의 지위를 받고 임금이 누릴 수 있는 9석(九錫)을 더해 공덕을 드러내야 한다고 부추겼다. 그러자 시종 순욱이 반대하며 말했다.

"안 되옵니다. 승상께서 의병을 일으켜 한실을 바로 잡으셨으니 마땅히 충성스러움과 곧은 의지를 가지고 겸허하게 물러서는 절개를 지켜야 합니다. 군자는 덕으로써 사람을 사랑해야지 이렇게 하시는 것은 옳지 않습니다."

조조는 그 말을 듣고 벌컥 화를 내며 낯빛이 바뀌었다. 조조는 순욱을 원망하며 순욱이 자기를 돕지 않는다고 생각했다.

212년 겨울, 조조는 병력을 일으켜 강남 정벌에 나서며 순욱에게 동행할 것을 명했다. 순욱은 조조가 가는 도중에 자기를 죽일 것을 알고 병을 핑계로 나가지 않았다. 그러자 조조는 순욱에게 빈 반합을 보내니, 이제 자기에게 해줄 것이 하나도 없다는 뜻을 간파한 순욱은 독약을 먹고 스스로 목숨을 끊었다. 그때 순욱의 나이 50세였다.

조조는 동오를 정벌하기 위해 강남으로 진군하였다. 유수에 이르러 조홍에게 철갑기병 3만을 주고 강변을 정찰하게 하니 강변 일대에 깃발만 무성한데 적병들은 어디에 있는지 도무지 알 수 없었다. 조조는 마음이 안 놓여서 스스로 병력을 이끌고 전진하여 유수 입구에 진을 쳤다.

조조가 1백여 명의 군사를 거느리고 산비탈에 올라 전선을 바라보니 각 전선의 대오가 차례대로 배열되어 있고 깃발은 다섯 가지 색깔로 나뉘어져 있으며 각종 병기들도 선명하게 보였다. 중앙의 큰 배 위에 푸른 비단 우산 아래에는 손권이 앉아 있었다.

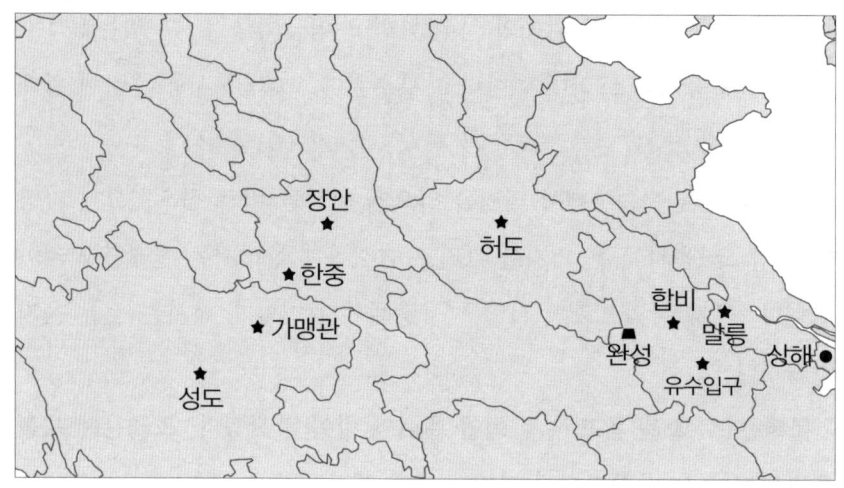

갑자기 큰 소리가 울리더니 동오의 배들이 몰려오고 유수의 둑방에서도 군사들이 일제히 나와서 조조를 공격하였다. 조조가 급히 말 머리를 돌려 달아나자 손권이 몸소 선두에서 조조를 추격하였다. 그때 허저가 동오군의 한당과 주태를 칼로 휘두르며 막는 사이 조조는 무사히 탈출하여 영채로 돌아왔다.

그날 밤 삼경(23~1시) 무렵 갑자기 영채 밖에서 함성이 크게 진동하였다. 조조가 놀라서 얼른 말에 올라타서 보니 사방에 불길이 치솟았다. 오나라 병사들이 영채까지 쳐들어오자, 조조의 병사들은 50리 밖으로 물러나 영채를 다시 세웠다. 그로부터 양 군은 지루하게 대치 상태를 지속하였다.

이듬해 정월이 되자 마침 봄비가 그치지 않으니 강가 지류까지 물이 차올라 진흙탕 속에서 병사들의 고초는 이루 말할 수가 없었다. 조조도 몹시 걱정되어 책사들과 상의하고 있는데, 마침 동오의 사자가 서찰을 가지고 왔다는 보고가 올라왔다.

조조가 서찰을 펴니 내용은 대략 이러했다.

"승상과 나는 모두 한 나라 중신과 재상이오. 승상께서 보국안민을 생각지 않고 함부로 무기를 움직여 사람을 살상하니 이게 어찌 어진 사람이 할 일이겠소? 가까운 시일 내 봄비가 흘러서 넘칠 테니 어서 떠나시오. 그러지 않으면 적벽의 화가 다시 있을 것이오. 잘 생각하시오. 승상이 죽지 않으면 나는 편안하지 않소이다."

조조는 다 읽기를 끝마치고 크게 웃더니 한마디 한다.

"손권이 나를 업신여기지 못하는구나."

조조는 손권이 보낸 사자를 포상한 후 곧 명을 내려 군사를 거두게 하였다. 그리고 여강 태수 주광에게 완성을 굳게 지키라 명하고 스스로 대군을 이끌고 허창으로 돌아갔다. 손권 역시 군사를 거두어 말릉으로 돌아갔다.

손권이 장수들과 상의하며 물었다.

"조조가 북쪽으로 떠났으나 유비가 아직도 가맹관에 있으면서 돌아오지 않았으니 조조를 막은 병사들을 이끌고 형주를 취해야 되지 않겠소?"

그러자 장소가 계책을 내며 말했다.

"지금은 병사를 움직이지 않는 게 좋겠습니다. 제게 계책이 있는데 유비로 하여금 형주로 다시는 돌아오지 못하도록 하겠습니다. 먼저 출병하실 필요가 없습니다. 만일 출병하시면 조조가 반드시 다시 올 것입니다. 차라리 서신 두 봉을 쓰는 것만 못합니다. 1봉은 유장에게 주면서 유비가 동오와 동맹을 맺고 함께 서천을 칠 것이라 말해서 유장으로 하여금 의심을 하게 하여 유비를 공격하게 하십시오. 또 1봉은 장로에게 주면서 형주로 진격하라 하십시오. 유비는 머리와 꼬리가 서로 돕지 못하는 형국이 될 것이니 그때 우리가 군사를 일으키게 되면 쉽게 형주를 취할 수 있습니다."

손권은 장소의 계책에 따라 사신을 두 곳으로 파견했다.

한편 유비는 가맹관에서 오랫동안 머무르며 민심을 크게 얻었는데 갑자기 공명의 편지를 받고 손 부인이 동오로 돌아갔음을 알았다. 또한 조조가 군사를 일으켜 유수를 침범한 것을 듣고서 방통과 의논하였다.

방통의 계책에 따라 유비는 성도에 있는 유장에게 곧 형주로 회군하여 손권과 함께 조조를 치려 하는데 병력과 식량이 모자라니 정예병 3, 4만 명과 식량 10만 곡을 지원해 달라고 하였다. 유장은 단번에 거절하였다. 이에 유비가 크게 화를 내며 방통에게 다시 계책을 물었다.

방통은 세 가지 계책이 있다며 말했다.

"지금 정예 병사들을 골라 뽑아서 밤낮없이 성도로 달려가는 것이 상책입니다. 중책은 지금 주공께서 형주로 돌아가는 척하면 지금 길목을 지키고 있는 촉의 명장인 양회와 고패가 송별하러 올 것입니다. 그럼 송별회에서 두 장수를 죽이고 길목을 점령하고 부성을 취한 뒤 성도로 향하는 것입니다. 그리고 백제로 물러가서 밤에 형주로 돌아가 서서히 훗날을 도모하는 게 하책입니다. 만일 주저하여 지금 움직이지 않으면 큰 곤란한 지경에 닥쳐 아무것도 이룰 수 없습니다."

이에 유비는 중책을 선택하여 유장에게 서찰을 보냈다. 장송은 형주로 돌아가려 하는 것이 진심인 줄 알고 유비에게 회군을 말리는 서찰을 유비에게 보내려다 형인 장숙에게 발각되었다.

유장은 비로소 장송과 유비가 내통한 사실을 알고 장송 일가를 모두 목을 베고 말았다. 유장은 이제 형주의 한 사람, 말 한 필도 촉에 들어오지 못하도록 격문을 돌렸다.

양회와 고패는 송별회장에 참석해 예리한 칼로 유비를 죽이려 했으나 사전에 발각되어 오히려 유비의 도부수들에 의하여 죽임을 당하고 말았다. 유비가 양회와 고패의 병사들 2백여 명을 앞세우고 부수관으로 가니 피 한 방울 묻히지 않고 촉군은 모두 항복하였다. 유비는 큰 상을 내리고 병력을 앞뒤로 나누어 지키도록 하였다. 다음 날 유비는 연회를 베풀어 군사들을 위로하며 큰 잔치를 벌였다.

한편 방통이 유비를 부추기며 진군을 재촉하자 유비는 군사를 이끌고 성도로 향했다. 가는 도중 방통이 타고 있던 말이 낯을 가리더니 앞발을 번쩍 들자 방통이 말에서 떨어졌다. 유비는 얼른 말에서 뛰어 내려 그 말을 낚아채고 자신이 타던 흰 말과 방통의 말을 바꾸어 탔다.

그 무렵 유장의 장수 장임은 낙성 안에 매복해서 유비를 기다리고 있었다. 그런데 유비가 양 갈래로 나누어 낙성을 치러 온다는 급보가 올라왔다. 장임은 위연의 병력이 지나가자 모두 지나가게 해놓고 경거망동하지 않도록 했다. 그 뒤로 방통의 군사들이 오자 장임의 군사가 무리의 대장을 멀리 가리키며 말했다.

"백마를 탄 사람이 틀림없이 유비입니다."

장임은 크게 기뻐하며 여차여차하도록 명을 내렸다.

방통이 구불구불한 길을 앞으로 나아가다 머리를 들어서 보니 양쪽은 협곡이고 수목 또한 빽빽하였다. 게다가 여름이 끝나가고 가을로 접어드니 나뭇가지와 잎이 무성했다. 방통이 의심스러워 말을 세우고 물었다.

"이곳이 어디인가?"

그러자 항복한 군사가 언덕을 가리키며 말했다.

"이곳의 지명은 낙봉파라 합니다."

방통은 놀라서 "내 호가 봉추인데 이곳의 이름이 낙봉파라면 내게 불리하겠구나" 말하며 급히 명을 내려 군사들에게 후퇴하도록 했다. 그때 산비탈 앞에서 한차례 포성이 울리더니 화살이 마치 메뚜기떼처럼 쏟아지는데 오직 백마를 탄 사람에게만 집중되었다. 방통은 수없이 날아오는 화살에 맞아 죽고 말았다. 이때 그의 나이는 36세였다.

이날 장임이 방통을 쏘아 죽이니 유비 군은 진퇴가 가로막혀 죽은 사람이 태반이었다. 위연 역시 군대를 지휘하여 돌아가려 했지만, 산길이 좁아 제대로 싸울 수 없었다. 장임이 퇴로를 끊자 큰길을 뚫어 낙성 아래로 내달리는데 앞에서는 오란과 뇌동의 1군이 막아서고 뒤에서는 장임이 추격하자 가운데 포위되고 말았다. 위연이 죽기 살기로 싸웠으나 탈출하지 못하고 있을 때 한 장수가 큰 칼을 휘두르며 크게 외쳤다.

"위연, 내가 특별히 그대를 구하러 왔소."

보니까 황충이었다. 위연은 황충과 협공하여 오란, 뇌동 두 장수를 물리치고 곧장 낙성 아래로 쳐들어갔다. 유괴가 병력을 이끌고 뛰어나오자 유비가 뒤에서 맞섰지만 장임의 군마가 나와 좁은 길을 끊었다. 유비는 싸우다 달아나기를 반복하다가 두 영채를 지켜내지 못하고 부관까지 달아났다.

촉병이 구불구불한 길을 계속 뒤쫓자 유비의 인마들은 힘이 다해서 싸우고 싶어도 싸우지 못하고 오로지 달아나기만 할 뿐이었다. 부관 가까이 이르자 장임의 1군이 계속 추격할 때 다행스럽게도 왼쪽에서는 유봉, 오른쪽에서는 관평 두 장수가 3만 명의 병력을 이끌고 와 장임을 패퇴시키고 20리를 쫓아가서 많은 말을 빼앗았다.

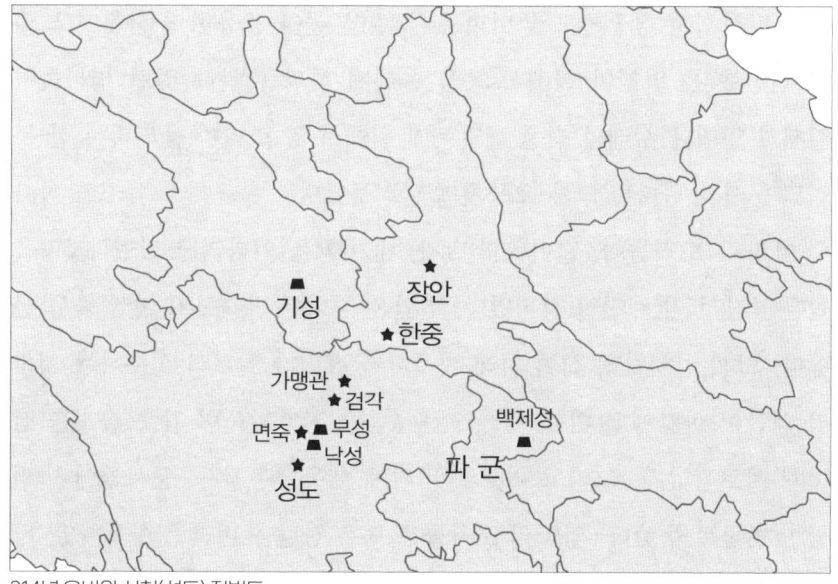

214년 유비의 서천(성도) 정벌도

유비는 부관으로 들어가 방통이 죽었다는 소식을 듣자 서쪽을 바라보며 통곡하기를 그치지 않았고 멀리 그의 혼을 부르며 제사를 지냈다. 장수들 또한 모두 통곡하였다.

서천의 군사들에게 크게 패한 유비는 공명에게 구원을 요청했다. 공명은 관우에게 형주를 지키도록 하고 '동으로는 손권과 화친하고 북으로는 조조를 막으라'는 당부를 하고 1만 5천 명의 군사를 거느리고 서천을 향해 떠났다. 그리고 정예병 1만 명을 뽑아 장비와 조운에게 파주(巴州)를 치고 서쪽의 낙성으로 가라고 각각 임무를 하달했다.

장비는 파군성 태수 엄안에게 항복을 권유했으나 엄 안은 성문을 걸고 장비가 성 밖에서 아무리 욕을 해도 나오지 않았다. 그러자 장비가 몸소 앞장서서 장팔사모를 비껴든 채 말을 몰아 조용히 군사를 거느리고 전진했다. 엄안이 일제히 북을 울리게 하니 매복해 있던 병사들이 일제히 일어나 수레와 짐을 빼앗는데 뒤에서 징 소리가 울리더니 한 무리의 군사가 나타나 크게 호통치며 달려들었다.

"이 늙은 도적놈아, 달아나지 말라. 내가 너를 기다리고 있었다."

맨 앞장선 이는 진짜 장비였다. 엄안은 장비를 발견하고 어쩔 줄을 몰랐다. 말끼리 엇갈려 십여 차례 싸우다가 장비가 일부러 실수하는 척하자 엄안이 한칼에 장비를 베러 오는 순간, 슬쩍 피하며 갑옷 솔기를 잡아채 사로잡았다. 그리고 바로 땅바닥에 내동댕이치자, 군사들이 달려들어 밧줄로 묶었다. 엄안의 군사들은 모두 창칼을 버리고 항복하였다.

장비는 파군성에 도착해 백성을 살육하지 말라고 방문을 붙여 백성을 안심시켰다. 도부수들이 엄안을 끌고 오니 장비가 대청 위에 앉아 있는데도 엄안은 무릎 꿇으려 하지 않았다. 장비가 눈을 부릅뜨고 항복하기를 권하자 전혀 두려운 기색 없이 되받아 장비를 꾸짖었다.

"너희가 의롭지 못하게 우리 고을을 침범했다. 머리가 잘리는 장군이 있을지언정 항복하는 장군은 없을 것이다."

장비가 크게 화를 내며 참하라고 하자 엄안이 소리쳤다.

"이 도적놈아! 베려면 벨 것이지 왜 화를 내느냐?"

장비는 엄안의 목소리가 웅장하고 낯빛이 전혀 바뀌지 않는 것을 보고 기뻐하며 계단을 내려가 그의 포박을 풀어주고 옷을 가져다 입혔다. 그리고 그를 높은 자리에 앉히고 머리 숙여 절하며 말했다.

"방금 제가 모욕한 것을 너무 책망하지 마시오. 제가 본래 노 장군께서 호걸임을 이미 알고 있었소."

엄안은 장비의 은혜와 의리에 크게 감격하여 항복하였다.

장비가 엄안에게 서천으로 갈 계책을 묻자 엄안이 대답했다.

"여기서부터 낙성까지 주요 길목과 요충지는 모두 이 늙은이의 소관이오. 관군을 모두 내가 장악하고 있으니, 장군의 은혜에 보답하기 위해 이 늙은이가 앞장서 이르는 곳마다 모두 투항시키겠소."

장비는 엄안에 대해 칭송과 감사함을 멈추지 않았다. 이에 엄안이 앞장서고 장비가 군사를 이끌고 뒤따르자 엄안이 다다르는 곳마다 모두 불러내어 투항시켰다. 마치 바람 앞의 풀처럼 순하니 한바탕 싸울 일도 없었다.

한편 공명은 이미 출발 날짜를 유비에게 알리며 모두 낙성에 모여 함께 성도로 들어가자고 했기에 유비가 관리들과 상의하였다.

"공명과 장비가 두 갈래로 나누어 서천을 취하러 와서 낙성에 모여 함께 성도로 들어가자 하였으니 우리도 그들이 도착할 때를 기다려 진군해야 하겠소."

유비는, 황충은 병력을 이끌고 왼쪽 길을, 위연은 오른쪽 길을 취하라 하고 자신은 가운데 길을 취하기로 했다. 그리고 그날 밤 이경

(21~23시)이 되자 세 갈래로 군마가 일제히 출발하였다. 군사들이 채 대비를 못 했던 장임의 영채에 몰려들어 불을 지르자 촉병들이 달아나 밤새 낙성까지 뒤쫓자 장임의 군사는 모두 성안으로 들어갔다. 다음 날 병력을 이끌고 곧장 낙성에 다다라 성을 에워싸고 공격하였다.

장임은 병력을 움직이지 않고 성에서 나오지 않았다. 이후 낙성을 두고 일진일퇴를 거듭하던 때 장비와 엄안이 도착하였는데 장비가 앞장서 오다가 장임과 마주쳐 서로 엉켜 싸웠다. 그러자 뒤에서 엄안이 병력을 이끌고 크게 진격하니 장임은 성으로 달아나서 적교(해자를 건너는 나무다리)를 거두어 올렸다. 다음 날 조운과 공명도 도착하였고, 결국 장임은 전투 중 장비의 군사들에 생포되어 공명의 명에 의해 참수당했다.

유비는 낙성을 차지하고 장수들을 크게 포상하였다. 공명은 장익과 오의에게는 조운과 함께 외수, 강양, 건위 등의 주군들을 위로하고 엄안과 탁응은 장비와 함께 파서와 덕양의 소속 주군들을 위로하여 민심을 달래고 관리를 뽑아 잘 다스려 평정한 후, 병력을 이끌고 성도로 들어와 모이도록 명령했다.

공명은 법정의 진언에 따라 유장에게 사자를 보내 항복하라는 서신을 보냈다. 그러자 유장은 크게 노하여 서찰을 찢어버리고 "법정이 주인을 팔아서 부귀영화를 구하다니 은혜와 의리를 저버린 도적이구나"라고 욕을 하며 사자를 쫓아버렸다.

한편 마초는 패전하여 강족 땅으로 들어간 후 2년여 동안 강병들과 동맹을 맺고 농서의 주와 군들을 공격하여 점령하였다. 이르는 곳마다 모두 귀순하거나 항복을 받았으나 기성(冀城)만은 아무리 공격해도 함락하지 못하다가 결국 하후연의 대군에게 패해서 방덕 마대와 함께 곧장 한중으로 찾아가 장로에게 투신했다. 장로는 크게 기뻐하며 이제 서쪽으로는 익주를 삼킬 만하고 동쪽으로는 조조와 맞설 수 있을 거라 생각하였다.

그때 마침 유장이 보낸 사자가 장로에게 구원을 요청해 보지만 장로는 한마디로 거절하였다. 그러자 다시 황권이라는 사자가 와서 먼저 양송을 만나 설득했다.

"동천과 서천은 참으로 입술과 이의 관계입니다. 서천이 만일 격파되면 동천도 역시 보전하기 어려울 것입니다. 우리를 지원해 준다면 마땅히 고을 20개를 떼어 드리겠습니다."

양송이 크게 기뻐하여 황권과 함께 장로를 만나니 장로는 기뻐하며 이를 받아들였다. 그러자 파서 사람인 염포가 아뢰었다.

"유장은 주공과 대대로 원수로서 지금 형세가 위급하기에 구원을 요청하는 것이니 거짓으로 땅을 떼어준다는 것을 따르시면 안 됩니다."

그때 마초가 몸을 일으켜 나섰다.

"제가 주공의 은혜를 입었으나 아무 보답할 길이 없었습니다. 바라건대 1군을 거느려 가맹관을 빼앗아 유비를 사로잡고 유장에게 20개 주를 떼어내어 주공께 바치겠습니다."

장로는 크게 기뻐하며 먼저 황권을 돌려보낸 뒤 마초에게 2만 병력을 선발해 주었다.

한편 낙성에 있던 유비는 성도로 진군하며 면죽을 지키던 이엄의 항복을 받아내고 성에 들어갔다. 그때 마초가 가맹관을 친다는 급보가 날아들었다. 이에 공명은 조운이나 장비 이외에는 마초를 맞설 수 없다며 장비를 내세웠는데 둘은 밤낮으로 싸워도 결판이 나질 않았다.

다음 날 가맹관으로 간 공명은 마초와 장로를 이간질 시키기 위하여 장로의 책사인 양송에게 금은보화를 선물하고 마초가 서천을 뺏어서 스스로 촉의 주인이 되려 한다는 소문을 퍼뜨리도록 했다. 공명에게 뇌물을 받은 양송이 마초를 모함하자 장로는 마초가 한중으로 돌아오지 못하도록 길을 막았다. 마초는 이제 군사를 이끌고 한중으로 돌아갈 수도 없고 앞으로 나아갈 수도 없게 되었다. 이에 공명이 이회를 마초의 영채에 보내 설득하자 마초는 결국 유비에게 항복하였다.

유비에게 항복한 마초가 유장을 항복시키겠다고 나서자 마침내 유장도 유비에게 항복하고 말았다. 유비는 유장이 항복하자 유장을 진위장군으로 삼아 형주의 공안 땅으로 보내고 자신은 익주의 태수가 되었다. 결국 익주를 차지한 유비는 마침내 공명이 예언했던 천하삼분지계를 실현하게 되었다.

유비가 서천을 정벌했다는 소식은 곧 오나라의 손권에게도 전해졌다. 손권은 유비가 이미 약조한 대로 형주를 돌려받기 위해 제갈량의 형인 제갈근의 가족을 가두고 '형주를 돌려주지 않으면 가족을 모두 살육하겠다'는 거짓 계략을 쓰기로 했다. 이에 제갈근 가족을 거짓으로 부중에 가두고 제갈근을 서천으로 보냈다. 제갈근은 서천으로 가서 공명과 유비를 만나 형주를 돌려받지 못하면 우리 가족이 모두 죽는다며 목 놓아 크게 울었다.

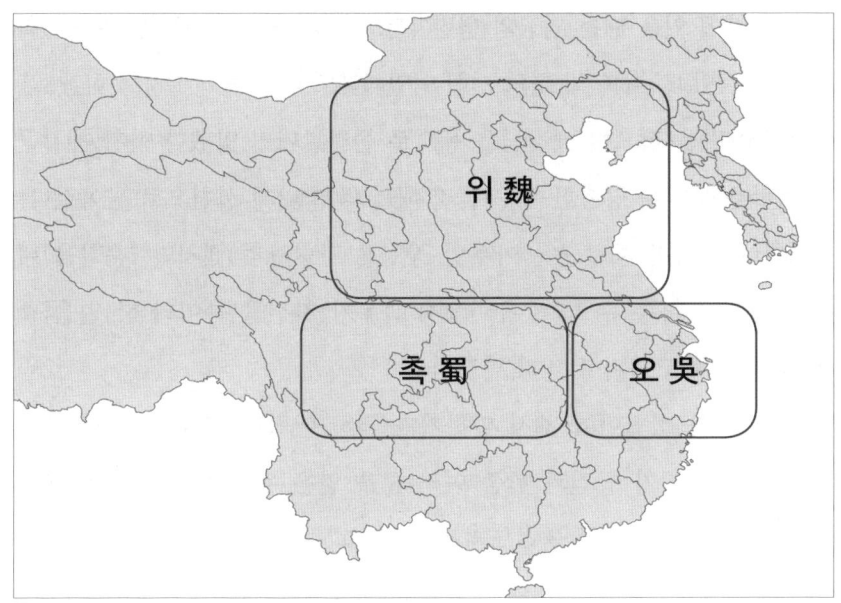

214년 유비의 서천 정벌 후 삼국의 정족지세(鼎足之勢)

그러자 공명도 소리 내어 함께 울며 엎드려 말했다.

"형주를 돌려주지 않으면 제 형의 가족이 모두 죽습니다. 형이 죽고 어찌 저 홀로 살겠습니까? 바라건대 주공께서 형주를 동오에 돌려주시어 제 형을 살펴 주십시오."

유비는 하는 수 없이 형주의 절반인 장사, 영릉, 계양의 3개 군을 돌려주겠다는 서찰을 제갈근에게 써주며 말했다.

"형주에 가시거든 내 아우에게 듣기 좋게 잘 부탁하시오. 내 아우의 성미가 워낙 불같아서 나도 아우를 두려워하니 절대 조심하시오."

제갈근이 서찰을 가지고 가자 관우는 얼굴색을 붉히며 말했다.

"형주는 본래 한나라 땅인데 어찌 망령되이 한 치라도 남에게 주겠소?

장수가 밖에 있을 때는 임금의 명령이라도 받아들이지 못하는 수가 있다는 소리가 있소. 비록 내 형의 서신이 있더라도 나는 돌려주지 못하겠소."

그리고 칼을 잡으며 제갈근을 동오로 돌려보내지 않겠다 하자 제갈근은 얼굴을 붉히며 당황한 채 서둘러 배를 타고 다시 서천으로 돌아갔다.

서천에 도착한 제갈근은 아우인 공명을 만나보려 했지만, 순찰을 나가고 없어서 하는 수 없이 유비에게 관우가 자신을 죽이려 한 일을 소리 내어 울며 고하자 유비가 말했다.

"내 아우가 성질이 급해서 말하기가 극히 어렵소. 그대가 잠깐 돌아가 계시면 우리가 동천과 한중 여러 군을 얻은 뒤에 관우를 그곳에 지키게 하고 그때 형주를 돌려드리겠소."

제갈근은 하는 수 없이 동오로 돌아가 손권을 만나 일어난 일들을 두루 이야기했다. 그러자 노숙이 계책을 냈다.

"육구에 병력을 주둔한 후 관우를 불러서 만나자고 요청하지요. 만일 관우가 기꺼이 온다면 좋은 말로 설득하고, 따르지 않으면 도부수를 매복했다가 그를 죽이는 게 좋겠습니다. 그리고 만일 그가 안 온다면 즉시 형주로 진군하여 빼앗으면 됩니다."

마침내 관우는 노숙의 초청으로 동오에 도착하였다. 노숙은 정자로 관우를 안내해서 연회를 베풀며 형주를 돌려달라고 설득하였다. 그러나 관우는 술자리에서 논할 일이 아니라며 거절한 후 돌아가기 위해 강변에 이르렀다. 그때 동오의 여몽과 감녕이 관우를 죽이려 뒤따르자, 이를 미리 눈치챈 관우는 잽싸게 큰 칼을 쥔 채 노숙을 인질로 삼아 무사히 빠져나와 뱃머리에 올랐다.

조조, 위왕에 오르다

한편 시중인 왕찬 등이 조조를 위왕으로 받들려 하자 공신인 순유가 이미 위나라의 주공인데 왕위까지 오르는 건 지나치다며 반대하였다.

그 말을 들은 조조는 크게 노하였다.

"이 사람이 순욱을 따르려 하는구나."

순유는 근심하다가 너무도 분한 마음이 들어 그만 병이 나 누운 지 열흘 만에 숨을 거두게 되었다. 조조는 이에 장사를 후히 치러주고 왕이 되고자 하는 욕심을 버렸다.

조조는 비록 왕은 되지 못하였으니 칼을 항상 차고 있는 채로 천자 헌제를 협박하기 일쑤였으며 그 위세는 갈수록 더한층 조정을 짓누르고 있었다. 참다못한 신하가 천자 헌제에게 조조가 왕이 되려 한다며 아뢰자 헌제와 복 황후는 함께 통곡하였다. 그리고 황후가 조심스레 말했다.

"첩의 부친 복완은 늘 조조를 죽일 마음을 품고 있습니다. 이제 제가 서신 1봉을 써서 일을 도모하도록 하겠습니다."

헌제가 말했다.

"지난날 동승은 일을 치밀하게 못 해서 오히려 큰 화를 당했소. 지금 또다시 누설되면 짐과 그대는 모두 끝장날 것이오."

그러자 황후는 환관 중에 충의로운 사람은 목순밖에 없다며 글을 써서 목순에게 주었다. 목순은 머리털 속에 서신을 감추고 몰래 궁궐을 나가서 복완의 집에 도착하여 서신을 바쳤다. 이에 복완은 황후의 친필임을 확인한 후 글을 써서 목순에게 주었다.

"강동의 손권과 서천의 유비에게 병력을 일으키도록 하면 조조가 알아서 대적하러 나갈 것입니다. 그때 조정의 충신들과 함께 내외에서 조조를 협공한다면 사태를 수습할 수 있을 것입니다."

목순이 상투 속에 서신을 숨기고 궁궐을 들어서려는데 어느새 누군가 조조에게 알려주어 조조는 이미 궁문 앞에서 기다리고 있었다. 밀서를 찾은 조조가 분노에 치를 떨었다. 조조는 즉시 복황후와 목순 등을 죽이고 복 황후 소생인 왕자마저 독약을 먹여 죽였다. 그런 연후에 자신의 딸을 헌제에게 추천하여 황후를 만들었다.

이제 조조는 황제의 장인이 되자 더 거칠 것이 없었다. 조조는 조정 일이 어느 정도 안정되자 문무백관들을 불러 오의 손권과 촉의 유비를 칠 계책을 의논하였으나 일단은 뒤로 미루고 먼저 한중부터 치기로 하였다.

조조 군은 하후연과 장합을 선봉에 세우고 조조는 중군을, 하후돈과 조인은 후미를 맡으며 한중으로 출발하였다. 장로가 아우 장위를 보내 조조의 군사와 양평관에서 맞서자 먼 길을 달려온 조조 군은 지쳐서 그만 패하고 말았다. 그 후 양 군의 대치가 계속되자 조조는 군사를 뒤로 물리는 척 유인하며 앞과 뒤를 동시에 공격하였다. 결국 한중 군은 크게 패하고 장위는 달아나고 말았다.

그러자 장로는 마초의 장수였던 용맹스런 방덕에게 조조를 막게 하였다. 조조는 방덕을 사로잡을 욕심으로 장수들에게 살살 싸워 힘을 빼놓으라 하였다. 이에 장합, 하후연, 서황, 허저가 모두 방덕과 50여 합을 싸우고 모두 뒤로 물러섰다. 방덕이 네 장수와 싸워도 전혀 두려움이 없자 조조는 방덕의 뛰어난 무예를 칭찬하며 장수들과 상의하자 가후가 꾀를 냈다.

"제가 알기로는 장로의 모사로서 양송이란 자가 있는데 뇌물을 극히 탐한다고 합니다. 몰래 황금과 비단을 그에게 보내어 장로에게 방덕을 헐뜯도록 만들면 바로 투항할 것입니다."

양송은 조조의 뇌물을 받은 후, 장로에게 방덕이 일부러 싸움에서 졌다고 보고했다. 이에 장로가 크게 노해서 방덕을 불러 욕하며 꾸짖고 참하려 하자 염보가 간곡히 만류하였다. 그러자 장로는 마지못해 응하며 말했다.

"내일 출전해서 이기지 못하면 참하겠다."

방덕은 한을 품고 물러나 이튿날 싸움에서 조조에게 생포된 후 항복하였다.

다음 날 양송은 조조에게 '병력을 이끌고 오면 안에서 응하겠습니다' 라고 밀서를 보냈다. 조조는 밀서를 받고 몸소 병력을 이끌고 파중으로 갔다. 이에 장로의 동생 장위가 허저와 대적하다가 베어져 말에서 떨어졌다.

장로가 성을 굳게 닫아걸고 지키려 하자 양송이 말했다.

"지금 만약 나가지 않으면 앉아서 죽기를 기다리는 것입니다. 제가 성을 지킬 테니 주공께서 마땅히 친히 죽기 살기로 싸우셔야 합니다."

장로가 이 말을 따라 출전하여 싸우다 쫓겨서 성문에 다시 오자 양송은 성문을 걸어 잠그고 열어주지 않았다. 장로는 하는 수 없이 조조에게 투항했다. 조조는 장로에게 진남 장군이란 벼슬을 내리고 염보도 열후에 봉했다. 이로써 한중은 모두 조조에게 평정되었다. 다만 양송은 주인을 팔아 영예를 구한 죄로 곧바로 저잣거리에서 참해서 사람들이 보도록 하였다.

조조가 이미 동천을 얻자 주부 벼슬의 사마의가 나와 말했다.

"유비가 속임수를 써서 유장을 취해서 촉나라 사람들이 아직 마음을 돌리지 않았습니다. 이제 주공께서 한중을 얻으셨으니 익주에 소문이 떠들썩 할 것입니다. 이제 속히 진군하여 공격하면 유비의 형세를 반드시 와해시킬 수 있습니다. 지혜로운 이는 시기에 맞추는 것을 귀하게 생각하니 이때를 놓칠 수 없습니다."

그러자 조조가 탄식하며 말했다.

"사람은 만족할 줄 모르는 것을 괴롭게 여겨야 한다 했소. 이미 농지역을 얻었으면서 촉 땅을 바란다는 말이오?"

그러자 곁에 있던 유엽이 사마중달(사마의)의 말이 옳다고 거들었다. 그러나 조조는, "군사들이 원정을 오느라 노고가 많았으니 먼저 위로하고 돌봐야겠소" 하며 병력을 움직이지 않았다.

한편 익주를 얻은 유비는 아직 기반이 약하다고 판단하여 공명과 의논하여 강하, 장사, 계양 세 고을을 손권에게 돌려주고 함께 합비를 치자고 제안했다. 손권은 이 제안을 받아들이고 10만 명의 군사를 일으켜 완성을 먼저 빼앗고 합비로 진군했으나 장요가 매복해 놓은 군대에 크게 당해 패하였다.

조조가 그 소식을 듣고 합비를 지원하기 위해 40만 대군을 일으켜 하후연, 장합과 함께 유수로 향하였다. 손권 또한 유수에서 새로운 군마를 뽑고 있었는데 조조 군이 유수에 이르자 감녕이 조조 군을 1백 명의 군사로 기습하여 조조의 영채는 그만 쑥대밭이 되어 버렸다. 조조 군은 감녕을 쫓았으나 필시 매복이 있을 거라 의심하여 더 이상 추격은 하지 않았다.

유수를 사이에 두고 조조와 손권은 그렇게 일진일퇴를 거듭하며 대치하였다. 그런 상태로 한 달여의 시간이 흐르자 장소와 고옹이 손권에게 아뢰었다.

"조조의 세력이 너무 커서 힘으로는 취할 수 없습니다. 만일 싸움을 오래 끈다면 우리 군사들을 크게 잃게 됩니다. 우선 화친을 청해서 백성들을 안정시키십시오!"

손권이 그 말을 따라 보즐에게 명해 해마다 조공을 바치기로 하고 화친을 청하였다. 조조도 역시 강남을 쉽게 점령할 수 없음을 알고 화친을 받아들이고 다시 허도로 돌아갔다. 한중을 차지하고 손권마저 해마다 조공을 바친다고 하자 문무백관들은 이제 조조를 위왕에 추대하고자 하였다. 조조는 거짓으로 세 번을 사양한 끝에 마침내 겁먹은 천자가 조서를 내려 위 왕에 오르게 되었다. 서기 216년 5월의 일이다.

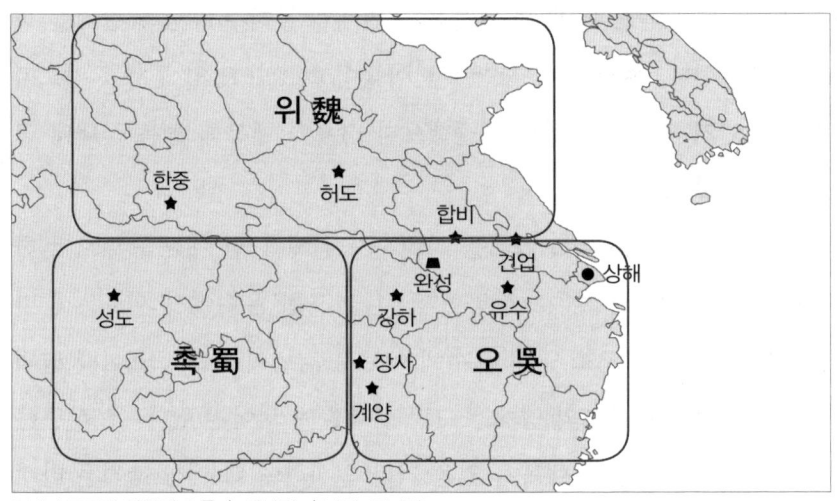

216년 조조가 위왕에 오른 후 위나라, 촉나라, 오나라

위왕에 오른 조조는 궁전을 세우고 조비, 조창, 조식, 조웅 네 아들 중 누구에게 왕위를 물려줄 것인가 의논했다. 사실 조조는 총명한 셋째인 조식을 염두에 두었으나 조비가 가후의 가르침에 따라 지극히 조조에게 효를 다하자 결국 조비를 왕세자로 삼았다.

삼국지, 한 권으로 끝내기

조정의 시중소부에 경기란 한 신하가 있었다. 그는 사직 벼슬의 위황과 사이가 매우 좋았는데 조조가 왕위를 받고 출입 시에 천자의 복장을 하는 것을 몹시 불평하고 있었다. 그리하여 조조가 천자의 자리마저 빼앗으리라 생각하고 위황, 김위, 길막, 길목과 함께 역적 조조를 죽일 것을 맹세하고 다섯 사람이 피를 나누어 마시며 서약하였다. 그리고 대보름날을 택해서 성안 곳곳에 불을 지르며 거사를 일으켰다.

그러나 장사 벼슬로 어림군을 총독하고 있던 왕필이 곧장 조휴에게 이들이 반란을 모의한 것을 알렸다. 조휴는 급히 갑옷을 걸치고 말에 올라서 성안으로 들어가 이들을 막았다. 뒤이어 하후돈이 끌고 온 대군들에게 이들은 모두 떼죽음을 당하고 말았다. 그 이후 조정의 문무백관들은 이제 아무도 조조를 거스를 수가 없게 되었다.

유비의 한중 정벌

왕위에 오른 조조는 조정의 급한 일들을 마무리하고 조홍에게 군사를 주어 한중으로 가도록 명했다. 조홍은 병력을 거느리고 한중에 이르러 장합과 하후연에게 각각 험준한 요충지를 점령하도록 했다. 그리고 조홍은 몸소 진군하여 적병과 맞섰다. 처음에는 마초의 휘하에 있던 오란을 제압했으나 정작 마초가 나오지 않자 필시 속임수가 있을까 두려워 일단 남정으로 진을 물렸다.

한편 파서를 빼앗기 위해 군사 3만을 이끌고 간 장합은 낭중에서 30리 떨어진 곳에서 장비의 군사들을 만나 싸우다 장비에게 크게 패하여 쫓겨 달아났다. 장합은 문을 굳게 닫고 영채 안에서 머무르기만 하고 있었다. 장비가 매일 군사들로 하여금 온갖 욕을 다하고 모욕을 주어도 장합은 싸울 생각을 도통 하지 않았다.

이때 공명이 계책을 내어 유비가 있는 성도에서 가져온 술통을 장막 앞에 진열하고 북을 치며 더 질펀한 술판을 벌이게 하였다. 밤이 되자 장합이 드디어 화를 참지 못하고 군사를 이끌고 성 밖으로 나와 장비를 기습하여 창으로 찔렀다. 그러나 장비의 모습을 한 짚으로 만든 허수아

비라 급히 말 머리를 돌려 달아나는데 한 장수가 길을 막아섰다. 부릅
뜬 고리 눈에 거대한 우레같은 목소리의 진짜 장비였다.

장합은 장비와 싸우다 영채를 모두 잃고 와구관으로 달아났다. 장합
은 물러나서 와구관을 지켰지만 이미 3만 군사 중 2만 군사를 잃어버려
서 조홍에게 구원을 요청했다. 장비와 위연 역시 와구관을 매일 공격했
으나 함락시키지 못하자 한중 백성들을 이용하여 길을 안내케 하고 장
합을 계속 협공하였다. 장합은 말을 버리고 산으로 올라가 길을 찾아서
급히 탈출하였다. 이때 장합을 따르는 병사는 10여 명에 불과했다. 장
합은 걸어서 남정으로 들어가 조홍을 만났다.

조홍은 장합을 크게 꾸짖고 참하려 했으나 행군 참모인 곽회의 말에
따라 장합에게 5천 병력을 주고 다시 한번 기회를 주어 가맹관을 치도
록 하였다.

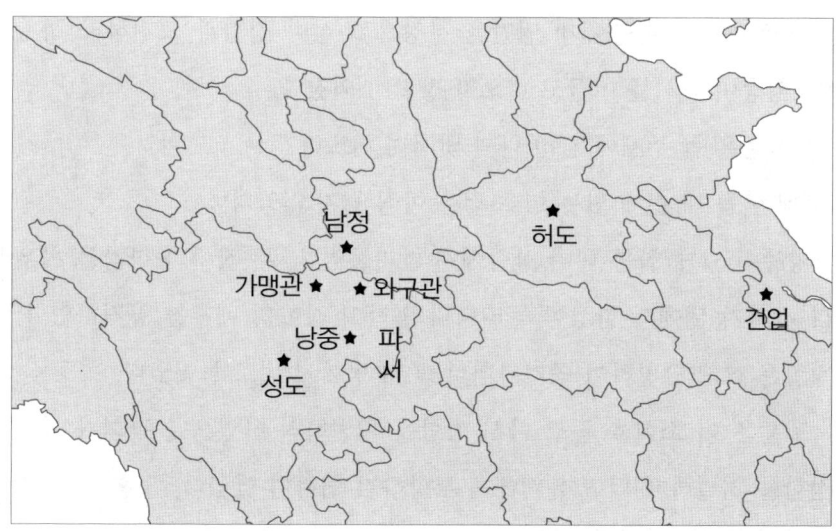

한편 가맹관을 지키고 있던 맹달과 곽준은 장합의 병력이 오는 것을 알고 곽준이 관문을 굳게 지키자고 했으나 맹달이 군사들을 이끌고 관문을 나가 적병과 교전하다 크게 패해서 돌아왔다.

곽준이 성도로 사람을 보내 장합에게 패한 사실을 알리자 공명이 말했다.

"장합은 사실 장비 정도 되어야 대적이 가능한 장수요."

그때 늙은 장수 황충이 벌떡 일어나 소리쳤다.

"군사(軍師)께서는 장수들을 너무 깔보고 계시오. 제가 장합의 머리를 베어오겠습니다. 제가 비록 늙었으나 두 팔로 아직 3석의 활을 잡아당길 수 있고 혼신을 다하면 천 근을 들 수 있는데 어찌 장합 같은 필부를 대적하지 못하겠소?"

그러자 공명이 말했다.

"장군의 나이가 70세에 가깝거늘 어찌 늙지 않았다 하십니까?"

결국 공명은 황충에게 엄안을 부장으로 삼아 장합과 교전하라 하였다. 황충이 군사를 이끌고 나오자 장합이 외쳤다.

"이 늙은 놈 주제에 감히 나와 맞서려 하느냐?"

"네 이놈 내 손에 있는 이 보검은 아직 늙지 않았다."

황충이 크게 화를 내며 장합에게 달려들었다. 두 장수가 한참을 싸우다 갑자기 뒤에서 함성이 들리더니 엄안이 장합의 배후를 공격하였다. 장합은 크게 당황하여 쫓겨가더니 90리 밖까지 뒤로 물러났다.

조홍은 이 소식을 듣고 다시 장합을 처벌하려 하였으나 곽회가 지금 장합을 처벌하게 되면 유비에게 투항하기 쉽다며 말렸다. 조홍은 그 말에 따라 조카인 하후상과 투항한 장수인 한현의 아우 한호를 보내 두 사람이 5천 병력을 이끌고 도와주라 하였다.

황충은 하후상과 한호가 온 것을 듣고 두 장수와 싸우다가 일부러 두 번이나 패해서 뒤로 물러났다. 밤이 되자 황충의 5천여 군사들이 가맹관을 나서 기습 공격하니 그간 해이해져 있던 하후상과 한호 그리고 영채를 지키고 있던 장합마저 갑옷도 못 챙기고 모두 달아났다. 황충은 날이 밝기까지 세 곳의 영채를 빼앗았고 다음 날 아침에 영채 안에 적이 버리고 간 군량과 말을 거두었다.

장합은 한수의 강둑까지 달아나 두 장수에게 말했다.

"천탕산과 미창산은 우리의 군량와 마초를 쌓아둔 곳이오. 만약 그곳을 잃으면 군량이 끊겨 한중 땅을 잃을 것이오."

그리고 두 장수와 함께 패잔병을 이끌고 군량과 마초를 쌓아둔 천탕산으로 갔다. 그런데 산 아래에서 싸우던 한호가 황충의 칼에 목을 잘려 장합과 하후상이 도우려고 하는 순간 산 뒤에서 갑자기 큰 불길이 치솟았다. 황충이 천탕산 뒤로 미리 오르게 했던 엄안의 군사들이 지른 불이었다.

이윽고 불길이 사방으로 번지고 앞뒤로 공격을 받은 장합과 하후상은 마침내 천탕산을 버리고 하후연이 있는 정군산으로 달아났다. 황충과 엄안은 천탕산에 머물러 지키며 승전소식을 빠르게 성도에 보고했다.

유비가 몹시 기뻐하고 장수들의 공을 치하하자 법정이 말했다.

"이제 천탕산을 빼앗았으니 주공께서 몸소 대군을 이끌고 한중으로 들어가시면 한중은 평정될 것입니다. 하늘이 내리신 이 기회를 부디 놓치지 마옵소서."

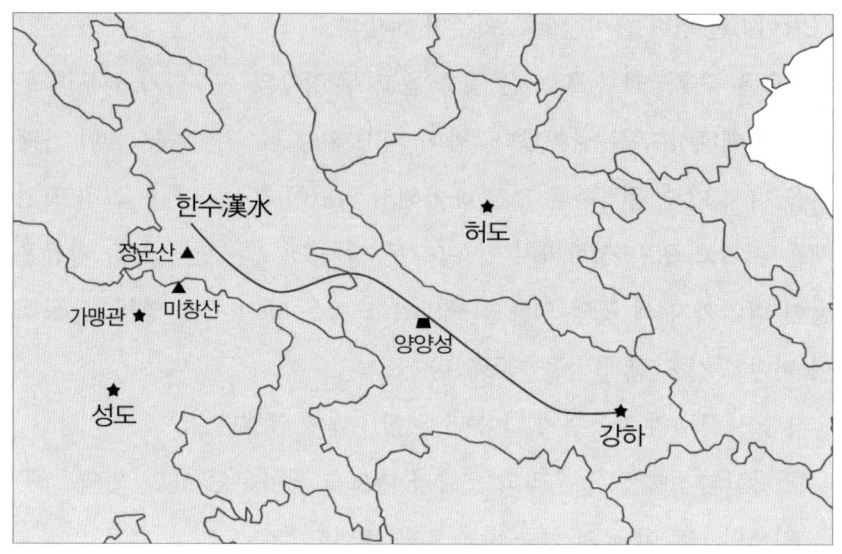

법정의 말이 옳다고 생각한 유비는 즉시 장비와 조운을 선봉장에 임명하고 공명과 더불어 10만 병력을 이끌고 한중으로 출발했다. 유비의 대군은 가맹관을 나와 영채를 세우고 황충과 엄안을 영채로 불러 상을 내렸다. 공명은 황충에게 법정이 도울 것이니 그와 함께 모든 일을 의논하여 실행하라 지시한 후 자신은 뒤따라 인마를 동원해 접응하겠다고 하였다.

그러자 황충이 법정과 함께 부대를 이끌고 떠났다. 또한 공명은 조운을 불러 샛길로 돌아서 황충을 돕도록 했다. 유봉과 맹달에게는 3천 병력을 이끌고 산속의 험한 길로 가서 깃발을 많이 세우고 많은 병력이 있는 것처럼 적군을 놀라고 의심하게 만들라 명했다.

유비가 몸소 한중을 정벌하러 떠났다는 소식을 듣고 하후연은 급히 조조에게 이 사실을 알렸다. 서기 218년 7월 그믐, 조조는 하후돈을 선봉으로 하여 후군을 조휴에게 맡기고 자신은 중군이 되어 40만 대군을 몸소 이끌고 한중 땅으로 향했다.

한편 황충은 법정과 더불어 정군산 입구에 주둔해 여러 번 도전했지만 하후연은 굳게 지키기만 할 뿐 나오지 않았다. 그러던 중 황충이 진식에게 명해 1천 군사를 이끌고 산 입구에 진을 치니 하후상의 병력이 와서 교전하다 거짓으로 패해서 달아났다. 진식이 하후상을 추격하는 도중 양쪽 산 위에서 나무와 돌을 굴려 아래로 떨어뜨리니 미처 전진할 수가 없었다. 그때 뒤에서 하후연이 병력을 이끌고 오자 진식은 꼼짝없이 잡혀서 하후연의 영채로 끌려갔다. 패잔병 가운데 겨우 목숨을 건지고 돌아온 병사가 황충에게 진식이 잡혔다고 보고하였다. 황충이 놀라서 법정에게 의논하였다.

"하후연은 성품이 가볍고 용감하나 꾀가 부족합니다. 군사들을 격려하면서 걸음마다 영채를 세우면서 올라가면 하후연은 싸우려 들 것입니다. 그렇게 하후연을 유인하면 사로잡을 수 있습니다. 이것이 바로 반객위주(反客爲主: 손님과 주인이 위치가 뒤바뀌는 병법)입니다."

법정이 이렇게 말하자 황충도 그의 말을 따라 영채를 세우며 조금씩 전진하였다. 장합은 하후연에게 적의 계략일지 모른다며 조심하라 일렀다. 그러나 하후연이 장합의 말을 흘려듣고 조카인 하후상을 내보내더니 곧바로 황충에게 잡히고 말았다.

이에 하후연이 사람을 황충의 영채에 보내 진식과 하후상을 맞바꾸자고 제안하였다. 황충도 이에 응하여 내일 진지 앞에서 교환할 것을 약속하였다.

아침이 되자 진식과 하후상은 서로의 진영으로 쏜살같이 뛰어갔다. 하후상이 자기 진의 문 앞에 도달할 때쯤 황충이 하후상에게 쏜 화살 한 방이 하후상의 등 한복판에 명중하였다. 하후연이 역시 불같이 화를 내며 황충에게 달려들었다. 황충과 하후연이 싸움을 하는데 갑자기 조조 군 진영에서 징소리를 울리며 군사를 물렸다. 산골짜기를 보니 촉군의 깃발이 여기저기 바람에 펄럭이고 있었다. 그러자 하후연은 성문을 닫고 절대로 싸우러 나오지 않았다.

밤이 되자 황충은 정군산 서쪽에 있는 우뚝 솟은 산꼭대기까지 징과 북을 두드리며 밀고 올라갔다. 이 산은 하후연의 부장 두습이 지키고 있었는데 병사가 겨우 수백 명뿐이라 황충이 수많은 군사를 거느리고 올라가자 적들은 산을 버리고 달아났다. 잠시 후 하후현의 군사들이 욕을 해대며 산을 포위하였다. 그러나 황충은 하후연이 아무리 욕을 하고 시비를 걸어도 출전하지 않았다.

정오가 지나자 법정이 조조 군사들이 태만해지고 기세가 떨어져 많은 사람들이 말에 내려서 쉬는 것을 보고 홍기를 흔들었다. 그러자 북과 피리 소리가 일제히 울리고 함성이 진동했다. 하후연은 미처 손쓸 새도 없이 맞서지도 못하고 있다가 황충이 보도로 내리치자 그만 몸이 두 동강이 나고 말았다. 황충이 하후연을 죽이자 조조의 군사들은 각자 흩어져 달아나느라 정신이 없었다.

황충은 기세를 몰아 정군산까지 쳐들어갔다. 장합이 군사를 이끌고 맞섰으나 황충과 진식 두 사람이 협공하자 장합도 부리나케 달아나는데 갑자기 한 무리 인마가 앞을 가로막았다.

"상산의 조자룡이 여기 있노라."

장합이 크게 놀라서 패잔병들을 이끌고 다시 정군산 쪽으로 달아나려 하자 두습이 말했다.

"정군산을 이미 유봉과 맹달에게 빼앗겼습니다."

장합은 하는 수 없이 한수로 물러서 영채를 세운 다음 주둔하였다. 정군산을 잃고 하후연이 죽었다는 소식이 전해지자 조조는 목 놓아 울었다. 이에 조조는 친히 대군을 이끌고 정군산으로 와서 하후연의 복수를 위해 서황을 선봉에 세웠다. 행군이 한수에 이르자 장합과 두습이 조조를 맞이하며 말했다.

"지금 이미 정군산을 잃었으니 미창산의 양초(糧草)를 북산으로 옮긴 뒤 진군해야 할 것 같습니다."

조조가 이를 즉시 승낙하였다.

한편 황충이 하후연의 머리를 들고 가맹관으로 오자 유비는 황충을 정서대장군(征西大將軍)으로 임명하고 잔치를 베풀어 축하했다. 갑자기 잔치 중에 조조가 20만의 대군을 이끌고 오고 있으며 장합이 미창산의 군량과 마초를 북산 영채에 옮긴다는 소식이 전해졌다. 이에 공명은 조조 군의 군량과 마초를 불태우면 기세가 크게 꺾일 것이라며 계책을 냈다. 그러자 유비가 말했다.

"하후연이 비록 대장이었으나 한낱 용사일 뿐이오, 만일 장합을 참수한다면 하후연을 참한 것의 열 배보다 나을 것이오."

그러자 황충이 나섰다.

"제가 장합의 목을 베어오겠습니다."

그러자 공명이 황충에게 말했다.

"좋소. 그럼, 조자룡과 함께 가서 모든 일을 의논하여 행하시오. 누가 공을 세우는지 지켜보리다."

이에 황충과 조운은 서로 선봉에 서겠다고 하였으나 결국 제비뽑기를 하여 황충이 선봉이 되었다. 그러자 조운이 말했다.

"장군이 돌아올 시간이 되어 안 돌아오면 제가 장군을 즉시 도우러 가겠습니다."

그날 밤 황충이 인마들을 거느리고 장저를 뒤따르게 하며 한수를 조용히 건너서 곧바로 북산 아래 도착했다. 마침 동쪽에서 해가 떠오르자 군량이 산더미같이 쌓인 것이 보였다. 얼마 안 되는 병사들이 지키다가 촉군이 온 것을 보고 모조리 달아났다.

황충이 기마병들에 지시하여 군량과 마초에 장작을 쌓아 막 불을 지르려 할 때였다. 장합의 군사들이 들이닥치더니 황충 군사들과 마구 뒤엉켜 싸웠다. 조조가 급히 서황에게 명령하여 접응하라 하자 황충도 그들을 뚫지 못하고 적군에 에워싸인 채 위급한 지경에 이르렀다.

장저 역시 3백의 군사를 거느리고 탈주하는데 갑자기 한 무리의 군사가 가로막았는데 앞장선 이는 문빙이었다. 뒤에서는 조조의 군사들이 다가오니 장저마저 포위되었다.

한편 조 운은 약속한 오시(11~13시)가 지나도 황충이 돌아오지 않자 바람처럼 말을 몰고 황충을 도우러 갔다. 조운의 기세에 눌린 서황과 장합은 감히 대적할 엄두를 못 내고 맞서 싸우지 못하였다. 조운은 황충을 구하고 장저마저 구해 본채로 돌아왔다. 장저가 멀리 보니 뒤에서 먼지를 일으키며 조조의 군사들이 쫓아오고 있었다.

장저가 영채 문을 닫고 망루로 올라 방어하며 지키자고 하자 조운이 꾸짖었다.

"영채 문을 닫지 마라. 지난날 당양 장판에서 창 한 자루, 말 한 필로 조조 군사 83만여 명을 초개처럼 여겼거늘 이제 장수와 군사들도 있는데 무엇을 두려워한단 말이냐?"

그런 후 궁노수들을 영채 밖 참호에 매복시켰다.

장합과 서황이 병력을 거느리고 촉병 영채까지 당도했을 때는 벌써 하늘이 저물어 저녁이 되었다. 조운이 영채밖에 홀로 서 있고 영채 문이 활짝 열려 있으나 두 장수는 감히 전진하지 못하고 있었다. 이때 조조가 군사들에게 앞으로 나아가게 재촉하자 조조 군사들이 앞으로 함성을 지르며 내닫는데도 조운은 전혀 움직이지 않았다. 조조의 군사들이 몸을 돌려 되돌아가려 할 때였다. 조운이 창으로 한 번 신호를 주자 참호에 있던 매복병들이 활과 쇠뇌를 일제히 쏘았다.

마침 하늘이 저물어서 어두우니 촉병들이 얼마나 있는 줄 모르자 조조가 먼저 말 머리를 돌려 달아났다. 그런데 뒤에서 갑자기 함성이 크게 진동하고 북과 피리가 일제히 울리며 촉병들이 추격해 왔다. 조조 군은 한수까지 뒤엉켜 달아나다 물에 빠져 죽은 이가 이루 헤아릴 수조차 없었다.

조조가 한참 달아나고 있는데 미창산 쪽에서는 이미 유봉과 맹달이 군량과 마초를 전부 불 지르고 내려오는 중이었다. 조조는 북산의 양초(糧草)를 포기하고 황급히 남정으로 돌아갔다. 서황과 장합도 더 이상 버티지 못하고 본채를 버리고 달아났다. 조조 군에 대승을 한 유비는 조운을 호위장군(虎威將軍)으로 삼고 공을 치하한 후 크게 잔치를 베풀어 밤늦도록 즐기게 하였다.

한편 조조가 다시 대군을 보내어 사곡의 좁은 길을 따라 진군을 해서 한수를 빼앗으러 온다는 보고가 올라왔다. 그러자 유비가 웃으면서 말했다,

"조조가 이렇게 와도 할 수 있는 게 없을 거요. 내 짐작으로는 우리가 반드시 한수를 얻을 것이오."

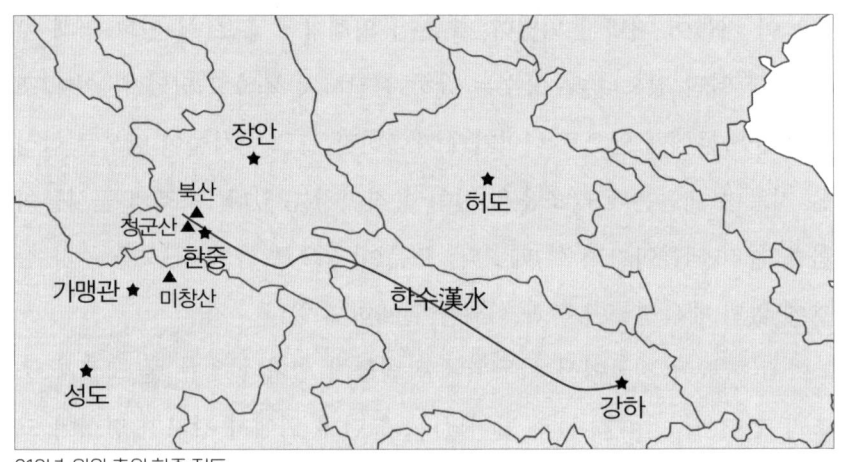

218년, 위와 촉의 한중 전투

말을 마치자 유비는 병력을 이끌고 한수 서쪽에서 조조의 군사를 맞이했다. 조조는 서황에게 선봉에서 결전하라 명령하고 왕평을 부선봉으로 삼아 서황을 돕도록 했다. 그리고 조조는 정군산 북쪽에 주둔하였다.

서황과 왕평이 군사를 이끌고 한수에 이르자 서황은 앞쪽 군사들에게 한수를 건너서 진을 치도록 하였다. 서황은 부교를 놓도록 명령하고 뒤따라 즉시 강을 건너 촉병과 싸우러 갔다. 서황은 왕평의 말을 듣지 않

삼국지, 한 권으로 끝내기

고 한수를 건너 주둔하고 병력을 이끌고 계속 도전하였으나 촉군은 꼼짝하지 않고 있었다. 그러자 서황은 모든 궁노수들에게 전진해서 촉병의 영채를 향해 쏘게 하였다.

이때 황충이 조운에게 말했다.

"서황이 활과 쇠뇌를 쏘는 것은 군사를 물리기 위한 것이니 이 틈을 놓치지 말고 공격합시다."

마침 그 말이 끝나기도 전에 조조의 군사들 후미가 물러나려고 움직인다는 보고가 올라왔다. 이때 촉병 진영에서 큰 북소리가 울리며 황충이 군사를 이끌고 왼쪽에서 나오고 조운은 오른쪽에서 나와 협공하니 서황은 크게 패해 물러났다.

조조의 군사들은 쫓겨서 한수에 빠져 죽은 자가 이루 헤아릴 수조차 없었다. 서황이 죽기 살기로 빠져나와 영채에 돌아와 왕평에게 구하러 오지 않았다며 꾸짖자 왕평이 말했다.

"제가 구하러 갔다면 이 영채도 보전하지 못했을 거요. 제가 공께 가지 말라 간언했으나 공이 듣지 않아서 패한 것이오."

이에 서황이 왕평을 죽이려 하자 왕평은 그날 밤 본부군을 이끌고 영채에 들어가 불을 질렀다. 그러자 서황은 영채를 버리고 달아났고 왕평은 한수를 건너서 조운에게 투항하였다. 조운이 그를 데리고 유비를 만나 왕평이 한수의 지리를 모두 안다고 말하자 유비가 크게 기뻐하며 말했다.

"내가 왕평을 얻었으니 한중을 취할 것이 틀림없구려."

그리고 명을 내려 왕평을 편장군으로 삼고 길을 안내하는 향도사를 맡겼다.

서황은 달아나 조조에게 가서 왕평이 투항했다 보고하였다. 조조는 크게 노해 대군을 이끌고 한수를 다시 빼앗기 위해 왔다. 조운은 일단 한수 서쪽으로 군사를 물린 뒤 조조 군과 한강을 사이에 두고 대치하였다. 유비와 공명이 와서 형세를 살피니 한수 상류 쪽에 천여 명을 매복시킬 만한 토산이 있었다. 공명이 조운을 불러서 명했다.

"5백 명을 이끌고 모두 북과 피리를 가지고 토산 아래에 매복하시오. 그리고 한밤중이나 황혼 녘에 우리 영채 안에서 포 소리가 한 번 들리거든 북을 한번 치고 절대 나가서 싸우지는 마시오."

다음 날, 밤이 깊자 공명이 포를 쏘게 하였다. 그러자 일제히 북과 징소리가 울리는데 조조 군이 나와보니 적군은 아무도 없었다. 영채로 돌아가 쉬려고 하는데 포 소리가 또 울렸다. 북과 피리 소리가 울리고 고함소리가 땅을 흔들어 산골짜기에 메아리치니 조조 군사들은 밤새도록 불안하였다.

이 일이 사흘 밤이나 되풀이되자 조조는 두려움이 일어서 진을 30리 뒤로 물리고 촉군의 기습에 대비하기 위해 넓은 들판에 영채를 세웠다. 조조가 물러나자 공명은 한수를 건너 강을 등지고 영채를 세웠다. 조조는 유비가 배수진을 치고 영채를 세우는 것을 보고 사람을 시켜 선전포고를 하였다. 공명이 즉시 응하며 내일 결전하자고 답을 하였다.

다음 날 조조가 말을 타고 진지 입구 깃발 아래 서고 양쪽에 봉황 깃발을 나부끼며 유비를 불러 응답하도록 하였다. 유비가 유봉, 맹달과 서천의 여러 장수들을 거느리고 나오자 조조가 채찍을 크게 휘두르며 욕을 하였다.

"유비, 이 은혜를 잊고 의리도 저버리고 조정에 반역한 이 도적놈아!"

그러자 유비가 소리쳤다.

"나는 바로 한실의 종친으로 천자의 조서를 받들어 역적을 토벌하러 왔다. 너는 모후를 살해하고 스스로 왕이 되어 천자의 수레를 주제넘게 사용하니 그것이 반역이 아니고 무엇이냐?"

조조가 크게 화를 내며 외쳤다.

"유비를 사로잡는 자를 서천의 주인으로 삼겠다."

그러자 여러 장수들이 일제히 앞다투어 유비 진영으로 돌진했다. 조조의 대군이 갑자기 밀려들자 촉군은 영채를 버리고 말과 무기도 다 팽개치고 한수 쪽으로 달아났다.

조조 군은 유비 군이 버린 말과 무기를 거둬들이고, 촉군을 뒤쫓다 문득 공명의 계략일지 모른다는 의심이 들자 징을 쳐서 군사를 불러들였다. 조조의 군사들이 막 말 머리를 돌리는데 공명이 신호용 깃발을 들어 올렸다. 그러자 유비가 중군에서 병력을 이끌고 나오고 왼쪽에선 황충이 그리고 오른쪽에선 조운이 각각 군사를 이끌고 달려 나왔다.

조조 군이 크게 패해 달아나는데, 공명이 밤새 추격하자 조조가 남정으로 군사를 되돌릴 것을 명했다. 남정 땅에 거의 도달하니 앞에서 다섯 갈래 길에서 불길이 치솟고 있었다. 엄안이 낭중을 대신 수비하고 남정은 이미 위연과 장비가 빼앗은 후였다. 조조는 남정 땅마저 촉군에 떨어진 것을 알고 크게 놀라며 양평관 쪽으로 달아났다.

조조가 양평관에 이르자 촉병이 거세게 추격하니 양평관마저 버리고 달아났다. 장비와 조운이 계속 조조를 추격하니 조조가 크게 패하며 물

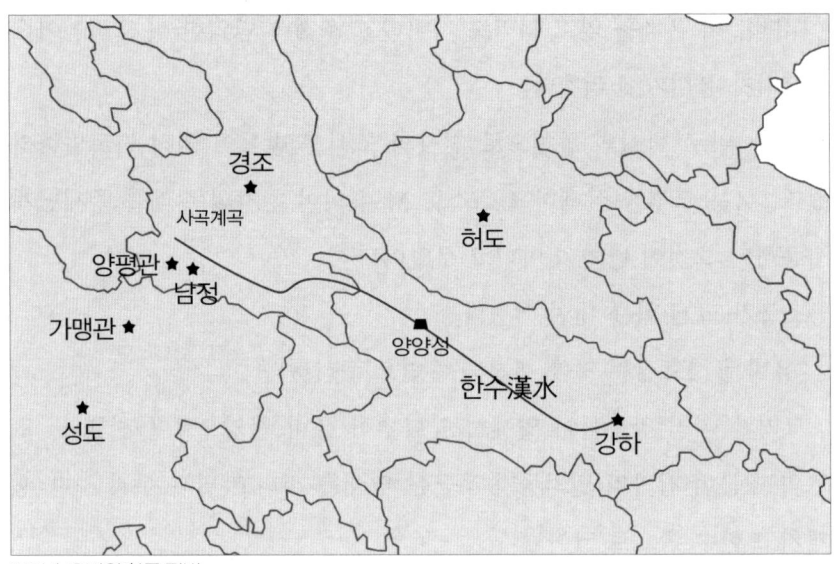

219년, 유비의 한중 정벌

러나 사곡(斜谷) 계곡에 접어들 즈음 조조의 아들 조창이 군사를 이끌고
구하러 왔다.

조조는 조창과 함께 사곡에 영채를 세우고 조조 군과 마주 보며 대치
한 지 꽤 많은 날이 흘렀다. 조조는 앞으로 나가자니 마초가 막아서고
있고 병력을 거두어 돌아가자니 촉병에게 비웃음을 살까 두려웠다. 조
조가 마음속으로 머뭇거리며 결정하지 못하고 있을 때 마침 취사병이
닭국을 올렸다. 조조는 그릇 속에 계륵(鷄肋: 닭 날개)을 건져내다 쓴웃음
을 지었다. 이때 하후돈이 들어와 암호를 묻자 입에서 나오는 대로 '계
륵'이라고 무심코 말했다. 하후돈이 여러 사람에게 전하자 모두 '계륵'
이라 하였다. 이 말을 전해 들은 행군 주부 양수가 군사들에게 행장을

꾸려 돌아갈 준비를 하라고 했다. 이에 깜짝 놀란 하후돈이 양수를 불러 묻자 양수가 대답했다.

"계륵이란 먹자니 고기는 없고 버리자니 그래도 맛은 있는 것이오. 지금 진격하자니 이기지 못하겠고 물러서자니 사람들의 비웃음을 두려우니 아무런 이익도 없어 위왕께서 내일 군대를 거두어 돌아갈 것이오."

그러자 하후돈이 "공께서는 참으로 위왕의 마음속을 다 아시는구려" 하며 행장을 수습하였다.

이 소식을 들은 조조는 크게 놀라 급히 막사로 돌아가서 양수를 불러들여 크게 노하며 말했다.

"네가 어찌 함부로 말을 지어내 군사들의 마음을 어지럽히는 게냐?" 하며 도부수들을 불러서 양수의 목을 베어버리고 수급을 군영의 바깥문에 걸도록 하였다. 원래 양수는 사람됨이 제 재주를 믿고 제멋대로여서 여러 차례 조조의 심기를 거슬려 왔기에 조조는 이미 양수를 죽일 마음을 먹고 있었는데 이제 군심을 어지럽힌 죄목을 핑계 삼아 죽인 것이다. 양수의 나이 34세였다.

다음 날 조조가 사곡 어귀로 나가 군사를 이끌자, 촉에서는 위연이 군사를 이끌고 나왔다. 조조가 방덕을 내보내 위연과 싸우는데 갑자기 조조의 영채에 불이 타올랐다. 마초가 급습해서 불을 지른 것이었다.

조조가 외쳤다.

"물러서는 장수들은 모두 목을 벨 것이다."

이에 장수들이 사생결단으로 힘껏 나아갔다. 위연이 거짓으로 패한 척하고 달아나자 조조는 군사를 이끌고 돌아가서 마초와 교전하였다.

이때 위연이 달아나며 언덕 위에 싸움을 지켜보던 조조에게 화살을 쏘아 맞혔다. 조조는 몸이 뒤집혀서 말에서 떨어지고 말았다. 위연은 즉시 활을 버리고 칼을 들고 산 위로 말을 달려 조조를 죽이려 하는데 옆에서 한 장수가 튀어나오며 크게 소리쳤다.

"우리 주공을 해치지 마라!"

바라다보니 방덕이었다. 방덕이 힘을 다해 위연을 쫓아버리고 조조를 구해 영채로 돌아와 살펴보니 조조의 인중에 화살이 맞아서 앞니 두 개가 부러져 있었다. 급히 의사를 불러 치료한 후 조조는 양수의 시체를 거두어 후하게 장례를 지내 주고 병력을 거두어 돌아갈 것을 명했다. 조조는 방덕을 후군으로 삼아 촉군이 뒤쫓을 것에 대비해 담요를 간 수레에 누워 호위를 받으며 물러났다.

조조가 병력을 후퇴시켜 사곡에 이르렀을 때였다. 공명은 조조가 한중을 포기하고 달아날 것이라 생각하고 마초 등 여러 장수들을 보내 병력을 10개 방면으로 기습하였다. 조조는 오래 버티지 못하고 밤낮없이 말을 달려 달아나다가 경조(京兆) 땅에 이르러서야 비로소 숨을 돌릴 수 있었다.

유비가 유봉, 맹달, 왕평으로 하여금 상용 일대 고을을 빼앗게 하자 상용 태수 신탐 등은 조조가 한중을 포기하고 달아난 것을 듣고 모두 모두 항복하였다. 유비는 백성들을 안심시킨 후 3군에게 크게 상을 내리니 사람들이 모두 기뻐하였다. 유비가 한중을 취하자 공명은 법정을 비롯한 여러 신하들과 함께 유비에게 한중왕(漢中王)에 오르도록 청했다.

서기 219년 7월 유비는 드디어 한중왕에 올랐다.

유비는 왕위에 오르자 아들 유선을 왕세자로 삼고 허정을 태부, 법정은 상서령으로 높이고 공명은 그대로 군사(軍師)를 맡기되 나라 안팎의 모든 일과 군대를 모두 관장토록 하였다. 관우, 장비, 조운, 마초, 황충은 오호대장(五虎大將)으로 삼고 위연은 한중 태수로 삼았다.

유비는 사람을 시켜 허도에 있는 천자께 표문를 올리고 한중왕에 올랐음을 알렸다.

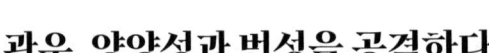

관우, 양양성과 번성을 공격하다

한편 업군에 있던 조조는 유비가 스스로 한중왕에 올랐다는 소식을 전해 듣고 크게 화를 냈다.

"돗자리나 팔던 놈이 감히 왕이라니. 내 이놈을 반드시 죽이리라!"

조조는 즉시 명을 내려 전국의 모든 병력을 일으켜 동천과 서천으로 가서 한중왕과 자웅을 겨루려 하였다. 그러자 옆에 있던 사마의가 계책을 내며 말했다.

"주공, 강동의 손권이 그 누이를 유비에게 시집 보냈으나 다시 데려 갔습니다. 유비 또한 형주를 돌려주지 않으니 서로 심한 원한을 갖고 있습니다. 말재주가 뛰어난 사람을 보내 서신을 가지고 손권을 만나 설득해서 형주를 취하도록 하십시오. 그리하면 유비는 반드시 동천과 서천의 병력을 일으켜 형주를 구하러 올 것입니다. 그때 대왕께서 병력을 일으켜 한중과 양천을 취하면 유비가 머리와 꼬리가 서로 돕지 못하는 형세가 되어 반드시 위태로울 것입니다."

조조는 크게 기뻐하며 밀서를 써서 만총을 사자로 보내 손권을 만나 도록 하였다. 손권은 만총을 성안으로 맞아들여 손님에 대한 예절을 갖추며 대했다. 그리고 제갈근의 계책대로 만총에게 군사를 내겠다고 말

한 후 돌려보내고 제갈근을 사자로 형주에 보내 관우의 딸과 손권의 아들과 혼인하자는 제안을 하였다.

손권의 뜻을 전달받은 관우가 크게 화를 내며 말했다.

"호랑이의 딸을 어찌 개의 새끼에게 시집보낼 수 있겠느냐. 자네의 아우가 아니라면 당장 목을 벨 것이오"라며 호통을 치며 제갈근을 쫓아 버렸다.

제갈근의 보고를 받고 분노한 손권이 장소 등 신하들을 불러놓고 형주를 칠 방책을 의논하였다. 이때 보즐이 말했다.

"조조가 우리에게 사자를 보내 유비를 치게 함은, 오나라에 화를 전가하려는 것입니다. 지금 조인은 양양과 번성에 주둔하고 있습니다. 주공께서는 사람을 허도로 보내시어 조인으로 하여금 형주를 먼저 치도록 하십시오. 그러면 관우는 반드시 형주의 군사를 빼내서 번성을 취하려 들 것입니다. 그때 주공께서 장수 한 사람을 몰래 보내면 형주를 쉽게 취할 수 있습니다."

손권이 그 말을 따라 사자를 보내 강 건너 조조에게 글을 써서 보냈다. 조조는 크게 기뻐하며 사자를 돌려보내고 만총을 번성으로 보내 조인을 도와 출병을 상의토록 했다. 그리고 오나라에 격문을 보내 수로를 따라 접응해서 형주를 취하도록 하였다.

한편 한중왕이 된 유비는 위연에게 한중을 지키게 하고 문무백관을 이끌고 성도로 돌아갔다. 그리고 관리를 시켜 궁정을 짓고 관사를 설치하고 성도에서 백수까지 4백여 곳에 관사와 문서 전달하는 사람이 쉬어 가도록 하는 역관을 세웠다. 그리고 널리 양초(糧草)를 쌓아놓고 무기를 만들어 중원으로 진격할 계획을 세웠다.

그런데 세작으로부터 조조가 동오와 동맹을 맺어 형주를 치려 한다는 급보가 전해졌다. 한중왕이 공명을 불러 대책을 묻자 공명이 대답했다.

"사자를 보내 적이 공격하기 전에 관우에게 먼저 번성을 치게 하면 적은 두려워서 저절로 흩어질 것입니다."

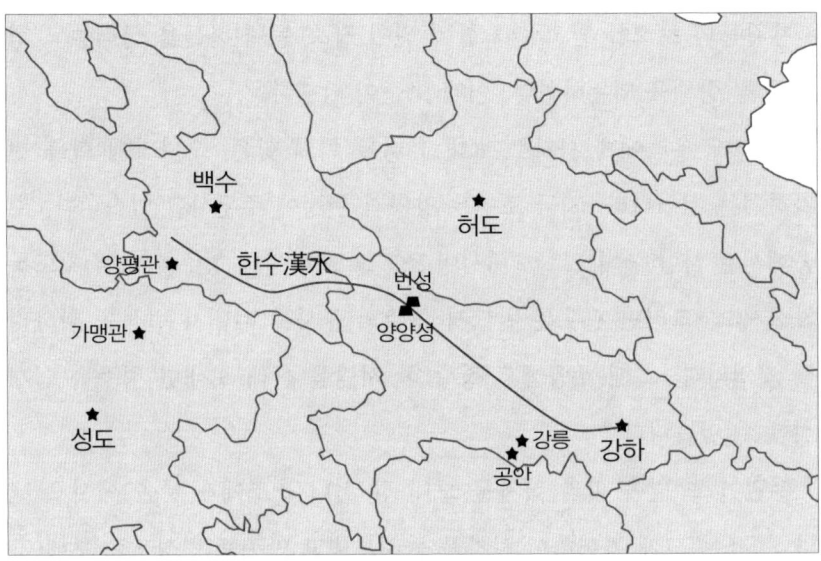

한중왕은 크게 기뻐하며 비시를 사자로 삼아 형주로 보내 관우에게 번성을 공격하라는 명을 내렸다. 관우는 명령을 받들어 즉시 부사인과 미방을 선봉으로 삼아 먼저 군사를 이끌고 형주성 밖에 주둔하게 했다. 그리고 성안에서 연회를 베풀어 비시를 환대하던 중 이경(21~23시)이 되자 성문 밖 영채에서 불길이 치솟는다는 보고가 올라왔다. 부사인과 미방이 술을 마시다가 장막 뒤에 실화하여 화포에 불이 붙어 무기와 양초가 모두 불에 타버렸다.

관우는 둘을 불러 곤장 40대씩을 치고 부사인은 남군을, 미방은 공안을 수비토록 하였다. 그런 후 요화를 선봉에, 관평을 부장을 삼아 자신은 중군을 이끌고 마량과 이적을 참모로 삼아 병력을 일으켜 양양 대로를 달려갔다.

조인은 마침 성안에 있다가 관우가 병력을 거느리고 온다는 보고를 받았으나 굳게 지키기만 하고 출전 하려 하지 않았다. 참모인 만총이 굳게 지키는 게 상책이라 하였지만, 하후존이 '이일대로(以逸待勞: 편히 쉬면서 지친 적을 치는 것) 하면 쉽게 이길 것'이라 말을 하자 조인은 스스로 병력을 이끌고 관우에게 맞섰다. 그러나 조인의 군사는 관우 군에게 패해 달아났고 태반은 양강에 빠져 죽었다. 조인은 다시 후퇴하여 번성을 지켰다.

관우는 양양성을 정복한 후 군사를 포상하고 백성을 어루만지며 안정시켰다. 이때 수군 사마 왕보가 말했다.

"동오의 여몽이 육구에 주둔하며 형주를 넘보고 있는데 병력을 이끌고 형주를 칠 때를 대비해야 합니다."

그러자 관우가 말했다.

"나 역시 그렇게 생각하오. 만일 오나라 군사들이 강을 건너면 밤에는 불을 밝히고 낮에는 연기를 피워 신호하시오. 그러면 내가 친히 가서 격파하겠소."

그러자 왕보가 다시 간언하기를,

"미방과 부사인이 두 곳의 길목을 지키고 있으나 아무래도 전력을 다

하지 않을까 걱정입니다. 반드시 한 사람을 뽑아서 형주를 총독하게 하십시오."

그러자 관우가 이미 치중인 반준에게 잘 대비하라고 해놓았다고 하자 왕보가 다시 말했다.

"반준은 이기심이 많고 자기 이득만 밝히는 사람이라 청렴한 조루를 보내는 것이 어떻겠습니까?"

그러자 관우는 반준이 잘할 것이라며 굳이 그럴 필요가 없다고 하였다. 관우는 왕보의 말을 흘려들은 것이 자신에게 엄청난 해로 돌아온다는 것을 짐작조차 못 했다. 왕보가 불만스럽게 작별 인사를 하고 돌아가자 관우는 관평에게 양강을 건너 번성을 공격할 준비를 하라고 명했다.

관우의 위세에 눌린 조조 군은 대장군 조인마저 관우에게 맞서려 하지 않고 뿔뿔이 흩어졌다. 결국 조인은 조조에게 급히 사람을 보내 구원군을 요청하였다. 그때 우금이 장수 하나를 선봉으로 삼아 군사를 거느리고 출전하겠다 하였다. 이때 방덕이 용기 있게 나섰다. 그러자 조조는 방덕이 마초의 부하이고 방덕의 형 방유도 서천에서 모두 유비를 보좌하고 있기에 의심을 하다가 방덕의 말을 듣고서야 의심을 풀고 승낙하였다.

방덕은 절하며 사례한 후 집으로 돌아가 다음 날 목수에게 관을 하나 짜라고 하였다. 다음 날 친구들을 불러 모으고 대청 위에다 관을 올려놓고 말했다.

"내가 위왕의 두터운 은혜를 받았으니 맹세코 죽을 각오로 보답하겠소. 이제 번성으로 가서 관우와 결전하고 내가 그를 죽이지 못하면 반드시 그에게 죽을 것이오. 만일 그가 죽이지 않더라도 내 마땅히 자살할 것이오."

그런 후 방덕은 부하들에게 관을 메고 갈 것을 명령했다.

행군 중에 방덕이 부장들에게 말했다.

"내가 관우와 싸워 죽거든 내 시신을 이 관속에 넣고, 내가 이기면 관우 목을 베어 이 관속에 담아 위왕에게 바칠 것이오."

방덕은 군사들을 몰아 번성 앞에 이르러 무력과 위풍을 떨치며 징을 울리고 북을 쳤다. 먼저 관평이 나가 방덕과 대적하니 30여 합을 싸워도 승부를 가리지 못했다. 그러자 관우가 크게 노하여 요화에게 번성을 공격하라 하고는 스스로 방덕과 대적하러 출전하였다.

관우와 방덕은 다음 날 다시 만나 싸움을 지속하였다. 방덕이 급히 말머리를 돌려 달아나자 관우가 뒤쫓으며 소리쳤다.

"방덕 이 도적놈아. 타도계를 쓴다고 내가 두려워할 것 같으냐?"

이때 방덕이 달아나며 몰래 활을 당기는 것을 보고 관평이 외쳤다.

"몰래 화살을 쏘지 마라!"

그러나 어느덧 화살이 날아와 관우의 왼팔에 맞았다. 관평이 말을 몰아 부친을 구해 영채로 돌아갔다.

한편 관우는 영채로 돌아가 화살촉을 뽑고 금창약을 발랐다. 상처가 다 낫자 관우는 높은 언덕에 올라가 지형을 살펴보았다. 산골짜기에 군마가 진을 치고 있는데 그 앞에 거센 양강이 흐르고 있었다.

관우가 향도에게 물었다.

"저 번성 북쪽의 10리에 있는 계곡 이름이 무엇이냐?"

"중구천이라 합니다."

"그래? 그럼 우금이 그물 주둥아리인 중구에 있으니, 이미 사로잡은 거나 마찬가지다."

그러나 장수들은 관우의 말을 믿지 않았다. 때는 음력 8월, 가을인데 소나기가 며칠째 내렸다. 관우는 사람들을 시켜 배와 뗏목을 만들고 물에서 쓰는 도구를 준비하라 지시했다. 관평이 "육지에서 서로 싸우는데 어찌 물에서 쓰는 도구를 씁니까?"라고 묻자 관우가 대답했다.

"네가 잘 모르는구나. 우금의 대군이 넓고 평탄한 곳에 주둔하지 않고 중구천의 험하고 좁은 곳에 몰려 있다. 지금 가을장마니, 양강의 물이 반드시 범람할 것이다. 내가 이미 사람들에게 곳곳에 물꼬를 막아놨으니, 물이 가득 차기를 기다렸다가 높은 곳에 올라 배를 타고 물을 방류하면 번성은 일시에 잠길 것이다. 중구천의 병력 또한 물고기와 자라처럼 될 것이다."

관평은 탄복하였다. 한편 위나라 군사는 중구천에 주둔해 있는데 독장(督將)인 성하가 날마다 비가 그치지 않자 물이 범람하면 아군이 위태하다며 우금에게 보고했다. 우금이 군심을 어지럽힌다며 참하겠다 꾸짖자 방덕에게 가서 의논하니 방덕은 내일 군사를 다른 곳에 옮겨 주둔하겠다고 하였다.

그날 밤 비바람이 크게 일더니 수많은 말들이 날뛰고 전투용 북소리가 땅을 흔들었다. 급히 나와 말에 올라타니 사면팔방으로 큰물이 밀려왔다. 7개 부대의 병사들이 이리저리 도망을 치는데 물살에 휩쓸려 간 자들이 이루 헤아릴 수조차 없었다. 우금은 더 이상 달아날 수 없음을 깨닫고 항복하였고 방덕은 끝까지 싸우다 주창에게 생포되었다. 이에 우금은 포박해서 형주로 보내 감옥에 가두도록 하고 끝까지 대항한 방덕은 목을 베어버렸다.

관우는 이어서 번성을 치기 위해 배에 올랐다. 물길은 하늘을 닿을 듯 거세서 번성의 축대를 무너뜨리고 성벽까지 침수될 지경이었다. 그러나 조인의 군사들이 밤낮으로 지키며 게으름을 피우지 않았고 주민들은 돌과 흙을 날라 성벽의 틈을 메우자 열흘이 지나 물의 기세가 점점 물러갔다. 한편 관우는 병력의 반은 기습 점령하기 위해 보내고, 스스로 병력을 거느리고 사면에서 번성을 공격했다. 관우는 번성 북문에 이르러 말을 세우고 채찍을 들어 성 위를 바라보며 외쳤다.

"어서 항복하지 않고 무얼 그리 꾸물대느냐?"

이때 조인은 나와서 싸우려 들지 않고 일제히 궁노수들에게 화살과 쇠뇌를 쏘게 하였다. 관우가 말 머리를 돌리는 찰나 관우의 오른쪽 팔에 독화살 하나가 날아와 꽂히고 말았다. 관평이 급히 부친을 구해 영채로 돌아온 후 화살부터 뽑도록 했다. 그러나 독이 이미 뼛속까지 퍼져서 다른 방법이 없자 화타를 데리고 와서 관우를 치료하도록 했다.

마침 관우는 마량과 바둑을 두고 있었다. 화타는 뾰족한 칼을 가지고 병졸에게 큰 주발을 받들어 팔 아래에서 피를 받도록 하였다. 화타가 칼로 살을 가르고 뼈에 이르러 뼈를 긁으니 슥슥 소리가 났다. 모든 사람이 보고서 낯빛을 잃었지만, 관우는 술을 마시고 고기를 먹으며 담소하며 바둑을 두는데 전혀 고통이 없는 기색이었다. 잠깐 사이에 피가 흘러 주발을 가득 채웠다.

다음 날 화타가 관우를 찾았다.

"팔을 이제 마음대로 움직일 수 있고 아프지도 않소. 선생은 진정 신의(神醫)요."

"많은 사람을 치료했지만 장군 같은 환자는 처음입니다. 장군께서는 진정한 천신(天神)이십니다."

이에 관우가 황금 백 냥을 내놓고 사례하려 하자 화타는 끝내 사양한 후 약 한 첩을 두고서 상처에 바르게 한 후 떠났다.

관우, 형주를 잃고 죽다

관우가 우금을 사로잡고 방덕의 목을 베었다는 소식이 허도에 있는 조조에게 전해졌다. 조조는 문무 관리들을 불러 관우가 내친김에 허도로 진병할까 두려워 도읍을 옮길까 상의하였다. 그러자 사마의가 말했다.

"아니 되옵니다. 우금 등이 수몰된 것은 싸워서 그런 것이 아니기에 국가의 큰 계획에는 본래 손실이 없습니다. 지금 손권과 유비는 사이가 좋지 않은데 관우가 우리와의 전투에 승리했기에 손권의 기분이 좋지 않을 것입니다. 그러니 손권으로 하여금 군사를 일으키게 하여 관우의 뒤를 치도록 하십시오. 그리고 사태가 평정되면 강남의 땅을 떼어내어 손권을 봉한다고 하면 번성의 위기는 자연스럽게 풀릴 것입니다."

주부 벼슬인 장제가 사마의의 말이 옳다고 하자 결국 조조는 도읍을 옮기지 않았다. 그리고 사자를 즉시 동오로 보내는 한편 관우를 상대할 대장을 찾자 서황이 스스로 나섰다. 조조는 크게 기뻐하며 정예병 5만을 주어 서황을 대장으로 하고 여건을 부장으로 삼아 군사를 이끌고 양릉파로 가서 주둔하도록 했다. 그리고는 동오에서 대응하는 걸 확인한 뒤에 진격하라고 명했다.

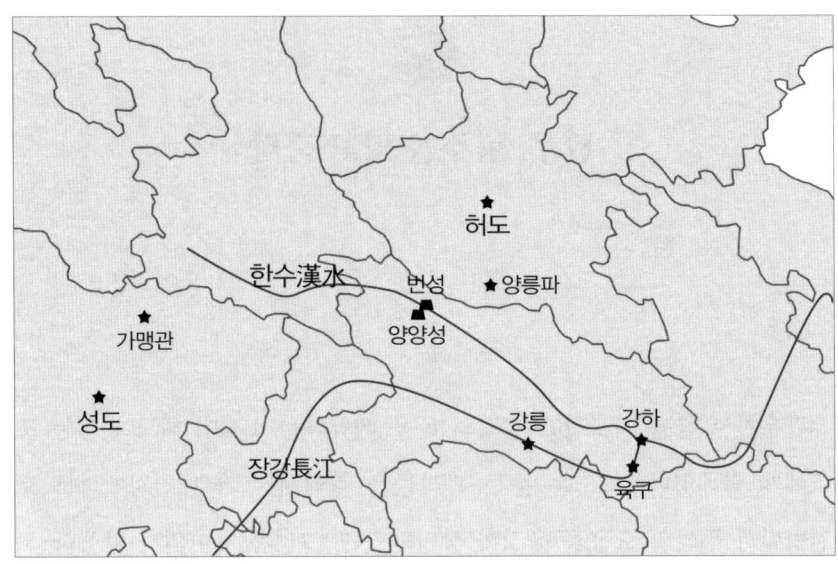

한편 손권은 조조의 서신을 받고 기뻐하며 여몽에게 형주를 치도록 명했다. 여몽이 손권에게 작별하고 육구로 돌아오니 정찰병이 형주의 군마가 잘 정돈되었고 엄숙하며 전투 준비를 잘 갖추고 있다고 보고하였다. 여몽은 깊이 생각해도 계책이 안 떠오르자 병을 핑계로 나가지 않고 사람을 시켜 손권에게 알리도록 했다. 손권은 여몽이 병을 앓는 것을 보고 몹시 불만스러워하자 육손이 나와서 말했다.

"여몽의 병은 거짓입니다. 병을 앓는 것이 아닙니다."

그러자 손권이 육손에게 가서 살펴보고 오라고 하였다.

육손이 명을 받들고 밤새워 육구의 영채에 도착해서 여몽을 만나니 과연 얼굴에 병색이 없었다. 여몽은 육손의 계책대로 병을 핑계로 일어나지 않고 글을 올려 사직했다.

육손이 돌아가서 손권에게 계책을 알린 후 여몽을 불러 건업으로 돌

       삼국지, 한 권으로 끝내기

아와 요양하게 했다. 여몽은 손권을 만나 관우가 인망이 높은 사람을 쓰면 사전에 대비할 것이므로 아직 명성이 없는 육손을 자기 대신 임무를 주면 반드시 성공할 것이라 하였다. 손권은 크게 기뻐하며 그날로 육손을 편장군 우도독으로 삼아 여몽을 대신하여 육구를 지키도록 하였다.

육손은 육구로 가서 기병과 보병 수군 3만 인수를 마친 뒤 즉시 서신 1봉을 써서 명마와 진귀한 비단, 그리고 주례 예물을 가지고 사자를 시켜 관우를 만나도록 하였다. 그리고 강동의 육구를 수비하는 여몽이 병이 나서 대신 육손을 장군으로 삼아 육구를 수비하게 했다고 전하였다.

그러자 관우가 말했다.

"손권이 식견이 짧아 어린 녀석을 장수로 삼았구나!"

그리고는 크게 웃으며 예물을 받고 사자를 돌려보냈다. 사자는 돌아가 육손에게 보고하였다.

"관우가 매우 기뻐하며 강동에 대한 걱정은 아예 안 하는 듯합니다."

육손이 크게 기뻐하며 사람을 보내 염탐해 보니 관우가 형주 병력의 반을 빼서 번성으로 가서 기다리게 하고 있었다. 그리고 자신의 화살 맞은 상처가 낫기를 기다려 곧 진격한다는 것이었다. 육손이 사람을 시켜 즉시 손권에게 보고하자 손권은 여몽을 대도독으로 삼고 손교는 후방에서 양초(糧草)를 지원하도록 하였다.

여몽은 군사 3만을 80여 척의 배에 태우고 군사들에게 흰옷을 입은 장사꾼으로 위장하여 노를 젓게 하고 정예병은 큰 배 안에 숨겼다. 또한 한당, 장흠, 주연, 주태, 서성, 정봉 등 일곱 대장을 뽑아서 진격하게 하고 나머지는 모두 손권을 따라 후미를 맡도록 했다. 다른 한편으로는 조조에게 사자를 보내 병력을 진군시켜 관우의 뒤를 습격하도록 하였다. 그리고 육손에게는 흰옷 입은 사람들을 출발시켜 빠른 배를 타고 심양강으로 가라고 하였다.

배가 북쪽 강둑에 이르자 강변 봉화대에서 수비하던 군사들이 캐묻자, "저희 모두는 행상들인데 강물에서 풍랑을 만나 이곳으로 피한 것입니다" 하고 재물을 봉화대를 수비하는 군사들에게 바치자 군사들은 강변에 배를 정박하도록 하였다. 그러다 이경(21~23시)쯤이 되자 큰 배 안에서 정예병들이 나와 봉화대와 돈대를 지키던 군사들을 모조리 배 안으로 잡아들였다. 그리고 먼 거리를 신속하게 진격하여 형주를 취하러 가는데 아무도 알아차리지 못했다.

여몽은 강변을 따라 세워진 돈대를 지키던 군사들을 달래서 상을 내리고 그 형주 병사들을 앞장세워 한밤중에 성문 앞에 이르렀다. 성문을 지키는 문지기들은 형주 병사임을 알아보고 성문을 열어주었다.

이때 오나라 군사들이 일제히 들어가 형주를 습격했다. 여몽이 형주성을 접수하고 군사들에게 명령했다.

"한 사람이라도 함부로 죽이거나 민간의 재물을 하나라도 취하는 자는 모두 군법에 따라 다스리겠다."

그리고 관리들을 다 옛 직위에 있게 하고 관우의 식구들은 별도의 집에서 따로 돌보도록 한 후 사람을 보내 손권에게 보고했다. 손권은 대군을 이끌고 형주로 와서 여몽의 공을 치하하고 반준을 치중으로 삼아 형주를 다스리게 하였다. 그리고 우금을 옥에서 꺼내서 다시 조조에게 돌려주었다.

형주가 함락되자 공안의 부사인과 남군의 미방 역시 관우가 자신들을 미워하였다며 차례로 항복하였다.

한편 조조가 허도에서 형주와 번성에 관한 일을 논의하고 있는데 손권으로부터 사자가 와서 관우를 앞뒤에서 협공하자는 제안을 하였다. 조조는 사람을 보내 서황을 재촉해서 급히 싸우라 하고 자신은 친히 대군을 이끌고 낙양의 남쪽 양릉파에 주둔해 조인을 구하고자 했다. 서황은 즉시 부장인 서성과 여건을 보내 관평과 교전하도록 하고 자신은 정예병 5백 명을 이끌고 언성 배후를 습격하러 갔다.

관평은 서황과 싸우다 패하고 달아나고 사총까지 물러나 요화와 함께 죽기 살기로 싸웠으나 버티지 못하고 큰 영채까지 물러나 관우를 만나 말했다.

"지금 서황이 언성 등을 빼앗고 조조 스스로 대군을 이끌고 세 갈래로 번성을 구하러 온답니다. 형주는 이미 여몽이 습격했다고 합니다."

그러나 관우가 "군심을 어지럽히는 헛소문이고 육손은 어린 녀석이라 걱정할 것 없다"라는 말이 채 끝나기도 전에 서황의 병력이 도착했다는 보고가 올라왔다. 이에 관우가 말을 준비하게 하니 관평이 말했다.

"아버지께서 몸이 아직 낫지 않으셨으니 적과 싸우시면 안 됩니다."

그러나 관우는 갑옷을 걸치고 칼을 들고 말에 올라 분연히 출전했다.

서황과 관우는 교분이 두터운 관계였으나 서황은 "오늘은 나라의 일이니 사사로움으로 공무를 저버릴 수 없소!" 하는 말을 마치고 곧바로 큰도끼를 휘두르며 관우에게 덤벼들었다. 관우도 크게 노해 칼을 휘두르며 맞서 80여 합을 싸웠지만 아무래도 오른팔은 아직 힘이 약했다. 관평은 관우가 실수할까 두려워 징을 쳤다. 관우가 말 머리를 돌려 영채로 돌아오는데 갑자기 사방에서 함성 소리가 진동했다.

알고 보니 번성 안에 있던 조인이 조조의 구원병이 온 것을 듣고 군사를 이끌고 번성에서 나와 서황과 합세하여 협공을 하는 것이었다. 형주군은 어지럽게 흩어지고 관우도 말에 올라 장수들을 거느리고 양강 상류 쪽으로 달렸다. 위나라 군사들이 뒤에서 쫓자 양강을 건너 다시 양양 쪽으로 달아났다.

그때 형주를 여몽에게 빼앗기고 식구들과 하인들이 잡혔다는 소식이 전해졌다. 관우는 크게 놀라 양양 쪽으로 가지 못하고 군사를 거느리고 공안으로 가려 할 때 정찰병이 다시 와서 보고하였다.

"공안의 부사인이 동오에 투항하였고 남군으로 가서 미방을 설득해 함께 투항했다고 합니다."

관우는 이 말을 듣고 노기가 치솟아 상처가 터져 혼절해 바닥에 쓰러졌다. 장수들이 구해서 깨우니 관우가 왕보를 돌아보며 말하였다.

"내가 자네 말을 듣지 않아 결국 이 꼴을 당하는구나."

관우가 탄식하자 군량 도독 조루가 말했다.

"지금 형세가 위급하오니 사람을 성도로 보내 구원을 요청하시고 지름길로 형주를 취하러 가야 합니다."

관우가 그 말에 따라 마량과 이적에게 문서를 지니고 밤낮없이 성도로 가서 구원을 청하게 했다. 그리고 선두에서 병력을 이끌고 형주를 취하러 가며 후미는 요화와 관평에게 막도록 하였다.

조조는 3군을 크게 포상한 후 서황은 평남 장군으로 봉하고 하후상과 함께 양양을 지키며 관우의 군사를 막도록 했다. 그리고 아직 형주가 평정되지 않았으므로 마파에 주둔하여 소식을 기다렸다.

한편 관우가 형주로 가는 길에 나아가지도 못하고 물러나지도 못해 조루에게 말하였다.

"지금 앞에는 오나라 군사가 있고, 뒤에는 위나라 군사가 있는데 우리는 구원병 하나 없으니 어찌해야겠소?"

그러자 조루의 계책대로 사자를 형주로 보내 여몽에게 지난날 맹약을 배신했다고 책망하는 서신을 보냈다. 여몽은 지난날 우호를 맺은 적이 있으나 개인적 견해였을 뿐 지금은 주공의 명이라 내 맘대로 할 수 없다고 사자를 환대한 후 돌려보냈다.

사자가 영채를 나오자 장수들이 모두 가족의 일을 캐묻자 사자는 집안마다 아무 일 없고 여몽이 극진히 은혜를 베풀어 돌본다고 하였다. 장수들은 모두 기뻐하며 싸울 마음이 없어졌다.

관우가 형주를 취하려 행군하자 많은 장수와 군사들이 형주로 달아났다. 관우가 화가 나서 다그치며 전진하는데 갑자기 한 무리의 인마가 막아섰다. 바라보니 선두의 대장은 장흠이었다.

"관운장은 빨리 항복하라."

"나는 한나라 장수이거늘 어찌 도적들에게 항복을 하겠느냐?"

관우가 칼을 휘두르며 장흠에게 달려들자 장흠이 달아나는데, 관우가 20여 리를 쫓아가자 왼쪽 산골짜기에서 한당이 군사를 거느리고 튀어나오고 오른쪽 산골짜기에서는 주태가 군사를 이끌고 튀어나왔다. 장흠도 말 머리를 돌려서 세 군데서 협공하자 관우는 급히 군사를 거두어 달아났다.

관우는 급히 군사를 되돌려 오던 길로 달아나는데 언덕 위에 있는 사람들이 흰 깃발에 '형주 토인'이라는 글자를 쓰고 관우의 군사들에게 "형주 사람들은 빨리 투항하라!"고 외쳤다.

관우는 군사들의 사기가 떨어질 것을 두려워 그들을 죽이려 하였다. 그러자 때마침 매복하고 있던 장흠과 정봉 그리고 서성의 군마들이 일제히 공격하며 관우를 에워싸버렸다.

어느새 황혼 녘이 되어 관우가 산꼭대기를 바라보니 모두 형주 출신 군사들인데 서로 형과 아우를 부르고 아들과 아버지를 찾으며 울부짖고 있었다. 관우의 군사들은 마음이 약해져 달아나기 시작해 결국 남은 군사는 2백~3백 명에 지나지 않았다.

그날 밤 삼경(23~1시) 무렵이 되자 요화와 관평이 병력을 이끌고 와서 겨우 포위를 뚫고 관우를 구출해 맥성에 이르렀다. 그러자 오나라 군사들이 몰려와 맥성을 사방에서 포위해 버렸다. 관우는 요화를 시켜 상용으로 가서 유봉과 맹달에게 구원요청을 하였으나 산성에 부임한 지 얼마 안 되어 민심이 안정되지 않았기에 출병할 수 없다며 거부당했다. 그러자 요화는 한중왕에게 구원을 청하러 성도로 향하였다.

관우는 맥성에서 상용의 구원 병력이 오기를 애타게 기다리고 있었다. 이때 오나라 제갈근이 손권의 명을 받고 찾아와 오나라에 투항할 것을 권하였다.

그러자 관우가 결연하게 말했다.

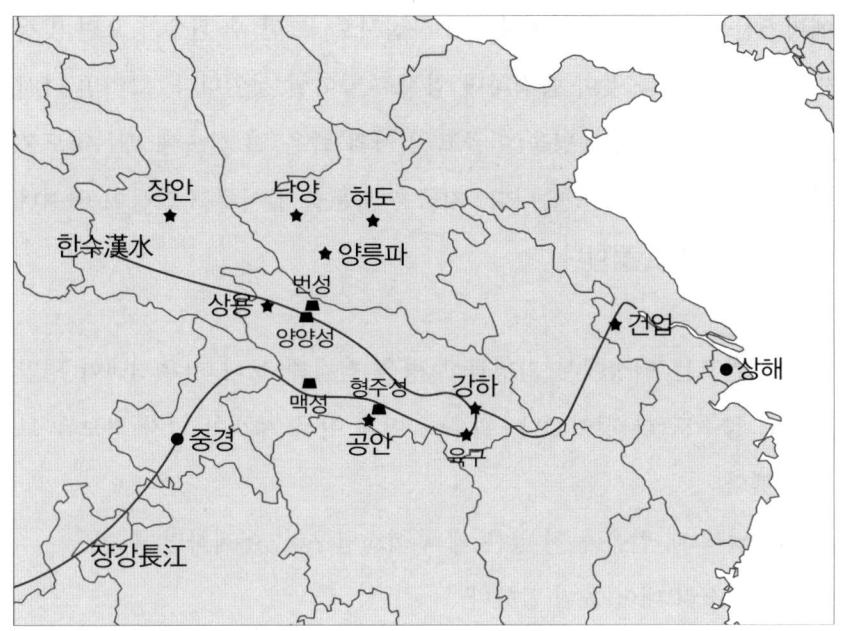
219년, 관우와 손권의 형주 공방전

"나는 해량의 일개 무사였으나 우리 주공께서 수족처럼 대해주시는 은혜를 입었는데 어찌 의리를 저버리고 투항하겠소? 성이 격파되면 죽으면 그뿐이오. 옥은 부서질지언정 그 흰빛을 잃지 않으며, 대나무는 불에 타도 그 곧음을 잃지 않는 법이오. 내 몸은 비록 죽을지언정 이름은 죽백에 남을 것이오. 그대는 어서 성을 나가시오! 나는 죽기로 작정하고 손권과 한바탕 싸울 것이오."

제갈근은 쫓겨나듯 돌아가 이 말을 손권에게 그대로 전했다. 손권은 "과연 충신이로구나" 탄복하며 문무 관료에게 계책을 물었다.

그러자 여몽이 말했다.

"관우는 군사가 적어서 북쪽 오솔길로 달아날 것이니 주연을 시켜 정예병 5천을 이끌고 미리 매복하게 하십시오. 그런 후 관우가 오면 맞서 싸우지 말고 뒤를 쫓아 습격하면 임저로 달아날 것입니다. 그러면 다시 반장을 시켜 5백 정예병을 이끌고 임저의 좁은 길 산속에 매복하도록 하면 관우를 잡을 수 있습니다. 지금은 북문을 열어두고 그들이 빠져나가기만 기다리면 됩니다."

한편 관우는 맥성에서 기병과 보병을 점검해 보니 겨우 3백여 명만 남았고 양초도 다 떨어졌다. 관우도 이제 아무 계책이 없자 왕보를 보며 말했다

"지난날 그대 말을 듣지 않은 게 후회스럽구려. 어찌하면 좋소?"

왕보가 소리 내어 울며 말했다.

"오늘 이 일은 강태공이 다시 태어난들 아무 계책을 쓸 수 없습니다."

그때 조루가 고립된 이 성을 버리고 서천으로 달아나 후일을 도모해야 한다고 말하자 관우 역시 그 수밖에 없음을 알고 그 말을 따랐다.

왕보가 울면서 말했다.

"군후께서 길을 가실 적에 몸을 꼭 잘 보전하소서. 저는 비록 이 성이 격파되어도 항복하지 않겠습니다. 오직 군후께서 빨리 돌아오셔서 구원해 주시기를 바라고 있겠습니다."

이 말을 듣자 관우도 함께 흐느껴 울며 작별했다.

관우는 주창과 왕보를 남겨 군사 1백 명과 함께 맥성을 지키게 하고는 패잔병 2백 명을 이끌고 관평, 조루와 함께 북문으로 뛰쳐나갔다. 산길을 헤치고 달아나다 임저로 가는 좁은 길로 들어서자 갑자기 함성이 일더니 매복해 있던 군사들이 우르르 뛰어나왔다.

군사들은 관우가 탄 적토마의 다리를 갈고리와 올가미를 들어서 넘어 뜨렸다. 관우가 말에서 굴러떨어지자 마충이 관우를 사로잡았다. 관평이 관우를 구하기 위해 부리나케 달려왔으나 이미 역부족이라 부자가 모두 사로잡히고 말았다.

해가 뜰 무렵, 손권이 관공 부자가 사로잡힌 것을 전해 듣고 기뻐하며 장수들을 막사 안으로 불러 모았다. 잠시 뒤 마충이 관우를 끌고 나오자 손권이 관우에게 말했다.

"나는 오래도록 장군의 덕을 연모하여 자녀끼리 서로 결혼시키려 했는데 어찌 거절하였소? 공께서는 스스로 천하무적이라 여기셨는데 오늘 내게 사로잡혔으니 이제 손권에게 귀순하시는 게 어떻겠소?"

그러자 관우가 성난 목소리로 크게 욕하며 말했다.

"눈알이 푸른 이 어린놈아! 자줏빛 수염을 한 쥐새끼 같으니라고! 나는 유황숙과 더불어 도원에서 결의하며 한나라 황실을 바로잡을 것을 맹세한 몸인데 어찌 너 같은 한나라를 배신한 역적과 한패가 되겠느냐! 내게는 이제 너의 간계에 빠져 죽음만이 있을 뿐이다. 어찌 더 말이 필요하겠느냐?"

그러자 손권이 관리들을 돌아보며 말하였다.

"관우는 세상의 호걸이니 내가 그를 깊이 아오. 이제 예를 갖춰 대하며 투항을 권하려는데 어찌하면 좋겠소?"

그러자 주부 좌함이 후환이 두렵다며 손권에게 아뢰었다.

"주공, 위의 조조도 관우를 얻기 위해 잔치를 베풀고 금은보화를 내려서 자기 사람을 만들려고 했으나 관운장은 다섯 성문을 지나 여섯 장수를 죽이고 결국 유비에게로 갔습니다. 이번에도 조조는 관우의 공격을 피해서 도읍을 옮기려고까지 했습니다. 이제 그를 죽여 후환을 없애십시오."

손권이 명령을 내리자 넓은 마당이 있는 형장에서 관우 부자는 나란히 앉은 채로 참수형에 처해졌다. 이때가 219년 12월 관우의 나이 58세였다.

관우가 손권에 의해 죽자 손권은 적토마를 마충에게 주었다. 관우를 잃은 적토마는 그날부터 말먹이 풀도 전혀 입을 대지 않다가 마침내 그대로 굶어 죽고 말았다. 관우가 죽던 날 맥성에 있던 왕보는 성 아래 걸려 있는 관우 부자의 머리를 보고 치솟는 분노와 한스러움을 느껴 성 아래 몸을 던져 스스로 목숨을 끊었다. 주창 역시 스스로 자결하고 말았다.

제7부

×

조조의 죽음과
유비의 최후

조조의 죽음

손권은 관우를 죽이고 드디어 형주와 양양 땅을 빼앗고서 3군을 포상하고 연회를 베풀어 장수들을 모아놓고 공을 치하했다. 그리고 여몽을 상석에 앉히고 친히 술을 따라 건넸다. 여몽은 술을 받아마시려다 갑자기 술잔을 땅바닥에 내던지며 한 손으로 손권의 멱살을 잡으며 말했다.

"눈알이 푸른 이 어린놈아! 자줏빛 수염을 한 쥐새끼 같으니라고. 아직도 네가 나를 알아보지 못하겠느냐!"

그러더니 손권을 밀어 넘어뜨리고 손권의 자리에 앉더니 두 눈을 부릅뜨며 크게 꾸짖었다.

"나는 황건적을 격파한 후 천하를 누빈 지 30년이 되었다. 네가 나를 간사한 계략으로 죽였으나 내 살아서 네 고기를 씹어먹지 못하지만 죽어서라도 여몽 네 도적놈의 혼을 뒤쫓을 것이다. 나는 바로 한수정후 관운장이다."

화들짝 놀란 손권은 모든 장수들과 함께 황급히 여몽에게 절을 하였다. 그러자 여몽은 바닥에 쓰러지더니 몸에 난 일곱 구멍에 피를 쏟으며 죽었다. 그것을 본 장수들은 두려워 떨지 않은 자가 없었다.

그런데 갑자기 장소가 건업에서 찾아왔다.

"주공께서 관우 부자를 죽이셨으니 이제 강동에 재앙이 멀지 않았습니다. 유비가 만약 관우 부자가 죽은 것을 알면 온 나라의 군을 일으켜 복수하고자 할 것입니다. 유비가 만일 급히 복수에 나선다면 반드시 조조와 화평을 약속할 것이라 두 곳이 연합해 오면 동오는 실로 위태로워질 것입니다. 그러니 관우의 목을 조조에게 보내십시오. 그리하면 유비는 조조가 한 짓으로 알고 조조에게 통한을 품고 위나라를 치려고 할 것입니다."

손권은 장소의 말대로 관우의 목을 나무상자에 담아 조조에게 선물로 보냈다. 손권의 선물을 받은 조조는 기뻐하며 이제 다리를 편히 펴고 잘 수 있겠다고 하였다. 그러자 사마의가 말했다.

"이건 분명 손권이 유비의 분노를 우리에게 돌리기 위함입니다. 대왕께서는 관 공의 머리에 향나무로 깎은 몸을 만들어 대신의 예로써 장사 지내 주십시오. 유비가 이를 알면 반드시 손권에게 깊은 한을 품고 힘을 다해 강남을 정벌하려 할 것입니다."

조조가 크게 기뻐하며 동오의 사자를 불러들여 나무 상자를 열어보니 관우의 얼굴이 평소와 똑같았다.

조조가 웃으며 말했다.

"관공, 그동안 별고 없었소?"

말이 채 끝나기도 전에 관우의 입이 벌어지고 눈이 움직이고 수염과 머리카락이 곤두서니 조조는 그만 놀라서 쓰러지고 말았다. 관리들이 급히 구하자 한참 후에 깨어났다. 동오의 사자가 갑자기 손권을 꾸짖은 여몽의 일을 고하자 조조는 더욱 무섭고 두려워하며 제사를 지내고 침향목을 깎아 몸을 만들어 왕과 제후의 예로써 낙양성 밖에 묻었다. 그리고 모든 관리에게 장례식 참석을 명하고 제사에 스스로 절을 하며 형왕으로 추존하고는 관리를 보내 묘지를 지키게 했다.

한편 관우가 죽고 형주를 빼앗겼다는 소식은 성도에 있는 한중왕 유비에게도 전해졌다.

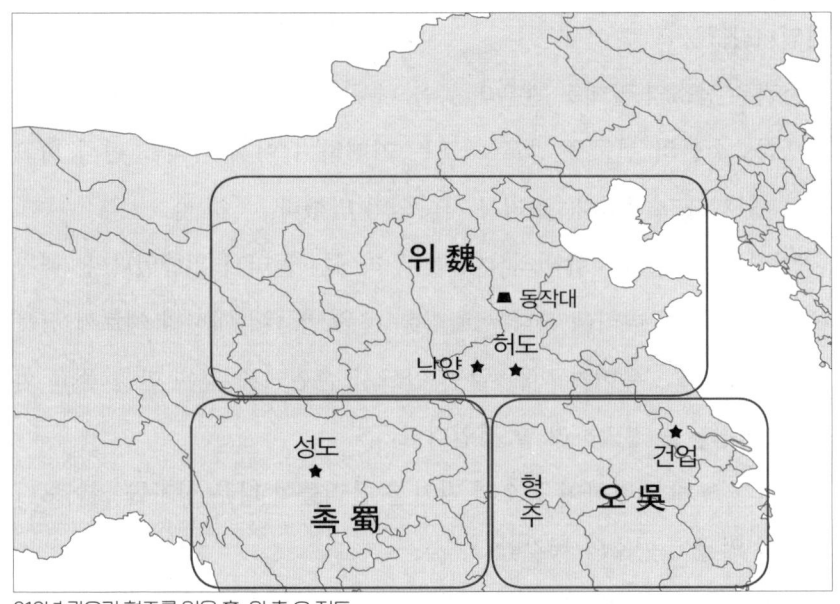

219년 관우가 형주를 잃은 후, 위·촉·오 지도

유비는 비통함에 통곡하며 그만 바닥에 쓰러져 혼절하고 말았다. 그리고 깨어난 이후에도 사흘 동안 식음을 전폐하고 목 놓아 울기만 하더니 마침내 눈에서는 피눈물이 뚝뚝 떨어져 옷자락을 적셨다.

공명이 유비를 위로하며 낙양 소식을 알렸다.

"동오가 관우의 목을 조조에게 보냈는데 조조가 왕과 제후의 예로써 장사를 후하게 지내 주었다고 합니다. 아마도 동오에서 그 화를 조조에게 돌리기 위해 보냈는데 조조가 그 계략을 알고 주공의 분노를 다시 동오로 돌리기 위한 것입니다."

유비는 즉시 군사를 이끌고 동오로 진격하여 동오의 죄를 묻고 원한을 씻고자 하였다. 그러나 공명이 말렸다.

"안 됩니다. 우선 관우의 장례를 잘 치른 다음에 오나라와 위나라가 서로 불화할 때를 기다려 그 틈을 타서 오나라를 정벌해야 합니다."

관리들도 거듭 그렇게 권하자 유비는 그제서야 음식을 먹으며 서천과 한중의 모든 장사들에게 상복을 입도록 명했다. 그리고 몸소 남문을 나가 관중의 혼을 부르며 장례를 치르는데 하루 종일 울음이 멈추지 않았다.

한편 관우가 죽자 조조는 고질적인 두통이 더욱 심해져만 갔다. 조조는 즉시 사람을 보내 화타를 불러들여 진맥하고 병을 살피도록 했다.

"대왕의 병은 머리 속에 바람이 일어 생긴 것으로, 이미 골수에까지 퍼져서 칼로 두 개 골을 갈라서 병의 뿌리를 씻어내지 않으면 안 됩니다."

그러자 조조는 버럭 화를 내며 소리쳤다.

"네가 나를 죽이려고 하느냐?"

"관우는 팔에 독화살을 맞았을 때 살을 가르고 뼈를 긁어 치료했는데 아무 두려운 기색조차 없었다는 걸 들어보지 못하셨습니까? 대왕께서는 어찌 이런 작은 병에 의심이 많으십니까?"

"팔이 아픈 거야 긁어내면 되지만 두뇌는 어찌 절개한단 말이냐? 네 놈이 필시 관우와의 정이 두터워 이 기회를 타서 복수하려는 것이 아니냐?"

조조는 결국 화타를 옥에 가두고 추궁하며 고문을 하였다. 결국 열흘 뒤에 화타는 옥중에서 숨을 거두었다.

화타가 죽은 후 조조의 병은 점점 더 심해져 갔다. 그러나 오나라와 촉나라에 대한 근심은 늘 머릿속에서 떠나지 않았다.

그때 동오가 사신을 보내 서찰을 바치자 조조가 서찰을 뜯어보았다.

"신 손권 엎드려 바라옵건대, 조속히 황제의 자리에 앉으시고, 장수를 파견해 유비를 멸하시고 동천과 서천을 평정하소서. 신은 즉시 무리를 이끌고 영토를 바치며 투항하겠습니다."

조조는 읽고 나서 크게 웃으며 신하들에게 보이며 말했다.

"이 아이가 나를 화롯불 위에다가 올려놓으려 하는구나!"

그러자 시중 진군 등이 이제 손권도 신하를 자청하니 하늘의 뜻을 받들어 황제의 자리에 앉으시라 하자 조조가 웃으며 말했다.

"내가 여러 해 동안 한실을 섬겨왔으나 비록 공덕이 백성들에게 미치더라도 내 지위는 이미 왕위에 올랐고 공명과 작위가 극에 달했거늘 더 무슨 바람이 있겠소? 아직도 내게 천명이 있다면 주나라 문왕처럼 되든 것이오."

그리고는 손권을 표기장군 남창 후로 봉하고 형주 목을 맡도록 하고 그날로 사자를 보내 황제의 칙서를 가지고 동오로 가게 하였다.

한편 조조의 병세가 나날이 심해져만 가자 조조는 신하들을 불러 당부했다.

"내 명이 이제 얼마 안 남은 것 같네. 내가 30여 년 동안 천하를 다 평정했으나 이제 강동의 손권과 서촉의 유비만 남은 것 같소. 내 병세가 이리 위급해져 가니 경들에게 집안일을 부탁하오. 내게 아들이 넷 있는데 비, 창, 식, 웅이오. 내가 평소에 사랑했던 자식은 셋째아들 식이었는데 그는 꾸밈이 적고 성실하나 술을 좋아하고 방종하기에 세자로 세울 수 없소. 둘째 창은 용맹하나 무모하고, 넷째 웅은 병치레가 많소. 그중 첫째 조비가 성실하고 인정이 많으며 늘 삼가고 공손하여 내 뒤를 이을 만하니 경들이 잘 보좌하시오."

또한 처첩들에게 평소 아껴 소장했던 향수를 나눠주며 당부했다.

"너희는 내가 죽으면 반드시 길쌈을 익혀서 명주 신발을 많이 만들어 팔아 돈을 벌어 자급자족을 하도록 하라. 또한 첩들은 동작대에 머물며 날마다 제를 올리고 음식을 바치거라."

"그리고 내가 죽으면 창덕부 강무성 밖에 72개의 무덤을 만들어 내 진짜 무덤을 아무도 모르게 하라. 후대의 사람들이 무덤을 파헤칠까 두렵다."

이렇게 부탁을 마치고 길게 탄식을 하더니 조조의 얼굴에는 눈물이 비 오듯 흘렀다. 잠시 후 조조는 기가 끊기며 숨을 거두고 말았다.

그때 조조의 나이 66세요, 서기 220년 정월이었다.

공도 으뜸이요, 죄도 으뜸이며, 인간으로서의 악취나 향기를 모두 한 몸에 간직했던 조조! 일세의 패왕이자 영웅이며 신묘한 문장가이자 당대의 최고 전략가이던 조조의 죽음은 이렇게 막을 내리게 되었다.

조비의 황제 즉위

조조가 죽자 헌제는 어쩔 수 없이 조서를 내려 조비를 위왕, 승상으로 삼고 기주 목에 봉했다. 조비가 왕위에 올라 연회를 열어 축하하고 있는데 차남인 언릉 후 조창이 10만 대군을 이끌고 도착했다는 급보가 날아들었다.

조비가 크게 놀라 신하들에게 물었다.

"황수(조창의 별명)가 평소 성격이 굳세고 무예에 심히 통달했는데 지금 병력을 이끌고 온 것을 보니 필시 나와 왕위를 다투려 한 것 아니오?"

간의대부 가규가 조비의 명을 받고 조창을 영접하자 조창이 물었다.

"선왕께서 남기신 옥새는 어디 있소?"

그러자 가규가 낯빛을 고쳐 말했다.

"집안에 장자가 있고 나라와 왕세자가 있으니 선왕의 옥새는 물어볼 것이 아닙니다. 군후께서 오신 이유는 문상입니까? 왕위를 다투고자 해서입니까?"

조창이 잠시 침묵하더니 문상을 온 것이라며 군사들을 물리고 홀로 가규와 함께 입성했다. 그리고는 두 형제가 끌어안고 울더니 조비가 조창에게 어서 돌아가서 언릉을 지키라고 하였다. 조창은 모든 군마를 조

삼국지, 한 권으로 끝내기

비에게 바치고 작별하고 돌아갔다. 이에 조비는 순조롭게 왕위에 오르고 가후를 태위로 화흠을 상국, 왕랑을 어사대부로 삼았다. 조조에게는 무왕이라는 시호를 올리고 업군 고릉에서 장사 지냈다.

그러나 삼남 조식과 막내 조웅은 아버지인 조조의 장례식에 문상조차 오지 않았다. 조비가 화를 참지 못하고 동생들을 나무라자 조웅은 스스로 목숨을 끊고 말았다. 조식은 조비가 자신을 궁으로 들라며 사신을 보내자 술에 취해 매질을 하고 쫓아버렸다. 이 소식을 들은 조비는 허저를 보내 조식을 잡아 오라고 시켰다.

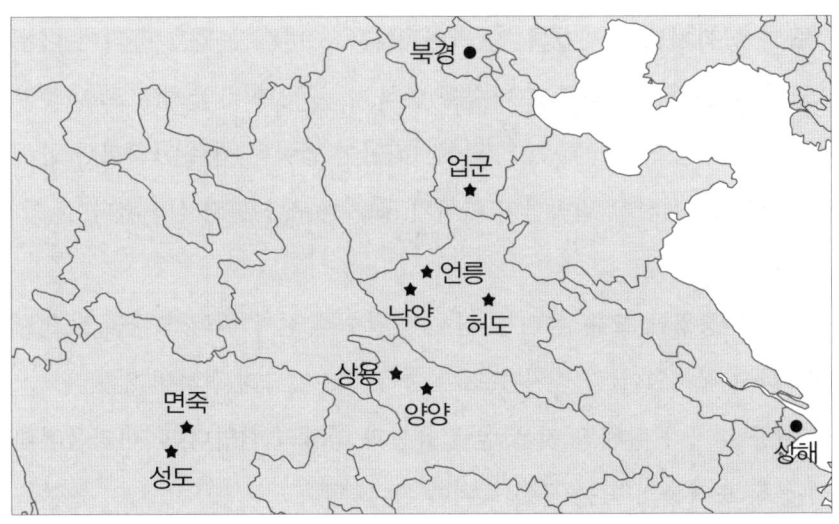

조비의 어머니 변씨는 형제지간의 정을 생각해 목숨만은 살려달라 간청하였다. 그러나 화흠은 조식이 재주가 뛰어나니 이번 기회에 죽여서 후환을 없애는 게 좋겠다고 하였다. 조비는 화흠의 계략을 따라서 조식에게 "일곱 걸음을 걷는 동안 시 한 수를 지으면 살려주고 그렇지 않으

면 죄를 물어 용서치 않고 처벌할 것이다"라고 하였다. 또한 '형제'라는
제목으로 시를 짓되 형과 아우라는 말은 쓰지 못하도록 하였다. 조식은
별로 생각도 하지 않고 일곱 걸음을 걷는 동안 시를 읊었다.

'콩깍지를 태워 콩을 삶으니
콩은 솥 안에서 울고 있네.
본디 같은 뿌리에서 나왔건만
왜 이리 급하게 서로 볶아대는가.'

콩과 콩깍지로 형제간의 일을 비유하자 조비는 눈물을 흘리며 아우
조식을 목숨만은 살려주고 벼슬을 안향 후로 낮추어 궁 밖으로 내쫓았
다. 왕위를 순조롭게 계승한 조비는 뒤이어 법령을 새로 고치더니 한나
라 황제를 위협하고 핍박함이 아버지 조조 때보다 훨씬 심해졌다.

한편 한중왕에 오른 유비는 관우의 원수를 갚기 위해 오나라를 먼저
정벌하고자 하였다. 그러자 요화가 통곡하고 엎드려 절하며 말했다.
"관공 부자가 살해된 것은 실로 유봉과 맹달의 죄입니다. 바라옵건대
이들 두 도적놈의 죄를 물어 죽여야 합니다."
유비가 즉시 잡아들이라 하자 공명이 간언하였다.
"불가합니다. 급하면 변고가 생기니 천천히 도모해야 합니다. 오히려
이들 두 사람을 군수로 승진시켜 서로 떨어지게 하여 다른 장소로 가게
한 다음에 잡아야 합니다."
유비는 일단 유봉을 승진시켜 면죽을 지키게 하였다. 맹달은 불안한

나머지 위나라 조비에게 바로 투항하였다. 유비가 유봉에게 맹달을 잡아 오게 하자 유봉은 병력 5만을 이끌고 양양을 취하기 위해 출전하였다. 그러자 맹달은 상용을 빼앗기 위해 미리 양양에 머물던 서황과 하후상과 함께 유봉을 물리쳤다. 유봉은 겨우 군사 1백여 명만 남기고 성도로 들어가 한중왕에게 엎드려 울며 보고했다. 그러나 한중왕은 관우를 돕지 않았다는 사실 하나만으로도 용서할 수가 없어 좌우의 사람에게 명하여 유봉의 목을 베도록 하였다.

한편 조비는 왕위에 오른 뒤 모든 신하들의 벼슬을 높여주고 조정을 안정시켰다. 그리고 화흠과 왕랑, 가후, 조홍, 조휴, 사마의 등 문무 관료들과 짜고 천자 헌제로 하여금 황제의 자리를 스스로 물려주라는 겁박을 여러 차례 한 후에 드디어 황제의 자리에 올랐다.

조비는 곧 교지를 내려 대사면령을 내리고 부친인 조조에게 무황제의 시호를 올렸다. 화흠이 조비에게 아뢰었다.

"하늘엔 두 해가 없고 백성에게 두 임금이 없다고 하였습니다. 한나라 황제는 이미 천하를 넘겼으니 마땅히 지방으로 물러나야 합니다. 아무쪼록 교지를 내리시어 유씨(유협, 헌제)를 다른 곳으로 편히 보내소서."

화흠은 말을 마친 후 헌제를 단 아래에 무릎을 꿇리고 교지를 내려 산양공으로 낮추어 즉시 떠나도록 하였다. 그리고 화흠은 검을 잡으며 헌재를 가리키며 소리높여 말했다.

"새 황제를 세우면 황제는 폐하는 것이 예부터 변함없는 도리요. 지금 인자함을 베풀어 해치지 않고 그대를 산양공으로 봉하니 오늘 바로 떠나시오. 황제께서 부르지 않으시면 조정에 들어오는 것을 불허하겠소."

헌제는 눈물을 머금고 사례 한 후 말을 타고 떠났다. 이에 군사들과 백성들은 모두 슬퍼하였다.

조비는 대전으로 나가 신하들의 하례를 받고 화흠을 사도(국정 최고 책임자)로, 황랑을 사공(건설 교통)으로 봉하고 대소 관료들을 일일이 승진시켜 주고 상을 주었다. 그러나 황제 즉위 후 병이 나자, 궁에 요사스러운 것이 많은가 의심하여 허창에서 낙양으로 가서 궁실을 크게 지었다.

한편 조비가 스스로 황제가 되어 낙양에 궁전을 지었으며, 헌제는 궁에서 쫓겨나 누군가에 의해 피살되었다는 소식이 성도에 전해졌다. 이에 한중왕은 온종일 통곡하고 문무백관에게 모두 상복을 입으라고 하였다. 그리고 멀리 바라보며 제를 올리고 헌제의 시호를 효민 황제로 추존하였다.

유비는 이런 근심과 우려로 병에 걸려 정사를 다스리지 못하고 모든 정무를 공명에게 맡도록 하였다. 그러자 공명이 천하에 하루라도 임금이 없으면 안 되니 허정과 초주와 상의한 후, 대소 관료를 이끌고 표를 올려 한중왕에게 제위에 오르라 청하였다.

한중왕이 자신을 불충한 사람을 만들 작정이냐며 극구 사양하자 공명은 가짜로 병이 위독하다는 꾀를 내어 조정에 나오지 않았다. 한중왕은 공명의 병세가 위독하다는 말을 듣고 친히 부중에 이르러 침상에 있는 공명에게 와서 무슨 병이냐고 물었다. 공명은 제위를 허락하지 않아서 병이 났다고 아뢰었다. 그러자 한중왕이 말했다.

"군사(공명)의 병이 다 나을 때 제위에 오르겠소."

그 말을 듣자마자 공명은 침상에서 벌떡 일어나 병풍을 한 번 치니 모든 문무 관료들이 들어와 바닥에 엎드려 절하였다.

"왕상께서 윤허하셨으니 곧바로 날을 골라 대례를 행하기를 청하옵니다."

유비의 황제 즉위와 장비의 죽음

드디어 유비는 성도의 남쪽에 제단을 쌓은 후 천지신명께 제를 올리고 황제의 자리에 올랐다. 그리고 왕비 오씨를 황후로, 맏아들 유선을 태자로 세웠다. 또한 제갈량을 승상으로 허정을 사도로 봉하고 대소 관료 하나하나 벼슬을 올려 포상하고 천하에 대사면령을 내리니 양천(동천, 서천)의 군민들이 모두 기뻐하며 날뛰지 않는 자가 없었다. 서기 221년 4월 12일(음력)의 일이다.

황제 즉위 후 유비는 다음 날 조회를 열어 문무 관료를 줄지어 서게하고 이제 관우의 원수를 갚기 위하여 전국의 병력을 일으켜 즉시 동오를 정벌하고 원한을 씻겠다고 하였다. 그러자 조운이 말했다.

"나라의 도적은 조조이지 손권이 아닙니다. 이제 조비가 한나라를 찬탈했으니 역적을 토벌하면 관동지역의 의로운 선비들이 왕의 군대를 환영할 것입니다. 바라건대 폐하께서 살펴주옵소서."

그러자 유비가 말했다.

"손권이 짐의 아우를 해쳤소. 더욱 부사인, 미방, 반장, 마충은 모두절치부심의 원수들이오. 그 고기를 씹어 짐의 원한을 씻고자 하는데 어찌 공이 가로막는단 말이오."

그러자 조운이 말하기를,

"한나라의 역적에 복수하는 것은 공적인 일이고 형제의 복수는 개인적인 일입니다. 바라옵건대 천하를 중히 여기소서."

그러나 유비는 조운의 간언을 듣지 않고 군사를 일으켜 즉시 동오를 칠 것을 명하였다.

한편 장비는 낭중에 있다가 관우가 동오에게 살해당한 것을 듣고 밤낮으로 울부짖어 피눈물이 옷을 적셨다. 장수들이 술로 풀기를 권했으나 술에 취하면 노기가 더욱 심해졌다. 상하를 막론하고 뜻을 거스르는 자는 채찍으로 때려서 채찍을 맞아 죽은 이가 많았으며 매일 남쪽을 바라보며 통곡하였다. 마침 사자가 도착하여 조서를 펼쳐 읽자 장비는 작위를 받고 북쪽을 향해 절을 한 뒤 사자를 환대하며 말했다.

"내 형이 죽어 복수할 마음이 바다처럼 깊은데 어찌 조정의 신하들은 빨리 군사를 일으키라 청하지 않는단 말이오?"

그러자 사자가 위나라를 멸한 뒤에 오나라를 치려 한다고 하자 사자와 함께 성도로 갔다.

장비는 연무청(무술 훈련장) 바닥에 엎드려 유비의 발을 껴안고 울었다. 유비가 함께 울자 장비가 말했다.

"폐하! 이제 임금이 되시더니 벌써 도원의 맹세를 잊으셨소? 둘째 형의 원수를 어째서 갚지 않는단 말입니까?"

유비는 많은 관리들이 말려서 쉽게 거병치 못한다고 하자 장비가 말했다.

"남들이 어찌 지난날의 맹세를 알겠소? 폐하께서 못 가신다면 신은 이 몸 하나 버려서라도 둘째 형의 복수를 할 것이오. 만일 복수하지 않는다면 신은 차라리 죽을지언정 다시는 폐하를 보지 않을 것이오!"

그러자 유비가 장비에게 말했다.

"짐이 경과 같이 가겠소. 경은 병력을 이끌고 낭중에서 출발하시오. 짐은 정예병을 통솔하여 강주에서 만나 동오를 정벌하여 이 한을 풀 것이오."

장비가 길을 떠나려 하자 유비가 당부하였다.

"짐은 평소 경이 술만 마시면 화가 폭발하여 건장한 사내들을 채찍질하고는 다시 불러서 곁에다 두고 있는 것을 잘 알고 있소. 이것은 화를 부르는 일이니 힘써 관용을 베푸시오. 예전과 같으면 안 되오."

장비는 작별 인사를 드리고 떠났다.

221년 7월, 유비는 마침내 명령을 내렸다. 승상인 공명은 태자를 보호하며 촉을 지키라 하였고 표기장군 마초는 아우 마대와 함께 진북 장군 위연을 도와 한중을 막도록 한 후, 자신은 몸소 조운, 황충 등 여러 장수들과 75만 대군을 이끌고 출병을 결정했다.

한편 장비는 낭중으로 돌아와 사흘 안에 흰 깃발과 흰 갑옷을 만들어 3군이 상복을 입고 오나라를 칠 것이라 명령하였다. 그러자 범강과 장달이 막사에 들어와서 흰 깃발과 흰 갑옷은 3일 안에 마련할 수 없으니 기한을 넉넉하게 주셔야 한다고 말했다. 장비는 크게 노하여 두 사람을 나무에 매달아 등을 채찍으로 50대를 때린 후 손가락질하며 말했다.

삼국지, 한 권으로 끝내기

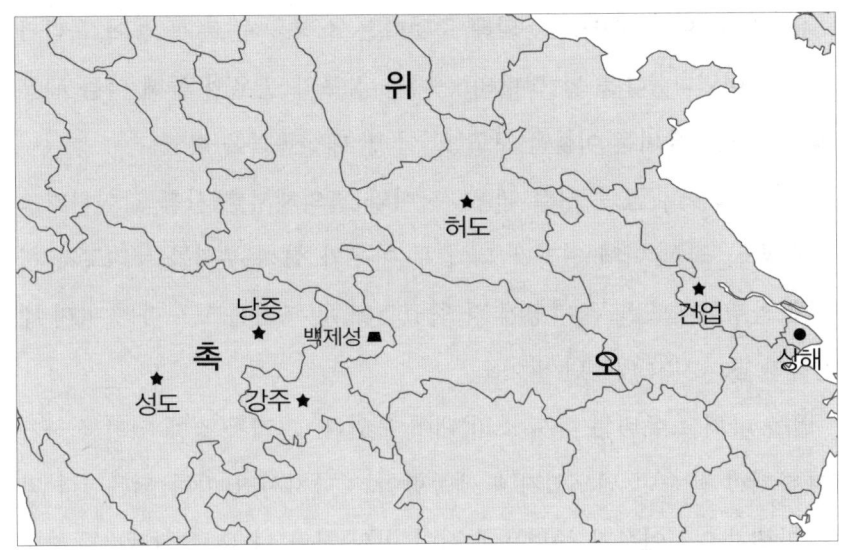

"내일까지 준비하지 않으면 너희 둘을 죽여 군중에 보이겠다."

둘은 입안 가득히 피를 흘리며 돌아와 내일까지는 도저히 만들 수 없으니 이래 죽나 저래 죽나 마찬가지라며 작당 모의해서 장비를 죽이기로 하였다.

그날 밤 장비가 술을 마시고 잠이 들자 범강과 장달은 막사 안으로 단도를 몰래 숨기고 들어가 곧장 침상 앞으로 갔다. 원래 장비는 잘 때도 눈을 감지 않아서 처음에는 감히 손도 대지 못하였다. 그런데 코 고는 소리가 우레와 같이 울리자 몰래 접근하여 단도로 잠든 장비의 배를 찔렀다. 장비는 외마디 비명을 크게 지르고 죽었다. 이때 장비의 나이 55세였다. 범강과 장달은 곧바로 장비의 목을 베어 들고 동오로 달아나 투항하였다.

유비는 장비가 부하들에 의해 죽었다는 소식을 듣고 목 놓아 울다가 기절해 버렸다. 다음 날 장비의 큰아들 장포와 관우의 둘째 아들 관흥이 달려오자 유비는 이들을 보고 또 한 번 대성통곡을 하였다.

"짐이 벼슬이 없던 시절 관우, 장비와 결의해서 생사를 같이하자고 맹세했소. 짐이 이제 천자가 되어 두 아우와 함께 부귀를 누리고자 하는데 불행하게도 모두 비명에 다 죽었는데 두 조카를 보노라니 어찌 내 창자가 끊어지지 않는단 말이오."

말을 마치고 유비는 다시 소리 내어 울었다. 그러자 곁에 있던 신하가 "폐하께서 육순이 넘으셨기에 애통함이 지나치시면 아니 되옵니다"라고 아뢰자 "두 아우가 죽었는데 짐이 어찌 차마 나 홀로 살겠소!" 하며 머리를 땅에 찧으며 더욱 소리 내어 울부짖었다. 장비의 죽음에 격분한 유비는 조서를 내려 오반을 선봉으로 삼고 장포 관흥은 어가를 호위토록 했다. 그리고 수륙 양면으로 나란히 진격하여 백제성에 주둔하였다. 선봉대는 이미 천구에 도착했다. 이때가 221년 가을 8월이다.

한편 손권은 유비가 황제가 되어 정예병 70만 대군을 이끌고 왔다는 소리를 듣고 제갈 근을 사자로 보내 철군토록 설득하였다.

"지난날 관우를 해친 것은 여몽과 관우가 사이가 좋지 못한 까닭에 여몽이 군사를 일으켜 저지른 일입니다. 마침 오후(손권)께서도 후회하고 계시지만 그것은 여몽의 죄이지 오후의 죄가 아닙니다. 이제 여몽이 죽었으니 원수는 없어졌습니다. 폐하는 한나라 조정의 황숙이신데 오늘날 한나라 황제께서 조비에게 찬탈당했거늘 그것을 쓸어 없애지 않으시고 의형제나 진배없는 우리를 위해 천자의 신분을 굽히려 함은 대의를 저버리고 소의를 취하시는 것입니다. 폐하께서는 제위에 오르시어 한나라 황실을 일으켜 천하를 다시 회복하실 줄 알았는데 오히려 위나라는 그만 놔두신 채 오나라를 취하심은 폐하께서 취하실 일은 아니라 생각합니다."

그러자 유비는 크게 노하며 말했다.

"어디 교묘한 말로서 나를 설득하려 하느냐? 내 아우를 죽인 원수와는 한 하늘 아래 살 수 없다. 오늘은 일단 너를 놓아 보내니 손권에게 목을 씻고 형벌을 기다리라고 전하라."

제갈근은 유비를 설득하지 못하고 어쩔 수 없이 강남으로 돌아갔다.

제갈근이 손권을 만나 촉의 유비는 '주공과 우호적으로 지낼 뜻이 없음을 분명히 하였다'라고 하자 손권이 크게 놀라며 말했다.

"그렇다면 강남이 위급하오."

이에 중대부 조자가 계책이 있다며 섬돌 아래에서 나서며 말했다.

"주공께서 표를 써서 주십시오. 제가 사자가 되어 위나라 황제 조비를 만나서 한중을 습격하게 하도록 하면 촉군은 저절로 위태로워질 것입니다."

손권은 크게 기뻐하며 표를 써서 조자를 사신으로 보냈다.

조비는 표를 다 읽고 나서 조자에게 물었다.

"오후(손권)는 어떤 주공이오?"

조자가 자신의 주공에 대해 깊이 예를 갖추고 존경하며 오나라에 대단한 자긍심을 가지고 사기충천하여 답하는 것을 보고 다시 물었다.

"동오에는 그대와 같은 사람이 얼마나 있소?"

그러자 조자가 대답했다.

"총명하고 특별히 통달한 이는 80~90명이나 되고 저 같은 무리는 되나 말로 헤아려 보아도 그 수를 셀 수 없을 정도입니다."

조비는 조자에 대해 참으로 탄복하며 말했다.

"옛말에 사자가 되어 사방 어디에 가더라도 군주를 욕되게 하지 않는다고 하더니 경이 꼭 그렇구려."

그러고는 즉시 조서를 내려 손권을 오왕으로 책봉하고 아홉 가지 예우(구석)를 더 해주라 하였다. 조자는 조비의 은혜에 사례하고 성을 떠났다.

조자가 떠나자 대부 유엽이 말했다.

"손권은 지금 촉이 두려워 투항하러 온 것입니다. 이때 우리가 수만 병력을 보내 강을 건너 습격하면 촉나라는 바깥을 치고, 위나라는 안을 치는 격이 되니 오나라는 열흘도 되지 않아 망할 것입니다. 오가 망하면 촉 역시 고립되게 되어 있는데 폐하께서는 어찌 조속히 도모하지 않으십니까?"

그러자 조비가 말했다.

"손권이 이미 예를 갖춰 짐에게 복종하는데 만일 짐이 그를 친다면 천하에 항복하려는 이들을 오히려 막는 것이 되지 않겠소?"

그러자 유엽이 거듭 간언하였다.

"손권에게 왕위를 더해 주면 폐하의 한 계단 밑일 뿐입니다. 이제 폐하께서 손권의 거짓 투항을 믿어서 위호를 높이 책봉하심은 호랑이에게 날개를 날아주는 격입니다."

그러자 조비가 말했다.

"짐은 오나라도 돕지 않고 촉나라도 돕지 않을 것이오. 오와 촉이 서로 싸우다가 한나라가 망하기만을 기다려 그때 없앨 생각이오. 짐의 뜻은 이미 정해졌으니, 경은 다시 말을 꺼내지 마시오."

마침내 조비는 태상경 형정에게 명하여 조자와 함께 구석의 조서를 받들어 곧바로 오나라로 가도록 하였다.

한편 손권이 문무백관을 불러 모아 촉군을 막을 계책을 상의하고 있는데 위 황제가 주공을 왕으로 책봉하니 예를 차려 멀리 영접하러 나오라는 보고가 올라왔다. 손권이 백관을 인솔하여 성문을 나가 영접하는데 형정이 스스로 천자의 사자라 자부하며 수레에 내리지 않자 장소가 크게 노해 소리쳤다. 그제야 비로소 형정은 황망히 수레에 내려 손권을 만난 후 나란히 수레를 타고 입성하였다. 그러자 수레 뒤에서 한 사람이 목 놓아 울며 말했다.

"저희가 목숨을 바쳐 주공을 위해 위나라와 촉나라를 병탄하지 못한 까닭에 마침내 주공으로 하여금 남의 봉작을 받게 만드니 이 또한 욕되지 않겠습니까?"

사람들이 쳐다보니 바로 서성이었다.

형장이 이를 보고 감탄을 금치 못했다.

"강동의 장수와 재상들이 이와 같으니 결국 손권은 남의 밑에 오래 있지는 않겠구나."

손권이 봉작을 받자 문무 관료들이 삼가 경하를 드린 뒤 아름다운 옥과 빛나는 구슬 등 보물을 준비해 위나라의 은혜에 사례하였다.

이릉 대전

한편 손권은 위나라 조비로부터 구원군이 오지 않자 문무백관들을 불러놓고 촉나라의 공격을 어찌 막을 것인가를 의논했다.

"촉군들의 위세가 대단한데 어찌하면 좋겠소?"

모든 문무 관료가 침묵하자 갑자기 어린 장수인 손환이 앞으로 나와 엎드려 아뢰었다.

"신이 비록 어리긴 하나 병서를 좀 익혔습니다. 바라건대 수만 병력을 주시면 제가 촉군을 격파하겠습니다."

이에 손권은 손환을 좌도독, 주연을 우도독으로 하여 수군과 육군 5만 군사를 보냈다. 손환은 바로 당일 군사를 이끌고 나아가 용맹스럽게 교전하였으나 촉나라의 장포와 관흥에게 전혀 상대가 되지 않았다.

주연은 손환이 병력과 장수들을 크게 잃은 것을 전해 듣고 손환을 구원하기 위해 부하 장수인 최우에게 1만 군사를 주어 전진하도록 하였다. 그러자 촉의 장수인 풍습과 장남, 오반이 세 갈래로 나누어 손환의 영채 안으로 들이닥쳐 사면에서 불길이 치솟자, 오나라 군사들은 크게 흩어져 이릉성으로 달아났다. 이에 촉의 오반이 바로 이릉성을 포위했고 관흥과 장포는 최우를 유비가 있는 자귀로 압송해 왔다. 유비는 크

삼국지, 한 권으로 끝내기

게 기뻐하며 최우를 참하고 3군을 크게 포상했다. 이로부터 강남의 장
수들이 간담이 서늘하지 않은 자가 없었다.

한편 손환은 사람을 급히 오왕에게 보내 구원을 요청했다. 손권은 한
당을 대장으로 하고 주태를 부장 삼아 반장을 선봉에 세우고 능통을 후
미에, 그리고 감녕은 지원을 하게 하여 10만 대군을 일으켜 빨리 막도
록 하였다. 이때 감녕은 이질에 걸려 병든 몸으로 전장으로 나갔다.

222년, 촉의 유비가 오의 손권에 대패한 이릉 대전

한편 유비는 무협과 건평으로부터 출병하여 이릉의 경계에 이르니 7
백여 리에 걸쳐서 40여 곳의 영채가 이어졌다. 222년 정월, 유비는 관
흥과 장포가 연달아 공을 세운 것을 보고 탄복하며 말했다.

"지난날 짐을 따르던 장수들은 모두 늙어서 쓸모없게 되었소. 그런데

두 조카가 이토록 영웅이 되었으니 어찌 손권을 두려워하겠소?"

이렇게 말하고 있는데 군사 하나가 달려와 한당과 주태가 병력을 이끌고 도착했다고 보고했다. 유비가 장수를 보내 그들을 막으려 하라고 할 때 곁에 있던 신하가 아뢰었다.

"황충이 군사 50~60명을 거느리고 동오로 투항하러 갔습니다."

그러자 유비가 웃으며 말했다.

"황충은 결코 배반할 사람이 아니다. 짐이 늙은이들은 쓸모없다고 실수로 말하자 스스로 늙은 것을 인정할 수 없어 싸우러 간 것이다. 그러니 황충이 이렇게 가면 실수할 수 있을 것이니 조카들은 어서 가서 그를 도와라. 그를 잃어서는 절대 안 된다."

황충은 오나라 군 진영 앞에서 말고삐를 잡고 칼을 비껴든 채 선봉장인 반장에게 싸움을 걸고 있었다. 반장은 부장인 사적을 데리고 출전했으나 사적은 황충이 늙은 것을 알고 업신여기며 창을 쥐고 출전했다. 황충은 단칼에 그의 목을 날려버렸다.

다음 날 오나라 반장이 다시 싸움을 걸었다. 관흥과 장포 그리고 오반이 도우려 하니 황충은 거절하고 홀로 5천 군마를 이끌고 출격했다. 반장이 칼을 끌고 달아나기 시작하자 황충이 말을 몰고 뒤쫓으며 소리쳤다.

"적장은 달아나지 마라. 내가 관공의 복수를 하기 위해 왔다."

황충이 맹렬히 30여 리를 추격하자 사방에서 함성이 일면서 매복병이 일제히 튀어나왔다. 오른쪽엔 주태, 왼쪽엔 한당, 앞은 반장, 뒤에는 능통이 황충을 포위하자 황충은 급히 물러나려는데 산비탈에서 마충이 한 부대를 이끌고 나와 화살을 쏘아 황충의 어깨를 맞혔다. 황충이 하마터면 말에서 떨어질 뻔하자 이때를 놓치지 않고 오나라 군사들이 일제히 공격하였다.

그때 갑자기 뒤에서 함성이 일더니 오나라 군사들이 이리저리로 흩어졌다. 황충을 구출한 것은 관흥과 장포였다. 두 장수는 황충을 구해 호위하여 곧장 어가가 있는 영채로 갔다. 황충은 이미 늙고 쇠약한 데다 화살 상처까지 벌어져 몹시 심각했다. 유비가 어가를 타고 직접 찾아와서 살피며 등을 어루만지며 말했다.

"장군이 상처를 입게 한 건 짐의 잘못이오."

그러자 황충이 말했다.

"신은 일 개 무사였는데 다행스럽게 폐하를 만났습니다. 신은 이제 일흔다섯이오니 살 만큼 살았습니다. 바라건대 폐하께서 옥체를 잘 보전하시어 중원을 도모하소서."

황충은 말을 마치더니 인사불성이 되어 임금이 머무는 군영에서 숨을 거두었다.

유비는 슬피 울며 황충의 시신을 성도로 보내서 후하게 장례를 치러주었다. 유비가 탄식하며 말했다.

"오호 대장 가운데 이미 세 사람이 죽었소. 짐이 복수도 다 못했는데 참으로 가슴이 아프오."

유비는 효정에서 수군을 황권에게 맡기고 나머지 대군을 직접 이끌고 나갔다. 유비가 대군을 이끌고 온다는 소식에 오나라에서는 주태와 한당이 촉나라 군과 맞서 싸웠으나 관흥과 장포를 당해 내지 못하고 진안으로 달아났다. 흐뭇하게 지켜보던 유비가 "호랑이 같은 아버지에게 개

같은 아들은 없구나" 하며 채찍으로 호령을 하자 일제히 군사들이 쳐들어갔다. 촉병들이 여덟 갈래로 수륙 양쪽에서 돌격하자 죽임을 당한 오나라 군사들의 시신이 들판 가득 뒹굴고 피는 흘러 강물을 이뤘다.

유비 군은 오 군을 계속 쫓아서 효정마저 빼앗고 병력을 거두는데 관흥이 보이지 않았다. 관흥은 달아나는 오군을 계속 추격하는 중에 아버지를 죽인 오나라 군의 반장을 만나 말을 몰고 계속 뒤쫓았다. 관흥은 죽을힘을 다해 반장을 쫓았으나 반장은 산속으로 달아나 어디로 갔는지 알 수가 없었다. 반장을 쫓다 관흥도 역시 길을 잃어 헤매는데 멀리 불빛이 보이는 민가가 보여 문을 두드리니 한 노인이 살고 있었다. 방에는 관운장의 화상이 걸려있어 관흥은 아버지 얼굴을 보자 엎드려 통곡하고 절을 올렸다. 노인에게 사연을 물으니 이곳에서는 관운장을 신으로 받들어 모시고 있다고 하였다.

관흥이 노인이 내어준 술을 먹고 안장을 풀어 말을 먹이고 있을 때 누군가가 문을 두드리는 소리가 났다. 관흥에게 쫓겨 산속으로 달아난 반장도 길을 잃고 헤매다 찾아온 것이었다. 관우는 그를 보자마자 한칼에 목을 베어버리고 그 목을 관운장 화상 앞에다 놓고 청룡언월도를 다시 찾아 제를 올린 후 반장의 머리를 말에 매달고 길을 떠났다.

노인은 반장의 시체를 불태웠다. 관흥이 몇 리를 못 갔는데 한 부대가 오고 있었다. 선두는 반장을 찾아 나선 부하 마충이었다. 그자 역시 아버지를 죽인 원수였다. 관흥이 아버지의 청룡언월도를 들어 마충을 베려 하자 일제히 마충의 군사들 3백 명이 관흥을 에워쌌다. 그때 서북쪽에서 돌연 먼지를 일으키며 군사를 이끌고 장포가 나타났다. 마충이 물러나자 관흥과 장포가 함께 추격하여 몇 리도 못 갔는데 미방과 부사인이 병력을 이끌고 와 양 군은 한바탕 혼전을 치렀다. 그러나 관흥은 병력이 적어 급히 철수하여 효정으로 돌아가 유비에게 반장의 머리를 바쳤다.

한편 마충은 돌아가서 한당과 주태를 만나 패잔병을 수습하여 각각 진을 지키는데 군사들 가운데 부상병들이 이루 헤아릴 수조차 없었다. 마충은 부사인과 미방을 데리고 모래밭에 주둔하였다. 그날 밤 삼경(23~1시)쯤 군사들이 우는 소리가 그치지 않자 미방은 몰래 한 무리들이 말하는 것을 엿들었다.

"우리는 형주의 군사들인데 여몽에게 속아 관운장의 목숨을 잃게 했다. 그런데 우리로 하여금 관운장에게 등을 돌리게 한 게 미방과 부사인 두 놈이니 그들을 죽이고 항복하자."

이 말을 엿들은 미방은 부사인을 만나 의논하고 선수를 쳐서 곤히 잠든 마충의 목을 베고 유비에게 먼저 투항해 버렸다. 두 사람이 마충의 목을 바치며 엎드려 빌었지만, 유비는 그들에게 네 놈들을 살려두면 어찌 관우를 대할 수 있겠느냐며 관흥에게 옷을 벗기게 한 후 유비가 직접 칼을 잡고 살을 발라 관운장의 영전에 바쳤다.

이러한 유비와 위세와 명성은 곧 퍼져 강남 사람들 전체를 떨게 했다. 이에 겁을 먹은 오나라의 손권은 보즐의 계책대로 장비의 목을 나무상자에 담아 장비를 살해하고 동오로 도망을 온 범강과 장달을 묶어서 수레에 싣고 유비에게 보내며 화친을 청했다. 유비가 장비를 죽인 장달과 범강을 장포에 넘기자 장포는 그들을 산채로 살을 도려내고 토막을 내어 장비의 영전에 바치고 제를 올렸다.

한편 수세에 몰린 손권은 유비에게 정병을 사자로 보내 형주와 손부인을 돌려줄 테니 화친을 맺자고 제안하였다. 유비는 단칼에 거절했다.

"짐이 이를 가는 원수는 손권이오. 지금 그와 화친을 맺는다면 지난날 두 아우와의 맹세를 저버리는 것이오. 지금 먼저 오나라를 멸하고 위를 멸할 것이오."

동오로 돌아간 정병은 이 사실을 손권에게 아뢰었다. 이에 손권이 육손을 불러 말했다.

"육손! 이제 촉군이 우리 국경 진입이 임박했으니 특별히 경에게 군마의 총독을 맡겨 유비를 격파하려 하오. 이제 경을 대도독으로 임명하니 절대 사양치 마시오. 그리고 만약 명령을 듣지 않는 자 있으면 먼저 참한 뒤에 알리시오." 그리고 차고 있던 검을 육손에게 주었다. 오군의 장수들은 나이 어린 육손이 대도독이 되자 비아냥거리며 잘 따르려 하지 않았다. 육손이 장수들을 모아놓고 말했다.

"주상께서 나를 대도독으로 임명했으니 만일 내 명을 거스르는 자가 있다면 왕명을 거역한 자로 처단할 것이오."

모두 묵묵히 듣고 있을 때 주태가 나서서 말했다.

"손환이 지금 이릉성에서 포위되어 있으니 어서 손환을 구해야 합니다."

그러자 육손이 말했다.

"손환은 어떻게든 이릉성을 지켜낼 것이니 내가 촉군을 쳐부수면 저절로 성에서 나올 것이오."

그러자 모두 속으로 비웃으며 물러났다. 한당이 주태에게 말했다.

"이런 어린놈을 대장으로 임명하다니 이제 오나라도 끝장이오."

다음 날 육손은 모든 장수에게 군령을 내려 나가서 절대 싸우지 말고 각 관과 길목을 막고서 지키고만 있으라 하였다. 그러자 모든 장수들이 그를 겁쟁이라고 비웃으며 기꺼이 굳게 지키려 하지 않았다.

육손이 검을 뽑아 소리쳐 말했다.

"그대들은 각각 좁은 입구와 험준한 요충지를 굳게 지키며 경거망동하지 마시오. 만약 영을 어기는 자는 모두 참할 것이오."

사람들은 그 말을 듣고 모두 화를 억누른 채 물러났다.

한편 유비는 이미 효정 땅에서 천구에 이르기까지 영채를 세웠는데, 그 사이가 무려 7백 리나 되었고 낮에는 깃발이 해를 가릴 정도였고 밤에는 불빛이 하늘을 빛낼 정도였다.

어느 날 세작이 와서 육손이 동오의 대도독이 되었다는 보고를 하였다. 유비는 몸소 전군을 이끌고 진과 좁은 입구를 공격하였다. 그러나 육손의 명대로 오나라 군사들이 전혀 싸울 채비를 하지 않자 군사들에게 오나라 군을 향해 온갖 쌍욕을 하도록 시켰으나 육손은 계속하여 절대 대응하지 말라고 명했다.

그때 선봉장 풍습이 유비에게 아뢰었다.

"지금 날씨가 너무 더워서 병사들이 불 속에 주둔한 듯하고 물을 얻기도 매우 불편하옵니다."

그러자 유비는 곧 명을 내려 모두 산림이 무성한 곳과 냇물이 가까운 곳으로 영채를 옮기도록 하였다. 그리고 여름이 지나고 가을이 오면 힘을 길러서 진격하려고 하였다.

마량이 불안한 마음에 유비에게 말했다.

"폐하께서는 우리 진의 영채 배치도를 그려서 승상에게 물어보는 게 어떻겠습니까?"

그러자 유비가 말했다.

"나도 병법을 좀 아는데 꼭 승상에게 물어봐야겠소?"

마량이 폐하께서 거듭 살펴달라 간언하자 유비는 마지못해 허락했다. 마량은 모든 영채를 그림으로 그려서 그날로 동천으로 떠났다.

한편 한당과 주태는 유비가 영채를 시원한 곳으로 옮긴 것을 탐지하고서 육손에게 알렸다. 육손은 크게 기뻐하며 병력을 이끌고 와서 촉군의 동태를 살폈다. 그런데 유비의 병사들 중, 채 1만 명도 안 되는 늙고 힘없는 병사들이 평지에 주둔하고 있었고 깃발에는 '선봉 오반'이라고 씌어 있었다.

이때 주태가 양 갈래로 공격하겠다고 하자 육손이 채찍으로 가리키며 말했다.

"앞쪽 산골짜기 안에 은은히 살기가 일어나니 그 밑에 반드시 복병이 있을 것이오. 그래서 평지에 노약자 병사들을 두고 아군을 유인하고 있는 것이오. 공들은 절대 나가선 안 되오."

장수들은 육손이 모두 나약하다고 생각했다.

다음 날 오반이 관문 앞에 와서 욕설을 하며 싸움을 걸고 심지어 갑옷을 벗고 벌거벗고 눕거나 앉아 있기도 하였다. 서성과 정봉이 아군을 업신여긴다며 출격하겠다 하여도 육손은 요지부동이었다.

어느 날 육손이 모든 장수들을 관문 위로 집합시켜서 맞은편 골짜기를 가리키며 말했다.

"지금 살기가 일어나고 있소. 유비가 반드시 저 숲에서 나올 것이오."

그 말이 채 끝나기도 전에 촉병들이 완전무장 한 채, 호위병들이 유비를 호위하며 지나가는 것이 보였다. 동오의 군사들은 촉나라 군을 보더니 간담이 서늘해졌다. 그때 육손이 말했다.

"내가 공들의 주장을 듣지 않은 것은 바로 이것 때문이오. 이제 복병이 모두 떠났으니 열흘 안에 반드시 촉군을 격파할 것이오."

그러자 장수들이 모두 말했다.

"촉군을 격파하는 것은 초기에 했어야 하였소. 지금 촉군의 영채들은 5~6백 리에 걸쳐 있고 서로 지키기만 하다가 7, 8월이 다 지나가면 적들이 요충지를 모두 지키고 있을텐데 어찌 능히 격파하겠소?"

그러자 육손이 대답했다.

"공들은 병법을 잘 모르오. 유비는 사나울 정도로 용맹하고 지모가 많아서 병력이 처음에는 잘 정돈되고 통일됐었소. 그러나 우리가 몇 달간 지키기만 하며 싸우지 않자 아군의 허점도 찾지 못하고 병사들이 모두 지치고 사기가 떨어져 있을 것이오. 바로 오늘이 저들을 칠 기회요."

장수들은 그제서야 육손의 속마음을 알고 감탄하였다.

그 무렵 공명을 찾아간 마량이 유비가 진을 배치한 지도를 보이자 공명은 괴로워하고 절규하며 탄식했다.

"아, 한나라의 운명도 이렇게 끝나는구나! 원래 평원과 저지대 습지, 그리고 위험하게 막다른 지형에 영채를 세우는 것은 병법에서 아주 금기시하는 것이거늘, 적이 불로 공격하면 어찌 위험을 벗어날 것인가!

시간이 급하오. 어서 가서 천자를 만나 영채를 옮겨야 하오. 육손은 위나라 군사가 배후를 칠까 염려되어 끝까지 추격은 하지 않을 것이니 만일 일이 잘못되거든 급이 백제성으로 모시고 피신하시오. 내가 서천으로 들어올 때 이미 20만 병력을 어복포에 매복시켜 놓았소."

마량은 공명이 유비에게 올리는 글을 가지고 부리나케 어가가 머무는 영채로 돌아갔다.

222년 6월, 육손은 촉군이 오랫동안 싸움을 하지 않아 나태해진 틈을 타서 장군들을 집합시켜 모든 장수들을 불러놓고 명령했다.

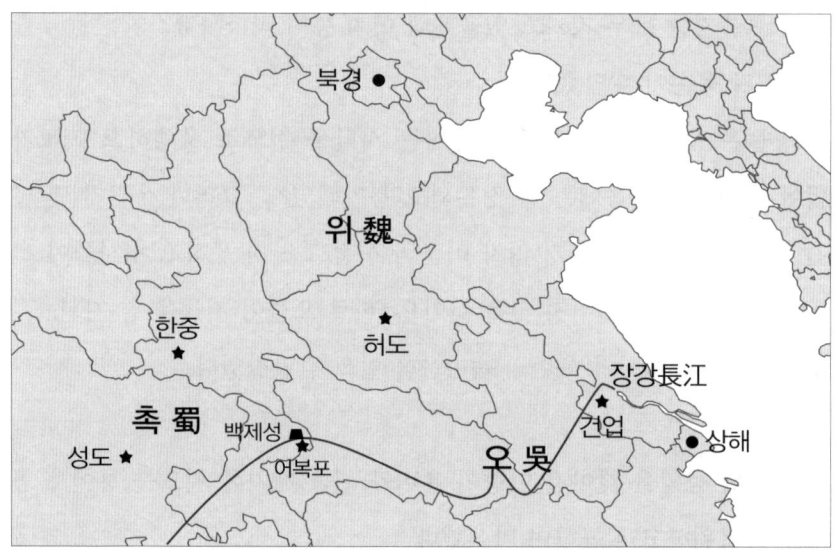

"주연은 수로로 진격하여 내일 오후 동남풍이 크게 불면 배에 띠풀(삘기)을 싣고서 계책대로 움직이고, 한당은 부대를 이끌고 북쪽 강변을 공

삼국지, 한 권으로 끝내기

격하며 주태는 남쪽 강변을 공격하시오. 그리고 군사들은 전부 손에 띠풀을 한 다발씩 들고 몸에 유황과 염초를 가지고 불씨를 휴대해서 일제히 상륙하여 촉군 진영에 이르면 바람을 타고 불을 붙이시오. 그리고 촉병의 40 진영 중 20 진영을 한 진영씩 건너뛰어 불태우시오. 그리고 군사마다 비상식량을 가지고 밤낮으로 추격하여 유비를 사로잡으시오."

초경(19~21시) 무렵이 되자 마침 동남풍이 강하게 불었다. 그러자 어가 왼쪽 진에서 불꽃이 피어오르고 오른쪽 진에서도 불길이 치솟았다. 바람이 몰아치니 불길이 거세지고 나무들이 모두 불붙어 군마들이 일제히 흩어져 달아나니 군사들이 서로 짓밟혀 죽은 사람이 이를 헤아릴 수조차 없었다. 뒤쪽에서 오나라 군사들이 물밀듯이 쇄도하였다. 유비는 풍습의 영채로 달아나던 중, 서성의 군사와 마주치자 말 머리를 급히 돌려 서쪽으로 달아났다.

장포가 유비를 구해 어림군을 이끌고 달아나 마안산에 이르자 육손의 대군이 마안산을 포위하였다. 장포와 부동이 죽을 각오로 막아냈지만, 유비가 멀리서 바라보니 시체가 겹겹이 쌓여 강을 메우며 흘러갔다.

오나라 군사들이 사방에 불을 놓아 산을 태우자 군사들이 어지러이 달아나고 유비마저 몹시 당황하였다. 이때 관흥이 불길 속에서 나타나 유비를 구하고 장포와 앞뒤에서 유비를 보호하며 가는데 주연이 강변을 따라 한 무리의 군사를 이끌고 달려와 가로막았다. 유비가 울부짖었다.

"짐이 여기서 죽는구나!"

관흥과 장포가 말을 달려 싸우다 화살을 맞고 돌아와 중상을 입어 앞으로 뚫고 나가지 못하고 있었다. 뒤에서는 함성이 일며 육손이 대군을 이끌고 산골짜기 안쪽에서 달려 나왔다.

유비가 황망하고 위급한 상황이 되자 한 무리의 군사들이 뚫고 들어와 어가를 구했다. 유비가 크게 기뻐하며 바라보니 상산 조자룡이었다.

육손은 조운이 왔다는 것을 듣고 급히 후퇴를 명하였다. 조운은 주연을 창으로 찔러 말 아래로 떨어뜨리고 오나라 군사들을 죽이며 흩어지게 한 후 유비를 구하여 백제성으로 들어갔다. 그러나 이미 촉나라 군사는 모두 죽거나 달아나고 남은 군사는 불과 백여 명밖에 남지 않게 되었다.

한편 화공으로 유비를 비롯한 촉군을 궤멸시킨 육손은 날이 밝자 대군을 이끌고 백제성으로 유비를 추격하였다. 날이 저물자 어복포에 진을 치고 하룻밤을 지내게 되었다. 육손은 기병 몇을 끌고 돌로 쌓인 진으로 들어가 살펴보았다.

육손이 "제갈량이 장난을 친 모양이구나." 생각한 순간 밖으로 나오려 하자 갑자기 회오리바람이 일더니 모래와 돌이 날아올라 천지를 뒤덮었다. 그런데 홀연히 한 노인이 나타나더니 지팡이를 끌며 육손을 안내하는 데 따라가 보니 어느덧 진 밖이었다.

육손이 말했다.

"어르신은 누구십니까?"

"나는 제갈공명의 장인인 황승언 이란 사람인데 전에 서천으로 사위가 들어갈 때 이곳에 돌로 진을 세어놓고 팔진도라 명명했소. 내 평소 선한 일을 좋아하여 차마 장군을 버릴 수가 없어서 안내한 것이외다" 하고는 사라졌다.

육손은 더 이상 촉군을 쫓을 생각을 안 하고 회군을 명했다. 곁에 있던 장수들이 이 기회에 성 하나에 고립된 유비를 계속 공격해야 한다며 돌로 만든 진을 보고 후퇴하려 하느냐고 불만 어린 소리를 내뱉자 육손이 말했다.

"내가 돌로 만든 진이 두려워 물러나는 것이 아니오. 조비는 간사함이 그 부친 과 다를 것이 없소. 이제 내가 계속 촉군을 쫓으면 그가 빈틈을 노려 우리를 공격할 것이오. 내가 만일 서천 깊숙이 들어가면 급히 물러날 수도 없소."

육손은 대군을 통솔해서 동오로 돌아왔다.

유비의 최후

한편 이릉에서 대패하고 백제성에 머물던 유비는 조운이 호위하고 있었다.

그 무렵 공명에게 갔던 마량이 돌아와 촉나라 대군이 이미 대패한 것을 보고 원통해하고 후회하나 어쩔 수 없었다. 마량이 공명의 말을 그대로 전하자 유비가 한탄하며 말했다.

"내가 진작 승상의 말을 들었으면 이렇게 참패하지는 않았을 텐데 이제 어찌 성도에 있는 신하들의 얼굴을 볼 수 있단 말인가!"

마침내 유비는 교지를 내려 백제성에 머물며 역관을 고쳐 영안궁으로 삼았다. 유비는 영안궁에서 병들어 일어나지 못하고 병세는 점점 더 심각해져 갔다.

223년 4월이 되자 유비는 병이 온몸에 퍼진 것을 알았다. 또한 관우와 장비 두 아우를 애통하게 부르기만 하니 병은 점점 더 깊어져만 갔다. 이제 두 눈마저 흐려지니 곁에서 모시는 사람들도 보기 싫어서 좌우의 사람들을 모두 물리고 황제의 침상에 홀로 누웠다.

홀연히 음산한 바람이 불어와 등불이 흔들리며 깜박이더니 등잔 아래

두 사람이 서 있자 유비는 버럭 화를 냈다. "짐이 불편하여 나가 있으라 했더니 왜 왔느냐?" 꾸짖어도 물러가지 않자, 일어나 바라보니 관우와 장비였다. 유비가 아직 살아있냐고 하자 관우가 말했다.

"저희는 사람이 아니라 귀신입니다. 옥황상제께서 저희 두 사람이 평생 신의를 잃지 않았다고 하며 칙명을 내려 신으로 삼으셨습니다. 형님도 우리와 함께 모일 날이 멀지 않았습니다."

유비가 두 아우를 붙잡고 크게 울다 깨어 보니 두 아우가 보이지 않았다. 즉시 시종을 부르니 그때가 삼경(23~1시)이었다.

유비는 이제 살날이 얼마 남지 않은 것을 알고 성도로 사람을 보내 승상 제갈량과 상서령 이엄을 불렀다. 영안궁에 도착한 공명이 유비의 병세가 위급한지라 황망히 침대 아래에 엎드리자 유비가 공명의 등을 어루만지며 말했다.

"짐이 융중에서 승상을 얻은 뒤에 다행히도 제왕의 업을 이뤘소. 그러나 지혜가 얕고 비루한 줄 모르고 승상의 말을 듣지 않고 패전할 줄 어찌 알았겠소. 이제 그 한이 병이 되어 생사가 아침저녁에 달려 있소. 뒤를 이을 아들이 많이 부족하니 대사를 부탁하오."

그리고 종이와 붓을 가져오게 해 유언을 쓰고 공명에게 건네며 말했다.

"옛 성인께서 이르시기를 '새가 죽으려 할 때는 그 울음이 구슬프고 사람이 죽으려 할 때는 그 말이 선하다' 하였소. 짐이 경들과 더불어 조씨 역적을 멸하고 한나라 황실을 바로잡으려 했으나 불행하게도 도중에 헤어지는구려. 수고스럽지만 태자 유선을 잘 부탁하오. 모든 일을 승상이 잘 가르쳐 주시오. 그리고 태자가 뒤를 이을 만하면 보필하고 그럴 재목이 못 되면 그대가 스스로 성도의 주인이 되시오."

공명이 그 말을 듣고 엎드려 울면서 아뢰었다.

"신이 간과 뇌를 땅에 뿌리며 죽는 한이 있더라도 충의로서 태자를 잘 받들어 신을 믿어주신 은혜에 꼭 보답하겠습니다."

이어 여러 관리에게 말하였다.

"짐은 이미 승상에게 고아를 맡기고 태자에게 승상을 아버지처럼 섬기라 하였소. 경들은 모두 태만하지 말고 짐의 바람을 저버리지 마시오. 그리고 모두 스스로 몸을 소중히 하시오."

말을 마친 후 숨을 거두었다. 그때가 223년 4월 24일 유비의 나이 63세였다.

유비가 죽자 모든 문무백관이 슬퍼하지 않은 이가 하나도 없었다. 공명이 황제 유비의 영구와 함께 성도로 돌아오자 태자 유선이 영구를 영접하여 정전에 안치하고 장례를 치렀다.

장례를 마치고 유비의 유서를 읽었다.

"짐이 처음에 걸린 병은 설사였다. 그 뒤 여러 가지 병으로 바뀌니 고칠 수 없게 되었다. 짐이 듣기를 사람의 나이가 50이면 요절했다고 하지 않는다 하였다. 짐은 이제 60이 넘었으니 지금 죽는다 한들 무엇이 한스럽겠는가. 다만 너희들 형제를 걱정할 뿐이다. 노력하고 노력해야 한다. 악한 것은 작더라도 행하자 말며 착한 것은 작더라도 반드시 행하여라. 그리고 오로지 어짊과 덕으로서 사람들을 따르게 하라. 너희 아비의 덕은 얕아서 배울 것이 없으니 너희는 승상과 일할 때 아비처럼 섬기기를 게을리하지 말거라. 너희 형제는 거듭 명성이 높아지기 위해 간구하기를 당부하고 또 당부하노라."

신하들이 황제의 유서 읽기를 다 마치자 공명이 말했다.

"나라에 하루라도 임금이 없어서는 안 되니 청컨대 황태자를 옹립하여 한나라의 계통을 이어야 하오."

이에 태자 유선이 황제의 자리에 오르게 되었다. 유선의 나이 17세였다.

조비의 오나라 공격

유비가 죽고 유선이 촉의 황제가 되었다는 소식은 곧 위의 조비에게도 전해졌다. 이제 때가 왔다고 생각한 조비는 기쁨을 감추지 못하며 촉나라를 치기 위해 군사를 일으키려 하였다. 가후가 촉에는 제갈공명이 있으니 조심하는 게 좋겠다고 하였다. 그러자 곁에 있던 사마의가 조비를 부추키며 지금이 바로 촉을 칠 절호의 기회라며 조비에게 계책을 냈다.

"지금 사자를 보내 요동의 선비국 왕 가비능에게 뇌물을 주어 요서의 강족 병사 10만 군사를 일으켜 서평관을 치게 하십시오. 그리고 사자를 남만으로 보내 맹획에게 군사 10만을 주어 서천의 남쪽을 공격하게 하고, 오나라로 사자를 보내 영토를 조금 떼주겠다고 하면서 동천과 서천 사이로 들어가 부성을 뺏도록 하십시오. 다음은 촉에서 투항해 온 맹달에게 상용 땅의 군사 10만을 주어 서쪽으로 한중을 공략하게 하십시오. 그런 뒤에 대장군 조진을 대도독으로 삼아 10만 군사를 주어 양평관으로 나가 서천을 치게 하십시오. 그러면 제아무리 제갈공명이라 해도 결코 막지 못할 것입니다."

조비는 사마의 말을 듣고 언변이 뛰어난 관리 네 명을 사자로 먼저 보

내고 조진을 대도독으로 하여 10만 병력을 이끌고 양평관으로 나가도
록 했다. 이때 촉의 유선은 공명의 건의에 따라 장비의 딸을 왕후로 맞
이했는데, 위나라의 조비가 다섯 군데서 대군을 일으켜 촉을 친다는 급
보가 날아들었다.

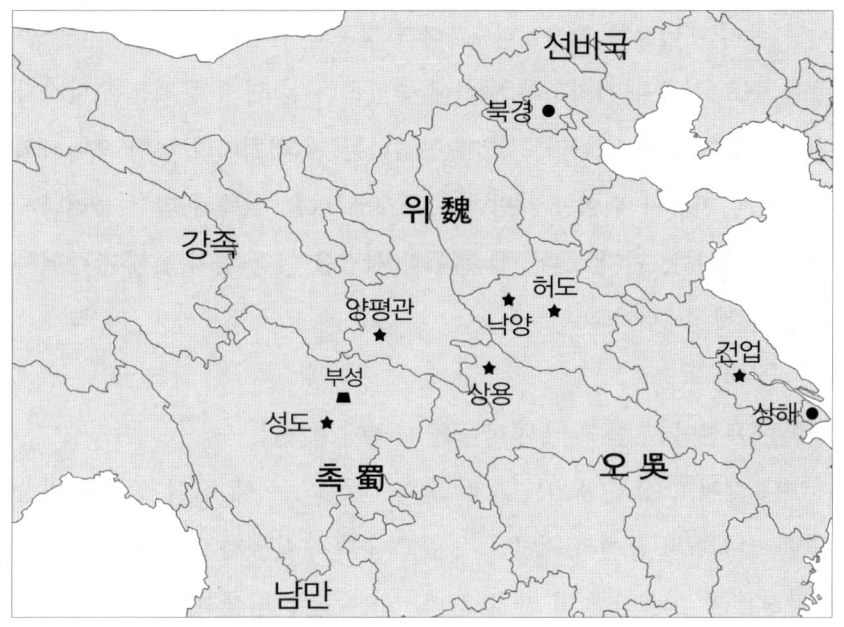

유선이 깜짝 놀라 병중이라 조정에 나오지 못하고 있는 공명에게 계
책을 듣기 위해 몸소 승상부로 찾아갔다. 그러자 공명이 후주 유선을
안심시키며 대답하였다.

"위나라가 다섯 군데 군사를 일으킨 것을 어찌 신이 모르겠습니까?
강족왕 가비능, 남쪽 오랑캐 맹획, 배반한 맹달, 위나라 장수 조진은 이
미 물리친 것이나 다름없습니다. 신은 이미 가비능에 대적하기 위해 마

초에게 서평관을 굳게 지키라 했고, 맹획을 대비해 위연에게 군사가 많은 것처럼 위장케 하고, 맹달은 원래 촉의 장수 이엄과는 둘도 없는 가까운 사이로 이미 이엄에게 맹달이 군사를 내지 못하게 서신을 보내도록 했습니다. 또한 조진이 양평관을 온다 해도 산세가 험해서 우리가 직접 상대하기 좋은 지형을 가지고 있기도 하거니와 이미 조운에게 군사를 주어 대비토록 했습니다. 게다가 장포와 관흥에게 10만의 군사를 주어 중요 길목을 지키도록 방비해 놓았습니다. 단지 문제는 위나라가 우리를 공격할 때 오나라도 함께 공격하는 게 걱정이라 신이 오나라의 손권에게 언변이 뛰어난 사람을 보내 오나라를 설득해 먼저 물러나게 하려고 합니다. 단지 오나라를 설득할 사람을 아직 얻지 못해서 주저하고 있는 것입니다."

후주 유선이 다 듣고 나서 마음을 놓으며 말했다.
"태후께서도 상부(공명)를 보러 오자 하셨소. 이제 짐이 상부의 말씀을 들으니 마치 꿈에서 깨어난 것 같으니 다시 무엇을 걱정하겠소?"
공명은 후주와 함께 몇 잔 술을 마시고 승상부 밖에서 배웅하였다. 관리들이 문밖에서 바라보니 후주의 얼굴에 희색이 돌았다. 후주는 공명과 헤어져서 어가를 타고 궁궐로 돌아갔다.
공명은 여러 관리 중 등지를 오나라에 사자로 보내 손권을 만나서 설득하였다. 손권은 답례로 장온을 등지와 함께 서천으로 보냈다. 이에 공명은 연회를 베풀며 대접하며 장온에게 말했다.
"선제(유비)께서 생전에 오나라와 화목하지 못하였으나 이미 돌아가셨소. 지금 주상은 오나라 왕을 깊이 사모하여 옛 원한을 잊고 영원히 동맹을 맺어 힘을 모아 위나라를 쳐부수자고 하시오. 바라건대 대부께서 돌아가서 좋은 말씀을 들려주시오."

장온이 순순히 응락하자 공명은 답례로 다시 등지와 장온을 함께 오나라로 보냈다. 이에 손권이 아주 기뻐하며 술자리를 베풀며 등지에게 물었다.

"만일 오나라와 촉나라가 한마음으로 위나라를 멸하면 천하가 태평하고 두 임금이 나누어서 천하를 다스릴 것이니 어찌 기쁘지 않겠소."

그러자 등지가 대답하였다.

"'하늘에는 두 해가 없고 백성에게는 두 임금이 없다'고 하였습니다. 위나라를 멸한 뒤에 천명이 누구에게 돌아갈지는 아직 알지 못합니다. 다만 임금은 덕을 닦고 신하는 충성을 다하게 되면 비로소 전쟁이 끝날 것입니다."

"그대의 충심이 참으로 이와 같구려."

손권은 크게 웃으며 말하고 등지에게 큰 상을 내리고 촉으로 돌려보냈다. 이때부터 오나라와 촉나라는 서로 통하여 사이좋게 지내게 되었다.

한편 촉과 오가 서로 화친을 맺었다는 소식이 위의 조비에게 전해지자, 조비는 크게 화를 냈다.

"오와 촉이 손을 잡았다면 우리 중원을 친다는 뜻이니 내가 그들을 먼저 치겠소."

이에 문무 관리를 모으더니 병력을 일으켜 오나라를 먼저 칠 것을 상의하였다. 그러나 대사마 조인과 태위 가후는 이미 죽고 없자 시중인 신비가 나와서 말했다.

"중원은 지금 땅은 넓지만 백성이 적으니 병력을 일으킨들 아직은 이롭지 않습니다. 오늘 쓸 계책으로는 먼저 10년간 식량과 병력을 길러야 오나라와 촉나라를 깨뜨릴 수 있습니다."

그러자 조비가 화를 내며 말했다.

"그건 세상 물정에 어둡고 융통성 없는 선비의 논리요. 오와 촉이 화친을 맺었으면 우리 국경을 침범할 텐데 어찌 10년을 기다리겠단 말이오."

조비가 즉시 교지를 내려 군사를 일으켜 오나라를 공격하려 하자 사마의가 계책을 냈다.

"오나라는 장강이 험해서 배가 없으면 건너지 못합니다. 폐하께서 반드시 어가를 타고 몸소 정벌하시려면 크고 작은 전선(배)을 갖추어 채주와 영주 땅에서 회수로 들어가 수춘을 빼앗고 광릉에 이르러 강구를 건너서 바로 남서를 빼앗는 것입니다."

조비는 사마의의 말을 따라 조진을 선봉에 세우고 수륙 양군 30만 대군을 이끌고 오나라로 향했다. 사마의는 허창에 머물면서 나라의 큰일을 처리하도록 하였다. 조비가 용주를 타고 광릉에 이르니 선봉 조진이 병력을 이끌고 장강 연안에 주둔하고 있었다. 조비가 용주 안에 단정히 앉아 강남을 바라보니 아무도 보이지 않았다.

날이 저물자 강물 위에서 밤을 보내는데 달이 구름에 가려 주위가 온통 캄캄하였다. 군사들이 등불을 켜니 하늘과 땅을 비추어 대낮처럼 밝은데 멀리 강남에는 불빛 한 점조차 보이지 않았다.

그날 밤이 지나고 동틀 무렵이 되자 안개가 가득 차서 옆 사람 얼굴조차 알아볼 수 없었다. 잠시 후 바람이 불더니 자욱한 안개가 흩어지고

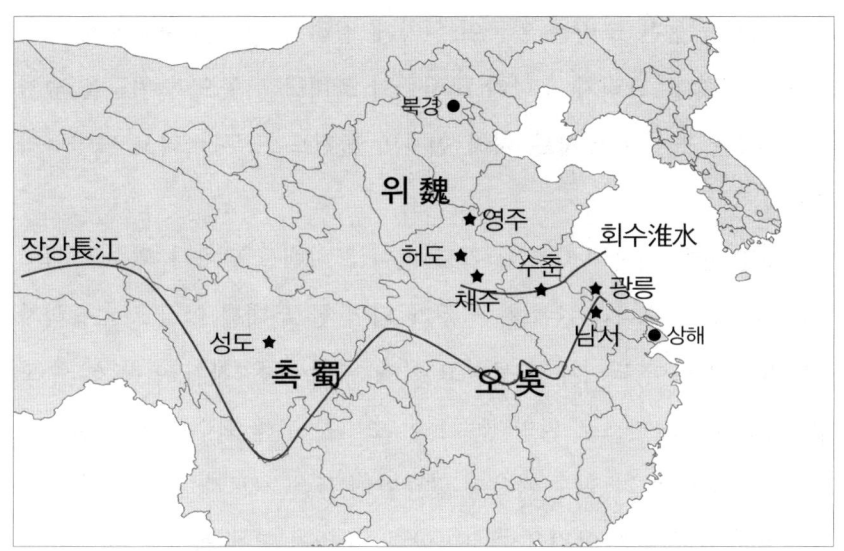

구름이 걷혔는데 강남 일대가 온통 성이며, 창칼이 햇빛에 번쩍이고 깃발이 나부끼며 하룻밤 사이에 수백 리에 걸쳐 성곽과 수레가 잇대어 있는 것이 보였다. 그것을 본 조비는 깜짝 놀랐다.

원래 오나라 서성의 군사들이 갈대로 엮어 군복을 입히고 창칼을 꽂아 성처럼 만든 거짓 군사와 성곽들이었다. 위나라 군사들은 성 위에 수많은 인마가 있는 것을 보고 간담이 서늘하였다. 그때 거센 바람이 일기 시작하더니 배가 흔들려 뒤집힐 것 같았다. 문빙은 조비를 등에 업고 작은 배로 옮긴 뒤 힘껏 노를 저어 강변에 배를 댔다.

그때 한 전령이 달려와 급히 소리쳤다.

"촉나라 조자룡이 양평관에서 군사를 내어 장안으로 진격해 오고 있답니다."

이 소식을 들은 조비는 얼굴이 하얗게 질려서 급히 군사들에게 퇴각 명령을 내렸다. 그러자 오나라 군사들이 조비를 뒤쫓으며 위군을 덮쳤다. 당황한 조비는 교지를 내려 천자의 물건도 모두 버리고 달아나라 명했다.

기습을 받은 위군이 대항할 틈도 없이 혼비백산 달아나 회수로 들어가려 할 즈음, 오나라 손소가 선두가 되어 한 부대를 이끌고 기습하자 위나라 군사들이 막아내지 못하고 물에 빠져 죽은 자가 이루 셀 수도 없이 많았다. 가까스로 위의 장수들이 조비를 구해 회수를 건너 달아나는 데 30리도 못 가 회수 가운데 갈대밭에 불을 지르자 바람을 타고 화염에 휩싸여 용주의 앞길을 가로막았다. 조비가 크게 놀라 가까스로 작은 배로 갈아탔는데 용주는 어느새 불에 타버렸다. 조비가 허둥대며 말에 오르자 오의 장수 정봉이 군사들을 이끌고 달려 나왔다. 장요가 맞서 싸웠으나 정봉이 쏜 화살을 옆구리에 맞았다.

이때 서황이 나타나 조비를 구해서 정신없이 말을 달려 겨우 목숨을 구하고 오나라 군사들의 추격을 벗어났다. 장요가 허창으로 돌아가 화살 맞은 상처가 덧나 죽자 조비는 후히 장사를 지내주었다.

조운이 병력을 이끌고 양평관을 출발하려 할 때 갑자기 승상이 보낸 문서가 도착했다. '익주의 옹개가 남만의 왕 맹획과 연합하여 군사 10만 명을 이끌고 네 개의 고을을 침략했으니 조운은 군대를 즉시 돌리고, 마초는 양평관을 굳게 지키라! 공명은 몸소 남쪽을 정벌하러 간다.'라고 쓰여 있었다.

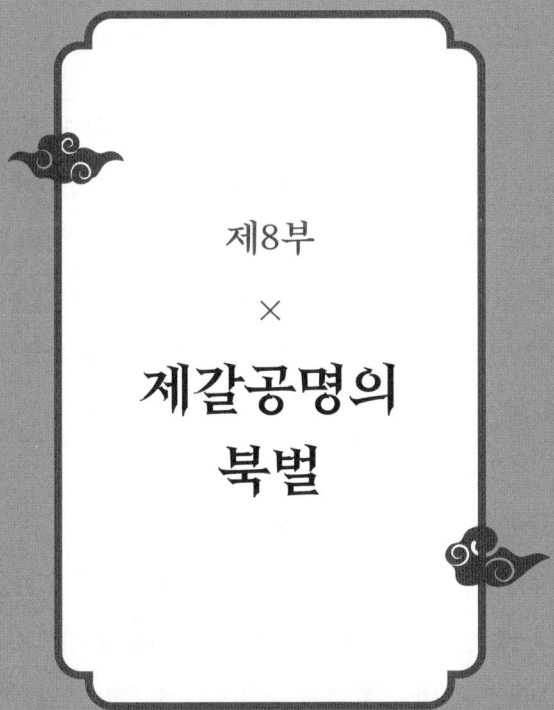

제8부

×

제갈공명의
북벌

제갈공명의 칠종칠금(七縱七擒)

한편 제갈공명이 성도에 머물며 모든 일을 공평하게 처리하자 동천과 서천의 백성들은 한동안 태평성대를 즐기게 되었다. 밤에도 문을 잠그지 않고 거리에 떨어진 물건도 줍지 않았다. 그리고 여러 해 동안 풍년이 들어 노인이나 어린이나 모두 노래하며 나라에서 일을 시켜도 서로 앞다투어 부지런히 일했다. 또한 쌀은 곳간에 가득 차고 재물 또한 창고에 가득 차게 되었다.

225년 익주에서 급보가 날아들었다.

남만 왕 맹획이 10만 대군을 이끌고 국경을 침범하였다는 소식이 들려왔다. 건녕 태수였던 옹개가 맹획과 짜고 반란을 일으키자, 장취군의 주포 태수와 월취군 태수 고정이 항복하고 영창의 왕항 태수만이 대항하고 있으나 형세가 매우 위험한 지경이라는 보고였다.

공명은 이 소식을 듣고 몸소 군사를 이끌고 남만을 정벌하기 위하여 출정하겠다고 하였다. 촉나라 황제 유선은 공명이 출정하였을 때 오나라와 위나라가 공격해 오지 않을까 노심초사하였다. 그러자 공명은 촉과 오는 이미 화친을 맺은 사이이며, 위는 마침 오나라에 대패했던지라 군사를 일으키기 어려우니 걱정할 것 없다며 유선을 안심시켰다.

　공명은 곧바로 장완을 군사 참모로 비위를 비서장으로 임명하고 조운과 위연을 대장으로 하여 군마를 총괄하도록 하였다. 그리고 왕평과 장익을 부장으로 삼아 50만 대군을 일으켜 남만 정벌을 위해 익주를 향해 나아갔다. 마침 공명은 남만을 평정하지 않으면 등 뒤에 근심거리를 지고 있는 형국이라 항상 그 화를 미리 없애려고 하던 참이었다.

　한편 옹개는 공명이 대군을 이끌고 온다는 소식을 듣고 주포와 고정을 불러 각각 5, 6만의 군사를 주어 촉군을 막도록 명했다. 촉의 대군이 익주의 경계에 이르자 고정의 부장 악환이 맞섰으나 위연과 장익, 왕평 세 명에게 사로잡혔다. 공명은 끌려온 악환의 포박을 풀어주고 고정에게 항복하여 화를 면하라며 돌려보냈다. 이에 고정은 공명이 자신들을 이간질 하는 것이라며 주저하였다.

　그러자 이번엔 공명이 옹개와 고정에게 반간계를 쓰자 옹개는 악환의 방천화극에 찔려 말 아래 굴러떨어지고 옹개의 병사들은 모두 고정에게 투항하였다. 이어서 고정과 주포에 다시 반간계를 써서 고정이 주포를 찾아가자 뒤에서 악환이 주포의 말 뒤로 돌아가 주포를 방천화극으로 찔러 죽였다.

　마침내 공명은 고정을 익주의 태수 자리를 주어 고을 세 개를 다스리게 하였고 악환을 장교로 임명하였다. 반란군이 평정되자 영창 태수 왕항은 성문을 나와 공명을 맞아들였다.

　남만왕 맹획은 공명이 지혜를 써서 옹개 등을 격파했다는 소리를 들고 부족의 원수인 금환삼결, 동도나, 아회남으로 하여금 각 5만의 군사를 이끌고 대적하도록 하였다. 공명은 조운과 위연이 중년의 나이인지라 혹시 위해를 당할 우려가 있다며 대신 왕평과 장의, 장익을 보내 적과 맞서 싸우게 하였다. 그러자 조운과 위연 두 사람은 성난 빛으로 불만 가득히 물러나서 몰래 상의하였다.

"우리 두 사람이 선봉인데 지리를 잘 알지 못한다며 쓰지 않으시고 후배들을 쓰시니 어찌 부끄럽지 않겠소?"

"우리 둘이 말을 타고 가서 정탐한 후 원주민을 잡아서 길 안내를 시키고 남만군을 대적하면 큰일을 이룰 것 아니겠소?"

그리고 둘은 말을 타고 샛길로 즉시 달려 나가 남만병 몇 사람을 사로잡아 길 안내를 시킨 후 금환삼결의 목을 베어왔다. 장의와 장익은 동도나와 아회남을 생포하여 압송해 왔다. 공명은 장막 안으로 둘을 끌고 와 술과 음식과 옷을 내려주고는 돌아가서 절대 악인을 돕지 말라고 하였다. 두 사람은 공명의 너그러움에 눈물을 흘리며 절을 올리고 각자 샛길로 떠나갔다.

한편 남만왕 맹획이 막사 안에서 앉아 있는데 정찰병이 달려와 알렸다.

"세 고을의 원수가 모두 공명에게 잡히고 부하들도 모두 달아났습니다."

맹획은 크게 노하여 직접 군사를 일으켜 출발하는데 촉나라의 왕평과 정면으로 마주쳤다. 왕평은 맹획과 마주치자 말 머리를 돌려 달아나기 시작했다. 이어서 관색도 맹획과 맞섰으나 관색 역시 말 머리를 돌려 달아나자 맹획은 신나게 추격하였다. 이때 길 좌우에서 장의와 장익이 매복해 있다가 달려 나오고 왕평과 관색도 다시 말을 돌려 맹획에게 달려들었다. 그제서야 계략에 빠진 것을 안 맹획은 금대산을 향해 달아났다.

그때 한 무리의 군사가 앞을 가로막는데 보니 선두의 대장은 조운이었다. 맹획이 크게 놀라 금대산의 샛길로 달아나다 산골짜기로 들어서는데 이곳에 매복해 있던 위연에게 생포되었다.

공명은 맹획에게 술과 음식을 배불리 먹여 주고 꾸짖었다.

"선제(유비)께서 너를 잘 대해주었는데 넌 왜 반역을 하였느냐?"

"원래 이 땅은 너의 주인인 유비가 빼앗은 후 스스로 천자가 되었으면서 어찌하여 이 땅에서 산 내게 침범했다 하는 거냐?" 하며 끝내 항복하지 않았다.

공명은 그 말을 듣고 그의 결박을 풀어주고 음식을 후히 대접한 후 풀어주었다. 이에 장수들이 못마땅하게 여기자 공명이 말했다.

"그가 진심으로 굴복했을 때 드디어 이 땅이 평정되는 것이니 그때를 기다리시오."

이렇게 풀려난 맹획은 이후로도 크고 작은 전투를 하여 다섯 번이나 더 생포되었다. 그러나 공명은 계속하여 술과 음식을 대접한 후 풀어주기를 반복하였다.

드디어 맹획은 군사들을 거의 잃고 천여 명만 거느린 채 오과국의 울돌골 왕에게 의탁하였다. 오과국 군사들은 등갑군이라 불렸는데 등갑군은 등나무를 기름에다 반년 동안 담가두었다가 햇빛에 말리기를 열 번 정도 반복해서 갑옷을 지으면 어떤 칼과 화살도 뚫지 못하였다.

공명은 마대에게 울돌골 군사들을 양 절벽이 가파른 반사곡 계곡으로

유인하도록 했다. 울돌골 군사들이 골짜기에 이르자 양쪽 산마루에서
돌을 굴려 양 입구를 겹겹이 차단하였다.

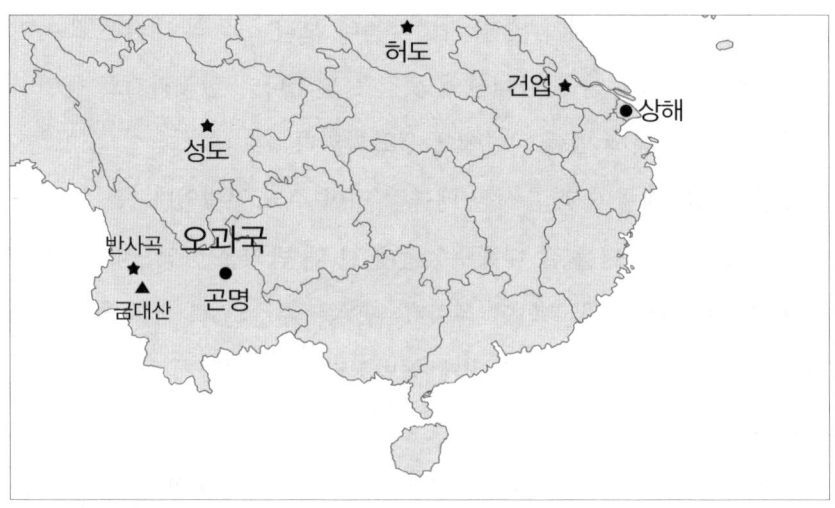

225년 제갈량의 남만 정벌

울돌골이 길을 뚫고 나가라 명하자 앞쪽 크고 작은 수레에서 불길이
치솟자 다시 후퇴하라 명했다. 그러나 골짜기 입구도 이미 마른 불쏘시
개로 겹겹이 차단되었고 수레에 실린 것도 모두 화약이라 일제히 불이
붙었다. 울돌골이 당황하지 말고 길을 뚫어 달아나라 명하는 것과 동시
에 산 위에서 횃불을 마구 던지니 땅에서는 철포(철제폭탄)가 터져 날아
오르고 골짜기 가득 불빛만이 난무하였다. 골짜기 안의 군사들은 등갑
에 불이 닿기만 하여도 불길에 휩싸여 울돌골과 3만 등갑군은 모두 불
에 타서 갑옷을 벗을 새도 없이 서로 껴안고 죽었다.

공명이 산 위에서 내려다보니 오랑캐 병사들이 주먹과 다리를 펼친 채

불에 탔고 태반은 철포에 의해 머리와 얼굴이 분쇄되어 골짜기 안에 악취가 가득하였다. 이를 보며 공명이 눈물을 흘리면서 탄식하며 말했다.

"내가 비록 나라에 공을 세웠을지 모르나 이다지도 끔찍하게 사람을 죽였으니 내 수명도 반드시 줄어들겠구나."

맹획은 단신으로 반사곡으로 홀로 달아나다 마대에게 사로잡혀 끌려왔다. 일곱 번째 사로잡혀 왔을 때 공명은 또다시 맹획과 일가족에게 후히 술과 음식을 대접하자 관원이 와서 맹획에게 말했다.

"승상께서 이번 싸움으로 너무 많은 군사를 죽게 하여 자넬 볼 면목이 없다고 이번에도 풀어주라 하셨다."

그러자 이번에는 죽음을 각오하고 있던 맹획이 감복하며 말했다.

"일곱 번을 사로잡아 일곱 번을 놓아준 일(칠종칠금)은 예부터 없던 일인데 어찌 제가 또 부끄럼 없이 승상을 거스를 수 있겠습니까?" 하며 그제야 무릎을 꿇고 항복하였다. 이에 공명은 이전처럼 그를 남만의 군주로 삼아 남만을 다스리게 하곤 빼앗은 땅을 모두 돌려주고 회군하였다.

제갈공명의 북벌

226년, 위나라에서는 조비가 황제로 즉위한 지 7년째 되던 해 병이 들어 후사를 조예에게 맡기고 세상을 떠났다. 이때 조비의 나이 40세였다.

황제가 된 조예는 조진을 대장군으로 하고 화흠을 태위로 왕랑을 사도로 그리고 사마의를 표기 대장군으로 봉했다. 그리고 그 밖의 문무관료에게 각각 벼슬을 봉하고 대사면령을 내렸다. 이때 옹주와 양주 두고을을 지키는 벼슬자리에 사람이 없자 사마의가 자신이 천자에게 표를 올려 서량 등을 지키겠다고 청했다. 조예는 이에 따라 사마의에게 옹주와 양주 등의 군사를 지휘 감독하도록 직위를 내렸다. 사마의는 천자의 조서를 받고 곧바로 떠났다.

이 소식을 들은 공명이 크게 놀라 말했다.

"지모와 계략이 뛰어난 사마의가 군사를 일으키는 날에는 우리 촉 전체가 위험하니 내가 군사를 먼저 일으켜서 쳐야겠소."

이에 마속이 계책을 내었다.

"원래 사마의는 조조 때부터 공신이었으나 조예가 그를 늘 의심하고 있으니 몰래 사람을 낙양과 업군에 보내 사마의가 반역을 꾀한다는 소문을 내는 게 어떻겠습니까? 그리고 사마의 이름으로 방문을 천하에 고

시하여 붙이면 조예가 반드시 그를 의심하여 죽일 것입니다."

이에 촉에서 보낸 사람들이 유언비어를 퍼뜨리고 고을마다 방을 붙이자 이 소문은 곧 위나라 조정에까지 보고가 들어갔다. 조예는 크게 놀라 얼굴이 사색이 되어 교지를 내리고는 친히 어림군 10만을 이끌고 가서 사마의의 관직을 박탈하고 고향으로 돌려보냈다. 그리고 조휴에게 명하여 옹주와 양주의 군마를 총독하게 한 후 낙양으로 돌아갔다.

이 소식을 들은 공명은 크게 기뻐하고 위를 칠 시기가 바로 지금이라며 유선에게 출사표를 올렸다.

"신 제갈량 아뢰옵니다. 선제께서는 창업을 하시었으나 뜻의 반도 이루지 못하고 중도에 돌아가셨습니다. 지금 천하는 셋으로 나뉘어져 있고 익주는 이미 피폐해져 나라의 존망이 위태롭기 그지없습니다. 신은 본래 하찮은 베옷을 입고 남양 땅에서 밭이나 갈면서 난세에 목숨이나 보전하고자 하였을 뿐, 제후를 찾아 일신의 영달을 구하지 않았습니다. 선제께서는 신을 보잘것없다 여기지 아니하시고 외람되게도 몸을 세 번씩이나 스스로 굽히시어 저의 오두막집을 찾으시어 세상의 일을 물으셨습니다. 이에 신은 감격하여 선제께 몸을 다 바쳐 뜻을 받들기를 약속하였던 것이옵니다. 그 후 나라가 뒤집힐 패망의 시기에 소임을 맡고 어지럽고 위급할 때 명을 받든 지 어언 21년이 흘렀습니다.

선제께서는 신이 삼가고 신중한 것을 아시고 임종하실 적에 신께 대사를 맡기셨습니다. 이제 남방은 평정되었고 병사와 무기도 넉넉하여 마땅히 3군을 거느리고 북으로 나아가 중원을 평정하려 하옵니다. 제가 아둔하오나 있는 힘을 다해 간사하고 흉악한 무리를 제거하고 한 황실을 다시 일으켜 옛 수도로 돌아가는 것이 바로 선제께 보답하고 폐하께 충성해야 할 신의 직분이옵니다.

손익을 헤아려 폐하께 충언을 다해야 함은 이제 곽유지, 비의, 동윤 등의 소임이옵니다. 바라옵건대 폐하께서는 신에게 역적을 토벌하고 한실을 부흥시킬 일을 명하시옵소서. 만일 이루지 못하거든 신의 죄를 엄히 다스리시어 선제의 영전에 고하시옵소서. 만일 덕을 다시 일으키고자 하는 조언이 없다면 곽유지, 비위, 동윤의 태만함을 책망하시고 온 천하에 드러내옵소서. 폐하께옵서도 마땅히 스스로 헤아리시어 선한 길을 자문하시고, 신하들의 바른말을 잘 살펴 들으시어 선제께서 남기신 유훈을 깊이 좇으시옵소서.

신은 선제께 받은 은혜를 다 감당하지 못해 감격할 따름입니다. 이제 멀리 길을 떠나며 출사표를 올리니 눈물이 앞을 가려 무슨 말씀을 아뢰어야 할지 모르겠사옵니다."

출사표를 올린 후 공명은 곽유지, 동윤, 비위를 시중으로 남겨 궁궐의 일을 모두 맡겼다. 서기 227년 3월, 공명이 30만 대군을 이끌고 위나라를 정벌하려 나아가려 할 때였다. 갑자기 군막 아래에서 늙은 장군이 나오며 성난 목소리로 말했다.

"승상, 제가 비록 늙었지만 아직 염파의 용맹과 마원의 기백을 모두 갖고 있습니다. 이 두 사람도 늙은 것을 받아들이지 않았는데 무슨 까닭으로 저를 쓰시지 않는다는 것입니까?"

공명은 조운을 너무 아끼기에 고령이라 잃고 싶지 않은 마음에 재차 만류하였다. 그러나 조운은 전혀 고집을 꺾지 않았다.

"만일 저를 선봉으로 써주지 않으면 주춧돌에 머리를 찧어 목숨을 끊 겠습니다."

할 수 없이 공명이 말했다.

"기어코 선봉이 되겠다면 꼭 한 사람과 같이 가시오."

그러자 등지가 나서 조운을 돕겠다고 나섰다. 공명은 크게 기뻐하며 곧바로 정예병 5천과 부장 열 사람을 뽑아 조운과 등지를 뒤따르도록 하였다. 드디어 공명이 출병하자 후주 유선은 문무백관을 이끌고 북문 밖 10리까지 나와 환송했다. 공명이 작별 인사를 올리고 떠나는데 온갖 깃발이 들판을 뒤덮고 창칼이 숲을 이루었다. 군사들은 줄줄이 한중 땅 을 향하여 출발했다.

위나라 황제는 크게 놀라 즉시 하후연의 아들 하후무를 대도독으로 임명하고 관서 지역 여러 방면의 군마를 조율하여 적병를 맞이하러 가 도록 하였다. 하후무는 위나라 황제와 작별하고 그날 밤 장안에 도착해 군마 20여만 명을 모아 공명과 싸우러 나아갔다.

한편 공명이 병력을 이끌고 면현에 이르자 위나라 군주 조예가 부마 인 하후무를 보내 맞서 싸우러 오고 있다는 소식이 전해졌다. 이에 위 연이 계책을 내며 말했다.

"하후무는 풍족한 집에서 자라 세상 물정을 몰라 유약하고 무모합니 다. 바라건대 정예병 5천을 뽑아 포중에서 진령 동쪽을 돌아 자오곡으 로 가서 북쪽으로 진격하면 열흘이면 충분히 장안에 도달합니다. 하후무를 이렇게 급습하면 성을 버리고 달아날 것입니다. 제가 동쪽에서 오고 승상께서 군사를 일으켜 사곡에서 진군하면 함양 서쪽은 한 번에 평정할 수 있습니다."

그러자 공명이 웃으며 말했다.

"그것은 만전의 계책이 아니오. 그대가 중원에는 인물이 없는 줄 아는가 본데 누군가 진언하여 깊은 산속에서 우리를 공격하면 5천 병력만 해를 입는 게 아니라 전 군의 예기가 크게 꺾이니 받아들일 수가 없소."

위연은 공명이 자기의 계책을 받아주지 않자 심히 못마땅하게 여겼다. 공명은 곧 조운에게 진격을 명했다. 하후무는 서량의 대장 한덕과 그의 아들 넷을 선봉에 세웠으나 조운에게 모두 죽임을 당하고 말았다.

등지가 조운의 대승을 보고 촉병을 이끌고 쳐들어가자 서량병은 크게 패해 달아나는데 한덕은 조운에게 사로잡힐까 두려워 갑옷을 벗고 말에서 내려 걸어서 달아났다.

조운과 등지도 군사를 거두어 영채로 돌아온 후, 등지가 조운에게 축하하며 말했다.

"장군의 연세가 칠순이신데 여전히 빼어나게 용맹하십니다. 오늘도 싸움터에서 적장 넷을 참하니 실로 세상에 드문 일입니다."

그러자 조운이 말했다.

"승상께서 나를 연로하다 쓰지 않으셔서 잠깐 보여준 것뿐이오."

한편 한덕이 패잔병을 이끌고 가서 하후무를 만나서 울며 패전을 알리자 하후무가 스스로 군사를 이끌고 조운에 맞서고자 출전하였다.

하후무가 황금 투구를 머리에 쓰고 백마를 타고 큰 칼을 들고 문기(門

旗: 진영 앞의 문) 아래에 섰다. 조운이 창을 쥔 채 왔다 갔다 하자 하후무가 싸우려 하자 갑자기 한덕이 자기 아들 넷을 죽인 원수라며 조운에게 먼저 달려들었다. 그러나 한덕은 조운과 싸운 지 3합도 안 되어 창에 찔려 죽어 말 아래 떨어졌다. 조운이 급히 말 머리를 돌려 하후무에게 달려들고 등지가 병력을 내몰아 습격하니 위나라 병력은 10리 밖 뒤로 물러나 영채를 세웠다.

다음 날 다시 6만 군사를 좌우에 매복하고 하후무가 병력을 이끌고 오자 조운이 직접 위군을 맞이했다. 조운이 말을 달리자 위나라 장수 반수가 나와 맞서 싸우더니 3합도 안 되어 말 머리를 돌려 달아났다. 조운이 뒤쫓자 위나라에서 여덟 장수가 일제히 나와 맞서다가 하후무와 여덟 장수 모두 달아났다. 이에 조운이 추격하고 등지도 함께 병력을 이끌고 진격하는데 갑자기 사방에서 함성소리가 들렸다. 등지가 급히 군대를 거두어 돌아가는데 갑자기 좌우에서 매복군이 들이닥쳤다. 조운이 포위를 뚫지 못하고 나아갈 곳이 없어 꼼짝없이 죽을 위기에 처하자 하늘을 우러러 탄식하였다.

"내가 늙은 것을 받아들이지 않아서 이곳에서 죽는구나!"

그때 동북쪽에서 함성이 크게 일더니 위나라 병사들이 흩어지고 장팔점강모를 들고 말 머리에 사람 머리를 매달은 장포가 1군을 이끌고 쇄도하였다.

장포가 조운을 만나 말했다.

"승상께서 노 장군이 잘못되실까 염려하여 저를 보내 5천 군사를 이끌고 도우라 하셨습니다. 그래서 노 장군께서 위태로우시다는 말을 듣고 포위를 뚫고 달려왔습니다. 오다가 위나라 장수 설칙과 정면으로 마주쳐 저에게 죽임을 당했습니다."

이에 조운이 장포와 함께 서북쪽으로 탈출하고 있는데 위나라 군사들이 무기를 버리고 달아나고 있었다. 1군이 바깥쪽에서 함성을 지르며 달려오는데 선두 대장은 청룡언월도를 들고 손에 사람 머리를 들고 있었다. 조운이 보니 관흥이었다.

관흥이 조운에게 말했다.

"승상의 명을 받고 노 장군이 잘못될까 봐 특별히 5천 군사를 이끌고 도우러 왔습니다. 오는 중에 위나라 장수 동희와 마주쳐 한칼에 베어 이곳에 효수했습니다. 승상께서 뒤에 도착하실 것입니다."

이어 조운이 이 둘의 공로를 치하하고 하후무를 잡아 대사를 매듭짓자고 하였다. 이에 조운과 장포, 관흥 셋이 세 갈래로 위군을 공격하고 등지가 병력을 이끌고 와서 돕자 위나라 군사들은 시체가 들을 덮고 피가 흘러서 강을 이룰 정도였다.

하후무는 무모한 데다 나이도 어리고 병사들이 크게 혼란스러워하자 남안군 쪽으로 달아나 성안으로 들어가 성문을 굳게 닫고 병력을 동원해 지키고만 있었다.

관흥과 장포는 하후무가 남안군 쪽으로 달아났다는 소리를 듣고 밤새 뒤쫓아 성을 포위하였다. 조운이 뒤이어 도착해 세 곳에서 열흘 동안 공격하였으나 함락시키지 못했다. 이에 공명이 위연과 관흥, 장포에게 계책을 주었다. 위연은 촉병을 안정성 병사로 변장시켜 한밤중에 속여서 성문을 열게 하여 촉병들을 모조리 들어오게 한 후 안정성을 빼앗

제갈량의 1차 북벌

앗다. 이어서 관흥, 장포, 왕평이 하후무를 사로잡고 남안성을 빼앗은 후 다시 천수성을 빼앗기 위해 위연에게 군마를 이끌고 나아가도록 하였다.

이에 천수군 태수 마준이 문무 관원들에게 대책을 의논했다. 이때 강유가 말했다.

"제갈량은 아군을 속여서 성 밖으로 나오게 하여 빈틈을 습격할 것입니다. 제가 정예병 3천을 이끌고 길목에 매복하겠습니다. 태수께서는 성을 나가 멀리 가지 마시고 30리쯤 가다가 불길과 연기를 보시면 군사를 돌려 촉병과 맞서십시오. 그러면 제가 뒤에서 촉병을 치겠습니다. 그리하면 크게 이길 것입니다. 만약 제갈량이 온다면 제가 직접 잡겠습니다."

한편 공명의 명을 받고 천수산 뒤쪽에 매복해 있던 조운은 천수성에서 군사들이 나갔단 소식을 듣고 5천 병력을 이끌고 천수성으로 달려가 외쳤다.

"나는 상산의 조자룡이다. 너희들은 계략에 빠졌으니 어서 성을 바치고 죽음을 면하라."

그러자 성안에서 양서가 크게 웃으며 말했다.

"너희들이야말로 강유의 계책에 속았다는 걸 모르느냐."

조운이 성을 치려 하자 갑자기 함성이 들리며 사방에서 불길이 치솟더니 소년 장군인 강유가 창을 쥐고 말을 달리며 나타나 말했다.

"천수성의 강백약(강유)을 보거라."

조운이 창을 쥐고 강유에게 달려들자 싸운 지 몇 합 만에 강유의 기력은 싸울수록 더욱 강해지니 조운이 속으로 놀라며 생각하였다.

"이런 큰 인물이 여기 있을 줄이야 누가 감히 상상이나 했겠는가."

둘이 싸움을 계속하는데 천수 태수인 마준과 양건이 강유를 도와 협공하러 달려오자 조운은 패잔병을 이끌고 후퇴하였다.

이에 공명은 손수 대군을 이끌고 천수군으로 나아갔으나 성 위의 깃발들이 질서 정연하게 정돈되어 있어 감히 함부로 공격하지 못하고 있었다. 한밤중이 되자 사방에서 불빛이 하늘을 찌르고 함성이 땅을 뒤흔드는데 어디서부터 오는 병력인지 도무지 알 수가 없었다. 성 위에서도 북소리가 울리고 함성이 동시에 지르니 촉 병들은 어지러이 달아났다. 공명도 역시 관흥, 장포 두 사람의 호위를 받으며 포위를 겨우 뚫고 빠져나왔다.

공명은 천수군에 있는 강유가 참으로 장군의 재목이라 감탄하며 마준과 강유를 이간질하는 계략을 꾸몄다. 강유의 어머니가 계시는 기현을 공격하는 척하여 어머니를 보호하기 위해 효성이 지극한 강유가 기성을 지키기 위해 나오도록 하였다. 그리고 사로잡은 하후무에게는 강유를 귀순시키도록 한 후 천수성으로 돌아가도록 하였다. 하후무가 천수성으로 가서 문을 열라 외치자 성 위에서 하후무를 알아보고 황망히 문을 열어 영접하였다.

마준이 놀라 절하며 물으니 하후무가 강유의 일을 낱낱이 말하자 마준이 탄식하였다.

"강유가 배반하고 촉으로 넘어갈 줄이야."

어느새 초경(19~21시)이 되자 촉군이 다시 공격하러 왔는데 불빛 속에서 보니 강유가 성 아래에서 말을 멈춘 채 창을 꼬나쥐고 크게 외쳤다.

"저는 도독을 위해 항복하였거늘 도독께서는 어째서 앞서 한 말을 배신하시오. 나더러 촉에 투항하라 적어놓고서 그대만 빠져나오고 나를 함정에 몰아넣었소?"

말을 마치더니 병력을 이끌고 성을 공격한 후 새벽이 되어서야 물러났다. 공명이 강유를 닮은 병사를 강유로 꾸며서 성을 치게 한 것이었다.

공명은 병력을 이끌고 기성을 공격하려 왔는데 기성 안에는 식량이 적어 군사들이 제대로 먹지도 못하였다. 강유가 성 위에서 내려다보니 위연의 병사들이 수레에 식량과 사료를 운반해서 위연의 영채로 가고 있었다.

강유가 3천 병력을 이끌고 성을 나와 군량을 빼앗으러 나가자 촉군은 식량을 모조리 버리고 달아났다. 강유가 군량 수레를 빼앗아 달아나려는데 한 무리의 군사가 길을 가로막았다. 앞장선 자는 촉나라의 장익인데 두 장수가 맞붙어서 몇 합을 싸우는데 왕평마저 한 무리의 군사를 이끌고 왔다. 강유는 힘을 다 썼음에도 당해내지 못하고 성으로 돌아가는데 성 위는 이미 위연에게 습격당해 촉군의 깃발이 꽂혀 있었다. 강유는 길을 뚫고 천수성으로 달아났다. 천수성 아래에 이르러 성문을 열라고 소리치자 마준은 강유가 자기를 속여서 성문을 열게 하는 것이라며 화살을 퍼부으라고 명령했다. 할 수 없이 강유는 뒤에서는 촉군들이 몰려오자 상규성으로 달아났다.

성 위에서 양건이 강유를 보자 크게 욕하며 소리쳤다.

"나라를 배반한 도적이 어찌 감히 우리를 속여서 성을 빼앗으려 하느냐? 난 이미 네가 촉나라에 항복한 것을 알고 있다."

그리고 어지럽게 화살을 내리쏘자 강유는 하늘을 보며 장탄식을 하더니 이윽고 두 눈에서는 눈물이 흘렀다. 할 수 없이 말 머리를 돌려 장안으로 달아나는데 몇 리도 못 가서 관흥이 앞길을 가로막았다. 다시 말 머리를 돌려 달아나는데 갑자기 수레 하나가 산비탈을 돌아 나왔다. 그 사람은 머리에 윤건을 쓰고 몸에 학창의를 입었는데 손으로 깃털 부채를 흔드는 것을 보니 바로 공명이었다. 공명은 강유에게 투항을 권유하였다. 강유는 한참을 생각하다가 앞에는 공명이요, 뒤에는 관흥이 있어 어디로 갈 길마저 없게 되자 어쩔 수 없이 말에서 내려 항복했다.

공명이 황망히 수레에서 내려 강유의 손을 잡아 일으키며 말했다.

"나는 지난날 오두막에서 나온 지 오랫동안 어진 인재를 구해서 평생 내가 배운 것을 전하려 했소. 그런데 아직 인재를 만나지 못했으나 이제 백약(강유)을 만나 소원이 이루어졌소."

이에 강유는 크게 기뻐하고 절을 올려 감사를 표했다.

공명은 강유와 함께 영채로 돌아와서 천수와 상규를 취할 것을 논의했다. 강유가 자신과 가까운 천수성의 윤상과 양서에게 서한을 보내 투항할 것을 권하자 두 장수는 성에서 나와 항복하고 촉군에게 성문을 열어주었다.

하후무와 마준은 당황하여 수백 명을 이끌고 서문으로 나가 성을 버리고 달아나 강족 오랑캐 쪽으로 달아났다. 양서와 윤상이 공명을 영접해 성으로 들어가서 양서에게 상규를 취할 계책을 묻자 양서는 상규는 친동생 양건이 지킨다며 그날 바로 상규로 가서 양건을 불러 공명에게 항복하라 하였다.

227년 겨울 마침내 천수, 상규, 기성 등의 성을 공명이 거두어들이자 촉군의 위세는 더욱 크게 떨치게 되었다. 공명이 한중의 병력을 모두 일으키니 선두는 기산을 나와 위수 서쪽에 이르렀다.

마속의 가정 전투

한편 위의 조예가 전각에 올라 조회를 여는데 측근의 신하가 아뢰었다.

"하후무가 세 고을을 잃고 강족 땅으로 도피했습니다. 이미 촉나라 군사가 기산에 이르렀고 선두 부대는 위수 서쪽에 다다랐다 합니다. 조속히 출병해서 적을 깨트려야 합니다."

조예는 이 소식에 크게 놀라 곽회를 부도독, 왕랑을 군사(軍師)라 삼아 대도독, 조진에게 다시 20만 대군을 주며 촉군을 막도록 지시했다. 이때 왕랑의 나이는 76세였다. 조진은 대군을 거느리고 장안에 이르러 위수 서쪽에 진을 쳤다.

왕랑이 먼저 공명에게 갑옷을 벗고 예를 갖추어 투항하면 제후의 지위를 놓치지 않을 거라며 말하였다. 그러자 공명이 왕랑에게 역적을 도와 제위를 찬탈했다며 "늙은 도적은 썩 물러가고 반역자들은 나와 승부를 겨루자" 꾸짖자, 갑자기 가슴속에 기가 꽉 막혀서 크게 외마디 소리를 지르더니 말에서 떨어져 죽었다.

조진은 왕랑의 시신을 관에 담아 장안으로 보내고는 촉군과 맞섰으나 위연, 관흥, 장포의 촉군에게 크게 패하였다. 그래서 조진과 곽회가 패

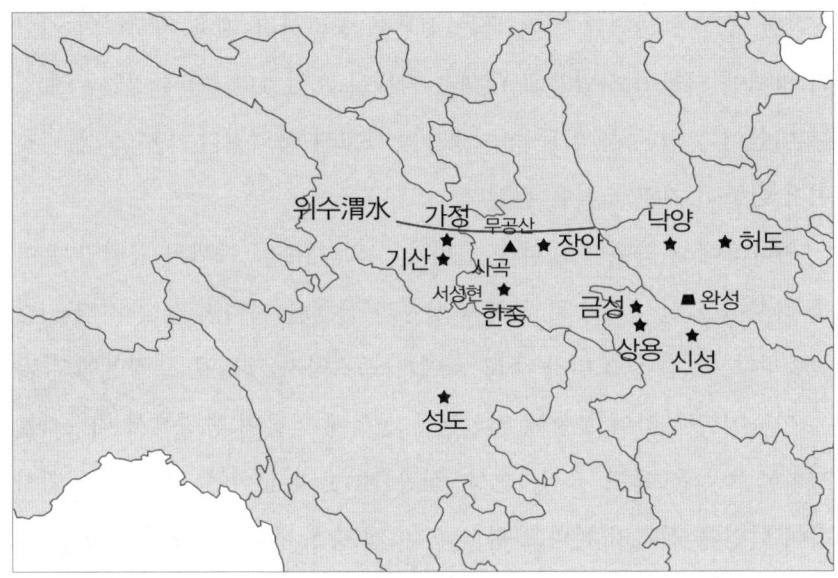

228년, 1차 북벌 시 가정 전투

잔병을 수습해 영채로 돌아가 상의하여 곽회의 계책대로 강족에게 구원 병을 요청하였다. 그러나 15만 명을 이끌고 강족이 출전하였으나 12월 이라 눈 덮인 산을 이용한 공명의 계책에 속수무책이었다. 공명은 사로 잡힌 강족 병사들과 수레와 말 무기를 모두 돌려주며 그들 나라로 돌아 가도록 풀어주었다.

　조진이 촉군에게 수차례나 패하고 강족 병사들도 패해서 돌아가자 위 나라에서는 조예가 조회를 열어 신하들과 대책을 숙의하였다. 그리고 태부 종요의 건의에 따라 완성에서 한가하게 지내고 있는 시마의를 불 러들여 평서도독으로 임명하고 남양의 각 군사를 일으켜 장안으로 나아 가도록 하였다.

한편 공명은 출전한 이래 모든 전투를 승리하자 매우 기뻐하며 기산의 영채에 머물며 사람들과 대책을 숙의하고 있었다. 이때 영안궁에 있는 이엄이 그의 아들 이풍을 보냈다는 보고가 올라왔다. 안으로 불러들이자 이풍이 기쁜 소식을 전했다.

"위나라에 투항했던 맹달을 조비가 그의 재주를 아껴서 황금과 준마를 하사하고 신성 태수로 앉혀서 상용과 금성을 지키며 서남 지역을 맡겼습니다. 그런데 조비가 죽고 조예가 즉위하자 맹달은 조정안에서 많은 이들이 질투하여 불안에 떨었는데 신성에 머물며 승상께서 위나라를 정벌한 소식을 듣고 금성, 신성, 상용 세 곳의 군마를 일으켜 곧 거사하여 낙양을 취하려 한다고 합니다. 이제 승상께서는 장안을 취하면 두 도읍이 크게 평정될 것입니다."

이에 공명이 크게 기뻐하며 이풍을 크게 포상하는데, 갑자기 세작이 들어와 말했다.

"위나라 조예가 장안으로 가면서 사마의를 복직시키고 평서도독으로 임명 후 그곳의 병력을 일으켜 장안에서 합류하도록 했습니다."

공명은 즉시 글을 써서 밤새 맹달에게 돌아가 알리도록 했다.

"경계하시오. 만일 거사를 일으키지 않았다면 반드시 사마의가 먼저 올 것이니 모름지기 만전을 다해 방비함을 절대 소홀히 하지 마시오."

맹달은 다시 심복에게 회신을 전하도록 했다.

"사마의는 두려울 것이 없습니다. 완성에서 낙양은 8백 리, 신성까지는 1천2백 리입니다. 사마의가 오려면 임금에게 표를 올리고 왕복하는데 한 달이 걸리니 저의 성은 더 견고해질 것입니다. 그러니 사마의가 오더라도 어찌 두려워하겠습니까? 승상께서는 안심하고 승첩만 기다리십시오."

공명은 다 읽고 난 후에 발을 구르며 말했다.

"맹달이 반드시 사마의 손에 죽겠구나."

한편 완성에서 한가하게 지내던 사마의가 두 아들 사마사, 사마소와 함께 출전을 서두르는 사이 원래 촉의 장수였던 맹달이 모반을 꾀하고 있다는 소식이 들려왔다. 사마의는 맹달의 모반 소식을 듣고 천자께 표를 올리면 한 달이 걸리므로 미리 신성으로 달려갔다. 맹달은 신성에 머물며 금성 태수 신의, 상용 태수 신탐과 약속하고는 날을 맞춰 거사하기로 하였다. 신탐과 신의는 허락하는 척하고 위나라 군사가 오면 기다려 곧바로 내응하려 하였다.

어느덧 위나라에서 서황이 먼저 도착하였다. 서황이 "맹달은 항복하라!" 외치자 맹달이 성 위에서 화살을 쏘았다. 화살은 서황의 이마에 명중되어 영채에서 화살촉을 뽑은 후 치료하다 죽었다. 이때가 서황의 나이 59세다.

뒤이어 사마의 병력이 당도하자 맹달은 일이 잘못된 것을 알고 길을 뚫고 달아났다. 신탐이 쫓아가서 창으로 맹달을 찔러 죽이자, 나머지 군사는 모두 항복하였다.

이보와 등현이 성문을 활짝 열자 사마의를 맞이해 성안으로 들였다. 사마의는 백성들을 안심시키고 사람을 보내 조예에게 알리고 맹달의 목은 낙양으로 보내어 저잣거리에 매달아 뭇사람들이 보도록 하였다. 신탐과 신의에게는 관직을 더해 주고 사마의를 따라 함께 출정하도록 하고, 이보와 등현에게는 신성과 상용을 지키게 하였다.

사마의는 병력을 이끌고 장안성 밖에 진을 쳐서 주둔하고 성안으로 들어가 위나라 군주 조예를 만났다. 조예는 크게 기뻐하며 사마의에게 상을 내리고 황금 도끼를 내려 촉군을 격파하도록 하였다. 사마의는 즉시 장합을 선봉으로 하여 20만 군사를 일으켜 장안을 떠나 출정하였다. 사마의는 우선 중요한 길목에 군사를 배치한 후 선봉장인 장합에게 말했다.

"진령의 서쪽엔 한줄기 길이 있는데 지명이 가정이고 그 옆에는 열류성이 있소. 이 두 곳은 모두 한중에 이르는 목구멍 같은 곳이오. 제갈량은 조진이 절대 그쪽에 군사를 배치하리라 예측 못 할 테니 반드시 그곳에 군사를 낼 것이오. 우리가 가정의 길목을 차단하여 그들의 식량 수송로를 끊은 것을 제갈량이 안다면, 농서 일대를 안정하게 지킬 수 없어 그는 밤을 새워서라도 한중으로 돌아갈 것이오. 그때 길목을 막고 덮치면 반드시 우리가 크게 이길 것이오. 만일 그들이 돌아가지 않더라도 우리가 병력을 배치해 지킨다면 한 달만 지나면 촉병들은 모두 굶어 죽을 테니 제갈량은 우리에게 잡힐 것이오."

사마의의 계책을 들은 장합은 크게 깨닫고 엎드려 절을 올리며 말했다.

"도독은 참으로 신묘한 계략을 가졌사옵니다."

그 무렵 기산에 머무르고 있던 공명은 맹달이 죽고 사마의가 출정했다는 소식을 듣고 말했다.

"사마의가 군사를 이끌고 오면 반드시 우리의 목줄과도 같은 가정을 노릴 것이다. 누가 가정을 지키겠는가?"

"제가 가겠습니다."

마속이 나서자 이에 공명이 만류하며 말했다.

"가정은 매우 중요한 곳이다. 그곳을 잃으면 우리의 숨통이 끊기는 것이다. 그대가 비록 병법에는 능하나 그곳은 성도 없고 지키기 어려운 곳이다. 더군다나 그곳은 사마의나 장합이 선봉이라 그대에겐 벅찬 상대다."

그러자 마속은 "그럼 제 목을 치십시오" 하고는 군령장까지 쓰며 출전을 강행하였다. 공명은 마속이 오랑캐와 싸울 때 죽은 마량의 아우로 그 재주가 뛰어나고 그릇이 커서 아끼고 있던 터라 마침내 마속의 간청을 받아들였다. 그럼에도 불구하고 미심쩍은 공명은 왕평을 상장으로 딸려 보내며 왕평에게 당부하였다.

"진을 세울 때는 요긴한 길목을 택해 적이 쉽게 지나지 못하게 하라. 그리고 진을 치거든 그것을 내게 보이고 절대 가볍게 나서지 말라."

마속과 왕평이 가정으로 떠난 후 공명은 고상과 위연에게 가정의 좌우에서 돕도록 하였다. 또한 조운과 등지를 불러 기곡으로 나가 적을 교란토록 시킨 후, 자신은 몸소 대군을 이끌고 사곡에서 곧바로 미성을 취한 후 장안을 깨뜨리기 위해 강유에게 선봉을 맡기고 사곡에서 출병하였다.

마속이 군을 이끌고 가정에 당도하여 지형을 보며 말했다.

"승상께서 걱정이 지나치신 것 같소. 이런 산속의 외진 곳에 감히 위나라 군사들이 온단 말이오."

그러자 상장 왕평이 말했다.

"비록 위나라 군사들이 오지 못한다 하더라도 이곳의 다섯 갈래 모든 길에 목책을 만들어 오래 버틸 계책을 세워야 합니다."

그러나 마속은 사방이 끊긴 산이라 천하의 험지라며 산꼭대기에 주둔하기를 계속 고집하였다. 그러자 왕평이 거듭 말렸다.

"산꼭대기에 진을 쳐서 위군이 가정을 포위하여 우리가 먹는 물길을 끊어버리면 우리는 싸우지도 못해보고 큰 혼란에 빠질 것입니다."

마속은 끝내 말을 듣지 않았다. 왕평은 마속과 자신이 세운 영채 지도를 그려 공명에게 보내고 자신은 산에서 10리 떨어진 곳에 영채를 세웠다.

이 소식을 들은 사마의가 기뻐서 어쩔 줄을 몰랐다.

"하늘이 우리를 돕는구나."

그런 후 촉의 진지를 살펴보고 말했다.

"장합은 왕평이 구원하러 오는 길을 막도록 하고 신탐과 신의는 적이 물을 길어 먹지 못하도록 길을 끊도록 하라."

그리고 사마의는 몸소 군사를 이끌고 가정의 산을 에워쌌다. 촉군은 밥을 지을 물은커녕 마실 물조차 없는 데다 사마의가 산기슭에 불을 질러 버리자 더 이상 견디지 못하고 산을 내려가 항복하는 군사가 늘어났다. 마속은 하는 수 없이 남은 군사들을 이끌고 달아났다. 사마의는 마속이 달아나도록 길을 열어주고 장합으로 하여금 뒤를 쫓게 했다. 마속은 위연과 왕평의 도움으로 간신히 양평관으로 달아났으나 대부분의 군사들을 잃고 말았다.

공명은 왕평이 보내온 진의 그림을 보다가 크게 놀라며 주먹으로 탁자를 내려치며 말했다.

"마속이 무지하여 우리 군사들을 죽음으로 내몰았구나."

공명은 곧 관흥과 장포에게 각각 정예병 3천을 준 뒤 무공산으로 가서 위나라 군사들과 싸우지 말고 함성을 지르며 북소리만 울리게 했다. 그리고 장익에게는 검각을 수리하여 퇴로를 확보하도록 지시하고 모든 군사들은 짐을 챙겨 떠날 준비를 하도록 시켰다. 마대와 강유에게는 후미를 차단하고 산골짜기에 매복해 다른 병사들이 다 퇴각하기를 기다린 후에 철수하도록 하였다. 그리고 심복들에게 명해 천수, 남안, 안정의 군관민들과 더불어 모두 한중으로 물러나게 했다.

공명은 이렇게 배치를 마치고 먼저 5천 군사를 거느리고 서성현으로 가서 군량미와 말먹이 풀을 한중으로 옮기기 시작했다. 그때 공명은 사마의가 15만 대군을 거느리고 온다는 소식을 듣고 성루에 올라가 보니 흙먼지를 일으키며 위군이 몰려오고 있는 것이 보였다.

공명은 급히 군사들에게 영을 내렸다.

"모든 깃발을 감추고 자기 자리를 지키되 소리를 내는 자는 목을 벨 것이다."

공명은 네 개의 성문을 모두 활짝 열고 군사들을 백성으로 위장시켜 물을 뿌리며 성문 앞을 쓸게 하고 위나라 군이 오더라도 절대 동요하지 말라 시켰다. 그리고 공명 자신은 학창의를 입고 윤건을 쓴 뒤 성루 가장 높은 곳으로 올라가 거문고를 켰다. 이때 대군을 이끌고 성벽 아래까지 사마의가 도착했다. 사마의는 공명이 홀로 거문고를 키는 것을 보며 아무래도 공명의 계략이라는 의심이 들어 급히 군사들을 물러나라 하였다.

둘째 아들인 사마소가 군사가 없는 것을 숨기기 위한 것이라 하자 사마의가 말했다.

"제갈량은 평생 천성이 신중하고 조심하는 자이다. 성문을 활짝 열어 놓았으니 필시 매복이 있을 것이니 즉시 물러나라."

위나라 군사가 물러나자 공명은 크게 손뼉을 치며 웃었다. 그리고는 곧 명령을 내려 사마의가 반드시 다시 올 것이니 서성의 백성들도 병사들을 따라서 한중으로 들어가도록 하였다. 이어 공명도 서성을 떠나 한중으로 떠나고 천수, 안정, 남안의 3군의 관리와 병사들도 줄을 지어 뒤를 따랐다.

사마의가 무공산의 샛길로 달아나는데 갑자기 산 뒤에서 함성소리와 함께 북소리가 일더니 장포와 관흥이 거느린 촉군이 달려 나왔다. 사마의는 제갈량의 계책에 빠졌다고 생각하고는 감히 큰길로 나오지 못하고 마침내 가정으로 다시 돌아갈 수밖에 없었다.

한편 조운과 등지의 복병은 기곡으로 통하는 길에 있었는데 곽회의 병력들이 촉군을 뒤쫓다 조운을 마주치게 되었다. 곽회의 부장인 소옹이 조운의 창에 찔려 말에서 떨어지자 병사들은 스스로 모두 궤멸되어 흩어졌다. 곽회가 추격하라고 병사들에게 명을 내렸지만 '조자룡'이란 소리만 들어도 겁을 먹은 병사들은 감히 아무도 나가 싸우려 들지 않았다. 조운은 위 군을 크게 무찌르고 수레와 인마를 거두어 한중으로 돌아갔다.

사마의는 다시 군사를 이끌고 서성에 들어가 그곳 백성들로부터 공명의 군사가 2천5백뿐이었으며 장수도 없었고 매복도 없었다는 말을 듣고 길게 탄식하며 말했다.

"아, 나는 아직 공명의 적수가 되지 못하는구나!"

사마의는 백성과 군사들을 위로하고는 병력을 이끌고 장안으로 돌아갔다.

한중으로 돌아온 공명은 조운과 등지가 무사히 돌아오자 가슴을 쓸어내리며 기뻐했다. 게다가 말 한 필 사람 한 명 잃지 않고 공을 세우고 돌아오자 조운에게 금과 비단으로 포상하였으나 조운은 3군이 모두 패했으니 모두 죄를 지었다며 끝내 사양하였다. 이에 공명은 자룡을 더욱 흠모하고 존경하게 되었다.

공명은 뒤이어 도착한 왕평으로부터 가정을 빼앗기게 된 경위를 듣고 마속을 불러들였다. 마속은 스스로 몸을 묶고 공명 앞에 무릎을 꿇었다. 공명이 말했다.

"내가 가정은 우리의 목구멍 같은 곳이라 일렀거늘 왕평의 말을 듣지 않고 어찌하여 군사를 전멸시켰느냐? 네가 스스로 군율을 어겼으니 너는 그 누구도 원망하지 마라. 네 처자는 돌보아 줄 테니 아무 걱정하지 마라."

말을 마치자 공명은 좌우의 사람들에게 마속을 끌어내 처형하라고 하였다. 그러자 마속이 눈물을 흘리며 말했다.

"승상께서 친자식처럼 저를 돌보아 주셨고 저도 승상을 아버지처럼 받들었습니다. 저는 죽어도 여한이 없습니다. 부디 제 자식들에게는 저의 허물을 씌우지 말아 주십시오."

말을 마치고 소리 내어 울자 공명도 눈물을 흘리며 말했다.

"나와 너는 형제와 다름없다. 네 자식은 내 자식이기도 하니 걱정 말 거라."

마침 참군 장완이 성도에서 오다가 공명에게 만류하자 공명은 눈물을 떨구며 대답했다.

"만약 군법을 폐한다면 어떻게 적들을 토벌하겠소? 처형하는 것이 합 당하오."

이윽고 무사들이 마속의 목을 베어 수급을 섬돌 아래 바치자 공명은 더욱 서럽게 울었다. 이때가 228년 5월, 마속의 나이 39세였다.

오, 촉 연합군의 위나라 공격과 진창전투

한편 위의 황제 조예는 다시 촉을 정벌하기 위해 사마의랑 상의하였다. 사마의는 아직은 너무 더운 여름철이라 촉에서 군을 움직이지 않을 것이니 진창의 학소를 보내 길목만 지키게 하는 것이 좋겠다고 말했다.

그때 갑자기 양주 사마 대도독 조휴가 표를 올렸다고 하였다. 동오의 파양 태수 주방이 자신의 고을을 바치겠다며 은밀히 사람을 보내 지금 오나라를 격파할 좋은 기회이니 어서 출병하여 오나라를 치라는 칠사(七事: 국가를 다스리고 전쟁을 치를 때 고려해야 할 7가지 요소)를 진술했다고 하였다.

조예가 표문을 읽고 사마의에게 건네자, 사마의는 일리가 있다며 자신이 1군을 이끌고 조휴를 돕겠다고 하였다. 그러자 가규가 말했다.

"오나라 사람은 이랬다저랬다 하는 적이 한두 번이 아니니 깊이 믿을 수 없습니다. 주방은 지모가 있는 선비이니 항복하지 않을 것입니다. 이것은 아군을 유인하는 속임수입니다."

그러자 사마의가 그 말도 일리는 있지만 이번 기회는 두 번 다시 없는 기회이니 절대 놓쳐서는 안 된다고 거듭 아뢰었다. 조예는 사마의에게 가규와 함께 조휴를 도우라 명했다. 두 사람은 어명을 받들어 떠났다. 조휴는 대군을 이끌고 환성으로 쳐들어가고, 가규는 만총과 호질을 데리고 양성을 치고자 동관으로 직진했다. 사마의는 휘하병력을 거느리고 강릉으로 쳐들어갔다.

오의 손권은 위가 군사를 일으켜 오자 육손을 대장군으로 삼고 주환을 좌도독, 전종을 우도독으로 삼아 세 방면으로 진군했다. 조휴가 환성에 이르자 주방이 나와 조휴를 맞았다. 조휴가 거짓 투항 같아서 의심을 하였으나 주방이 자기의 머리칼을 잘라 맹세를 하였다. 그러나 가규가 계속 거짓 투항이라 의심하자 조휴는 가규로 하여금 진을 지키게 하고 직접 군사를 거느리고 동관으로 나아갔다. 주방은 가규가 출전하지 않자 크게 기뻐하였다.

"조휴가 가규의 말을 들었다면 동오가 패할 텐데 하늘이 나로 하여금 공을 이루게 하는구나!"

그리고 즉시 사람을 몰래 환성으로 보내어 육손에게 이 사실을 알렸다. 육손은 석정에 군사를 매복시키고 석정의 넓은 곳을 점령하여 전투진영을 갖춘 뒤 위나라 군을 기다리고 있었다. 조휴는 주방이 조휴 군사를 석정으로 안내하자 비로소 계략에 빠졌음을 알았으나 주방은 이미 달아난 뒤였다.

조휴는 결국 석정에서 육손에게 크게 패하고 목숨만 부지한 채 수레와 마필 그리고 군수물자를 모두 잃고 목숨만 부지한 채 물러나고 말았다. 결국 조휴는 겁에 질리고 근심이 쌓여 병이 나더니 낙양에 도착하여 등에 종기가 나서 죽고 말았다.

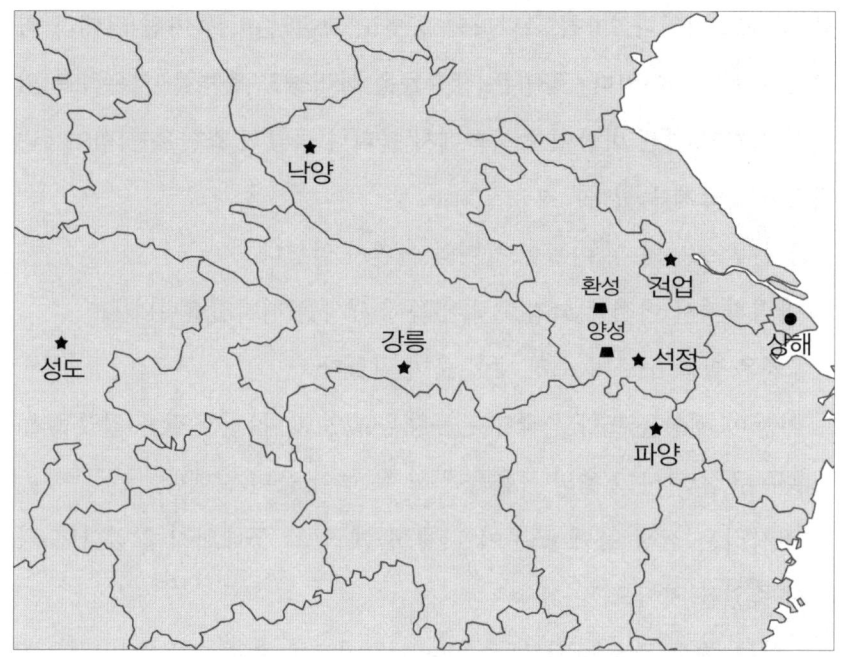

　사마의도 조휴가 패한 것을 전해 듣고 군사를 거두어 돌아오자 장수들이 맞이하며 물었다.

　"조 도독께서 패한 것은 원수의 책임이거늘 어찌 돌아오셨습니까?"

　"우리가 패한 것을 알면 제갈량이 곧 군사를 일으켜 장안으로 쳐들어올 것인데 그때는 누가 구할 수 있겠소?"

　그러자 장수들은 모두 사마의가 겁을 먹었다고 생각하고는 비웃으며 물러났다.

　한편 위를 물리친 손권은 사자를 촉나라로 보내 위나라를 정벌하기를 청하였다. 또한 오나라가 조휴를 대파한 일도 알리고 촉나라와 동맹을 맺자고 하였다. 마침 촉나라의 공명도 모든 준비를 마친 상태라 막 출병하려던 참이었다. 공명은 장수들을 불러놓고 출병을 의논하고 있는데 갑자기 거센 바람이 동북쪽에서 불더니 뜰앞의 소나무를 꺾어버려 사람들이 크게 놀랐다.

잠시 후 조운의 두 아들이 들어와 울면서 알렸다.

"아버지께서 어젯밤 삼경(23~1시)쯤에 세상을 떠나셨습니다."

공명은 발을 구르며 소리 내어 울며 말했다.

"자룡이 세상을 뜨다니 국가는 동량을 잃었고 나는 한 팔을 잃었구나."

후주 유선 역시 조운의 죽음을 듣고 목 놓아 울며 말했다.

"어지러운 전쟁 통에 조운이 나를 품에 안고 구해내지 않았다면 나 역시 죽었을 것이오."

유선은 즉시 조서를 내려 조운을 대장군으로 추존하고 성도의 금병산 동쪽에 장사를 지내게 하고 사당을 지어 철마다 제사를 지내도록 하였다.

공명은 유선에게 표문을 올려 30만 대군을 이끌고 위연을 선봉장으로 하여 진창으로 밀고 들어갔다. 이에 위의 조예는 조진에게 왕쌍을 선봉으로 15만 군사를 거느려 장안으로 가서 곽희와 장합의 군사와 합쳐 좁은 길목을 지키도록 하였다. 공명이 진창에 이르러 성을 에워싸고 공격했으나 성은 끄떡도 없었다. 이에 공명은 위나라의 원군이 오기 전에 진창성을 함락시키고자 총공격을 감행하였다. 긴 사다리를 만들어 성벽 쪽으로 올라가자 위군은 불화살로 맞섰고, 충차(衝車)라는 철갑차로 밀고 들어가자 큰 돌덩이를 던지며 위군은 저항하였다. 할 수 없이 땅굴도 팠으나 맞은편에서 땅굴을 막아버려 20여 일을 싸웠으나 성은 여전히 끄떡없었다.

그러는 사이 왕쌍을 선봉대장으로 위나라의 구원군이 도착했다. 공명은 크게 놀라며 요화, 왕평, 장의 세 장수로 하여금 왕쌍을 맞서 싸우라 하였으나 장의가 왕쌍에게 패하자, 촉의 사기는 크게 떨어졌다.

공명이 강유를 불렀다.

"진창으로는 앞으로 나아갈 수 없는데 좋은 계책이 있는가?"

강유가 말했다.

"진창성은 높고 튼튼한 데다가 학소가 지키고 왕쌍마저 있으니 성을 빼앗기는 어렵습니다. 그러니 대장 한 명으로 하여금 이곳을 굳게 지키게 하고 또한 길목에 군사를 배치하여 가정으로부터의 공격을 방어해야 합니다. 그리고 승상께서는 대군을 거느리고 기산으로 밀고 들어가시면 조진을 잡을 수 있을 것입니다."

공명은 강유의 말에 따라 진창 계곡은 위연, 가정 쪽 샛길은 왕평과 이희에게 지키도록 한 다음, 마대를 선봉장으로 관흥과 장포에게 전군과 후군이 되어 사곡을 나와서 기산을 향하여 출발하였다.

조진은 왕쌍이 적을 물리쳤다는 소식을 듣고 기뻐하던 중 적의 첩자를 잡았다는 보고가 올라왔다. 조진이 그를 불러 취조하니 강유가 보낸 밀서를 가지고 있었다. 밀서에는 '지난날 공명의 계략에 빠져 할 수 없이 항복했으나 한시라도 위나라를 잊은 적이 없어 도독을 도와 제갈량을 잡을 수 있게끔 도와주겠다'라고 씌어 있었다.

번번이 사마의에게 공을 빼앗겼던 조진 인지라 조진은 비요에게 명

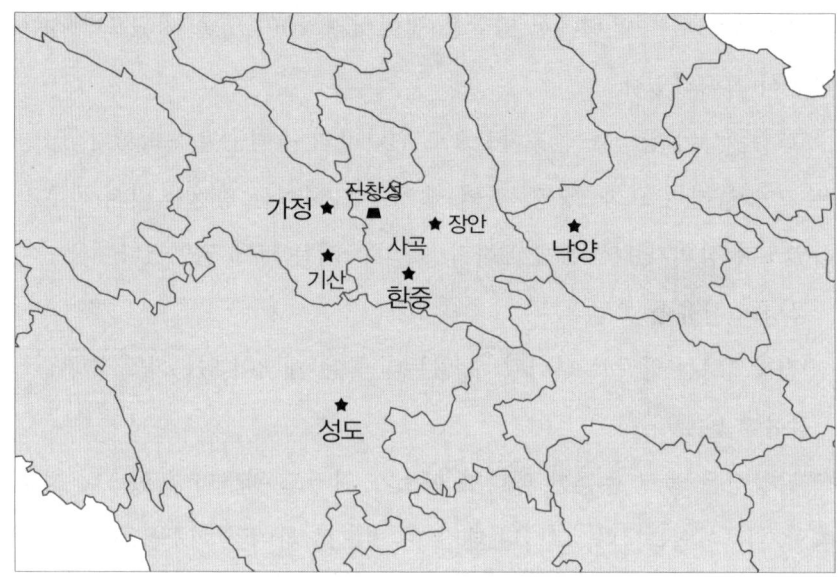

228년 겨울~229년 초 2차 북벌 시 진창전투

하여 강유가 말한 사곡으로 진군했다. 그러자 미리 매복해 있던 마대와 장의 그리고 관흥과 장포가 좌우에서 병사들을 몰고 돌격해 오자 대패 하였다. 그제서야 비요는 계략에 빠진 것을 알고 산골짜기 쪽으로 후퇴 시켰지만 관흥이 계속 추격하자 자결하여 죽고 말았다. 그러자 나머지 군사들도 모두 항복하였다.

공명은 며칠 밤 동안 병력을 몰아 기산 앞에 이르러 영채를 세우고 군 마를 주둔하고 강유에게 큰 상을 내렸다. 그러자 조예는 즉시 사마의를 불러들여 대책을 물었다. 사마의는 촉군은 거의 군량이 떨어졌으니 나 가서 싸우지 말고 가만히 길목만 지키고 있는 것이 상책이라 하였다. 그리고 태상경 한기를 보내 조정의 명을 조진에게 전달하도록 하였다.

조서를 받은 조진이 부하들과 토론하자 손례가 계책을 냈다.

삼국지, 한 권으로 끝내기

"제가 군량을 나르는 군사로 꾸며 기산으로 가서 군량을 싣고 왔다고 헛소문을 내면 공명은 군량을 뺏으러 올 것입니다. 그때 수레에 유황과 염초를 뿌린 후 나무와 띠풀을 쌓고 그들이 오면 불을 지르고 바깥에 매복군과 함께 공격하면 크게 이길 것입니다."

조진은 크게 기뻐하며 손례를 보내 계책대로 실행하도록 하였다.

한편 공명은 기산 영채에 머물며 날마다 공격하였지만, 위나라 군사는 굳게 지키기만 할 뿐 출전하지 않았다. 마침 공명은 군량이 거의 다 떨어져 고민하고 있었다. 그런데 위나라 군사들이 수천 대의 수레에 군량을 실어 나르고 있는데 운송관이 손례란 보고가 올라왔다. 공명이 크게 웃으며 말했다.

"이는 위나라 장수가 우리가 식량이 궁핍하다는 걸 알고 계책을 쓰는 것인데 수레에 실어 나르는 것은 띠풀과 인화물질이 틀림없소. 내가 화공이 전문인데 어찌 이런 계책으로 나를 유인할 수 있겠소? 우리가 수레를 습격하러 가면 적들은 우리의 영채를 습격할 것이오. 그러니 장계취계(將計就計: 적의 계략을 역이용) 해야겠소."

공명이 손례의 계책을 역이용하여 조진의 군사들을 크게 무찌르니 위군은 대패하여 모두 조진의 영채로 달아났다. 조진은 본진을 지키며 다시는 출전하지 않았고 촉군의 장수들도 싸움에 이기고 본진으로 돌아왔다. 공명은 비밀리에 사람을 보내 위연에게 계책을 주어 왕쌍을 막도록 지시한 후 영채를 뜯어내고 모두 회군하도록 지시하였다. 그러자 양의가 말했다.

"지금 이미 대승을 거두어 위병이 기세가 꺾였는데 어이하여 병력을 철수합니까?"

공명이 답했다.

"아군은 군량이 없으니 적들이 식량 보급로를 습격하면 그때는 돌아가려 해도 돌아갈 수 없소. 출기불의(出其不意: 적이 예상치 못할 때 행동)라고 이 틈에 퇴각해야겠소."

그리고는 하룻밤 사이에 영채를 텅 비우고 모든 군사가 퇴각하였다. 위연 역시 공명의 비밀 계책을 받고 왕쌍을 한칼에 베어버리고 무사히 한중으로 퇴각하였다.

조진은 왕쌍이 죽었다는 소식을 듣자 상심한 채 지내다 드디어 병이 들어 곽회, 손례, 장합에게 장안으로 통하는 여러 길목을 지키도록 한 후 낙양으로 돌아갔다.

손권의 황제 즉위

한편 오나라 손권은 신하들이 황제 즉위를 청하자 서기 229년 4월 무창 남쪽 교외에 대를 쌓고 황제가 되었다. 아버지 손견에게 무열 황제의 시호를 올리고, 형 손책은 장사환왕으로 삼고 아들 손등을 황태자로 세웠다.

손권은 즉시 사자를 서천으로 보내 촉의 후주 유선을 만나 예를 올리고 보위에 오른 사실을 아뢰었다. 후주 유선이 이를 듣고서 신하들과 상의하니 많은 신하들은 오나라와 동맹관계를 끊어야 한다고 하였다.

그러자 장완이 한중으로 사람을 보내 승상에게 의견을 묻자 공명이 말했다.

"사람을 시켜 예물을 가지고 오나라로 들어가 하례를 드리고 육손으로 하여금 위나라를 치도록 요청해야 하오. 그러면 위나라가 사마의를 시켜서 남쪽의 오나라 군을 막을 것이오. 그때 우리가 기산으로 나가면 장안을 차지할 수 있을 것이오."

후주 유선이 그 말을 따라 사자로 진진을 보내 공명의 말을 따랐다. 손권은 크게 기뻐하며 연회를 베풀어 대접한 후 사자를 촉으로 돌려보냈다. 손권이 육손을 불러들여 촉과 약속해 위나라를 치기로 한 일을 알리자 육손이 말했다.

"이미 함께 칠 것을 약속했으니 따르지 않을 수 없습니다. 이제 병력을 일으키는 척하면서 위와 촉의 싸움을 지켜보다가 촉이 위를 공격하여 위기에 빠트리게 되면 우리가 그때 중원을 차지할 수 있습니다."

그리고 즉시 영을 내려 형주와 양양의 곳곳에서 인마를 훈련하도록 하고 날을 골라서 군사를 일으키겠다고 하였다.

한편 공명은 진창성 안의 학소가 중병이 들었다는 것을 정탐하고 위연과 강유에게 군사 5천을 이끌고 진창성으로 가서 불길이 치솟으면 일제히 진창성을 공격하고 3일 안에 모든 일을 끝내도록 하였다. 공명은 두 사람이 계책을 받고 떠나자 관흥과 장포를 불러 귀에다 대고 속삭이며 계책을 주자 두 사람 역시 제각각 떠났다.

한편 위연과 강유가 진창성 아래에 당도하자 깃발도 하나 없고 징을 두드리며 야간 순찰하는 사람도 없자 의심스러워 성을 공격하지 못하고 있었다. 그런데 한차례 포성이 울리더니 사방에서 깃발들이 일제히 일어섰다. 그런데 한 사람이 머리에 윤건을 쓰고 손에 부채를 들고 학창 도포를 입은 채 크게 외쳤다.

"그대 두 사람이 늦었소."

두 사람이 바라보니 공명이었다. 둘은 황급히 말에서 내려 땅에 엎드려 말했다.

"승상! 참으로 신묘한 계책입니다."

공명이 두 사람을 성으로 불러들여 말했다.

"나는 학소가 중병에 걸린 것을 알고 두 사람에게 3일 안에 병력을 이끌고 성을 점령하라 명했소. 이것은 여러 사람의 마음을 안정시키기 위한 것이었소. 나는 관흥과 장포를 시켜 병사들과 몰래 한중을 나가게 해서 한밤중에 길을 재촉해 성 아래로 달려가 저들이 병력을 조정할 수 없게 만들었소. 그리고 일찍이 성안에 세작을 두어 불을 지르고 고함을 질러 돕게 하니 위군이 몹시 놀라고 두려워하여 손바닥 뒤집듯이 쉽게 취한 것이오. 병법에 이르기를 '그들이 생각하지 못한 곳으로 나가고 그들이 준비하지 못한 곳을 공격하라(出其不意 功其無備)' 한 것은 바로 이를 두고 한 말이오."

위연과 강유는 몹시 탄복하였다.

공명은 학소의 죽음을 기엾게 여겨 처자식으로 하여금 영구를 모시고 위나라로 돌아가 그 충심을 기리게 하였다. 또한 공명은 위연과 강유에게 말했다.

"두 사람은 갑옷을 벗지 말고 병력을 이끌고 산관을 습격하러 가시오. 그곳의 관문을 지키는 사람들은 병력이 몰려온 것을 알면 틀림없이 놀라서 달아날 것이오. 조금이라도 늦으면 위나라 군사들이 관문에 이르니 공격하기가 어려울 거요."

위연과 강유가 명을 받고 병력을 이끌고 산관으로 달려가자 관문을 지키는 병사들은 모조리 달아났다. 두 사람이 관문으로 올라가 갑옷을 벗으려는 찰나 멀리 관문 밖으로 먼지구름이 일며 위군들이 몰려왔다. 두 사람이 서로 보며 말했다.

"승상의 신묘한 예측은 도저히 상상할 수가 없소이다."

두 사람이 망루를 올려다보니 장합이 있었는데 촉병이 길목을 지키는 것을 보고 군대를 물렸다. 그러자 위연이 뒤쫓아가 한바탕 무찌르니 위군의 사망자는 셀 수도 없이 많았고 장합은 크게 져서 패잔군을 이끌고 달아났다. 위연은 사람을 시켜 승전소식을 공명에게 알렸다.

공명은 먼저 직접 군사를 거느리고 진창의 사곡으로 나가 건위를 취하고 대군을 몰아서 다시 기산으로 진군했다. 장합은 장안으로 되돌아가 곽회와 손례를 만나 설명하였다.

"진창을 잃고 학소도 이미 죽었는데 산관마저 촉군에 점령당했고 공명이 다시 기산으로 나누어 진군하고 있습니다."

곽회가 깜짝 놀라 말했다.

"그렇다면 틀림없이 옹성과 미성을 취할 것이오."

그리고 장합을 남겨서 장안을 지키게 하고 손례에게는 옹성을 지키라 명했다. 곽회는 스스로 한밤중에 미성으로 가 방어하면서 표를 올려 낙양에 급히 알렸다. 패전 소식을 듣자 조예는 크게 놀랐다. 그런데 손권이 황제를 참칭하며 촉과 서로 동맹을 맺고 위를 치려 한다는 소식이 잇달아 들려왔다. 조예는 두 곳의 위급한 상황을 듣고 사마의를 대도독으로 삼아 농서의 군을 총지휘하게 하고 병력을 이끌고 장안으로 나아가 공명을 막도록 했다.

229년 4월, 공명은 기산에서 3개의 영채를 나눠 세우고 위나라를 공격할 기회만 엿보고 있었다.

한편 조예의 명을 받은 사마의는 장안에 도착해 장합을 선봉에 세우고 대릉을 부장으로 삼아 10만 대군을 이끌고 기산으로 가서 위수 아래 남쪽에 진을 쳤다. 공명은 사마의가 성을 지키기만 할 뿐 싸우지 않자 장수들에게 각 진지에서 군사를 되돌리게 했다. 이 소식을 전해 들은 사마의는 공명의 계략이라며 뒤쫓지 않았다. 공명은 30리를 물러나며 진을 치기를 세 번이나 반복했다.

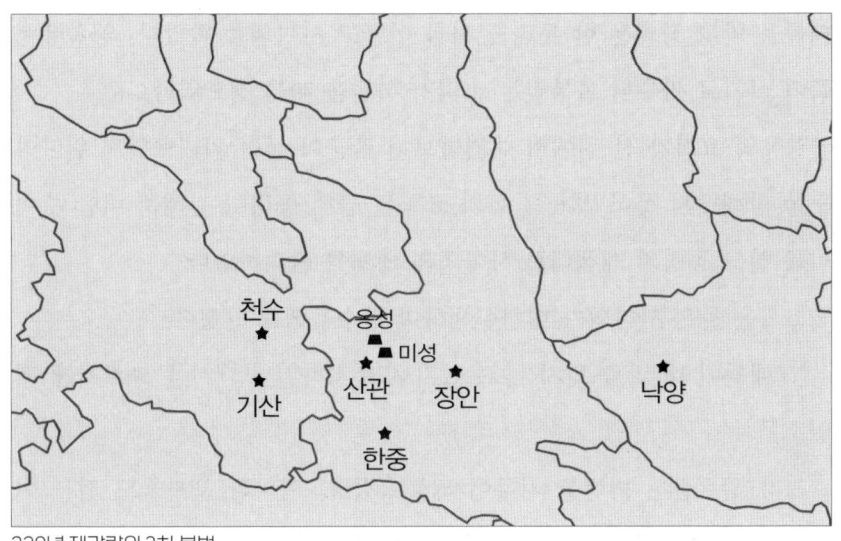

229년 제갈량의 3차 북벌

그러나 장합이 패전하면 군령을 받겠다며 거듭 촉군을 뒤쫓아 공격하자고 청하자 사마의는 그제야 정예병 3만을 장합에게 주고 자신은 5천의 군사들과 함께 뒤따랐다.

때는 6월이라 매우 더워서 사람과 말이 물을 뿌리듯이 땀을 흘렸다. 촉군을 뒤쫓던 위나라 군사들이 숨을 가빠하며 헐떡이자 공명이 산 위에서 붉은 깃발을 흔들었다. 그러자 관흥이 병력을 이끌고 달려 나오고 마충 등 네 장수가 일제히 달려 나왔다. 그러나 위나라의 장합과 대릉도 죽기 살기로 싸우며 물러나지 않았다. 촉나라 왕평과 장익도 양쪽에서 나와 위군의 퇴로를 차단하여 양군은 한바탕 교전을 치렀다.

그런데 갑자기 뒤에서 북소리와 피리소리가 하늘까지 울리더니 사마의가 직접 정예병들을 이끌고 쇄도하여 왕평과 장익을 포위해 한가운데로 몰아넣었다. 장익은 급히 군사를 두 갈래로 나누어 왕평이 장합과 대릉을 막고 장익은 한 무리 군사를 이끌고 사마의를 막았다. 양쪽에서 죽기 살기로 싸우니 울부짖는 소리가 하늘을 찌를 정도였다.

강유와 요화가 산 위에서 내려다보니 촉군이 점점 위태로워져 위나라군을 당해내지 못하였다. 강유와 요화는 급히 공명이 전해준 비단 주머니를 열고 공명의 계책대로 사마의의 영채를 습격하였다.

소식을 들은 사마의가 대경실색하며 장수들에게 말했다.

"그대들이 내 말을 믿지 않고 억지로 추격하더니 대사를 그르치게 되었소."

그리고는 급히 병력을 거두어 되돌아갔다. 위나라 군사들도 겁을 먹고 두려워 혼비백산하여 달아나자 장익과 관흥이 뒤쫓아 습격하니 위나라 군사는 크게 패하였고 사마의도 패잔병들을 수습하여 영채로 돌아갔다.

사마의는 장수들을 불러서 질책하였다.

"그대들이 병법을 모르고 오로지 혈기와 용맹만 믿고 억지로 출정하더니 이렇게 패하였소. 이제부터 절대로 경거망동하고 내 말을 따르지 않으면 군법에 따라 엄정히 처리하겠소."

장수들은 이 말을 듣고 몹시 부끄러워하며 물러났다.

한편 공명이 위나라 군과 싸워 큰 승리를 하고 돌아와 다시 병력을 일으켜 진격하려 할 때 장포가 병으로 죽었다는 소식이 전해졌다.

이 소식을 들은 공명은 통곡하다가 입에서 피를 토하며 그만 바닥에 쓰러졌다. 급기야는 드디어 병이 되어 침상에서 일어나지도 못하였다. 공명 자신도 이미 깊은 병이 있는 데다가 장비의 아들 장포마저 죽자 마음과 몸이 모두 상한 공명은 대군을 한중에 그대로 주둔시키고 자신은 성도로 요양을 위해 돌아갔다. 황제 유선이 몸소 공명을 문병하고 어의를 두어 돌보게 하니 병이 차츰 나아졌다.

사마의와 공명의 치열한 지략싸움

서기 230년 7월, 위나라 도독인 조진은 병이 낫게 되자 이제 날도 선선해지고 군마가 오랫동안 편히 쉬어 편안하니 다시 촉을 정벌할 좋은 기회라며 조예에게 표문을 올렸다. 조예는 조진을 대사마 정서 대도독, 사마의를 대장군 정서 부도독, 유엽을 군사(軍師)로 임명했다. 세 사람은 40만 대군을 일으켜 장안으로 간 뒤에 한중을 치기 위해 곧장 검각으로 달려갔다.

한편 공명은 어의가 집중적으로 병을 돌보자 병이 다 나아서 매일 군사를 조련하고 군사들에게 팔진법을 가르쳤다. 공명은 위군이 쳐들어온다는 보고를 받고 왕평과 장의에게 1천 명을 주고 진창의 옛길로 가서 위나라 군사를 막도록 하고 자신은 대군을 이끌고 바로 도우러 가겠다고 하였다.

그러나 왕평과 장의가 위나라 군사가 기세가 워낙 대단하여 1천 명의 병력으로는 어림도 없다며 출전하지 않고 눈치만 보자 공명이 말했다.

"내가 천문을 관측하니 이달 안으로 큰비가 내릴 것이오. 위군이 비록 40만 명이라 하지만 무슨 수로 이 산속까지 오겠소? 그러니 군사를 많이 쓰지 않아도 결코 해를 입지 않을 것이오. 나는 한중에서 위군이 퇴각하기를 기다려 그때 대군을 동원하여 위군을 급습하겠소."

왕평과 장의는 크게 기뻐하며 군사를 이끌고 인사를 올린 후 떠났다. 공명 역시 대군을 거느리고 한중을 나와 지나는 요충지마다 군량을 보충하고 장마에 대비토록 지시했다.

한편 조진과 사마의는 대군을 거느리고 진창성에 도착했으나 집 한 채 보이지 않았다. 원주민에게 물어보니 공명이 떠날 때 불을 질러 모두 없앴다고 하였다. 조진은 진창의 도로를 따라 진군을 하려던 것을 멈추고 사마의의 계책에 따라 지루하게 내리는 비를 방비하기 위해 성 안에 움막을 지어 대비하였다.

채 보름이 지나기 전에 하늘에서 큰비가 쏟아지니 성 안팎으로 물이 차 그 깊이가 무려 석 자에 이르러 군 장비가 모조리 젖고 사람들은 잠도 못 자고 밤낮으로 불안에 떨었다. 큰비는 쉬지 않고 30일 동안 내리니 말먹이 풀도 없어 군사들의 원성이 끊이지 않았다. 이에 위나라 군주는 조서를 내려 조진과 사마의에게 돌아오도록 하였다. 조진과 사마의는 촉군이 공격할까 봐 두려워 선두를 후미 삼고 후미를 선두 삼아 서서히 물러가기 시작했다.

한편 공명은 큰비에 위군이 회군할 것을 알고 장수들에게 명했다.

"위군이 회군하도록 내버려 두었다가 군사를 나누어 사곡으로 나아가 기산을 취하면 위군은 우리를 막을 수 없을 것이다."

그러자 장수들이 말했다.

"장안으로 진격할 여러 길이 있는데 어찌 기산만 점령하려 하십니까?"

"기산은 장안의 머리와 같은 곳으로 농서의 여러 고을에서 군사들이

오려면 무조건 이곳을 지나야 하오. 앞에는 위수가 가로지르고 뒤에는 사곡이 있으니 매복하기도 좋고 적을 제압하기에 좋은 곳이오. 그래서 이곳을 먼저 취해 지리적 이점을 활용하려 하오."

이에 장수들이 모두 탄복하였다.

공명은 위연, 장의, 두경, 진식에게 기곡으로 나아가게 하고 마대, 왕평, 장익, 마충을 사곡으로 보내 기산에서 만나도록 하였다. 공명은 스스로 대군을 거느리고 관흥과 요화를 선봉으로 삼아 뒤따라 출발했다.

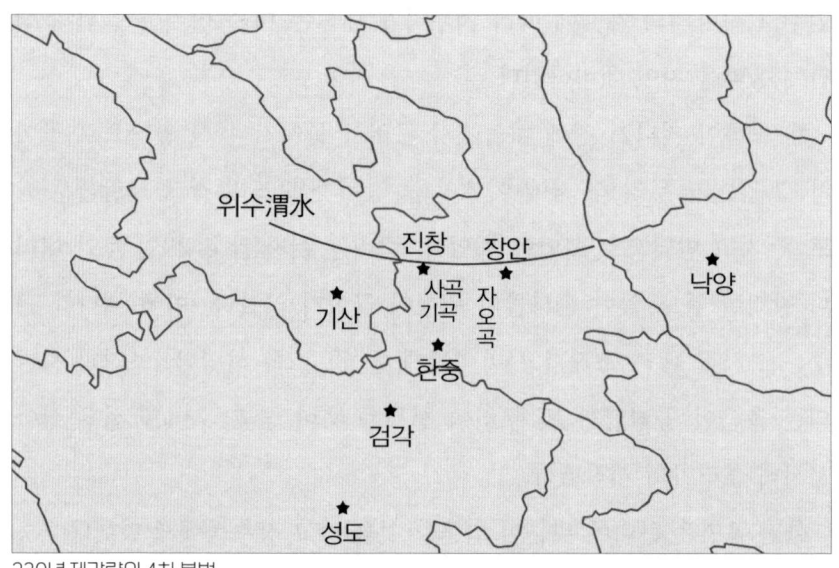

230년 제갈량의 4차 북벌

위연, 장의, 진식, 두경이 기곡을 향해 나아가고 있는데 등지가 와서 군령을 전했다.

"승상께서 기곡으로 나아갈 때 위군의 매복에 대비해서 함부로 나서

지 말라는 군령을 내렸소."

그러자 진식이 비웃으며 말했다.

"위군은 장마에 도망가기도 바쁜데 매복할 틈이 어디 있겠소. 승상께서 지모가 그렇게 뛰어나시면 가정 싸움에서는 왜 패했는지 알 수 없구려."

위연 역시 공명이 자신의 말대로 자오곡을 거쳐 나아갔으면 지금쯤 장안은 물론 낙양까지 점령했을 것이라며 진식을 거들었다. 등지는 돌아가 공명에게 위연과 진식의 무례함을 그대로 전했다. 그러자 공명이 웃으며 말했다.

"위연은 평소에 반역 상이라 나는 그의 늘 불평하는 속마음을 알고 있소. 그의 용맹을 아껴 쓰고는 있지만 먼 훗날 반드시 재앙을 일으킬 것이오."

결국 등지의 말을 듣지 않은 진식은 사마의의 매복에 걸려서 군사들을 거의 잃고 목숨만 부지한 채 가까스로 위연의 도움을 받아 탈출하였다. 공명이 누가 이토록 위험에 빠뜨렸냐고 묻자 진식은 위연이 시킨 일이라며 발뺌하였다. 공명은 위연이 구해 주었음에도 불구하고 남 탓을 한다며 그 자리에서 진식을 참수하고 장수들이 볼 수 있도록 머리를 군막에 매달아 놓았다.

한편 사곡으로 간 마충과 장익, 마대, 왕평은 골짜기로 위군을 유인하고 관흥, 요화, 오의, 오반을 매복시켜 위군을 크게 무찔렀다. 조진이 달아나자 사마의가 갑자기 한 무리의 군사를 이끌고 와서 촉군과 한바탕 교전하였다. 촉군이 물러나자 조진은 겨우 탈출했지만 부끄럽기 이를 데 없었다. 이때 사마의가 말했다.

"제갈량이 기산을 빼앗아서 우리는 이곳에 오래 머무를 수 없습니다. 위수 물가로 가서 영채를 다시 세워 계책을 다시 세워야 합니다."

조진은 공명에게 대패하고 병이 나자 병상에서 일어나지 못하였다. 조진이 병이 들어 위중하다는 말을 들은 공명은 편지를 써서 투항한 위나라 군사를 시켜 조진에게 전했다. 조진은 병상에서 억지로 일어나서 편지를 뜯어 읽어보았다.

"한나라 승상 제갈량이 대사마 조자단(조진)에게 글을 보내오. 삼가 생각건대 무릇 장수는 물러감과 나아감을 잘 알고 유화책과 강경책을 잘 써서 진퇴 강약에 능해야 하고 산악처럼 동요하지 않고, 음양처럼 알기 어려워야 하며 천문을 살펴 가뭄과 홍수를 알고 적의 장단점을 알아야 하오. 그러나 제대로 배우지 못한 후배가 하늘을 거스르고 나라를 찬탈한 역적이 낙양에서 황제가 되는 것을 도왔소. 사곡에서 패잔병이 달아나는 것을 도왔고, 진창에서 장마를 만났으며 들판 가득 무기와 갑옷을 버리고 땅에 가득히 창과 칼을 버렸소. 또한 쥐새끼처럼 달아나며 허둥지둥하였소. 우리 군대는 강대하고 말들은 튼튼하며 장수들은 범처럼 용맹하고 용처럼 위풍당당하니 이제 곧 위나라 군대를 곧 허물어뜨려 폐허로 만들어 버릴 것이오."

조진은 공명이 자신을 조롱하고 꾸짖는 내용을 다 읽고 분노와 억울함이 가슴에 끓어올라 저녁이 되자 진중에서 죽고 말았다.

사마의는 조진을 군용 수레에 실어 사람을 낙양에 보내 안장하였다.

위나라 군주인 조예는 조진이 사망한 것을 듣고 즉시 조서를 내려 사마의에게 출전을 재촉하였다. 대도독 조진이 죽자 사마의는 군사를 내몰아 공명에게 싸움을 걸었다. 위나라와 촉나라는 위수의 양 기슭에 진을 펼친 채 진법으로 먼저 자웅을 겨뤘다.

사마의가 '혼원일기진'을 펴자 공명은 '팔괘진'을 펼쳐 대항했다. 사마의가 팔괘진을 깨기 위해 군사들을 진 안으로 들여보냈으나 군사들은 빠져나오지 못하고 모두 촉군에게 사로잡히고 말았다. 공명은 군사들의 옷과 갑옷을 벗기고 얼굴에 먹을 칠해서 진 밖으로 걸어 나가게 하였다. 분함을 참지 못한 사마의는 직접 손에 칼을 들고 1백여 용맹한 장수들을 이끌고 군사들을 독려하며 돌격하였다. 그러자 관흥이 서남쪽에서 달려오고 강유도 한 무리의 군사를 이끌고 오며 촉군이 세 군데서 협공을 하였다. 사마의는 크게 놀라 군사들을 퇴각시켰다. 촉군이 퇴각하는 위군을 포위하며 달려들자 사마의는 3군을 이끌고 남쪽으로 죽기 살기로 포위를 뚫고 나갔다. 이때 위나라 병사들이 전투에서 열에 예닐곱을 모두 잃었다. 사마의는 가까스로 위수의 남쪽 물가로 퇴각하여 영채를 세운 뒤에는 굳게 지키기만 할 뿐 나오지 않았다.

공명은 승리한 후 병력을 거두어 다시 기산으로 돌아갔다. 그런데 영안성의 이엄이 도위인 구안을 시켜 군량을 운송하도록 하였다. 구안은 술을 좋아하여 일을 게을리하다 보니 열흘이나 늦게 도착하였다.

그러자 공명이 크게 노하며 말했다.

"군에서는 오로지 군량을 큰일로 여기어 3일만 어겨도 바로 참해야 마땅하거늘 너는 열흘이나 어겼으니 무슨 말로 변명을 할 테냐?"

그러고는 밖으로 끌어내 처형하라 명했다. 그러나 비서장인 양의가 이엄이 구안을 채용했다며 이 사람을 죽이면 아무도 군량을 운송하지 않을 것이라며 말리자 곤장 80대를 쳐서 내보냈다.

앙심을 품은 구안은 그날 밤 위나라 영채로 달아나 사마의에게 투항하였다. 사마의가 구안을 불러들이자, 구안은 공명에게 곤장 맞은 일을 엎드려 고했다. 그러자 사마의는 계책을 내서 구안으로 하여금 성도로 가서 '공명이 주상에게 원망하는 마음이 커서 조만간 스스로 황제가 되려 한다'는 유언비어를 퍼뜨리도록 하였다.

구안은 성도로 급히 돌아가 환관을 만나 유언비어를 퍼뜨렸다. 환관은 이를 듣고 크게 놀라 즉시 안으로 들어가 황제에게 이 사실을 고했다. 황제 유선은 즉시 조서를 내려 사람을 보내 기산의 본진으로 달려가 군사를 거두어 공명을 성도로 돌아오도록 명하였다.

천자의 조서를 받은 공명은 하늘을 우러러 탄식하였다.

"주상께서 어리시니 틀림없이 간신이 곁에 있구나. 내가 이제 공을 세울 참인데 무슨 까닭으로 돌아가겠는가? 내가 만약 돌아가지 않으면 주상을 업신여기는 것이고, 돌아간다면 훗날 이런 기회를 다시 얻기 어려울 것이다."

공명은 대군이 물러날 때 사마의의 추격을 대비하기 위하여 다섯 개 방면으로 퇴각을 결정하고 우선 영채부터 철수하기로 하였다. 그리고 영내에 군사가 1천이라면 아궁이를 2천 개를 파고 내일은 3천 개, 모레는 4천 개를 파는 식으로 아궁이 수를 늘리며 퇴각하였다.

사마의는 촉나라 군이 후퇴하면서 아궁이 수를 늘린 것을 보고 병력이 더 해진다는 생각에 감히 함부로 추격하지 못하였다. 공명은 이렇게 아궁이 수를 늘리는 방법으로 한 사람도 잃지 않고 성도로 떠났다.

그 뒤 사마의는 공명이 아궁이 수만 늘린 것이라는 소리를 듣고는 하늘을 우러러 길게 탄식하였다.

"공명이 우후의 전법(동한의 우후가 아궁이 늘리는 전법으로 강족을 대파)으로 나를 속였구나. 나는 그의 지모를 결코 따를 수가 없구나!" 하며 마침내 대군을 이끌고 낙양으로 돌아갔다.

공명은 한중으로 군사를 다 물린 후 성도에 도착해 후주 유선을 만나 아뢰었다.

"신이 기산으로 나아가 장안을 취하려는데 갑자기 폐하께서 조서를 내셔서 불러들이셨습니다. 무슨 큰일이 있으신지 모르겠사옵니다."

후주는 대답할 말이 없어 잠시 머뭇거리다가 말했다.

"짐이 오래도록 승상의 얼굴을 못 봐서 마음속으로 그리워하다가 일부러 불러들인 것이지 별일은 없소. 짐이 환관의 말을 잘못 듣고 승상을 불러들여서 후회막급이오."

공명은 환관들을 추궁하여 구안이 유언비어를 퍼뜨린 것을 알게 되어 급히 구안을 체포하라 했지만, 그는 이미 위나라로 달아난 뒤였다. 공명은 황제에게 유언비어를 알린 환관에게 죄를 물어 죽이고 나머지 무리는 궁 밖으로 내보낸 뒤에 간사한 자들을 잘 관찰하지 못하고 황제께 간언하지 않은 장완과 비위를 크게 야단치고 한중으로 다시 돌아왔다.

서기 231년 2월, 공명은 위나라 정벌을 위해 또다시 기산으로 진군했다. 위나라 군주 조예는 공명이 다시 중원을 정벌한다는 소식을 듣고 사마의를 불러 장안으로 가서 대비토록 하였다.

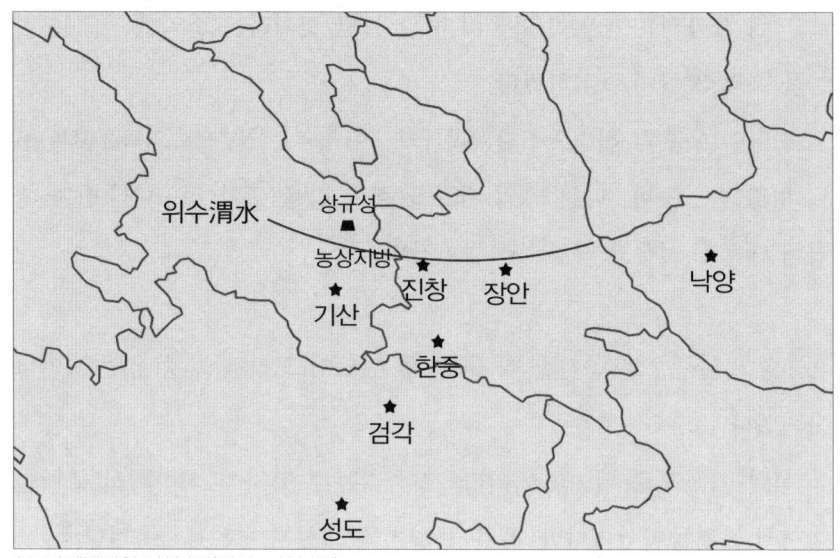

231년 제갈량의 5차 북벌(정사: 4차 북벌)

촉군은 너무 잦은 출정으로 군사들은 이미 지쳤고 군량도 부족해서 공명은 밀을 베어오도록 시켰다. 그런데 사마의가 촉군이 군량이 부족한 것을 알고 미리 방비를 엄하게 하였다. 공명이 분신술과 축지법을 써서 위나라 군을 혼란스럽게 하자 위군은 촉군이 감히 얼마나 되는지도 몰라 두려워 상규성 안으로 들어가 사흘 동안 문을 닫고 나오지 않았다.

이때를 틈타 공명은 3만 정예병들에게 명하여 농상 지방의 밀을 모두 베어서 타작하고 말렸다. 사마의 역시 상규성 안에 머물며 사흘간 성 밖으로 나오지 못하다가 밀 타작을 하는 공명 군을 공격했으나 공명이 밀밭에 숨겨둔 매복군에게 또다시 크게 당한 채 3천여 병사들을 잃고 물러났다.

삼국지, 한 권으로 끝내기

사마의는 곽회가 촉군과 싸워 매번 패하자 격문을 써서 옹주와 양주의 인마들과 힘을 합쳐서 검각을 습격하자고 계책을 냈다. 그러자 대장 손례가 하루도 안 되어 옹주와 양주의 여러 인마를 거느리고 도착하였다. 사마의는 즉시 손례에게 명하여 곽회와 만나 검각을 습격하도록 하였다.

한편 공명은 위군이 오래도록 막아 지키기만 하고 출전하지 않자 그들이 검각에 병력을 보내 우리의 식량 보급로를 끊고자 함이라며 마대와 강유에게 군령을 전달하여 1만 군사를 이끌고 요충지를 수비하도록 명했다.

두 사람이 군사를 이끌고 떠나자 장사 양의가 군막으로 들어와 보고했다.

"지난날 승상께서 전군은 1백일에 한 번씩 교대하라 명하셨는데 이제 기한이 되어 8만 병사 중 4만 명을 모두 교대해야 합니다."

그러자 공명이 말했다.

"이미 군령을 내렸으니 신속히 행하시오."

군사들이 이를 전해 듣고 집으로 돌아갈 짐을 꾸리고 있는데 위나라 손례가 옹주와 양주 인마 20만 명을 이끌고 검각을 습격하러 가고 사마의도 직접 병력을 이끌고 노성을 공격하러 온다는 급보가 올라왔다. 양의가 공명에게 말했다.

"위나라 군이 몰려오니 교대할 군사들을 우선 머물게 하여 적병을 물리친 다음 새로 오는 병력과 교대하도록 하십시오."

그러자 공명이 말했다.

"안 되오. 장수들에게 명을 내리는 것은 신의를 근본으로 하는데 어찌 신의를 저버리겠소. 촉나라 군사 중에 이번에 가야 할 군사들은 미리 계획도 세워놨겠고 또한 부모 처자가 벌써 문밖에서 기다리고 있을 터인데 그렇게 하면 안 되오."

공명은 즉시 명을 내려 교대가 예정된 병사들은 바로 떠나도록 하였다. 그러자 병사들이 집으로 돌아가지 않고 출전하겠다며 외쳤다.

"승상께서 이토록 은혜를 베푸시니 저희는 돌아가지 않고 목숨을 바쳐서라도 위군을 무찔러 승상의 은혜에 보답하겠습니다."

그러자 공명이 말했다.

"너희들이 기왕에 나와 함께 출전하겠다 하니 위병들이 오기를 기다렸다가 그들이 오면 쉴 틈 없이 급하게 공격하라. 이것이 쉬면서 기다렸다가 지쳐있는 적을 상대하는 전술(此以逸待勞之法)이다."

사기충천한 군사들이 서량에서 먼 길을 재촉해 오느라 지친 서량의 인마들을 쉴 틈도 없이 총공격하자 옹주와 양주의 병사들은 촉군을 막아낼 엄두도 못 내고 그저 달아나기에 바빴다. 기세가 더욱 오른 촉군이 모두 힘을 합쳐 옹주와 양주의 병사들을 추격하니 시체는 들판에 나뒹굴고 피는 흘러 도랑을 이루었다.

공명이 성을 나와서 위병을 크게 무찌른 군사들에게 성으로 불러 상을 내리고 있는데 영안성에 있는 이엄으로부터 위나라와 오나라가 화친을 맺는다는 급보가 날아들었다. 공명은 다시 기산에 있는 군사들을 서천으로 물릴 수밖에 없었다. 기산에서 공명의 촉과 맞서고 있던 장합이 이 사실을 사마의에게 알리자 사마의는 함부로 뒤쫓다 공명의 계략에 또 당할 수 있다며 추격하지 않았다.

그런데 높은 곳에 올라가 노성을 자세히 살펴보니 안이 텅 비어있는 것을 발견하고 즉시 군사를 내어 검각의 목문도까지 촉군을 뒤쫓았다. 그러자 갑자기 포성이 울리더니 산 위에서 불길이 치솟고 큰 돌과 통나무들이 떨어져 길이 끊기고 막혀 앞으로 나아가지도 뒤로 물러설 수도 없었다. 그때 위에서 1만 노수(쇠뇌를 쏘는 군사)가 일제히 사격하자 장합은 백여 명의 부장들과 함께 모두 목문도 안에서 화살을 맞고 죽었다.

위나라 군사들이 돌아가 사마의에게 알리자 사마의가 비통해 마지않더니 하늘을 우러러 탄식하였다.

"장합이 죽은 것은 나의 잘못이다."

그리고 병력을 거두어 즉시 낙양으로 돌아갔다. 위나라 군주도 장합이 전사한 것을 듣고 눈물을 흘리며 탄식하고 사람들에게 명하여 그 시신을 거두어 후하게 장례를 치르도록 하였다.

공명도 이제 한중으로 돌아가 후주를 만나기 위해 성도로 들어가려 하였다. 후주는 이엄이 "군량을 준비하여 보내려 하는데 승상이 어찌 회군했는지 모르겠습니다"라고 거짓말로 상주하자 상서 비위에게 명해 한중으로 들어가 공명이 갑자기 철군한 이유를 직접 묻도록 하였다.

비위가 한중으로 와서 후주의 뜻이라며 회군한 이유를 묻자 공명이 크게 놀라 말했다.

"이엄이 서신을 급히 보내 오나라가 위와 화친을 맺고 서천을 침범할 것이라 해서 군사를 돌린 것이오."

그러자 비위가 말했다.

"이엄이 군량을 이미 준비했는데 승상께서 아무 이유도 없이 군사를 돌렸다고 주상께 보고했습니다."

공명은 크게 노해서 사람을 보내 조사하게 하였다. 결국 이엄이 군량을 제때 마련하지 못해서 승상에게 처벌받을까 두려워 고의로 서신을 보내 회군하게 하고, 천자에게도 거짓을 하여 자신의 과오를 감추려 한 것이었다.

이것을 안 후주가 크게 화를 내어 이엄의 목을 베려고 하였다. 그러나 참군 장완이 선제 유비가 뒷일을 당부했던 사람 중의 하나라 아뢰자 차마 목은 베지 못하고 관직을 박탈한 후 귀양을 보내 서민으로 돌아가도록 했다.

성도로 돌아온 공명은 군량을 모으고 전법을 가르치고 무기를 정비하고 군사들을 아끼고 돌보며 3년 후 다시 출정하기로 하였다.

제갈량 마지막 북벌, 상방곡 전투

어느덧 3년이 흘러 모든 준비를 마친 공명은 다시 북벌을 위해 기산으로 출정했다. 공명은 출정에 앞서 소열황제(유비)의 사당에 제물을 올린 후 눈물을 흘리고 절하며 고했다.

"신은 기산으로 다섯 번 나갔으나 아직 한 치의 땅도 얻지 못했으니 지은 죄가 가볍지 않습니다. 신은 이제 기산으로 나가서 맹세코 온 힘을 다 바쳐 한나라의 도적을 멸하고 중원을 회복하는 데 온몸을 다 바치려 합니다. 이는 제가 죽은 뒤에야 멈출 것입니다."

공명은 그날 밤으로 한중에 도착해 장수들을 모아 출병을 상의하였다. 그때 누군가 관흥이 병으로 죽은 것을 알리자 공명은 목을 놓아 울다가 끝내 혼절한 후 한 참을 지나서야 깨어났다.

며칠 후 공명은 34만 군사를 다섯 방면으로 나누어 진군하며 위연과 강유를 선봉 삼아 모두 기산으로 집결하라 하였다. 그리고 이회는 군량을 날라 놓고 사곡 어귀에서 대기토록 했다.

234년 2월, 위의 조예는 촉군 30여만 명이 기산으로 출병한다는 소식을 듣고 사마의를 대도독으로 삼고 하후연의 네 아들을 앞세워 40만의 군사를 일으켰다. 그 무렵 공명은 기산에 5개의 큰 영채를 짓고 사곡에서 검각에 이르는 길에 14개의 영채를 세워 장기전에 대비하였다.

그러나 공명의 계책을 미리 내다본 사마의에게 위수 건너 북원 전투에서 패해 군사 1만여 명을 잃고 공명은 잠을 이루지 못했다. 마침 성도에서 비위가 승상을 찾아오자 비위에게 한 통의 편지를 써주며 오나라 손권에게 보내 함께 위를 정벌하기를 청했다. 그러자 손권은 비위에게 기일에 맞추어 30만 대군을 일으켜 출병하겠다고 하였다. 비위는 손권에게 사례한 후 기산으로 가서 공명에게 보고한 후 다시 성도로 돌아갔다.

한편 공명은 위수 남쪽을 공격할 계책을 의논하며 병사들에게 매일 싸움을 걸도록 하였지만 위나라 병사들은 지키기만 할 뿐 도무지 대응을 하지 않았다. 어느 날, 공명이 작은 수레를 타고 기산 앞 위수의 동서쪽 지세를 살피다가 어느 골짜기 입구에 이르렀다. 그런데 땅의 형세가 마치 표주박처럼 생겨서 군사 1천 명 정도는 능히 머물 수 있을 거라 생각했다. 배후에는 양쪽 산이 둘러싸여 겨우 사람 하나 말 한 필이 다닐 수 있을 정도였다. 공명이 마음속으로 기뻐하여 길을 안내하는 관리에게 물었다.

"이 골짜기 이름이 무엇이오?"

"이곳은 상방곡인데 호로곡이라고도 부릅니다."

공명은 군중에 있는 목공 천여 명을 불러 호로곡으로 들어가 목우유마를 만들도록 시켰다. 목우유마는 공명이 소와 말을 본떠 만든 수레로 산길 좁은 길에서 군량과 무기를 나르기 위한 것인데 공명이 출가하기 전에 만든 것이었다. 공명은 목우유마를 다 만들고 우장군 고상에게 군사 천여 명을 주어 목우유마를 끌고 검각에 있는 군량을 날라오게 시켰다.

사마의는 촉군이 목우유마라는 걸 만들어 양초(糧草)를 실어 나른다는 급보를 받고 장호와 약침을 보내 사곡의 지름길로 나가 습격하여 목우유마 서너 필만 빼앗아 오도록 시켰다. 두 사람은 각각 병사 5백 명씩 이끌고 촉나라 병사로 위장해 야간에 지름길로 가서 골짜기 안에 매복하였다. 잠시 후 고상이 목우유마를 이끌고 오자 양쪽에서 일제히 북을 두드리며 달려 나와 목우유마를 빼앗아 오자 사마의는 크게 기뻐하며 그대로 만들게 시켰다.

위병들에게 목우유마를 빼앗긴 촉군의 병사들이 공명에게 사실대로 아뢰자 공명은 군사들을 다시 위나라 병사로 변장시켜서 목우유마를 빼앗아 오도록 시켰다. 위나라 장수 잠위가 군사들을 이끌고 목우유마로 군량을 나르고 있었다. 그런데 위병으로 분장한 촉군 들이 나타나서 갑자기 덮치더니 앞쪽에서도 촉군의 군사들이 쏟아져 나와 위군을 덮치며 소리쳤다.

"촉나라 대장 왕평이 여기 있다."

이때 위군은 전혀 힘을 쓰지 못하고 촉군에 의해 죽은 자들이 태반이었다. 위나라의 패잔병들이 북쪽 위나라 영채로 돌아가 이 사실을 알렸다. 곽회가 군량미를 빼앗긴 것을 듣고 군사를 이끌고 구원하러 오자 왕평은 공명이 일러준 대로 목우유마의 혀를 돌려놓고 달아났다.

위 나라 병사들이 목우유마를 움직이려 하자 목우유마는 어찌 된 일인지 꿈쩍도 하지 않았다. 서로 어리둥절하고 있는 사이 산 뒤쪽에서 큰 함성이 일더니 위연과 강유가 거느린 군사들이 나타나고 왕평도 군사를 되돌려 위군에게 달려들었다. 위군은 곽회마저 대패하고 물러났다.

위나라 곽회가 달아나자 촉군이 목우유마의 혀를 다시 돌려놓자 꿈쩍도 하지 않던 목우유마를 몰고 갔다. 이것을 본 곽회가 크게 놀라 말했다.

"이것은 신이 돕는 것이구나."

이 소식을 듣고 사마의가 직접 군사를 이끌고 급히 구원하러 오자 산골짜기에 매복해 있던 장익과 요화가 달려 나와 기습을 하니 사마의의 군사들은 싸우기도 전에 뿔뿔이 흩어져 달아나기 시작했다.

사마의는 혼자 창을 쥐고 말을 몰아 빽빽한 숲속으로 달아났다. 요화가 뒤쫓아 나무 둘레를 따라 돌던 사마의를 큰 칼로 내리치니 칼이 사마의가 아닌 나무에 깊게 박히고 말았다. 요화가 칼을 뽑는 사이 사마의는 재빨리 황금투구를 동쪽에 버리고 서쪽으로 말을 달려 숲속을 빠져나와 달아났다.

요화는 사마의의 황금투구를 집어 들고 영채로 돌아왔다. 사마의도 간신히 목숨만 건지고 영채로 돌아오자 위나라 황제 조예는 오나라가 세 개 방면으로 침입하여 조정의 장수들에게 적병을 막도록 하였으니 사마의도 절대 싸우러 나가지 말고 굳게 지키고만 있으라는 조서가 내려졌다. 사마의는 어명을 받고 해자를 깊게 파고 보루를 높이 쌓아 굳게 지키기만 하고 싸우러 나가지 않았다.

한편 공명은 기산에서 오래 주둔할 생각으로 군사들에게 위나라 백성들과 함께 뒤섞여서 농사를 짓도록 하였다. 군사들이 3분의 1의 지분을 갖고 백성들이 3분의 2의 지분을 나눠 갖고 또한 백성들을 침범하지 않으니 백성들은 편안히 생업을 즐겼다.

공명은 사마의가 전혀 출전할 마음이 없고 장수들이 군령에 따라서 전혀 움직이지 않자 마대에게 명하여 호로곡(상방곡)에 나무 울타리를 세우고 그 안에 구덩이를 파서 장작과 마른풀, 유황 등을 뿌려서 쌓아 놓도록 했다. 그리고 둘레에는 마른 풀과 초가집을 짓고 안팎에 지뢰를 묻어 불만 붙이면 순식간에 불덩이가 되도록 만들었다.

그리고 마대에게 귓속말로 일렀다.

"호로곡 뒤쪽으로 가는 길을 모두 막고 골짜기에 군사를 매복시켜라. 그리고 사마의가 그곳으로 쫓아오거든 즉시 지뢰와 풀더미에 불을 지르도록 해라."

마대는 계책을 받고 군사들을 이끌고 갔다. 그리고 위연을 불러 위나라 영채로 가서 싸움을 걸고 사마의를 호로곡 안으로 유인하도록 하였다.

고상에게는 목우유마를 20~30개나 40~50개를 한 무리로 해서 군량미를 싣고 산길을 오가다가 위나라 군사들이 빼앗을 수 있도록 하였다. 그리고 공명은 1군을 이끌고 상방곡 근처에 영채를 세웠다.

한편 하후혜, 하후화 두 사람이 군사를 이끌고 두 갈래로 행군하는데 촉나라 군사들이 목우유마를 몰고 오는 것이 보여 모두 빼앗고 군사들을 영채로 끌고 갔다.

사마의가 그들을 모두 풀어주자 하후화가 말하였다.

"왜 촉군을 죽이지 않으십니까?"

그러자 사마의가 말했다.

"이깟 소졸들을 죽인들 아무 이익이 없소. 다시 이들을 돌려보내 위나라 장수가 인자하다고 말하게 해서 이들이 싸울 마음이 없도록 하게 만들 것이오. 오나라 여몽이 형주를 이렇게 빼앗았소."

사마의가 어느 날 잡혀 오는 촉군들에게 물었다.

"지금 제갈량은 어디 있는가?"

"공명은 지금 기산에 없고 호로곡 서쪽 30리쯤에 영채를 세우고 날마다 군량이 오면 상방곡에 날라다 쌓아두고 있습니다."

사마의는 드디어 계책을 내어 여러 장수에게 명했다.

"기산은 촉군의 본거지라 기산을 치게 되면 촉병들이 모두 기산을 구하기 위해 달려올 것이다. 그 틈을 타서 나는 호로곡에 있는 양초(糧草)들을 불태울 것이다."

사마의가 드디어 군사를 거느리고 출정하였다. 그리고 장호와 약침으로 하여금 군사 5천 명을 이끌고 뒤를 받치게 하였다. 공명은 이 모든 것을 산 위에서 지켜보고 있었다. 그리고 장수들에게 명을 내렸다.

"사마의가 군사를 끌고 나오면 일제히 달려 나가 영채를 빼앗고 위수 남쪽의 땅을 모두 빼앗아라."

위나라 군이 기산으로 밀고 들어오자 촉군은 사방에서 일제히 함성을 지르며 기산을 구원하러 가는 척하며 달려 나갔다. 그것을 본 사마의는 사마사, 사마소 두 아들과 군사를 데리고 호로곡으로 밀고 들어갔다. 그러자 호로곡 입구에 매복해 있던 위연이 사마의와 싸우다 상방곡 안으로 달아났다. 사마의는 군사를 이끌고 호로곡 골짜기 안으로 밀고 들어갔다. 그러나 사마의가 산 위의 움막들을 살펴보니 움막에는 마른 나뭇가지와 마른풀들이 쌓여있을 뿐 위연이 어디로 도망갔는지 보이지 않았다.

그때 홀연히 함성이 하늘과 땅을 덮더니 산 위에 촉병들이 일제히 횃불을 던지기 시작하였다. 그러자 골짜기 입구가 순식간에 불바다가 되어 위병들이 달아나려 해도 빠져나갈 길이 없었다. 산 위에서는 불화살을 쏘고 호로곡 안에서는 지뢰가 터지고 호로곡 전체가 그야말로 온통 불구덩이가 되었다. 사마의는 너무 놀라 손발을 벌벌 떨며 말에서 내려 두 아들을 부둥켜안고 울며 소리쳤다.

"이제 우리 세 부자가 여기서 함께 죽는구나."

이렇게 통곡하는 바로 그때, 갑자기 광풍이 일며 하늘에서 먹구름이 몰려오고 벼락이 치더니 한바탕 세차게 소나기가 쏟아지기 시작했다. 불타오르던 상방곡에 불이 모두 꺼지니 지뢰도 더 이상 터지지 않았고 각종 화약 및 화기들 또한 아무 소용이 없었다.

이때 사마의가 크게 기뻐하며 말했다.

"이때 탈출하지 않으면 언제까지 기다릴 텐가."

사마의는 즉시 군을 이끌고 힘차게 돌격하여 탈출했다. 촉군은 마대의 병사들이 있었으나 숫자가 적어 추격할 수가 없었다. 사마의는 상방곡을 탈출하여 위수 남쪽의 남쪽 영채로 돌아갔다. 그러나 사마의가 군사를 이끌고 온 틈을 타서 촉군이 먼저 밀고 들어와서 영채를 차지해 버린 뒤였다. 사마의는 더 이상 촉군이 밀고 들어오지 못하도록 부교를 불태워 버리고 위수 북쪽 언덕에 영채를 세웠다.

산 위에서 이 모든 것을 지켜보던 공명은 이번에는 사마의도 꼼짝 못하고 죽을 것이라고 예상했다. 그러나 갑자기 억수 같은 비가 쏟아져 사마의 부자가 달아난 것을 보고 하늘을 우러러 길게 탄식하였다.

"일을 꾀하는 것은 사람이지만, 이루는 것은 하늘에 달려 있구나!"

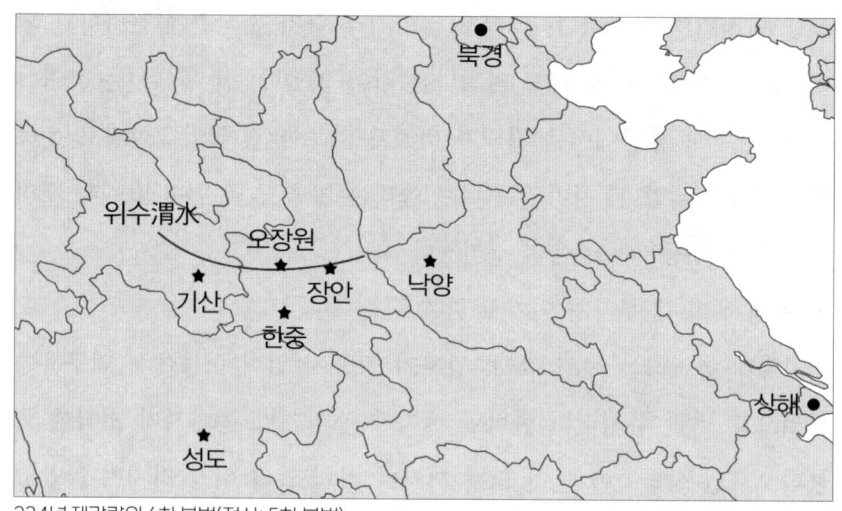

234년 제갈량의 6차 북벌(정사: 5차 북벌)

공명은 할 수 없이 1군을 이끌고 오장원에 주둔하였다. 공명이 여러 장수들을 계속 위나라로 보내 싸움을 걸었지만 위군은 꼼짝도 하지 않고 성안에서 수비만 하고 있었다. 그러던 어느 날 공명은 여인들이 쓰는 수건과 부인들의 흰 비단옷을 큰 함 속에 넣고 편지 1봉을 써서 사람을 시켜 위나라 영채로 보냈다.

편지는 사마의가 대장부가 아니라 여인네 같다며 사마의를 조롱하는 글이었다. 사마의는 읽어보고 크게 화가 났으나 급히 진정하고 겉으로 웃으며 말했다.

"공명이 나를 부녀자로 여긴다는 것인가?"

그리고 공명의 선물을 잘 받고 사자를 환대한 후 다시 물었다.

"공명은 요즘 바쁘신가? 먹고 자는 일은 괜찮고 처리하는 일도 많지 않소?"

그러자 사자가 말했다.

"승상은 아침 일찍 일어나고 저녁 늦게 주무십니다. 곤장 20대 이상의 벌은 직접 하나하나 살펴보시는 데 먹는 양은 아주 적습니다."

그러자 사마의가 웃으며 말했다.

"일을 그렇게 많이 하면서도 적게 먹으면 어찌 오래 살겠는가?"

다시 오장원으로 돌아온 사자는 공명을 찾아가 있었던 일을 그대로 아뢰었다. 공명은 "사마의가 나를 너무 잘 알고 있구나" 하고 깊은 탄식을 하였다. 주부 양옹이 그 말을 듣고 있다가 공명에게 말했다.

"무릇 다스리기 위해서는 체계가 서서 위아래가 서로 침범하지 않아야 하는데 승상께서는 온종일 장부와 서류까지 직접 챙기실 정도로 일을 하시면 어떻게 몸이 성하시겠습니까? 사마의의 말이 참으로 맞습니다."

그러자 공명이 눈물을 흘리며 말했다.

"나도 그렇게 생각하지만, 선제로부터 부여받은 임무가 있어서 오직 다른 사람들이 나만큼 마음을 다하지 않을까 걱정이 되어서 그렇소."

이 말을 듣고 곁에 있던 신하들이 눈물을 흘렸다. 이때부터 공명이 스스로 정신과 심사가 편안하지 않은 것을 깨닫게 되니 모든 장수가 감히 진군하지 못하였다. 이때 성도에서 비위가 찾아와서 동오 군이 위 군에 대패하여 군사를 물렸다는 소식을 전했다.

"위나라 황제인 조예가 오나라에서 세 갈래로 공격해 오자 직접 대군을 이끌고 합비로 가서 만총의 계책으로 오나라 군량과 무기를 모조리 불태웠고, 더군다나 오나라 군에게 질병이 크게 돌았습니다. 그래서 육손이 오나라 왕에게 표문을 올려 위나라를 앞뒤에서 협공하고자 하였으나 표를 가지고 가던 사람이 중간에 잡혀 기밀이 누설되는 바람에 아무 전공도 없이 돌아갔습니다."

공명은 그 소식을 듣자마자 길게 탄식하더니 묵은 병까지 도져서 정신을 잃고 쓰러지고 말았다. 여러 장수가 급히 구하자 가까스로 정신이 들어 말했다.

"내 마음이 어지럽고 옛 병이 재발하니 내가 아무래도 오래 살지 못할 것이오."

제갈공명도 떠나고

　공명은 이제 목숨이 다해감을 직감하고 강유를 불러 말했다.

　"내가 충성을 바쳐 중원을 회복하고 한나라를 다시 일으키려 애썼으나 하늘의 뜻이 이러하니 이제 내 목숨이 얼마 안 남은 듯하오. 내 평생 배운 바를 스물네 편, 10만 4,112자로 써 놓았는데, 그것은 팔무(八務: 여덟 가지 힘써야 할 일), 칠계(七戒: 일곱 가지 경계할 일), 육공(六恐: 여섯 가지 공포), 오구(五懼: 다섯 가지 두려움)란 것이오. 내가 여러 장수들을 두루 살폈지만·아무도 이 책을 줄 사람이 없어 오로지 그대에게 이 책을 전하니 부디 절대 소홀히 하지 마시오."

　강유가 울면서 공명의 책을 받자 공명이 다시 말을 이었다.

　"내가 연노지법(連弩之法)이라는 것을 생각해 냈는데 아직 실전에는 사용해 보지 못했소. 이는 화살 길이가 팔촌으로 쇠뇌를 한번 쏘아 화살 열 개를 한꺼번에 날릴 수 있으니 설계도를 보고서 그걸 만들어 쓰시오. 촉으로 들어가는 길은 험하니 크게 걱정이 없소. 오직 음평 지역은 신중히 살펴야 하오. 이곳은 비록 험준하지만 오래 지키려면 틀림없이 위험에 닥칠 것이오."

　그리고 이어 마대를 불러 귓속말로 비밀 계책을 전하며 말했다.

"내가 죽은 뒤에 이 계책을 실행하시오."

잠시 뒤 양의가 들어왔다. 공명은 침상 앞으로 불러 비단 주머니를 주며 은밀히 부탁하였다.

"내가 죽으면 위연이 반드시 모반을 일으킬 것이오. 그때가 되면 이비단 주머니를 반드시 열어보시오. 그때 위연을 벨 사람이 저절로 나타날 것이오."

공명은 이제 죽음을 직감하고 황제 유선에게 자신이 위독함을 알리게하고 양의를 불러 당부했다.

"이번에 군사를 돌릴 때 서둘러 급히 행하지 말고 천천히 하시오. 강유는 지모와 용맹을 모두 갖추었으니 뒤쫓아 오는 적이 있거든 그에게 맡기시오."

그리고 문방사보(종이, 붓, 벼루, 먹)를 가져오게 한 후 황제 유선에게표를 전하기 위해 침대에서 표문을 썼다.

"제가 듣기에 생사는 늘 있는 일이고 정해진 운수는 피하기 어렵다고합니다. 저의 죽음이 곧 닥칠 것이니 바라옵건대 어리석은 충정을 다할까 합니다. 신 제갈량은 본디 어리석고 못났지만 어려운 시대를 만나벼슬을 부여받고 국가의 중책을 맡아서 군대를 일으켜 북벌을 단행했지만 성공을 거두지 못했습니다. 그러나 이제 질병이 고황(심장과 횡경막 사이)까지 들어 목숨이 다하게 되어 폐하를 끝까지 모시지 못하게 됐으니그 한스러움이 끝이 없습니다. 바라옵건대 폐하께서는 마음을 맑게 하시고 욕심을 적게 하시어 스스로 절제하시고 백성을 사랑하십시오. 선황께 효를 다하시고 온 나라에 인애와 은덕을 베푸십시오. 숨어있는 선비를 발탁하시고 어질고 재능이 있는 이들을 등용하시고, 간사한 무리를 제거하여 풍속을 온후하게 하십시오. 신의 집은 성도에 있는데 뽕나무 8백 그루와 거친 밭뙈기 15경이 있어서 제 자식들은 입고 먹을 것이 충분합니다. 신이 외지에서만 근무하게 되어 별도로 마련해 둔 재산이나 살림이 없어서 제 신변의 옷과 음식은 모두 관청에 의지하였고 따로 생계를 꾸려 재산을 한 치라도 늘리지 않았습니다. 제가 죽는 날에 집 안에는 남는 비단이 없게 하고 밖으로는 남은 재산이 없도록 하여 폐하께 짐이 되는 일은 없도록 할 것입니다."

공명은 쓰기를 다 마치고 양의를 불러 다시 당부했다.

"내가 죽더라도 결코 장례를 지내지 말고 단지 큰 궤를 하나 만들고 나의 시체를 그 안에 앉혀 두거라. 쌀 일곱 알을 내 입에 넣은 후 그 앞에 등잔불을 환히 밝히도록 하라. 군중을 안정시켜 절대 우는 일이 없도록 하고 물러날 때는 후군부터 물리고 영채 하나씩 물리도록 하라. 그때 만약 사마의가 쫓아오거든 전의 내 모습처럼 목상을 만들어 수레에 얹혀두고 장수들이 수레 좌우에 호위해 진 앞으로 끌어내면 사마의는 그것을 보고 달아날 것이다."

그렇게 말한 후 공명은 정신을 잃고 쓰러졌다. 그때 장수들이 어쩔 줄 모르고 있는데 상서 이복이 물었다.

"폐하께서 나라의 큰일을 누구에게 맡기면 좋은지 여쭈라 하셨습니다."

"장완이 좋겠소. 그다음은 비위가 뒤를 이을 만하오."

"그다음은 누가 좋겠습니까?" 하자 공명은 이미 대답이 없었다.

장수들이 다가가 보니 공명은 이미 숨을 거둔 뒤였다.

서기 234년 8월 23일 공명의 나이 54세였다.

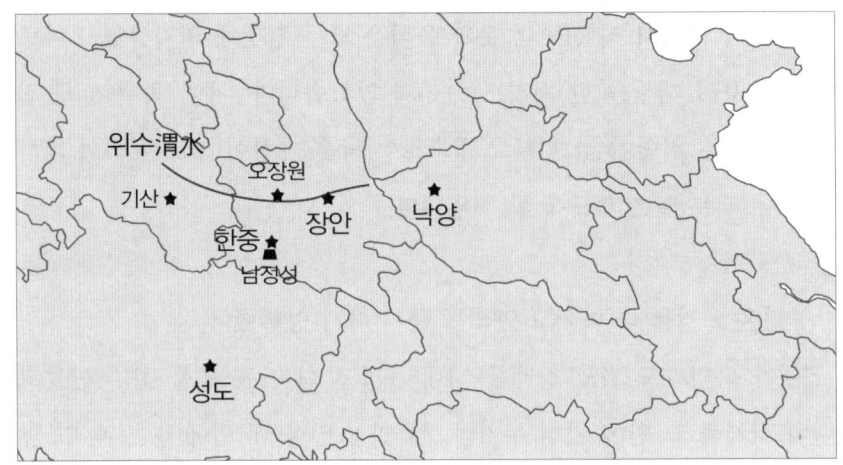

이엄도 공명이 죽었다는 말을 듣고 크게 소리 내어 울더니 병이 들어 죽었다. 이엄은 일찍이 공명이 자신을 거둬들여서 지난날의 잘못을 바로잡아 주기 원했지만, 공명이 죽은 뒤에는 다른 사람들은 그를 쓰지 못할 것이라 여겼기 때문이다.

이날 밤, 하늘과 땅도 슬퍼하고 달빛도 빛나지 않는데 공명이 급작스럽게 하늘로 돌아갔다. 강유와 양의가 공명의 유명을 받들어 곡을 하며 애도하지 않고 법도에 따라 염을 하고 장 안에 안치하고 심복 장졸 3백 명에게 지키게 하였다. 그리고 명을 전하여 위연에게 후미를 엄호하게 하고 곳곳의 영채를 하나씩 철수하였다.

한편 사마의가 천문을 살펴보니 큰 별이 붉은색을 띠고 날카로운 빛을 뿜으며 동북쪽에서 서남쪽으로 흘러 촉나라 영채 안에 떨어졌다. 사마의는 공명이 죽었음을 직감했다. 즉시 명령을 내려 대군을 일으켜서 뒤쫓았다. 그리곤 문득 의심이 들어 공명이 죽은 척하며 자신을 유인하는 것일지 몰라서 먼저 하후패로 하여금 오장원 산속에 가서 정탐토록 일렀다.

오장원에 촉군이 한 사람도 보이지 않자 급히 사마의에게 알렸다. 사마의는 두 아들과 함께 오장원으로 쳐들어갔으나 영채는 텅 비어 있었고 촉군은 이미 그림자도 보이지 않았다.

사마의가 발을 구르며 말했다.

"공명이 정말 죽었구나. 어서 추격하라."

그리고는 군사를 휘몰았다. 그때 한 방의 포 소리가 들리더니 산 뒤쪽에서 함성이 일며 북소리를 울리며 촉군이 되돌아오고 있었다. 촉군의 깃발에는 '한승상 무향후 제갈량'이란 글자가 씌어 있었다.

사마의는 얼굴빛이 달라지더니 수레 위에 검은 띠를 두르고 학창의에 윤건을 쓰고 깃털 부채를 든 공명이 단정히 앉아 있는 것을 보고 겁에 질렸다. "내가 공명이 살아있는데 스스로 화를 불렀구나!" 하더니 말머리를 돌려 달아나기 시작했다. 이를 본 강유가 뒤쫓으니 위군은 모두 제 살길을 찾아 달아나다 서로 짓밟혀 죽은 자들이 셀 수도 없었다.

그로부터 얼마 후 그 고장의 백성 한 명이 사미의에게 말했다.

"그날 수레에 앉아 있던 공명은 나무로 깎아 만든 인형이었습니다."

이 말을 들은 사마의는 땅을 치며 탄식했다.

그때부터 촉 사람들 사이에서 '죽은 제갈량이 산 사마의를 쫓아버렸다'라는 말이 퍼지기 시작했다.

한편 양의와 강유는 군사를 천천히 이끌며 서천으로 물러나다 잔도 어귀에 이르러서야 상복을 입고 초상을 알리고 장례를 거행하였다. 촉나라 군사들은 모두가 머리를 치고 발을 구르며 통곡하고 심지어 통곡하다가 죽는 이도 생겼다.

양의와 강유가 남정성 안에서 공명의 유해를 지키고 있는데 갑자기 불길이 치솟더니 한 떼의 군마가 앞을 가로막았다. 위연이 잔도를 불태운 다음 앞길을 막고 있었다. 공명이 자신이 죽으면 위연이 배신할 것이라고 했던 그대로였다.

강유가 남정성 위에서 살펴보니 군마가 달려오는 것이 보였는데 바로 위연과 마대였다. 성밖에 이른 위연과 마대가 소리쳤다.

"너희들은 성문을 열고 항복하라."

강유가 군사 3천 명을 이끌고 성 밖으로 나가 소리쳤다.

"반란을 일으킨 역적 위연 놈아. 승상께서는 너를 버리신 적이 없었는데 어찌하여 너는 배신하는 것이냐?"

위연이 칼을 비껴들며 세워 말하였다.

"강유는 상관없으니 양의를 불러와라."

그때 강유를 뒤따르던 양의가 비단 주머니를 열어 공명이 남긴 글을 읽고 크게 기뻐하며 군영 앞에서 손가락으로 위연을 가리키며 웃으며 말했다.

"승상께서 네가 먼 훗날 반드시 배신할 것을 알고 나에게 준비를 시키셨는데 과연 그 말이 맞구나. 네가 말 위에서 '누가 감히 나를 죽일 수 있겠느냐!' 하고 세 번만 외치면 이곳 한중 땅을 다 너에게 바치겠다.”

그러자 위연이 큰 소리로 외쳤다.

“누가 감히 나를 죽일 수 있겠느냐!”

채 한 마디가 끝나기도 전에 한 사람이 큰 소리로 응답하였다. “내가 너를 죽여주마!” 하는 소리와 함께 위연의 목이 땅에 떨어졌다. 모두 깜짝 놀라 보니 다름 아닌 마대였다. 공명이 숨을 거두기 전 마대에게 밀계를 주어 위연을 따르는 척하며 그렇게 외칠 때 목을 베도록 시킨 것이었다.

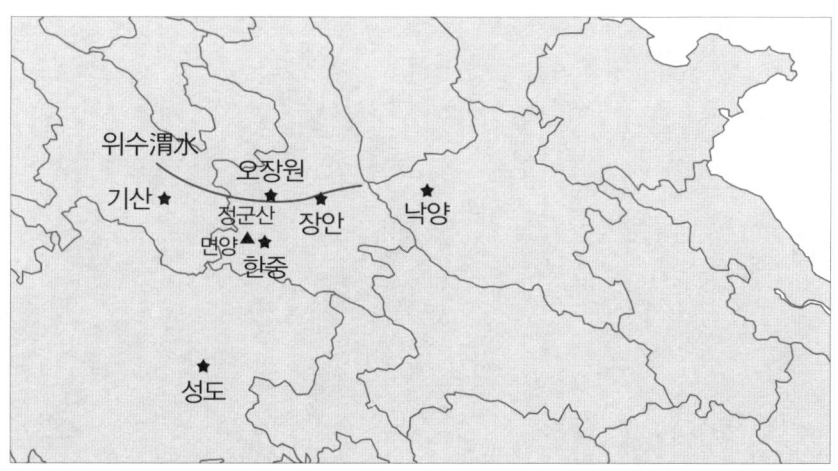

위연이 죽자 마대는 강유의 군사와 다시 합쳤다. 양의가 공명의 영구를 모시고 성도에 도착하니 황제는 물론이고 모든 문무백관과 농민 나무꾼에 이르기까지 온 나라가 울음소리로 가득 찼다. 후주 유선은 234년 10월 길일을 골라 직접 영구를 정군산까지 따라가 안장했다. 그리고 조서를 내려 제사하고 충무후라는 시호를 내리고 면양에 사당을 지어 사시사철 제사를 지내도록 하였다.

　황제는 공명의 말을 좇아 장완은 승상, 비위는 상서령으로 삼고 승상의 일을 돕도록 했으며, 오의는 거기 장군으로 삼아 한중 땅을 지키도록 했다. 강유는 보한 장군 평양 후로 삼아 전 군을 통솔하게 하고 한중에 머물러 위나라의 침범에 대비토록 하였다.

　공명의 죽음으로 사마의 역시 군사를 물리고 세 나라는 싸움을 그치게 되었다.

제9부

×

촉나라·오나라 멸망, 사마염의 삼국통일

사마의도 떠나고 손권도 떠나고

　제갈공명이 죽은 후 촉한, 위나라, 오나라 삼국은 서로 싸우지 않고 평화로운 날이 10년간 지속되었다. 다만 위나라 군주 조예는 사마의를 태위로 봉하여 군마를 총독하고 여러 변방을 안정시키도록 하였다. 사마의가 사례하고 낙양으로 돌아가자 조예는 허창에 토목사업을 크게 일으켜 궁전을 지었다. 또한 낙양에는 조양전, 태극전을 짓고 총장관을 세웠는데 모두 그 높이가 열 길(30미터)이나 되었다.

　천하의 뛰어난 장인 3만여 명과 백성 30여만 명을 뽑아서 밤낮을 가리지 않고 건축을 하니 백성들은 지쳐서 원성이 끊이질 않았다. 그럼에도 불구하고 조예는 또 교지를 내려서 방림원이라는 별장을 지어 고위 대신들마저 모두 흙과 수목을 져서 나르게 하였다.

　조예는 사치와 방탕, 그리고 폭정을 일삼다가 마침내 병이 들어 나라를 다스릴 수 없게 되었다. 병이 점차 위중해지자 시중 광록대부 유방과 손자에게 명하여 추밀원의 모든 사무를 관장하게 하였다. 또한 조진의 아들 조상을 대장군으로 삼고 나랏일을 돌보게 했다. 죽기 직전 조예는 태자 조방과 태위 사마의, 대장군 조상 그리고 시중 유방과 손자 등을 모두 용상 앞으로 오게 한 후 사마의의 손을 잡으며 말했다.

"조방은 이제 겨우 여덟 살이니 태위와 종형 그리고 조정의 원로들은 힘을 다하여 태자를 잘 보좌해 짐의 마음을 저버리지 마시오."

그리고 태자 조방을 불러 말했다.

"중달(사마의)은 짐과 한 몸이니 너는 마땅히 그를 예우하라."

조방이 사마의의 목을 껴안고 놓아주지 않자 조예가 말했다.

"중달은 어린 아들이 이토록 사랑하는 감정을 잊지 마시오."

말을 마치더니 조예는 눈물을 흘리더니 손으로 태자를 가리키다 얼마 뒤에 죽었다. 이때가 서기 239년 조예의 나이 36세였다.

조예가 죽자 사마의와 조상은 조방을 황제의 자리에 오르게 한 후 정무를 잘 보좌했다. 그러던 어느 날 조상의 식객으로 있던 하안이 조상에게 고했다.

"주공의 대권을 타인에게 맡기지 마십시오. 후환이 생길까 두렵습니다."

이에 조상은 여러 관리와 토론을 한 후 위나라 황제 조방을 만나러 들어가 말했다.

"사마의의 공이 높고 덕이 두터우니 태부(황제의 스승이자 자문)가 되어야 마땅합니다."

조방이 이를 따르자 병권은 모두 조상에게 넘어갔다. 이에 조상 문하의 빈객들은 나날이 넘쳐나고 조상은 매일 하안 등과 더불어 음주와 환락을 즐겼다. 그릇과 의복도 조정과 차이가 없었고 저택에는 진기한 보물들과 절세미인들이 가득했다.

조상은 조정에 무서울 것이 없이 권력을 휘둘렀으며 매일 사치와 향락에 빠져들었다. 그럼에도 조상은 평소에 사마의를 항상 경계했던지라 사마의의 동태를 사람을 보내 확인하곤 하였다.

마침 위나라 황제가 이승을 형주 자사로 임명하자 조상은 이승에게 태부인 사마의에게 작별 인사를 하러 가서 소식을 염탐하도록 하였다. 이승이 곧장 사마의에게 가서 자신이 온 것을 알리게 하자 사마의는 두 아들에게 말했다.

"조상이 사자를 보내 내 병의 허실을 알아보려고 온 것이구나."

그러더니 관을 벗고 머리를 풀어 헤치고 침상으로 올라가 이불을 덮고 앉았다. 또한 두 여종에게 자신을 부축하라 하며 그제서야 이승을 들어오게 하였다. 시녀들이 탕약을 바치자 사마의는 잘 마시지도 못한 채 온통 옷에 적시고 말았다. 그리고 이승에게 목이 멘 소리로 말했다.

"내가 이제 늙고 병이 위독하니 죽음이 조석에 달려 있소. 두 아들이 불초하니 바라건대 그대가 가르쳐 주시구려. 그리고 대장군 조상을 만나거든 제발 내 아들을 잘 보살펴 달라고 말해 주시오."

사마의는 말을 마치고 침상에 쓰러져 숨을 헐떡였다.

이승은 사마의에게 작별 인사를 하고 조상에게 돌아가서 이를 상세히 보고했다. 보고를 받은 조상이 크게 기뻐하며 말했다.

"사마의가 늙어서 죽은 것이나 마찬가지이니 이제 내게 아무 걱정도 없게 되었소."

사마의도 이승이 떠나는 것을 보고 몸을 일으켜 두 아들을 불러 말했다.

"이승이 이렇게 내 소식을 전하면 조상이 틀림없이 나를 경계하지 않을 것이다. 그가 성을 나가서 사냥할 때를 기다려 일을 도모하도록 하자."

이제 마음을 푹 놓은 조상은 하루도 지나지 않아 위나라 황제 조방에게 고평릉을 찾아가서 선제 조예의 제사를 지낼 것을 청했다. 대소 관료들이 모여 어가를 수행하여 성을 나섰다. 조상은 세 명의 동생과 어림군(황제의 친위대)을 이끌고 어가를 호위하여 출발했다. 사마의는 조상이 성을 나가는 것을 보고 마음속으로 크게 기뻐하며 궁궐로 출발하였다.

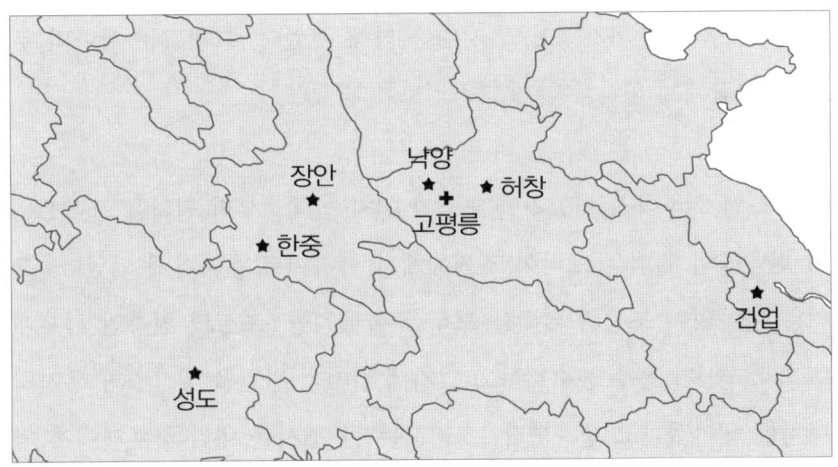

그리고 사도 고유에게 임시로 대장군의 일을 행사하게 하여 먼저 조상의 군영을 점거하고 태복 왕관에게는 중령군의 일을 맡겨 조휘의 군영을 점거하게 하였다. 사마의 자신은 직접 옛 관리들을 이끌고 후궁으로 쳐들어가서 곽 태후에게 아뢰었다.

"조상이 선제가 부탁한 조방 황제를 저버리고 간사하게 나라를 어지럽히니 마땅히 그를 폐하고 주살(죄를 물어서 죽임)할 계책이 있사오니 태후께서는 심려 놓으십시오.”

태후는 사마의가 두려워 어쩔 수 없이 그 말을 따랐다. 그리고 미리
처음부터 궁궐 안팎으로 심어놓았던 장수들을 거느리고 궁궐을 장악했
다. 사마의는 태위 장제와 상서령 사마부를 시켜 표를 쓰게 하고 환관
으로 하여금 그 표를 성 밖의 황제를 찾아가 아뢰도록 하였다. 그리고
는 자신은 대군을 이끌고 무기고를 점거하였다.

사냥에서 돌아온 조상 삼 형제(조상, 조훈, 조희)는 사마의에 의해 참형
을 당했고 할 수 없이 위나라 황제 조방은 사마의를 승상으로 봉하고
그에게 구석(아홉 가지 특전)의 지위를 더해 주었다. 그리고는 사마의 부
자 세 사람에게 국사를 함께 다스리도록 명했다.

결국 천자는 아직 있었지만 조조가 천자 헌제로부터 권력을 찬탈했듯
이 위나라의 권력은 드디어 조씨에게서 사마씨로 옮겨가게 되었다. 그
러나 사마의는 조상의 일족을 모두 주살했지만, 조상의 친족인 하후패
(조조의 조카)가 옹주를 수비하고 있기에 갑자기 반란을 일으킬까 두려워
대처를 해야겠다고 생각했다. 그리고는 곧 조서를 내려 하후패에게 의
논할 일이 있다며 낙양으로 불러들였다.

그러나 이를 듣고 하후패는 3천 군사를 일으키며 반란을 일으켰다.
그러나 옹주 자사인 곽회가 신속하게 난을 진압하자 하후패는 한중으로
가서 촉나라의 강유에게 투항하였다.

촉의 강유는 하후패의 투항을 계기로 하후패와 함께 위나라 옹주를
공격했다. 옹주 자사 곽회는 진태와 함께 군을 이끌고 촉군에 맞서 싸

우며 한편으로는 조정에 급보하여 구원을 청하였다. 사마의는 큰아들 사마사에게 5만 군사를 주어 옹주를 구원하도록 하였다. 사마사는 곽회가 촉나라 군사를 격퇴한 것을 보고 내심 촉나라 군대가 약하다고 판단하여 달아나는 강유를 양평관까지 추격하였다.

사마사가 양평관을 빼앗으러 오자 강유는 공명에게 전수 받은 연노법으로 쇠뇌 1백여 개를 매복시켜 놓고 쇠뇌 1개에 독화살 10발씩 쏘았다. 선두에 선 오나라 군사들은 독화살을 맞고 죽은 자가 부지기수였다. 사마사는 겨우 목숨만 구해 달아났다. 이에 강유도 군사 수만 명을 잃고 패잔병을 거느리고 한중으로 돌아가 주둔하였으며 사마사도 역시 낙양으로 돌아갔다.

때는 바야흐로 251년 8월, 사마의가 병이 들어 위중해지자 두 아들을 침상으로 불러 말했다.

"내가 위나라를 섬긴 지 여러 해이고 관직은 태부에 이르렀으니 신하로서는 최고의 위치에 올랐다. 사람들이 모두 내게 다른 뜻이 있을 거라고 의심하여 나는 늘 두려움과 걱정을 안고 살았다. 내가 죽은 뒤에도 너희 두 사람은 국정을 잘 처리해라. 신중하고 또 신중해야 한다."

이 말을 마치고 사마의는 죽었다.

사마사, 사마소 두 아들이 위나라 황제 조방에게 아버지 사마의의 죽음을 알리자 조방은 두터운 예로서 장례를 치러주었다. 그리고 사마사를 국사를 총괄하는 대장군 총령상서 기밀대사로 봉하고, 차남인 사마소를 표기상장군으로 봉하게 되니 사마의가 살아있던 때와 마찬가지로 나랏일은 여전히 사마씨의 손에 있게 되었다.

한편 오나라 역시 육손과 제갈근이 죽자 나랏일은 전부 제갈근의 아들 제갈각이 도맡고 있었다. 오나라 왕인 손권 또한 252년 4월 병이 들어 71세에 죽었다. 손권이 죽자 제갈각은 손권의 시호를 대황제라 부르고 장릉에 안장하였다. 그리고 손량을 황제로 세우고 천하에 사면령을 내렸다. 손권은 229년 황제에 즉위한 후 24년간 오나라를 다스렸다.

이렇게 손권마저 죽자 천하 대업은 어느 한 나라도 성공하지 못하고 위나라, 촉나라, 오나라 삼국의 영웅들은 모두 사라졌다.

위나라 사마 형제의 연전연승

오의 손권이 죽자 위나라의 사마사는 세 나라가 항상 솥발처럼 대치할 수는 없는 일이라며 마침 오나라 황제인 손량이 나이가 어리고 나약하니 즉시 오나라를 정벌하기로 맘먹었다.

사마사는 아우인 사마소를 대도독으로 삼아 30만 대군으로 세 갈래로 오나라를 공격하였다. 위나라의 침공 소식을 전해 들은 제갈각이 급히 장수들을 불러놓고 의논하자 평북 장군인 정봉이 계책을 냈다.

"동흥은 동오의 긴요한 곳이라 만약 잃는다면 남군과 무창이 위태롭습니다."

제갈각은 그 말을 따라 정봉에게 수병 3천을 주어 강물을 따라 동흥으로 먼저 가게 하고 자신은 대군을 이끌고 뒤따랐다.

위나라는 오나라의 군사가 3천 명이라 방심하고는 강둑의 영채에서 연회를 베풀며 술을 마시다 정봉에게 기습을 당해 크게 패하고 군사를 거두고 퇴각하였다.

제갈각은 동흥에 이르러 군사들을 상을 주며 위로한 뒤 여러 장수들을 불러 말했다.

"사마소가 패전하여 북쪽으로 돌아가니 이 기세를 타고 중원을 차지하기 아주 좋을 때요."

그리고 다른 한편으로 촉나라로 사신을 보내 강유에게 진군하여 북쪽 위나라를 협공하여 천하를 나누어 갖자고 해놓고 자신은 20만 대군을 일으켜 중원을 정벌하기 위해 신성을 향하여 떠났다. 이에 사마사는 사마소에게 명령하여 곽회를 도와 촉의 강유를 막게 하고 관구검과 호준은 오나라 군을 막도록 하였다.

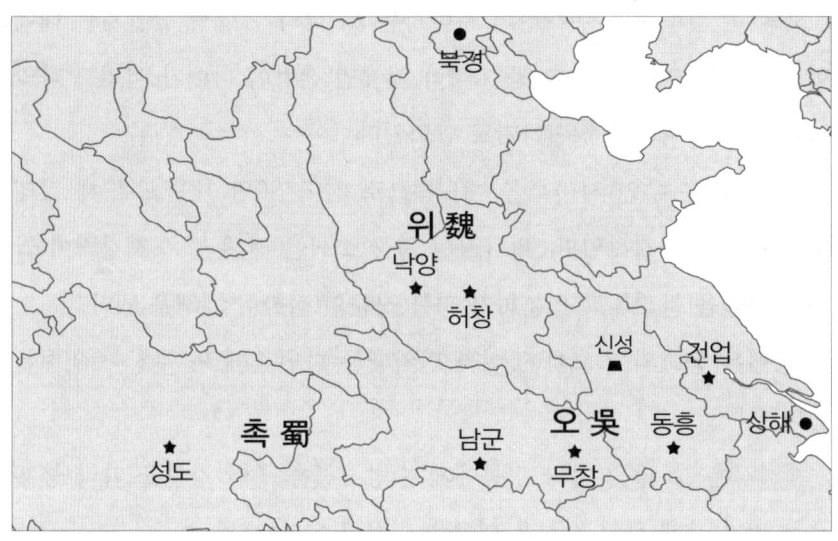

제갈각은 몇 달 동안 신성을 공격했으나 함락지 못하고 오히려 위나라 장특의 완병지계(緩兵之計: 적의 공격을 늦추는 계책)에 당하였다. 더군다나 도독인 채림마저 군사를 이끌고 위나라로 투항하자 군사를 거두어 오나라로 돌아왔다.

제갈각은 패전을 몹시 부끄러워 병을 핑계로 조정에 나가지 않았다.

그러자 오나라 천자인 손량이 제갈각 집으로 찾아와 직접 병문안을 하니 문무백관이 모두 와서 알현하였다. 제갈각은 사람들이 수군거리는 것이 두려워 오히려 먼저 관리들의 과실을 캐내서 사람들의 죄를 묻고는 무거운 자는 참수하고 가벼운 자는 변방으로 유배를 보냈다. 모든 관료들은 제갈각이 무서워 벌벌 떨지 않는 자가 없었다.

한편 손준은 손견의 아우인 손정의 증손자, 손공의 아들인데 그를 몹시 아껴 어림군의 군마를 총괄케 하였다. 그런데 제갈각이 그 권한을 빼앗아 장약과 주은에게 어림군을 장악하게 하여 마음속으로 크게 분노하고 있었다.

태상경인 등윤이 제갈각과 사이가 벌어졌을 때 손준에게 말했다.

"제갈각은 권력을 전횡하여 방자하고 모질게 굴며 공경들을 살해하는 등 신하답지 않은 마음을 품은 자입니다. 공께서는 종실이신데 어찌 그를 그대로 내버려 두십니까?"

그러자 손준도 그런 마음을 품은 지 오래라며 등윤과 함께 천자인 손량에게 몰래 일을 고해바쳤다. 손량은 곧 교지를 내리어 제갈각을 불러들여 연회를 베풀게 하였고 그 자리에서 제갈각은 손준에게 목을 베이고 말았다.

오나라는 제갈각이 죽자 천자 손량이 손준을 승상 겸 대장군으로 삼게 되니 오의 권력은 또다시 손준에게 넘어가고 말았다.

한편 촉나라 성도에서 제갈각의 서신을 받은 강유는 조정으로 들어가 후주 유선께 아뢰고는 253년 가을, 군사 20만을 일으켰다. 강유는 요화와 장익을 좌우 선봉으로 하고 하후패를 참모로 양평관을 나와 위나라를 정벌하기 위해 출정하였다. 이 소식을 듣고 위나라 곽회가 급히 낙양에 알렸다.

위나라 사마사는 사마소를 대도독으로 삼고 서질을 선봉 삼아서 농서(감숙성 동남부)를 향해 출발하였다. 군사들이 동정에 이르렀을 때 촉나라 강유와 마주쳤다. 그러나 요화와 장익이 위나라 서질에게 패하여 30리 뒤로 퇴각하였다. 그러자 강유는 하후패의 계책대로 일부러 지는 척하며 매복작전을 펼쳐서 위나라 서질을 유인해 죽이고 사마소를 철롱산 위에 고립시켰다. 곽회는 철롱산 위에서 사마소가 포위되었다는 소식을 접하고 진태와 함께 강족 병사들을 이용하여 강유와 하후패를 급습하고 사마소를 구출하였다.

강유와 하후패도 전투에서 패하여 많은 인마를 잃고 한중으로 철수하였다. 그러나 비록 패전했지만, 전투에서 곽회와 서질을 죽였기에 위나라 군사들을 몹시 떨게 하였다.

한편 촉나라와 싸움에서 승리한 사마소는 낙양으로 돌아와 형인 사마사와 함께 조정을 장악하여 권세를 부리니 신하들은 감히 복종하지 않는 자가 없었다. 천자 조방은 사마사가 조정에 들어올 때마다 두려움에 몸을 떨었으며 가시방석에 앉은 기분이었다. 사마사가 조회를 마치고 돌아가는 길은 그 호위가 수천이었으나 천자인 자신의 행색은 그저 초라하기 이를 데 없었다. 할아버지인 조조가 천자에게 그랬던 것처럼 조방 자신이 이제 사마씨에게 당하는 그 모습 그대로였다.

너무 분하고 원통한 조방은 피로 쓴 밀서를 하후현과 이풍 그리고 장인인 장집에게 보내 사마 형제를 없애 달라고 전했으나 그만 발각되고 말 았다. 사마 형제는 바로 세 사람의 목을 베었으며 궁중으로 달려가 황후 마저 목을 졸라 죽이고 천자를 즉시 폐위시켜 버렸다. 조방을 궁궐 밖으 로 쫓아낸 사마사는 254년 조비의 손자인 조모를 새 임금으로 세웠다.

이듬해 사마사가 천자를 폐위하고 조모를 옹립했다는 소식에 분노하 여 역적을 토벌하고자 양주 자사인 문흠이 2만 군사, 진동장군 관구검 이 6만 군사를 일으켰다. 사마사는 왼쪽 눈에 혹이 생겨 수술 후 요양 중이었음에도 불구하고 사마소에게 낙양을 맡긴 후 직접 대군을 이끌고 나가 이를 진압하였다.

255년 2월, 사마사는 병중에도 직접 군을 이끌었던 관계로 병이 더욱 깊어지자 아우인 사마소에게 유언을 남겼다.

"내가 이제 권한이 막중해 비록 내려놓으려 해도 그럴 수가 없구나. 네가 나를 이어 대신하고 대사를 절대 타인에게 경솔하게 맡겨 스스로 멸족의 화를 부르는 일이 없도록 하라."

말을 마치고 인수(印綬: 도장과 비단끈)를 주면서 만면에 눈물이 흘렀다. 사마소가 무언가를 물어보려 하자 사마사는 외마디 소리를 지르고는 눈 알이 튀어나오며 죽었다.

위나라 군주 조모는 사마사가 죽었다는 소식을 듣고 사마소에게 허창 에 머물러 오나라의 침입을 대비토록 하였다. 또한 사마소가 다른 마음 을 품지 않도록 대장군 녹상서사에 봉하게 되니 대권은 계속 사마씨가 쥐게 되었다.

촉나라 강유의 계속되는 북벌 시도

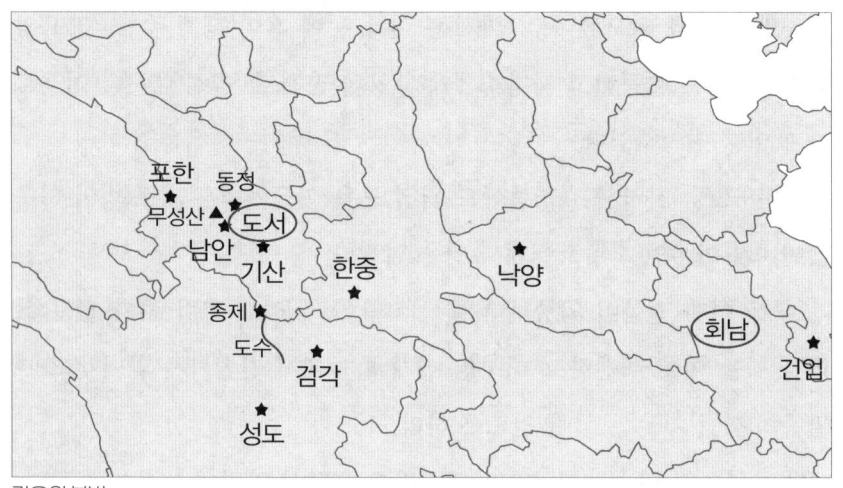

강유의 북벌

위나라의 이런 사정은 성도에 있는 촉나라 강유에게도 전해졌다.

강유가 후주 유선에게 아뢰었다.

"사마사가 죽은 지 얼마 안 되었고 사마소가 대권을 잡았으니 반드시 낙양을 함부로 떠나지 않을 것입니다. 이 틈을 노려 위를 정벌하면 중원을 되찾을 수 있습니다."

후주는 강유에게 명해 군대를 일으켜 곧 위를 정벌하도록 하였다. 강

삼국지, 한 권으로 끝내기

유는 즉시 한중으로 가서 인마를 정돈하고 군사 5만을 이끌고 포한으로 진군했다.

촉나라 군사가 도수에 이르자 변방을 지키던 위나라 군사가 옹주자사 왕경과 부장군 진태에게 보고하였다. 왕경이 기병과 보병 7만을 이끌고 대적했으나 강유가 도수를 등지는 배수진의 전략으로 위를 두 갈래로 공격하였다. 이에 위나라 군사들은 물속으로 떨어져 죽는 병사가 태반이었고 칼로 베어진 군사는 무려 1만 명이 넘었다.

그 소식을 들은 정서장군 진태가 왕경과 합세하여 강유에게 복수하려는 찰나, 갑자기 연주 자사 등애가 군사를 이끌고 당도했다. 위나라 대군이 몰려오자 강유는 여세를 몰아 먼 길을 달려와 이미 지쳐있는 적을 치자며 달려 나갔다.

그러나 추격한 지 5리도 안 가서 동남쪽에서 하늘을 찌를 듯한 함성과 북소리 그리고 불길이 치솟더니 사방에서 위군의 깃발이 나부꼈다.

강유는 등애의 계략에 빠진 것을 알고 일단 후퇴하였다. 군사를 검각까지 물렸을 때야 등애가 깃발을 여기저기 꽂아 허장성세를 꾸민 것을 알았다. 강유는 군대를 거두어 퇴각하여 종제에 주둔하였다. 후주는 강유에게 도서에서 큰 공을 세워서 조서를 내려 대장군으로 봉했다. 강유는 천자에게 표를 올려 은혜에 감사드리고 다시 군대를 일으켜 위나라를 정벌할 것을 의논하였다.

강유는 장수들에게 다시 명을 내려 종제를 떠나 기산으로 향했다. 동정에서 남안을 향해 오다가 무성산 앞에 이르자 하후패에게 말했다.

"남안 근처에 산이 하나 있는데 이름이 무성산이오. 이 무성산을 먼저 점령하면 남안을 빼앗을 수 있을 것이오. 다만 등애의 지모가 뛰어나니 먼저 대비를 잘하시오."

이렇게 우려하는 사이에 한차례 포성이 울리더니 함성이 크게 진동하며 온갖 깃발이 사방에서 일어섰다. 돌아보니 모두 위나라 군사들이었다.

강유는 철통같이 대비한 등애와 진태에 의해 대패하여 간신히 길만열어 후퇴하여 기산으로 돌아가려 하였으나 그곳도 이미 위의 장수 진태에게 빼앗긴 상태가 되자 한중으로 물러날 수밖에 없었다. 등애는 촉나라 군사가 모두 퇴각하자 진태와 더불어 연회를 베풀고 전군에 크게 상을 내렸다.

한편 위의 사마소는 스스로 천하병마 대도독이 되고 조정에 출입할 때마다 3천 철갑 장수들로 하여금 호위를 하게 하였다. 또한 모든 일을 조정에 상주하지 않고 관저에서 처리하며 항상 황제의 자리를 찬탈할 마음을 품고 있었다.

사마소는 동쪽 지방 장수들의 속마음을 알아보고자 심복 가운데 한 사람인 가충을 회남 땅으로 보내 진동 대장군 제갈탄을 찾아갔다. 가충은 제갈탄에게 사마소가 제위에 오르면 어떻겠느냐고 은근히 떠보았다.

그러자 제갈탄이 크게 화를 내며 말했다.

"그대는 대대로 위나라에서 국록을 먹었으면서 어찌 그따위 되먹지 않은 말을 지껄이느냐? 만약 조정에 변고라도 생기면 나는 목숨을 걸고 천자를 지킬 것이다."

제갈탄은 사마소의 죄목을 적어 표문을 써서 낙양으로 보내고 오나라
에 구원을 요청했다.

그 무렵 오나라는 승상 손준이 죽고 그의 사촌 동생 손침이 대권을 쥐
고 있었다. 손침은 제갈탄의 청을 받아들여 군사 7만을 일으켜 지원했
다. 제갈탄의 표문이 낙양에 이르자 위의 사마소는 천자 조모로 하여금
친히 토벌할 것을 권하였다. 조모는 사마소의 위세에 눌려 어쩔 수 없
이 따랐다. 사마소는 즉시 조서를 내려 어가를 보호하며 26만의 대군을
일으켜 회남으로 진군했다. 사마소는 수춘성을 함락시키고 제갈탄의
식솔들을 모조리 효수하고 삼족까지 멸하였다.

그 무렵 촉나라 강유는 세작으로부터 회남 땅 소식을 들은 후 이번에
야말로 대사를 이룰 수 있는 좋은 기회라 여겨 유선 황제께 다시 출정
하겠다고 표문을 올렸다. 그러나 중산대부 초주가 탄식하였다.

"근래에 후주(유선)는 주색에 빠져 있어서 나랏일은 환관인 황호가 마
음대로 주무르고 있는데 강유는 여러 차례 정벌에 나서려 하며 병사들
을 돌보지 않으니 국가의 장래가 심히 위태롭구려."

그리고는 '구국론'이란 글을 써서 강유에게 보냈다. 강유는 서신을 읽
고 극대노하며 소리쳤다.

"이것은 썩은 선비의 의견일 뿐이다."

그리고는 바닥에 내던지고 마침내 중원을 정벌하기 위해 출정하였다.
강유는 군대를 거느리고 낙곡으로 가서 침령을 넘어 위나라의 군량과

마초가 있는 장성으로 향했다.

장성은 사마소의 친척 형인 사마망이 지키고 있었는데 촉나라에서 쳐들어오자 성 밖 20여 리 되는 곳에 진을 쳤다. 강유가 군대를 몰아 크게 진격하자 사마망은 영채를 버리고 성으로 들어가 성문을 닫고 나오지 않았다. 이에 강유가 성을 포위하고 불화살을 날리고 화포를 써서 성안을 공격하자 위나라 군은 스스로 혼란에 빠져서 성안에서 울부짖으며 통곡을 하니 그 소리가 사방에 울려 퍼졌다. 한참을 공격하는 중에 갑자기 뒤에서 큰 함성이 들려 강유가 말을 멈춰 뒤돌아보니 위나라 군이 북을 치고 깃발을 흔들며 끝없이 밀려오고 있었다.

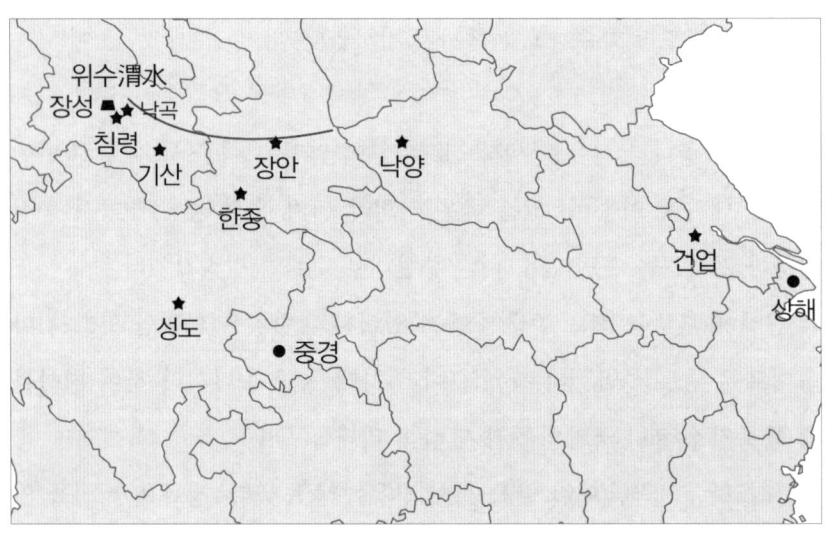

강유가 후미를 선두 삼아서 군문 아래에서 기다리자 창을 꼬나 쥐고 스무 살 정도 돼 보이는 흰 얼굴에 입술이 붉은 장수가 말을 몰고 와서 외쳤다.

"등 장군을 못 알아보겠느냐?"

강유도 속으로 등애라 생각하고 30~40합을 싸웠지만 결투가 나지 않자 강유는 계책을 써서 왼쪽의 산길로 달아났다. 어린 장수가 뒤쫓아 오자 몰래 공격하니 이 장수는 창을 빼앗기자 창을 포기하고 본진으로 달아났다. 강유가 뒤쫓아 진문 앞에 이르자 한 장수가 칼을 들고나오며 말했다.

"내 아이를 더 이상 쫓지 마라. 등애가 여기 있다."

강유가 크게 놀랐다. 어린 장수는 등애의 아들 등충이었다. 양군은 내일 결전하자고 약속한 후 각각 군대를 물렸다. 등애는 위수에 의지해 영채를 세웠고 강유는 양쪽 산을 점거하고 영채를 세워 주둔하였다. 양 측은 진을 치고 대치하며 강유가 계속 출전하여 싸우자 하였으나 등애 는 지키기만 할 뿐 전혀 대응하지 않았다.

그때 정찰 기병이 와서 보고하였다.

"사마소가 제갈탄을 죽이고 수춘성을 빼앗았고 구원병으로 왔던 오나 라 군사들마저 모두 항복하였다고 합니다. 그래서 낙양으로 돌아갔다 가 다시 군사를 일으켜 이곳으로 오고 있다고 합니다."

강유가 크게 놀라 말했다.

"이번 위나라 정벌도 그림의 떡이 되고 말았구나. 일단 회군하는 것 이 낫겠다."

강유는 위나라의 구원병이 올까 두려워 보병이 먼저 퇴각하고 그 뒤 를 기마병이 엄호하면서 물러났다.

한편 오나라 대장군인 손침은 전단과 당자 등이 위나라에 투항하였다는 소식을 듣고 크게 노해서 그들의 식구를 모조리 처형하였다. 그때 오나라 군주인 손량은 16세였는데 손침의 살육이 지나침을 보고서 내심 못마땅하게 여겼다.

손량은 손침이 너무 잔인해서 애초부터 마땅치 않게 생각했던지라 장인 전상에게 손침을 죽이라는 밀서를 전달했다. 그러나 전상의 처가 손침의 누이인지라 사전에 발각되어 실패하고 말았다. 결국 손침은 손량을 궁에서 내쫓아 버리고 손량 대신 손휴를 천자로 내세웠다. 손휴는 손권의 여섯 번째 아들이다.

손침의 교만과 횡포가 날이 갈수록 더해지자 손휴는 늙은 장수인 정봉의 계책에 따라 연회를 베풀었다. 그리고 연회 중에 좌장군인 장포가 무사 30여 명을 이끌고 전각 위로 달려들며 손침을 붙잡았다. 손침은 교주의 고향 땅으로 돌아가 살겠다는 청을 하였지만 손휴는 참수를 명하였다. 장포가 손침을 끌고 전각으로 내려가 참수해 버렸다. 이어서 손침에게 당한 제갈각 및 등윤 등의 억울한 죽음에 대해 누명을 벗겨주었고 귀양 갔던 사람들을 불러들였다. 정봉에게는 벼슬을 내리고 재물을 크게 내려주었다.

이어서 손휴는 촉나라 성도에 사신을 보내 위나라 사마소가 반역하여 천자 자리를 빼앗으면 반드시 오나라와 촉나라를 노릴 것이니 오와 촉이 힘을 합쳐 각각 대비를 철저히 하자며 국서를 전달하였다. 이를 가장 반긴 사람은 촉의 강유였다. 강유는 오나라의 국서가 온 것을 듣고 기뻐하며 후주 유선에게 표를 올리고 군사를 일으켜 다시금 위나라 정벌을 의논하였다.

강유는 후주 유선에게 작별 인사를 드린 후 군사 20만 명을 일으켰다. 곧바로 한중에 이르러서는 어디를 먼저 공격하는 게 좋을지 의논하자 하후패가 말했다.

"기산이 군사작전을 펼치기 좋습니다. 지난날 승상께서도 여섯 번이나 기산으로 진군하신 건 다른 곳으로 나갈 만한 곳이 없기 때문입니다."

강유는 하후패의 말을 따라 3군에 명을 내리고 기산으로 향하여 기산의 골짜기 입구에 진지를 세웠다. 위나라의 등애는 기산의 영채에 머물며 언젠가 촉군이 쳐들어올 것에 대비해 땅굴을 파고 기다리고 있던 참이라 오히려 촉군의 영채를 급습하였다. 그러나 촉군은 오로지 활과 쇠뇌를 쏘아 반격하니 위나라 군은 10여 차례 계속해서 공격했지만 모두 사격을 당해 돌아갔다.

다음 날 등애와 강유는 팔진법으로 서로 맞서서 싸웠다. 등애가 64개의 문으로 변형하자 강유는 장사권지진으로 바꾸어 등애를 포위하였다. 촉나라 군사들이 조여 오는데도 등애는 전혀 탈출하지 못하였다.

촉나라 군사들이 일제히 외쳤다.

"등애는 어서 항복하라."

그때 갑자기 서북쪽에서 함성이 울리더니 사마망이 한 무리의 군사를 이끌고 달려오자 등애는 이 틈을 타고 탈출하였다. 그사이 위군은 기산의 아홉 개 영채를 모두 촉군에 빼앗겼고 등애는 위수의 남쪽으로 물러나 영채를 세웠다.

다음 날 다시금 사마망이 팔궤진을 펼치고 81개의 변법을 펼칠 수 있다고 큰소리치자 강유가 웃으며 말했다.

"나의 진법은 하늘을 한 바퀴 도는 것에 따라 365가지로 변하니, 우물 안 개구리인 네가 어찌 그 오묘함을 알겠느냐?"

사마망은 이곳에 포진하며 등애에게 산의 배후를 습격하게 하려 한 계책을 강유에게 들키자 서둘러 군사를 내보내 싸우려 달려들었다. 이 때 강유가 채찍을 크게 휘두르니 좌우에서 촉병들이 몰려나왔다. 위나라 군사들은 갑옷과 무기를 버리고 목숨만 건져 부리나케 달아났다.

등애도 산의 배후를 기습하러 가기 위해 산모퉁이를 돌아가다가 요화와 장익이 뛰쳐나와 협공하니 화살을 네 대나 맞고 탈출하여 위수 남쪽의 영채에 이르렀다. 잠시 후 사마망도 영채에 도착했다.

등애와 사마망은 도저히 강유를 이길 수 없음을 깨닫고 반간계를 쓰기로 했다. 촉의 성도로 당균을 몰래 숨어들게 하여 황호에게 금은보화를 바치고 강유가 촉황제 유선을 원망하며 위나라에 투항할 것이라는 헛소문을 퍼뜨리게 하였다. 그 소문은 삽시간에 퍼졌고 이 소식을 들은 후주 유선은 기산으로 사람을 보낸 강유를 급히 불러들였다. 아무 사정도 모르던 강유는 군사를 거두어 성도로 돌아갈 수밖에 없었다. 도착하자마자 등애의 반간계에 걸려든 것을 알고 강유는 깊은 탄식을 하였다. 강유는 후주께 사실대로 아뢰고 역적을 토벌하기 위해 다시 한중으로 떠났다.

촉나라 멸망

등애와 사마망은 당균에게 낙양으로 들어가 이 사실을 사마소에게 보고토록 하였다. 소식을 듣자 사마소는 크게 기뻐하며 중호군 가충에게 물었다.

"내가 이제 촉나라를 정벌하려 하는데 어떻소?"

가충은 천자 조모가 아직은 사마소를 경계하고 있다며 반대하고는 작년에 천자가 '잠룡시'를 지었던 일을 밝혔다.

'슬프구나! 용이 갇혀서 하늘로 날지 못하고 아래로 밭에도 나타나지 못하네. 우물 바닥에 웅크리고 있는데 미꾸라지와 논 장어가 그 앞에서 춤을 추네. 어금니를 감추고 발톱을 숨기니, 바로 내 처지와 같구나.'

이는 누가 보아도 용은 천자를, 사마소는 미꾸라지나 논장어를 지칭하는 것이었다. 사마소는 가충에게 조모가 조방을 본받으려 한다며 크게 분노하고 칼을 찬 채 대궐에 올라가 조모에게 따졌다. 조모는 후궁으로 돌아가 왕심, 왕경, 왕업 세 사람을 불러 눈물을 흘리며 말했다.

"사마소가 장차 찬역할 마음을 품었음은 모두가 알고 있는 바요. 짐이 가만히 앉아 폐위되는 치욕을 당할 수 없으니 경들이 짐을 도와 그를 처벌하시오."

왕경이 불가하다고 계속 말렸으나 조모는 "이미 뜻을 정해 죽음도 두렵지 않다" 하고는 곧바로 태후에게 가서 고했다. 왕심과 왕업은 멸족이 두려워 사마소에게 이를 고해바치러 나갔다.

얼마 뒤, 위나라 황제 조모는 스스로 검을 차고 궁전 안의 호위병 3백여 명을 불러 모아 남쪽 궁궐로 나갔다. 마침내 궁문을 나서는데 가충이 말을 타고 있고 좌우에는 성종과 성제가 있었는데, 철갑을 입은 수천 명이 함성을 지르며 달려들었다. 가충은 성제를 시켜 천자 조모를 창으로 찔러 죽였다.

사마소는 입궐해서 크게 놀란 척을 하며 연거(輦車: 귀인의 장례용 수레)에 머리를 부딪히며 곡을 하고는 성제를 능지처참하고 삼족을 멸하였다. 260년 그해 6월, 사마소는 조조의 손자인 조환을 황제로 세웠는데 그가 위나라의 마지막 황제이다.

이 소식을 들은 촉나라의 강유는 오나라에 사신을 보내 사마소가 천자를 죽인 죄를 물어 위나라를 함께 치자는 뜻을 전한 뒤, 군사 15만을 일으켜 일제히 기산으로 나아갔다. 강유는 이 싸움에서 등애와 싸워 크게 이기긴 했지만, 수많은 군량 및 운반 수레를 잃고 잔도마저 훼손되어 한중으로 다시 철수할 수밖에 없었다. 등애는 패잔병을 이끌고 기산 영채로 돌아와 표를 올리고 죄를 청했지만 사마소는 오히려 등애에게 두터운 상을 내렸다. 등애는 받은 재물을 전부 피해 군사들의 가족에게 나누어 주었다.

한편 촉한의 황제인 후주 유선은 주색에 빠져서 환관 황호가 농간부리는 것만 믿고 조정을 돌보지 않는 날이 계속되었다. 관리들은 후주를 음란, 방탕하다고 여기며 차츰 원망하는 자들이 많아졌다. 그러다 보니 후주의 주위에는 현인들이 점차 줄어들고 소인배들만 나날이 세력을 키웠다. 강유는 계속하여 군사를 일으키고자 청했으나 황호의 농간이 계속되자 참다못해 후주를 찾아뵙고 아뢰었다.

"황호가 간교하게 권력을 휘두르니 마치 영제 때의 십상시와 같습니다. 폐하께서는 가까이는 장양, 멀리는 조고(진시황 환관)의 일을 거울삼아 이 자를 죽이십시오. 그래야 조정이 태평하고 중원을 회복할 수 있습니다."

그러나 후주는 오히려 강유에게 일개 환관을 용서치 못한다며 나무란 후, 황호를 불러 강유에게 죄를 엎드려 빌라고 하였다. 황호가 강유에게 다시는 국정에 간섭하지 않겠다고 울며 죄를 빌자 강유는 분노한 모습으로 나와 극정을 찾아가서 국가를 안전하게 하고 일신을 보전할 계책을 물었다.

이튿날 강유는 후주를 찾아뵙고 답중에 둔전을 마련하여 무후 제갈량의 사업을 본받겠다고 아뢰니 후주가 이를 즉시 허락하였다. 강유는 곧 한중으로 돌아와 장수들을 불러 배치를 마치고 자신은 둔전을 하며 천천히 후일을 도모할 것이라 말한 후 군사 8만을 이끌고 답중으로 떠났다.

한편 위나라 등애는 세작을 보내 강유가 길을 따라 40여 개의 영채를 세워 마치 긴 뱀의 형세와 같이 둔전을 행하고 있다는 그림을 완성하여 사마소에게 표를 올렸다.

사마소는 이를 본 후 크게 노해서 강유를 제거할 방안을 논의했다. 가충이 자객을 보내 강유를 암살하는 것이 좋겠다고 하자 종사중랑 순욱(筍勖)이 말했다.

"지금 촉나라 군주 유선은 주색에 빠져 있고 황호를 믿고 써서 대신들이 모두 그를 피하고 있습니다. 지금 강유가 둔전을 하는 이유도 그 화를 피하려고 하는 계책입니다. 그러니 이참에 대장을 시켜 정벌하는 것이 좋을 듯합니다."

사마소는 크게 웃고는 순욱의 말을 따라 종회를 진서장군, 등애를 정서장군에 임명하여 촉나라 정벌을 명하였다. 종회는 허의를 선봉으로 해서 10만 대군을 이끌고 그날 밤 길을 떠났다.

등애는 농서에서 촉을 치라는 조서를 받았으며 종회는 등애에게 격문을 보내 군사를 일으켜 한중에서 집결하자고 하였다. 등애는 옹주 자사 제갈서를 보내 강유의 귀로를 차단하고는 천수 태수 왕기를 보내 왼쪽에서 답중을 치게 하고, 농서 태수 견홍에게 오른쪽에서 답중을 치게 하였다. 그리고 금성 태수 양흔에게는 감송에서 강유의 배후를 차단하게 하고 자신은 군사 3만을 이끌고 직접 지원하기로 하였다.

한편 위나라 군대가 출발했다는 소식을 듣자 답중에 있던 강유는 곧바로 표를 써서 후주에게 올렸다.

"장익을 보내 양평관을 수호하게 하고 요화를 보내 음평교를 지켜야 합니다. 이 두 곳을 잃으면 한중을 잃게 됩니다. 동시에 오나라에 사자를 보내 구원병을 요청하십시오. 신은 답중에서 군사를 일으켜 적을 막겠나이다."

후주 유선이 강유의 표를 받고는 황호에게 물었다.

그러자 황호가 말했다.

"강유가 공명을 세우고 싶어서 표를 올린 것입니다. 폐하께서는 안심하십시오. 제가 잘 아는 무당이 있는데 길흉을 잘 맞추니 불러들여 물어보십시오."

그리고는 즉시 무당을 불러 점을 치니 위나라 강토도 곧 폐하께 넘어오고 태평성대를 누린다고 하였다. 후주는 무당에게 큰 재물을 내리고는 무당의 말만 믿고 강유의 말을 따르지 않았다. 이후에도 강유가 여러 차례 표를 올렸지만 황호가 중간에서 번번이 가로채고 후주에게 알리지 않았다.

위나라 종회는 대군을 이끌고 한중으로 줄줄이 출발하여 남정관과 양평관을 빠르게 점령하였다. 답중에 있던 강유는 위나라 군이 크게 몰려온다는 소식을 듣고 격문을 전하여 요화, 장익에게 군사를 거느리고 도우라고 하였다. 그리고 자신은 병사를 나누어 배치하고 직접 거느리고 기다려 적군과 맞서 싸웠다. 강유가 위나라 군과 한창 혼전하는 사이 등애가 이끄는 1군이 몰려오자 앞뒤가 서로 도울 수 없는 형세에 빠지게 되었다.

강유는 군대를 거두고 한중으로 돌아가려고 하였으나 위나라 제갈서가 이미 귀로를 끊었기에 험준한 곳에 영채를 세웠다. 위군은 음평교 입구에 주둔하여 강유의 군대를 막았다.

강유는 앞으로 나아갈 수도 물러설 수도 없자 길게 탄식하였다.

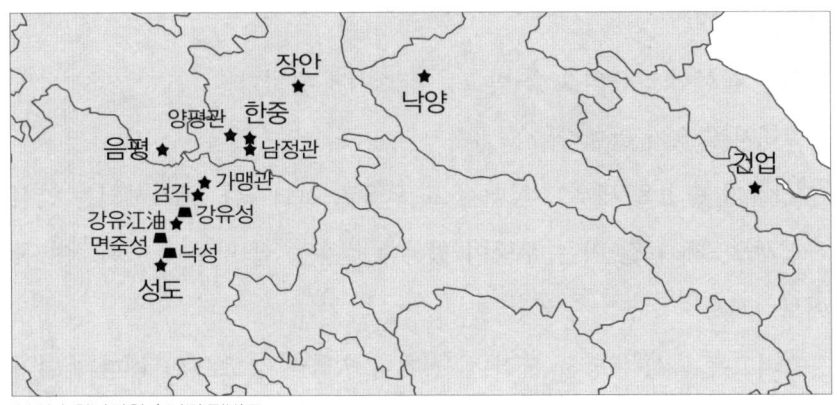

263년, 위나라의 촉나라 정벌도

"하늘이 끝내 나를 버리는구나!"

강유는 옹주를 습격하는 척하면서 한중을 되찾기 위해서 음평교를 나와 검각으로 달려갔다. 검각은 2만 군사와 함께 동궐이 지키고 있었다. 강유가 동궐과 이야기를 나누고 있는 사이에 제갈서가 군을 이끌고 관문 아래로 몰려왔다. 강유가 크게 노해 군사 5천을 이끌고 위나라 군진으로 들어가 좌충우돌하니 위군의 전사자는 셀 수 없이 많았다.

제갈서는 강유에게 대패하고 수십 리 뒤로 물러나 영채를 세우고 종회를 직접 찾아가 강유에게 대패한 죄를 청하였다. 종회는 제갈서를 낙양에 보내 사마소의 결정에 맡겼다.

한편 이미 한중을 접수한 종회는 등애와 더불어 서로 큰 공을 세우기 위해 촉으로 군사들을 내몰았다. 등애는 그날 밤 영을 내려 영채를 모두 거두고는 음평의 지름길로 진군해 검각에서 7백 리 떨어진 곳에 영채를 세웠다. 그리고 아들 등충에게 정예병 군사 5천을 주어 갑옷을 입

삼국지, 한 권으로 끝내기

지 않은 채로 도끼와 끌을 주어 험준한 산이 나타나면 바위를 깨트리고 계곡이 나타나면 다리를 놓아 군사들이 전진하는 데 아무 지장이 없도록 하였다.

등애는 군사 3만을 뽑아 각각 식량과 밧줄을 휴대하여 출발케 하였다. 그리고 1백 리를 갈 때마다 군사 3천 명씩을 뽑아 그곳에 영채를 세우게 했다. 음평에서 진군해서 높은 절벽과 험준한 골짜기까지 20여 일 동안 7백 리를 행군하는데 모두가 사람이 살지 않는 땅이었다. 이제 남은 군사는 2천 명이었다. 마침내 마천령이란 높은 곳에 이르렀다. 하늘을 찌를 듯한 워낙 높은 고개라 말을 타고는 도저히 전진할 수가 없었다.

등애가 고개 위에 이르자 아들 등충과 길을 닦고 있던 병사들이 모두 소리 내어 울고 있었다. 등애가 왜 우느냐고 묻자, 등충이 고개 서쪽 뒤가 가파른 절벽이라 더 이상 뚫을 수가 없다고 하였다.

등애가 말했다.

"호랑이 굴에 들어가지 않고 어찌 호랑이 새끼를 얻을 수 있겠느냐? 아군이 7백 리를 행군해 여기까지 와서 이곳만 지나면 바로 강유(江油)인데 어찌 여기서 물러난단 말이냐? 이왕 여기까지 왔으니 성공하여 부귀영화를 다 함께 누리자!"

그러자 모두 장군의 명을 따르겠다 외쳤다.

등애는 맨 앞장서서 군사들의 무기를 먼저 절벽 아래로 떨어뜨리고 자신의 온몸을 털가죽으로 감아서 깎아지를 듯한 절벽을 굴러서 골짜기 아래로 굴러 내려갔다. 이어 부장들과 모포를 가진 사람들은 몸을 감싸 굴러 내려갔고 모포가 없는 사람들은 밧줄로 허리를 묶고 나무를 잡고 매달려 내려갔다.

등애와 등충 그리고 2천 명의 군사들은 마천령을 넘었다. 그리고는 지체하지 않고 곧장 강유성으로 군사를 밀고 들어갔다. 촉의 장수 마막은 마치 하늘에서 내려온 듯한 등애의 군사들을 보고 겁에 질려 모두 항복하고 말았다.

이 소식은 급히 촉나라 황제 후주 유선에게 전해졌다. 후주는 문무백관들을 모아놓고 대책을 숙의하였다. 그러나 아무도 대답하는 자가 없었고 오로지 극정(郤正)만이 말했다.

"사태가 이미 너무 급박하옵니다. 무후(제갈량)의 아들인 제갈첨에게 적병을 물리칠 계책을 상의하십시오."

제갈첨은 유선의 사위이자 호위 장군이었는데 황호가 나랏일을 극히 어지럽히자 조정에 나오지 않고 있었던 참이었다. 후주 유선의 조서를 세 번이나 받고 그제서야 나온 제갈첨이 아뢰었다.

"신의 부자가 선제의 두터운 은혜와 폐하의 특별한 대우를 받았으니 비록 저의 간과 뇌를 땅바닥에 뿌린다 해도 그 은혜는 다 갚지 못할 것입니다. 바라옵건대 폐하께서 성도의 전 병력을 뽑아서 신에게 주시면 군사를 거느리고 가서 죽음을 각오하고 일전을 벌이겠습니다."

후주 유선이 성도의 병력 7만을 제갈첨에게 주자 제갈첨은 아들 제갈상과 함께 군사를 몰고 나갔다. 그러나 등애의 매복 작전에 걸려 면죽성으로 달아났다. 제갈첨이 오나라의 손휴에게 급히 구원을 청하자 오나라의 손휴는 늙은 장수 정봉으로 하여금 5만 군사를 주어 돕게 했다.

제갈첨은 오나라의 구원군이 도착하지 않자 3군을 이끌고 세 개의 성문을 모두 활짝 열고 싸우러 달려 나갔다. 등애는 촉군이 달려 나오자 일단 후퇴한 후 면죽성을 에워싸 매복 작전을 펼쳐 화살을 쏘게 하였다. 화살에 맞은 제갈첨은 말에서 떨어져 스스로 자결하고 말았다. 제갈상 역시 아버지가 전사한 것을 보고 말을 타고 채찍질하며 싸움을 독려하다 전사하였다.

한편 면죽성을 점령한 등애는 파죽지세로 성도로 쳐들어갔다.

후주 유선은 몸을 떨며 조정의 중신들에게 의견을 물으니 '항복하자, 성도를 포기하고 남중 7군(운남성, 귀주성)으로 달아나 지키다 다시 싸우자' 의견이 반반으로 나뉘었다. 이에 사태가 위급함을 본 초주가 항복을 권하니 후주 유선은 마침내 항복하기로 마음먹었다.

그때 병풍 뒤에서 큰소리로 초주를 꾸짖으며 후주 유선의 다섯째 아들인 유심이 나서며 말했다.

"초주가 망령되이 대사를 논하며 어지러운 말로 지껄이는 것은 이치에 닿지 않습니다. 아직도 성도에 수많은 군사가 남아있고, 검각에 있는 강유가 반드시 군사를 이끌고 구하러 올 것이니 싸워야 합니다."

그러자 후주는 "너 같은 어린아이가 어찌 하늘의 때를 알겠느냐?" 하고 유심을 성 밖으로 내쫓아 버리고는 초주에게 명해서 항복하는 글을 지어 옥새와 함께 낙성으로 보냈다.

이 소식을 들은 유심이 화가 하늘 끝까지 뻗쳐 칼을 차고 궁궐에 들어가자 아내인 최씨 부인이 물었다.

"오늘 대왕의 안색이 평소와 다르신데 무슨 일입니까?"

"부친께서 이미 항복 문서를 쓰고 내일 항복하러 나간다고 하니 이제 종묘사직이 사라지게 되었소."

그러자 최씨 부인은 의롭게 죽겠다며 기둥에 머리를 찧어 먼저 죽었다. 이에 유심이 아들 셋을 죽이고 유비의 사당 앞에 가서 통곡하며 말했다.

"신은 왕업을 타인에게 넘겨주는 것이 너무 부끄러워 먼저 처자식을 죽이고 괘념을 없앤 후, 제 한 목숨 바쳐서 조상의 은덕을 갚겠습니다. 할아버지의 영령이 있다면 이 손자의 마음을 알아주옵소서."

그리고 한 차례 크게 곡하고 피눈물을 흘리며 스스로 목을 찔러 자결하였다.

다음 날 후주 유선은 스스로 몸을 묶고 문무 관원들을 거느린 채 얼굴을 가리고 수레에 관을 실은 채로 북문 10리 밖으로 나가 등애에게 항복했다. 등애는 후주의 몸을 풀어주고 다시 성안으로 들이고 표기장군을 내린 뒤 백성들을 안심시켰다.

이로써 촉한은 2대, 유비가 서촉을 평정한 지 50년 만에 그 막을 내리고 말았다. 유비, 관우, 장비 세 사람이 한나라를 일으켜 세우기 위해 도원결의를 맺은 뒤 79년, 서기 263년의 일이다.

오나라 멸망, 사마염의 삼국 통일

한편 촉나라를 직접 정벌한 등애와 종회 두 사람 간의 끝없는 권력 다툼은 계속되었다.

강유는 종회와 등애 그리고 사마소를 이간하는 반간계를 써서 끝까지 저항하며 한실을 일으키고자 하였다. 그러나 종회가 강유와 함께 반역을 모의하여 위나라를 찬탈하려다 부하들의 손에 죽고 말자 강유도 스스로 목을 베어 자결하고 말았다. 강유의 나이 59세였다.

등애 역시 종회의 배신으로 잡혀 있다가 부하들이 구출하여 성도로 돌아오던 중 병사 5백을 이끌고 면죽까지 추격하여 온 호군 전속에 의해 죽고 말았다.

사마소가 촉나라를 정복하자 위나라의 조정 대신들은 그 공을 내세워 사마소를 왕으로 올리기 위해 천자 조환에게 표문을 올렸다. 그때 조환은 이미 이름뿐인 천자였기에 천자는 즉시 사마소를 진왕으로 삼고 사마소의 아버지 사마의에게 선왕, 그의 형 사마사에게는 경왕이라는 시호를 내렸다.

사마소에게는 두 아들이 있었으니 큰아들은 사마염이고 둘째가 사마유였다. 사마소가 그 후 중풍을 앓아서 쓰러지고 병이 깊어 죽자 사마염이 대를 물려받아 바로 진왕에 올랐다.

265년(음력), 조조가 죽은 지 45년 후 조환은 마침내 가충을 시켜 수선대를 쌓게 하고 12월 갑자 일로 날을 잡아 제위를 사마염에게 물려주었다. 이로써 위나라는 사라지고 사마염이 진나라 초대 황제가 되었다.

한편 오나라의 손휴는 사마염이 위나라의 제위를 빼앗았다는 소식을 듣고 곧 오나라를 정벌할 것이라며 근심하다 병이 들어 죽었다. 그러자 손권의 태자인 손화의 아들 손호가 임금이 되었다. 손호는 제위에 오른 뒤 날로 흉포해지더니 정사는 돌보 않고 주색에 빠지고 사치함이 끝이 없었다. 주위 사람들은 서로 붕당을 만들어 충신을 해치고 백성들을 수탈하니 관리와 백성들은 나날이 궁핍해져만 갔다. 그 와중에 손호는 진동장군 육항에게 명해 진나라의 양양 땅을 쳐서 빼앗으라 명했다.

이 소식은 빠르게 낙양에 보고되어 군주 사마염에게 알려졌다. 사마염은 즉시 조서를 내려 양양을 지키는 도독 양호에게 막도록 하였다. 양호는 군마를 점검하고 적군을 맞을 준비를 하며 병사와 백성들의 마음을 크게 얻었다. 투항한 오나라 사람들이 다시 돌아가려고 하면 그들의 청을 모두 들어주었고 변방을 지키는 병력의 수를 줄여 밭을 개간하여 10년 먹을 군량을 비축하였다.

육항은 양호가 있는 한 양양을 치는 것은 불가하다 생각하여 손호에게 초소(상소문)를 올리자 크게 노하고 육항의 병권을 빼앗았다.

양호는 육항이 병권을 잃고 손호가 신하들에게 극악무도함이 더해져 간다는 소식을 듣고 표를 올려 사마염에게 오나라를 칠 것을 청하였다. 사마염은 크게 기뻐하며 곧 명을 내리려 하였으나 가충, 순욱, 풍순 세 사람이 아직은 때가 아니라 반대하니 실행하지 못했다.

278년, 양호는 조정에 들어가 이제 병이 들어 벼슬을 버리고 고향에 내려가 요양하겠다고 아뢰었다. 사마염이 친히 양호의 집으로 찾아가 안부를 묻고 뜻을 이을 사람을 묻자 양호가 우장군 두예를 천거하였다. 양호가 죽자 사마염은 크게 곡하고는 궁궐로 돌아가 칙서를 내려 양호를 태부 거평후에 추증하였다. 형주 땅의 모든 백성들 또한 양호의 죽음을 듣고 슬피 울었고 강남에서 변방을 지키던 장수들도 모두 곡하며 눈물을 흘렸다.

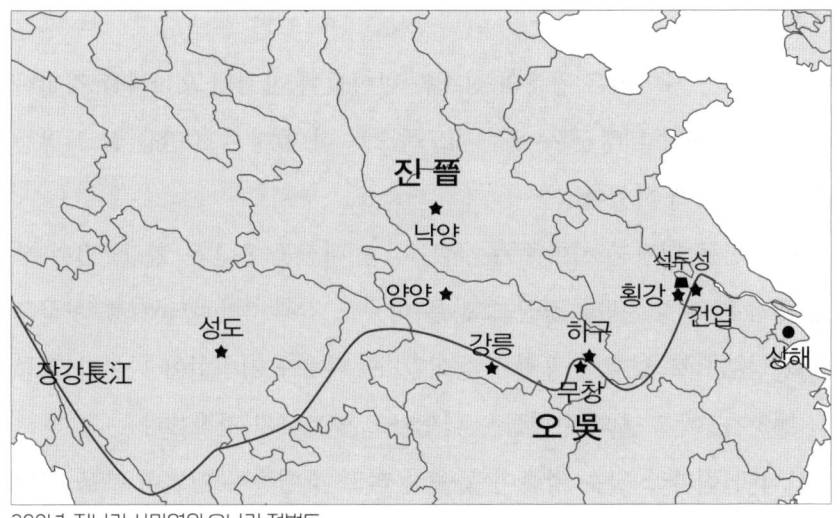

280년, 진나라 사마염의 오나라 정벌도

진나라 황제 사마염은 곧 두예를 진남대장군, 형주 도독으로 삼았다. 두예는 진나라 군주의 명을 받들어 양양에 머무르며 군사를 길러 오나라 정벌을 준비하였다.

오나라는 정봉, 육항 같은 원로들마저 죽은 뒤라 손호의 무도함은 날이 갈수록 더해져만 갔다. 이때 진나라 익주자사 왕준이 때를 놓치지 말고 오나라를 쳐야 한다는 상소를 올렸다.

"손호는 몹시 음탕하고 흉악무도한 자이니 마땅히 속히 정벌해야 합니다. 만일 어느 날 손호가 갑자기 죽어 어진 임금을 세운다면 오나라는 다시 강해질 것입니다. 신이 7년간 배를 건조했는데 날마다 썩어 가고 있습니다. 또한 신의 나이가 이제 70살이 온 데 언제 죽을지 모릅니다. 이 세 가지 가운데 하나라도 어그러지면 오나라를 취하기가 어려워지니 바라옵건대 이 기회를 놓치지 마옵소서."

진나라 왕 사마염은 왕준의 상소를 받아들여 마침내 오나라를 정벌하기로 하고 진남 대장군 두예를 대도독으로 하여 병사 10만을 끌고 강릉으로 출격하게 하였다.

또한 진동 대장군 사마주는 저중, 정동 대장군 왕혼은 횡강, 건위 장군 왕융은 무창, 평남 장군 호분은 하구로 각각 5만의 군사를 이끌고 수륙 양면으로 일제히 공격해 들어갔다. 두예가 거침없이 나아가 강릉을 빼앗자, 각 고을의 수령들은 너도나도 항복하기 시작했다.

드디어 진나라 장수 왕준이 돛을 올리고 항행하며 맹렬히 북을 치며 오나라 경내로 깊숙이 밀고 들어오자 오나라 장수 장상이 군사들을 이끌고 항복하였다. 장상이 배를 타고 석두성 아래 이르러 성문을 열라고 외치며 진나라 군사들을 맞아들였다. 진나라 군이 성안에 들이닥친 것을 안 오나라 황제 손호가 스스로 검을 뽑아 자결하려 하였으나 중서령 호충과 광록훈 설형이 촉나라 후주 유선처럼 하시는 것이 어떠시냐 아뢰었다. 손호는 이를 따라 스스로 몸을 묶고 관을 진 다음 진나라 장수 왕준에게 무릎을 꿇으며 항복하였다. 왕준은 손호의 결박을 풀어주고 관을 불태운 뒤 제왕의 예절로서 대우했다.

서기 280년, 오나라마저 멸망되자 삼분지계인 천하는 진의 황제인 사마염에 의해 다시 하나로 통일되었다.

촉나라 황제 유선은 271년,
위나라 황제 조환은 302년,
오나라 황제 손호는 284년에 각각 천수를 다 누리고 죽었다.

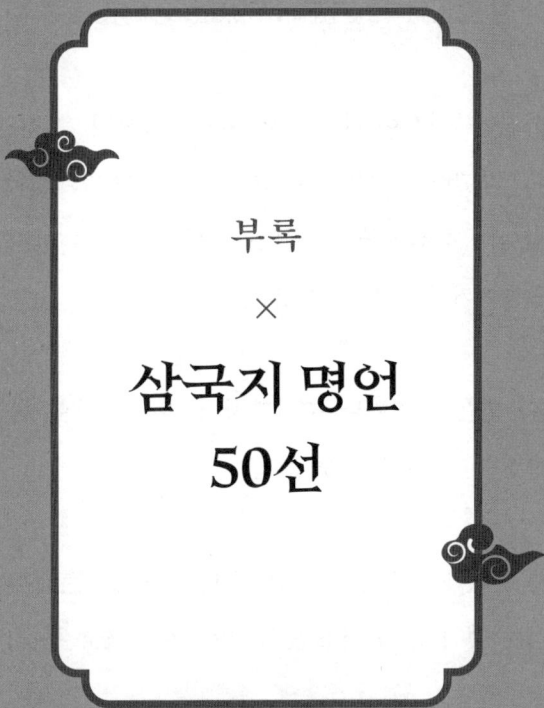

부록

×

삼국지 명언
50선

삼국지 명언 50선

❶ 만일 풀을 베고 뿌리까지 제거하지 않는다면, 훗날 반드시 목숨을 잃는 근원이 될 것입니다. (若不斬草除根, 必爲喪身之本)

대장군 하진이 "건석이 나를 죽이려 모의했으니 그 집안만 멸족시키면 된다"고 말했다. 그때 사예 교위 **원소**가 이번 기회에 환관 모두를 죽여야 한다며 하진에게 한 말이다. 원소의 말을 듣지 않은 하진은 결국 환관들에게 죽임을 당하였다.

'모든 화나 병은 근원이나 뿌리까지 완전히 없애야 몸을 편하고 온전하게 보전할 수 있다'는 뜻이다.

❷ 천하 대사가 내게 달려 있거늘. 지금 내가 하겠다는데 누가 감히 따르지 않겠다는 것이냐! (天下事在我, 我今爲之 誰敢不從!)

동탁이 소제 유변을 폐하고 헌제 유협을 새로운 황제로 옹립하려 할 때 원소가 반대하자 **동탁이** 크게 화를 내며 한 말이다.
모든 독재자의 말로가 그렇듯이 동탁 역시 부하인 여포에 의해 살해되었다.

삼국지, 한 권으로 끝내기

이 말에는 권력의 중심에 섰다고 생각한 동탁의 독단적 성격, 그리고 독재자적인 태도와 결국은 몰락할 수밖에 없었던 전형적인 폭군으로서의 기질이 잘 드러나 있다.

❸ 그때는 그때고, 지금은 지금이다. (彼一時, 此一時也)

황건적이 투항하자 유비가 중랑장인 주준에게 "옛날에 고조(劉邦)가 천하를 얻은 것은 대개 투항을 권유하고 이에 순종하는 자를 받아들였기 때문입니다"라고 말했다. 그러자 중랑장(황제의 친위대) **주준**이 유비에게 답한 말이다.

항상 '아무리 중요한 사건이나 일이라도 과거 기준으로 동일한 잣대를 들이대는 것보다는 시대나 현재 상황에 맞게 유연하게 대처해야 한다'라는 뜻으로 요즈음에도 자식들이 부모들에게 혹은 젊은 사람들이 나이 든 사람들에게 자주 쓰는 말이기도 하다.

❹ 좋은 새는 나무를 골라 깃들고 현명한 신하는 주인을 가려 섬긴다. (良禽擇木而棲, 賢臣擇主而事)

동탁의 부하이자 여포의 옛친구인 **이숙**이 여포에게 적토마와 금은보화를 전하며 양부인 정원을 배신하고 동탁을 함께 모시자며 설득하며 쓴 말이다. 결국 여포는 양아버지인 정원을 한칼에 베어 죽이고 동탁의 수하가 되었다.

'현명한 사람은 자신의 가치를 알아주고, 자기의 능력을 펼칠 수 있는 곳을 신중히 선택해야 한다'는 뜻이다.

❺ 제비나 참새가 어찌 기러기와 고니의 뜻을 알겠느냐! (燕雀安知鴻鵠志哉!)

조조가 동탁을 살해하려다 실패하고 쫓기다 잡혀서 현령인 진궁이 조조에게 물었다. "내가 듣기로 승상께서 너를 박하게 대접하지 않았다는데 무슨 까닭으로 화를 자초하였느냐?"고 묻자 **조조**가 대답한 말이다.

이 말은 '소인배나 평범한 사람은 군자나 영웅의 혜안이나 큰 뜻을 알 수 없다는 데 많이 쓰는 표현'으로 '사마천의 사기'에서 유래된 말이다.

❻ 내가 천하의 사람들을 저버릴지언정, 천하의 사람들이 나를 저버리게 하지는 않을 것이오. (寧敎我負天下人, 休敎天下人負我)

조조가 진궁과 같이 달아나다가 아무 죄도 없는 큰아버지인 여백사를 죽인 것을 보고 진궁이 "그자가 죄가 없다는 것을 알면서 일부러 죽이는 것은 몹시 불의한 짓이다"라고 꾸짖자, 이에 **조조**가 진궁에게 한 말이다.
조조의 본성이 이처럼 잔악하고 포악무도한 성정임을 잘 나타낸 말은 없다.

이 말은 '본인이 가야 할 길에 어느 누구라도 장애가 된다면 아무리 죄 없는 사람이나 이해관계가 없는 사람일지라도 가차 없이 배신을 하고 심지어 살인까지도 저지를 수 있다'는 말이다.

⓻ 닭 잡는 데 소 잡는 칼을 쓰랴! (割雞焉用牛刀!)

손견이 동탁을 치기 위해서 사수관을 향해 달려든다는 소식을 접하자 동탁은 여포가 있어 안심한다며 이렇게 말했다.
"나에게 봉선(여포)이 있으니, 베개를 높이 하여 자도 근심이 없구나."
그러자 여포 대신 손견을 자신이 처치하겠다 **화웅**이 나서며 한 말이다.

이 말은 '큰 그릇을 작게 쓴다는 뜻으로 큰 재능을 가진 사람에게 누구나 할 수 있는 작은 일을 맡길 때 쓰는 표현'이기도 하다.

⓼ 술을 먼저 따라 두시오, 내 잠시 다녀오리다. (酒且斟下, 某去便來)

관우가 동탁의 부하인 화웅의 목을 베러 가기 전 조조가 따뜻한 술을 한 잔 따라주며 출전을 격려하자 **관우**가 한 말이다. 이 말을 마치자마자 관우는 순식간에 말에 올라타서 화웅의 목을 베어 가지고 돌아와 아직도 따뜻한 온기가 남아있는 술을 마셨다.

'어떤 일을 할 때 범접하지 못할 정도의 뛰어난 능력을 가지고 있는 사람이 은유적으로 쓸 수 있는 말'이기도 하다. 삼국지에서 관우가 보여준 가장 멋있는 장면 중의 하나다.

❾ 내가 스스로 법을 만들고 스스로 법을 어긴다면, 어찌 사람들을 복종시키겠는가! (吾自制法, 吾自犯之, 何以服衆!)

장수가 난을 일으키자 조조가 직접 허도를 나와 말을 타고 토벌하러 갈 때, 갑자기 비둘기 한 마리가 밀밭에서 날아오르자, 조조가 타던 말이 깜짝 놀라 밭으로 뛰어들어 한바탕 밀밭을 짓밟아 놓게 되었다. 조조가 행군 주부를 불러 조조 자신이 보리밭을 망가뜨린 죄를 따지게 하자 주부가 말하였다.

"승상께 어찌 죄를 묻겠습니까. '춘추'에 법은 존엄한 사람에게는 적용할 수 없습니다." 말하자 **조조**가 답한 말이다.

이 말을 마치고 조조가 칼로 자기 목을 스스로 베려 하자 주부가 극구 만류하니 머리칼을 싹둑 잘라서 자신의 목을 대신하였다.

무릇 '지도자나 리더는 자신에게 엄격해야 하며 매사에 솔선수범하지 않으면 누구도 따르지 않는다는 것을 부하들에게 강조한 말'로서 리더라면 누구나 꼭 지키고 행해야 할 덕목의 중요성을 잘 보여준 사례이다.

❿ 몸을 숙이고 분수를 지키며 때를 기다려야지, 목숨을 다투어선 안 된다. (屈身守分, 以待天時, 不可與命爭也)

서주성을 빼앗은 여포가 유비에게 거짓으로 성을 다시 돌려준다고 하자 유비는 애써 사양하며 작은 소패성으로 가서 머물렀다. 이에 관우와 장비가 불평하자 **유비**가 아우 두 명에게 한 말이다.

이 말은 '어떠한 경우든 서두르지 말고, 인내하며 때를 기다리면 기회는 반드시 찾아온다는 뜻'으로 대인관계나 정치, 경제, 사회에서 아주 폭넓게 활용할 수 있는 표현이다.

⓫ 내가 듣건대 효로써 천하를 다스리는 자는 남의 부모를 해치지 않으며, 어진 정치를 천하에 베푸는 자는 남의 제사를 끊지 않는다고 했소. (吾聞以孝治天下者, 不害人之親, 施仁政於天下者, 不絕人之祀)

진궁이 조조 앞에서 죽기 전에 "노모와 처자는 어찌했으면 좋겠냐"고 묻자 **진궁**이 조조에게 부탁과 경고를 동시에 겸해서 한 말이다. 이 결과 진궁의 노모와 처자는 허도로 보내져서 죽을 때까지 보살핌을 받았다.

예부터 '죄를 지어도 본인만 단죄받으면 되지 아무 관련도 없는 부모와 처자식은 함께 죗값을 치른다는 것은 효의 정신에 어긋나며 어진 정치를 한다면서 남을 해하는 건 인의의 정신에 어긋난다'라는 말이다.

⓬ 무릇 영웅이란 가슴에 큰 뜻을 품고, 뱃속에 좋은 계책을 가져서 우주의 이치를 내면에 품으며 천지라도 삼키고 뱉을 의지를 가진 자요. (夫英雄者, 胸懷大志, 腹有良謀, 有包藏宇宙之機, 吞吐天地之志者也)

조조가 유비와 술을 마시며 '영웅이란 무엇인가'에 대해서 말하는 장면이다. 결국 이 말에는 은연중에 조조 자신만이 영웅임을 간접적으로 드러내는 말이다.

'有包藏宇宙之機'은 '우주의 이치를 통찰하고'라는 말로도 해석할 수 있다.

⓭ 큰일을 하면서 몸을 아끼고, 작은 이익을 보고 목숨을 내던지는 자는 영웅이 아니다. (临大事而惜身, 见小利而忘命, 非英雄也)

영웅에 관한 토론 중 유비가 "원소는 가히 영웅이라 칭할 만하지 않느냐?" 말하자 **조조**가 원소를 비판하며 유비에게 답한 말이다.

자고로 '큰 목적 앞에선 목숨도 내던질 줄 알아야 하고, 작은 이익 앞에서 흔들리는 사람은 결코 영웅이 아니다'라는 뜻이다.

❿ 내가 천하로부터 신망을 얻고자 하거늘, 어찌 전에 내가 한 말을 저버리겠소? 장군이 가는 도중에 필요한 것이 부족할까 두려워 특별히 노잣돈을 가지고 배웅하러 왔소. (吾欲取信於天下, 安肯有負前言. 恐將軍途中乏用, 特具路資相送)

유비에게 떠나가는 관우를 직접 뒤쫓아가서 **조조**가 노잣돈과 전포를 건네며 관우에게 한 말이다. 조조가 관우의 충의와 인간적인 매력을 얼마나 좋아했는지 잘 알 수 있는 대목이다. 또한 자기가 좋아하는 사람에게는 신의를 중시하는 것 못지않게 아주 따스하면서도 세심한 잔정도 가지고 있었던 인물이었음을 짐작할 수 있는 장면이기도 하다.

참으로, 조조는 부정적인 인식과는 별도로 다양한 방면에서 리더가 가질 수 있는 품성과 자질을 동시에 가지고 있었던 군주였다고 보면 틀림없을 것이다.

⓯ 충언은 귀에 거슬리는 것이고 하찮은 것들과는 함께 모의할 게 못 된다. (忠言逆耳, 豎子不足與謀)

관도대전 당시 원소의 책사인 **허유**가 의심 많고 우유부단하기로 유명한 원소가 자신의 말을 귀담아듣지 않고 오히려 역정을 내자, 자결하려 하며 하늘을 우러러 탄식하며 한 말이다.
허유는 주위에서 자결을 만류하자 옛친구인 조조를 찾아가 투항하였다.

역사에 만일이란 없지만 만일, 원소가 허유의 계책을 따랐다면 조조
와 원소의 운명은 서로 뒤바뀌었을지도 모를 일이다.

'충직한 말은 원래 귀에 거슬리는 법이라 일을 함께 꾀함에 있어서
도 서로 수준이 맞아야 한다'는 뜻이다.

**⓰ 아군에게 퇴로가 없으면 틀림없이 죽을 각오로 싸울 테니 원소에게
이길 수 있습니다. (我軍無退路, 必將死戰, 可勝紹矣)**

조조 군과 원소 군이 싸운 관도대전 당시 조조 군 책사인 **정욱**이 십
면매복을 한 후, 황하 가까지 적을 유인하면 반드시 승리할 것이라며
조조에게 건의한 계책이다. 이른바 '배수진 전략'이 바로 이것이다.
원소 군이 뒤쫓자, 새벽에 이르러 황하까지 물러난 조조 군은 더 이
상 달아날 길이 없었다. 조조가 "우리 앞에 달아날 길이 없다. 죽을
각오로 싸우자" 명령하자 군사들이 몸을 돌려서 죽기 살기로 싸워
다시 전진했다.
이에 매복한 군사들도 가세하니 원소 군의 시체가 들판에 가득하고
피가 도랑이 되어 흐를 정도였다.

참고로 최초의 배수진 전략을 실행한 자는 초한전 당시 '한신'이다.

❼ 옛날 고조 황제께서 항우와 천하를 다퉜을 때 몇 번이나 항우에게 패했지만, 훗날 구리산 싸움에서 한번 성공해 사백 년 토대를 열었습니다. 이기고 지는 건 병가에서 흔한 일인데 어찌 스스로 뜻을 꺾으려 하십니까? (昔日高祖與項羽爭天下 數敗於羽 後九里山一戰成功 而開四百年基業. 勝負兵家之常 何可自隳其志?)

유비 군이 조조 군을 공격하다 도리어 대패하여 장수들은 뿔뿔이 흩어지고 유비는 패잔병을 이끌고 퇴각하였다. 겨우 도망가다가 어느 강가에 이르러 관우, 장비, 조운에게 "그대들은 왕을 모시며 큰 벼슬을 할 사람들인데 자신은 송곳 하나 꽂을 땅 하나조차 없으니 다른 주인을 섬기는 게 어떻소?" 하고 탄식하자, **관우**가 유비에게 위로하며 한 말이다.

'승패는 흔히 있을 수 있는 일이니 중요한 결전에서 이기면 천하 대사를 언제든 다시 도모할 수 있다'는 뜻이다.

❽ 큰일을 이루려고 하는 자는 반드시 사람을 근본으로 삼아야 하오. (擧大事者必以人爲本.)

유비가 조조 군에게 쫓겨서 백성들을 데리고 강릉으로 피신할 때, 모든 백성을 데리고 가기에는 너무 늦을 거라며 장수들이 백성을 버리고 가자고 하자 **유비**가 울면서 한 말이다. 백성들은 이 말을 듣고 감격하여 울지 않는 자가 없었다.

'전쟁이든 조직이든 인사가 만사고 사람이 근본'임을 가장 중시한 사람은 바로 유비이다. 이로써 유비는 백성들이나 다른 군벌들에게 더욱더 '인의의 군주'라 불리게 되었다.

⑲ 의심하지 마라. 자룡이 그리로 갔다면 반드시 무슨 변고가 있을 것이다. 자룡은 결코 나를 버릴 사람이 아니다. (休錯疑了. 子龍此去, 必有事故, 我料子龍必不棄我也.)

조자룡이 전투 중에 배신을 하고 서북쪽으로 도망갔다고 미방이 보고하자 '조자룡은 절대 그럴 리가 없다'고 확신하며 **유비**가 한 말이다. 유비는 자룡이 아무리 위험한 상황에 처해도 자신에 대한 배신을 절대 하지 않을 것이라는 확고한 믿음이 있었다. 실제로 조운(자룡)은 장판파 싸움에서 홀로 적진을 뚫고 유비의 아들인 아두(후주 유선)를 구출해 왔다.

'상사가 부하를 신뢰할수록 부하는 더욱 충성하는 것은 만고의 진리'이다. 아주 바람직한 상하 관계의 표본이다.

⑳ 이깟 어린아이 때문에 내 대장 한 사람을 잃을 뻔했구나! (爲汝這孺子, 幾損我一員大將!)

조운(자룡)이 유비의 아들(아두)을 천신만고 끝에 전쟁터에서 구해 와서 두 손으로 유비에게 건네니 **유비**가 아들을 받자마자 땅에 내던지며 한 말이다. 유비가 참모들과 장군들을 어떻게 대했는가 역설적으로 잘 보여준 장면이다.

이 광경을 보고 장수들은 무슨 생각을 했을까!

유비가 피붙이 가족보다 자신을 위해 목숨을 바치는 빼어난 장수를 더욱 소중히 여기는 장면은 삼국지 곳곳에서 나온다.

㉑ 내가 듣자 하니, 말을 많이 하여 이익을 얻으려 하는 것은 차라리 침묵하여 말을 하지 않는 것보다 못하다 했습니다. (愚聞多言獲利, 不如默而無言)

제갈공명이 오나라를 방문했을 때 공명이 오나라 신하들과 논쟁을 계속하자 분위기를 전환 시키기 위해 **황개** 장군이 공명에게 한 말이다. 황개는 공명이 당대의 기재임을 미리 알고 있었기에 손권에게 직접 말하기를 원했던 것이다. 그제서야 공명은 오나라 신하들과 논쟁을 그쳤다.

때로는 '침묵이 지혜요, 입 다무는 것이 이기는 길'이다.

㉒ 주인을 배신하고 도둑질하는 자는 날짜를 미리 정하지 않는 법이다. 기회를 엿보다가 행동해야지 어찌 미리 날짜를 서로 정하겠느냐? (背主作竊, 不可定期. 但可覷便而行, 豈可預期相訂乎?)

적벽대전 전에 오나라의 황개와 감택이 고육지계를 써서 거짓 항복 밀서를 들고 갔으나 약속 날짜가 없자 조조가 고육계라고 눈치챘다. 따라서 감택을 죽이려 하자 **감택**이 당당하게 조조에게 한 말이다. 감택이 이렇게 말하자 조조는 낯빛을 고치고 사과하며 감택에게 공을 세우면 큰 벼슬을 내리겠다고 약속하였다.

'고육지계란 적을 속이기 위해 자신의 손해나 피해를 감수하는 계책' 이다. 다른 말로 '고육지책'이라고도 한다. 이 황개의 '고육계'는 오·촉 연합군이 적벽대전에서 승리한 가장 중요한 열쇠가 되었다.

㉓ 내가 의병을 일으킨 이래, 나라를 위해 흉악하고 해로운 자들을 제거해서, 사해를 청소하기를 맹세하고 천하를 평정하려고 하였소. (吾自起義兵以來, 與國家除凶去害, 誓願掃清四海, 削平天下)

조조가 적벽대전을 앞둔 전날 밤, 여러 장수들과 관리들을 불러놓고 연회를 베풀며 한 말이다.

자신이 한나라를 대표하고 있다는 점을 특히 강조하면서 장수들에게 적벽대전 전투에서 승리해야 하는 당위성을 강조한 연설이다.

㉔ 그대는 주공을 보호하여 오나라에 들어가되, 이 세 개의 비단 주머니를 가지고 가시오. 주머니에 세 가지 신묘한 계책이 들어 있으니, 차례대로 실행하시오. (汝保主公入吳, 當領此三個錦囊. 囊中有三條

妙計, 依次而行)

유비가 손권의 누이와 혼인하러 갈 때 **제갈공명**이 조자룡에게 비단 주머니를 건네며 귓가에 대고 한 말이다.

오나라에서 위험에 닥칠 때마다 **빠져나올** 수 있는 계책을 비단 주머니에 담아준 것으로써 이 '비단 주머니'는 공명의 지략과 명성을 더욱 부각하기 위한 삼국지연의의 대표적인 서사적 장치라 볼 수 있다.

㉕ 이미 주유를 낳으시고 어찌하여 제갈량을 낳으셨단 말입니까! (既生瑜, 何生亮!)

오나라의 대장군이자 제일 책사인 **주유**가 제갈량과의 계책 대결에서 번번이 패하며 36세의 나이로 죽기 전, 하늘을 우러러 탄식하며 내뱉은 말이다.

주유는 서기 175년에 태어났고 제갈량은 181년생으로 실제로 주유가 제갈량보다 6살이 더 많다. 주유의 죽음은 전쟁 중 부상으로 인한 과로와 건강 악화가 직접적인 원인이었지만 공명에 대한 끝없는 질투심과 시기심 그리고 분노도 아주 큰 영향을 미쳤다.

㉖ 대현(아주 훌륭한 사람)에게 만약 작은 자리를 맡기면 왕왕 술에 빠져 흐리멍텅해지고 업무를 처리하는 데 싫증을 느껴 게으르게 됩니다.

(大賢若處小任, 往往以酒糊塗, 倦於視事.)

방통에게 작은 뇌양현을 맡기자 일은 안 하고 매일 술에 절어 지냈다. 관원들이 따지자 한 달 치 일을 하루에 순식간에 처리하였다. 이를 보고서 **제갈공명**이 유비에게 큰일을 맡길 것을 천거하며 한 말이다. 이일을 계기로 방통은 유비의 부군사(副軍師)가 된다.

이는 '사람을 쓸 때는 적재적소에 써야 능률이 극대화됨을 지적한 말'이기도 하다.

❷ 이제 그들이 한군데로 모인다면 그 수가 많다 해도, 사람들의 마음이 하나로 통일되지 않아 이간질하기 쉬우니 일거에 없앨 수 있어서 기뻐했던 것이오. (今皆來聚一處 其雖多, 人心不一, 易於離間, 一擧可滅. 吾故喜也.)

적들의 병력이 한곳으로 모인다는 소식을 듣고 기뻐하는 조조에게 장수들이 그 이유를 묻자 **조조**가 답한 말이다. 어떠한 상황에서도 자기에게 유리하게끔 상황을 반전시킬 수 있는 이간계와 반간계에 능한 조조다운 말이다.

특히 사람이 한 군데 모이면 공격하기도 쉽고, 그 사이에서 의견들을 달리하는 사람이 많게 되어 거사를 성공시키기 더욱 쉽다는 뜻이다.

❷❽ 사람은 멀리 걱정하지 않으면 반드시 가까운데 근심이 생긴다 하였소. (人無遠慮, 必有近憂)

적벽대전 원수를 갚기 위해 조조가 침범한다는 소리를 듣고 여몽이 철저히 준비해야 한다고 손권에게 아뢰자, 여몽의 말이 옳다며 **손권**이 여러 장수들에게 한 말이다.

'사람은 항상 눈앞의 일뿐 아니라 먼 데까지 미래를 대비해 놓아야 앞으로 근심거리가 생겨나지 않는다는 뜻'으로 병가에서뿐 아니라 사람의 모든 삶에 중요한 덕목이기도 하다. 이 말은 공자의 말로서 '논어'에 나오는 구절이기도 하다.

❷❾ 충신이 어찌 기꺼이 두 주인을 섬기랴! (忠臣豈肯事二主乎!)

서천의 장수 **장임**이 달아나다가 장비에게 생포된 후 끌려와 유비가 항복을 권하자, 눈을 부릅뜨고 화를 내며 유비에게 한 말이다.

유비가 주저하자 공명이 그를 그 자리에서 참수하도록 시켰다. 사마천이 쓴 『사기』에 나오는 백이, 숙제가 실천한 불사이군(不事二君)도 이와 같은 뜻이다.

❸⓿ 제가 듣건대, 월나라의 서시는 아무리 헐뜯어도 그 아름다움을 가릴 수는 없고, 제나라 무염[종리춘(鍾離春): 전국시대 제나라의 추녀]은 아무리 추켜세워도 그 추함을 숨길 수 없습니다. 하늘의 해도 결국 기울고, 달도 차면 이지러진다 했으니, 이것이 천하의 변하지 않는 이치입니다. (吾聞越之西子, 善毀者不能閉其美, 齊之無鹽, 善美者不能掩其醜. 日中則昃, 月滿則虧. 此天下之常理也)

서천의 **이회**가 조조와 대항 중이었던 마초를 찾아가 유비에게 합류할지 망설이고 있던 마초에게 투항하라고 설득하며 한 말이다.

마초는 이 말을 듣고 유비에게 투항하며 유비가 서천을 취하는 데 일등 공신이 된다.

❸❶ 계륵! 계륵! (雞肋! 雞肋!)

조조가 막사 안에서 저녁 식사를 하는 중에 하후돈이 막사 안으로 들어와 오늘 암구어를 묻자 무심코 식사를 하며 중얼거린 말이다.
그날 조조는 마침 저녁으로 닭을 끓인 탕이 나와서 먹고 있었다. 그런데 탕 속에 있는 닭갈비를 보자 버리자니 아깝고 먹자니 살이 적어 보여서 문득 자신의 지금 오갈 데 없는 신세와 비슷하다고 느꼈다. 당시 군을 이끌고 진격하자니 촉군의 마초에게 막혀있고, 그렇다고 군사를 거두어 돌아가려니 촉의 군사들이 비웃을까 봐 이러지도 저러지도 못하는 자신의 신세와 너무도 닮은 듯이 보였기 때문이다.

　　　　　삼국지, 한 권으로 끝내기

그 후로 '내치기에는 아깝고 내가 취하기에는 어딘가 부족해서 이러지도 저러지도 못하는 형국'을 '계륵'이라 부르게 되었다.

❸❷ 내 호랑이의 딸을 어찌 개의 새끼에게 시집보낼 수 있겠느냐! (吾虎女安肯嫁犬子乎!)

오나라 제갈근이 형주를 지키고 있는 관우를 찾아와서 오나라 손권의 아들과 관우의 딸을 혼인하자고 하였다. 그 속셈을 간파한 **관우**가 크게 노하며 오나라 사자인 제갈근에게 한 말이다.

관우는 제갈근을 그 자리에서 바로 오나라로 내쫓아버렸다. 제갈근은 제갈공명의 형으로서 오나라 손권의 책사이다.

❸❸ 옥은 부서질지언정 그 흰빛을 잃지 않으며, 대나무는 불에 타도 그 곧음을 잃지 않는 법이오. 내 몸은 비록 죽을지언정 이름은 죽백(역사책)에 남을 것이오. (玉可碎而不可改其白, 竹可焚而不可毀其節, 身雖殞, 名可垂於竹帛也.)

관우가 맥성에서 오나라에 포위되어 최후의 결전을 앞두고 제갈근이 관우에게 투항하라 하자, 정색을 하면서 제갈근에게 한 말이다.

곧은 절개와 의리, 충성심과 용기를 가진 관우는 죽을 때까지 자기의 목숨보다 명예를 훨씬 더 소중히 생각하는 사람이었음이 잘 드러난 명장면이다.

❸❹ 콩을 삶는 데 콩깍지를 태우니, 콩은 가마솥 안에서 우는구나. 본래 한 뿌리에서 태어났거늘, 어찌 이렇게 급하게도 서로 지지고 볶아대는가! (煮豆燃豆萁, 豆在釜中泣, 本是同根生, 相煎何太急!)

조조가 죽고 조비가 왕위에 올랐으나 재주가 많고 문장에 능한 셋째 조식을 경쟁자로 인식한 화흠이 훗날 화근이 된다며 조식을 죽이라 하였다. 조비는 조식에게 시를 내어서 '형제'란 말을 넣지 말고 일곱 걸음 걷는 동안에 시를 지으면 살려주고 그렇지 않으면 죽이기로 하였다.

조식이 별로 힘들이지 않고 일곱 걸음을 다 걷기 전에 이 시(칠보시)를 짓자, 조비는 눈물을 흘리며 조식을 살려주었다. 조식은 겨우 죽음은 면하고 지방으로 유배되었다.

❸❺ 예로부터 흥하는 게 있으면 반드시 폐하는 것이 있고, 성하는 게 있으면 반드시 쇠퇴하는 것도 있습니다. 어찌 망하지 않는 나라가 있으며 패하지 않는 가문이 있겠습니까? (自古以來, 有興必有廢, 有盛必有衰. 豈有不亡之國, 不敗之家乎?)

위왕 조비를 황제로 만들기 위하여 헌제에게 황제의 자리를 내놓으라며 **왕랑**이 헌제를 겁박하며 한 말이다. 왕랑의 이 말을 듣고 헌제는 크게 통곡하며 후전으로 들어갔다.

헌제는 이후 산양공으로 벼슬을 내려 궁을 떠나게 되고 조비가 황제의 자리에 올랐다.

㊱ '명분이 바르지 않으면 말이 순하지 않다'고 했습니다. 지금 대왕께서는 명분도 바르고 말도 순한데, 사람들이 누가 이의를 제기하겠습니까? '하늘이 주는 것을 받지 않으면 도리어 죄를 받는다'라는 말도 듣지 못하셨습니까? (名不正則, 言不順, 今大王名正言順, 有何可議? 豈不聞天與弗取, 反受其咎?)

위나라 조비가 황제에 올랐다는 소식을 듣고 촉나라 한중왕 유비도 황제에 올라야 한다는 문무 관리들의 간언이 계속되었다. 유비가 계속 사양하자, **제갈공명**이 유비에게 황제에 올라야 한다는 당위성을 설득한 말이다.

유비는 제갈공명의 말을 듣고 황제의 자리에 올랐다.

㊲ 한나라의 역적에 복수하는 것은 공적인 일이고, 형제의 복수는 개인적인 일입니다. 바라옵건대 천하를 중히 여기소서. (漢賊之仇, 公也 ; 兄弟之仇, 私也. 願以天下爲重)

유비가 관우의 죽음에 대한 복수를 위해서 오나라를 공격하려 하자

조자룡이 '지금은 불가'하다며 유비에게 아뢰는 말이다.

그러나 유비는 조운의 말을 듣지 않고 동오 정벌을 명령했다. 아무리 인의의 군주이자 사사로움보다 공적인 일을 중시한 유비였지만 도원결의를 맺은 형제를 죽인 자에 대해 복수심은 그 누구도 꺾을 수 없었다는 것을 잘 알 수 있다.

결과적으로 관우의 복수를 위해 출전한 유비는 이릉대전에서 참패하여 나라의 운명이 크게 기울게 되었다.

❸ 운장과 짐은 마치 한 몸과 같소. 큰 뜻이 아직 존재하거늘 내 그를 어찌 잊는단 말이오? (雲長與朕, 猶一體也. 大義尚在, 豈可忘耶?)

지금 오나라 정벌은 작은 의리를 지키는 것이라며 학사 진복이 거듭 만류하자 **유비**가 한 말이다. 한나라의 정통성 회복보다 의리와 형제애의 실천이 더 먼저라는 말로도 받아들일 수 있다.

한 나라를 다스리는 제왕의 위치에서 보면, 사적인 감정을 넘어서 나라를 위하는 일을 '대의(大義)'라고 할 수 있기에 유비의 언행 중 가장 자가당착적인 구절이라고도 볼 수 있다.

❸ 대궐 안은 짐이 책임질 테니, 대궐 밖 일은 장군이 결정하시오. (闔以內, 孤主之, 闔以外, 將軍制之.)

유비가 손권에게 연전연승하며 오나라 경계까지 바짝 조여오자, **손권**이 대도독을 육손으로 임명하며 한 말이다. 손권은 평소에도 문무 관원들의 말을 잘 받아들이고 임무를 줄 때는 확실하게 권한까지 부여하여 효율을 극대화하곤 하였다.

'권한과 책임을 동시에 확고하게 부여하는 손권의 통치 스타일'이 잘 나타나 있는 말로서 현대에도 모든 리더들이 배워야 할 지도자의 덕목이라고 할 수 있다.

❹ '새가 죽으려 할 때는 그 울음이 구슬프고, 사람이 죽으려 할 때는 그 말이 선하다'고 하였소. (鳥之將死, 其鳴也哀, 人之將死, 其言也善)

유비가 죽을 때 종이와 붓을 가져오게 해서 태자 유선을 잘 부탁한다며 직접 써서 공명에게 전한 글이다.

이 말은 '사람이 임종할 때는 진심이 담긴 선한 말을 한다는 뜻'으로 논어의 '태백편'에 나오는 말이기도 하다.

❹ 힘쓰고 힘쓸지어다! 악한 일은 아무리 작아도 하지 말며, 착한 일은 아무리 작아도 행하여라. (勉之！勉之！勿以惡小而爲之, 勿以善小而不爲)

유비가 죽자 장례를 끝내고 문무 관원이 모두 모인 자리에서 읽은 유비의 유서 내용 중 일부분으로 이 말의 대상은 후주 유선이다.

"작은 악이라 해도 절대 저지르지 말고, 작은 선이라 해도 반드시 실천하라."
참으로 명언 중의 명언이다.

㊷ 내가 이 사람을 잡는 것은 마치 주머니 속 물건을 꺼내는 것처럼 쉬운 일이지만 그 마음을 항복시켜야 자연스럽게 평정될 것이오. (吾擒此人, 如囊中取物耳. 直須降伏其心, 自然平矣)

공명이 남만의 맹획을 사로잡았다가 그냥 풀어주니 장수들이 그 이유를 묻자 **공명**이 장수들에게 한 말이다. 이후에도 공명은 맹획을 잡았다가 풀어주기를 일곱 번을 반복하였다. 그제서야 비로소 맹획이 마음으로 항복하여 복종하게 되었는데 '칠종칠금'의 고사가 바로 여기에서 나온 것이다.

'사람 마음을 스스로 변하게 하지 못하면 상대방을 진심으로 굴복시킨 것이 아님을 경계한 말'이다.

㊸ 토끼가 죽으면 여우도 슬퍼하고, 만물도 같은 무리의 상처에는 함께 슬퍼한다고 했소. (兔死狐悲, 物傷其類)

맹획이 다른 고을 우두머리인 양봉에 의해 제갈공명에게 잡혀 오자

맹획이 양봉에게 한 말이다.

'비슷한 처지에 있는 존재는 서로 고통에 공감한다'는 뜻이다.

❹ 내가 비록 나라에 공을 세웠지만 반드시 내 목숨은 줄어들겠구나! (吾
雖有功於社稷, 必損壽矣!)

제갈공명이 맹획을 일곱 번째 사로잡을 때, 오과국 올돌골 국왕 및
3만 등갑군을 반사곡 골짜기로 유인하여 모두 불에 타 죽게 하였다.
그 참상을 바라보며 **공명**이 스스로 탄식하며 한 말이다.

비록 전쟁터에서는 승리한 제갈공명이지만, 분명히 인간적인 고뇌
도 함께 있었음이 잘 드러난 말이기도 하다.

❺ 그들이 생각하지 못한 곳으로 나가고, 그들이 준비하지 못한 곳을 공
격하라. (出其不意 功其無備)

강유와 위연에게 진창성으로 가서 3일 안에 성을 점령하라 해놓고
오히려 진창성을 먼저 점령한 공명을 보고 두 사람이 깜짝 놀라서
묻자, 그 경위를 설명하며 **공명**이 두 사람에게 한 말이다.

'상대가 준비하지 않은 곳을 공격하고, 예상하지 못한 시점에 행동
하라'는 뜻으로 손자병법에서 유래한 말이다.

❹❻ 일을 꾀하는 것은 사람이지만, 일을 이루는 것은 하늘에 달려 있구나! (謀事在人, 成事在天!)

공명이 사마의 삼부자를 상방곡까지 유인하여 모두 불에 타 죽게 하기 직전 갑자기 하늘에서 큰비가 쏟아지기 시작했다. '이제 꼼짝없이 죽었구나' 하고 포기한 사마의는 불이 꺼지자 무사히 탈출하였다. 이때 산 위에서 모든 것을 지켜보던 **공명**이 하늘을 우러러 깊이 탄식하며 한 말이다.
인간이 아무리 공명처럼 뛰어난 계략을 가졌다 해도 자연 앞에서는 한낱 무용지물이 될 수 있음을 잘 나타내 준 장면이다.

공명의 이 말을 통해 '매사 항상 최선을 다하되, 결과는 운명에 맡길 줄 아는 겸허한 삶의 자세'를 배울 필요가 있다.

❹❼ 내가 몰라서가 아니라, 다만 선제 폐하에게서 고아를 부탁한다는 중임을 부탁받은지라, 오로지 다른 사람들이 나만큼 마음을 다하지 않을까 걱정해서 그러는 것이오! (吾非不知, 但受先帝托孤之重, 惟恐他人不似我盡心也!)

공명이 식사는 적게 하고 일은 많이 하며, 아침 일찍 일어나고 밤에 늦게 자는 것을 지적하며 '공명이 오래 살지 못하겠구나'라고 사마의가 말하자 사자는 돌아와 공명에게 그대로 전하였다. 문서 담당 양옹이 이 말을 듣고 공명에게 몸을 보전하시라며 사마의와 비슷한 이야기를 하자 '나도 다 안다'며 **공명**이 눈물을 흘리며 한 말이다.

지금도 어느 조직에서나 마음이 놓이지 않아 모든 일을 자신이 하려고 하는 상사들이나 리더들이 비일비재한 것 또한 사실이다. '조직의 역동성과 지속적인 발전을 위해서 가급적 지양해야 할 자세'이다.

❹❽ 군사의 핵심 요점은 다섯 가지가 있다. 싸울 수 있으면 싸우고, 싸울 수 없으면 지키며, 지킬 수 없으면 달아나고, 달아날 수 없으면 항복하며, 항복할 수 없으면 죽어야 한다. (軍事大要有五 : 能戰當戰, 不能戰當守, 不能守當走, 不能走當降, 不能降當死耳!)

공손연이 직접 와서 항복을 하지 않자 공손연에게 전하라며 **사마의**가 마지막으로 조언한 말이다.

결국 공손연은 사마의에 의하여 죽임을 당했다.

❹❾ 내가 위나라를 섬긴 지 여러 해이고 관직이 태부에 이르니, 신하로서는 최고의 위치에 올랐다. 사람들은 모두 내가 다른 뜻이 있을 거라고 의심하여 나는 늘 두려움과 걱정을 안고 살았다. 내가 죽은 뒤에도 너희 두 사람은 국정을 잘 처리해라. 신중하고 또 신중해야 한다! (吾事魏曆年, 官授太傅, 人臣之位極矣. 人皆疑吾有異志, 吾嘗懷恐懼. 吾死之後, 汝二人善理國政. 愼之! 愼之!)

사마의가 죽으면서 침상으로 두 아들을 불러서 당부한 말이다. 사마의는 조조 때부터 조씨 집안 대대로 '사마의를 경계하라'는 말이 유훈으로 내려올 정도였지만 사마의는 끝까지 살아남았다. 이 유언에서 사마의가 끝까지 살아남은 이유가 잘 나타나 있다.

본인처럼 아들들도 '두려운 마음을 품으며 조심조심 신중하고 또 신중하게 일을 잘 처리해야 오래 살아남는다.'는 것을 강조한 말이다.

❺⓪ 신 제갈량 아뢰옵니다. 선제께서는 창업을 하시었으나 뜻의 반도 이루지 못하고 중도에 돌아가셨습니다. 지금 천하는 셋으로 나뉘어져 있고 익주는 이미 피폐해져 나라의 존망이 위태롭기 그지없습니다. 그러나 모시는 신하들이 안에서는 일을 게을리하지 않고 밖에서는 충성스런 군사들이 자기 몸을 돌보지 않고 있음은 선제께서 특별히 대우해 주심을 잊지 않아 폐하께 보답을 하고자 하는 마음 때문입니다. (臣亮言：先帝創業未半而中道崩殂. 今天下三分 益州疲弊, 此誠危急存亡之秋也. 然侍衛之臣不懈於內 忠志之士忘身於外者, 蓋追先帝之殊遇 欲報之於陛下也.)

폐하께서는 마땅히 귀를 크게 여시고 그들의 말을 잘 들으시어 선제의 덕을 빛나게 하시고 뜻있는 선비들의 기운을 진작해 주옵소서. 망령되이 자신을 비루하다 여기시어, 잘못된 비유로 의를 어기거나 충언을 막으시면 아니 되옵니다. 궁궐 안과 집무실은 모두 하나이오니 상벌에 마땅히 차이가 있어서도 아니 되옵니다. 만일 간악한 범죄를 저지른 자나 충성스런 자가 있거든 마땅히 각 부에서 상벌을 논하도록 하여 폐하께서 공평하고 밝게 다스리셔야지 사사로움에 치우치시거나 안팎으로 법을 달리하시면 마땅히 아니 되옵니다. (誠宜開張聖聽, 以光先帝遺德, 恢弘志士之氣. 不宜妄自菲薄, 引喻失義 以塞忠諫之路也. 宮中府中 俱爲一體, 陟罰臧否 不宜異同. 若有作奸. 犯科及爲忠善者, 宜付有司論其刑賞, 以昭陛下平明之治, 不宜偏私 使內外異法也.)

시중 시랑인 곽유지와 비위, 동윤 등은 모두 어질고 착실하며 뜻이 사려 깊고 충직하기에 선제께서 선발하시어 폐하께 남겨준 자들이오니 어리석은 제가 보기에 궁중의 일들은 그 크기와 상관없이 그들에게 자문하시어 행하시면 반드시 빠진 것을 보완할 수 있고 널리 이로움이 있을 것이옵니다. 장군 상총은 성품과 행실이 맑고 치우침이 없으며 군사에 밝은지라 지난날 선제께옵서 상총을 시험 삼아 써보신 뒤에 유능하다고 칭찬하시니 여러 사람의 뜻을 모아 그를 도독으로 천거했사옵니다. 아둔한 신의 생각으로는 진중의 일은 상총에게 자문하시면 반드시 진중은 서로 화목하게 지낼 것이오며, 우수하거나 부족한 자 모두 맡은 바 소임을 다할 것이옵니다. (侍中, 侍郎郭攸之, 費禕, 董允等, 此皆良實 志慮忠純, 是以先帝簡拔以遺陛下. 愚以爲宮中之事, 事無大小, 悉以咨之 然後施行, 必能裨補闕漏, 有所廣益. 將軍向寵, 性行淑均 曉暢軍事 試用之於昔日, 先帝稱之曰能, 是以衆議舉寵爲督. 愚以爲營中之事, 悉以咨之 必能使行陣和穆, 優劣得所也.)

어진 신하를 가까이하고 소인배를 멀리하였기에 전한이 흥한 것이며 소인배를 가까이하고 어진 신하를 멀리하였기에 후한이 기운 것이옵니다. 신제가 계실 때는 매번 이러한 일들을 신하들과 의논하여 환제와 영제 때에 대해 통탄하지 아니한 적이 없사옵니다. 시중과 상서, 장사와 참군은 모두 곧고 밝은 자들로 죽음으로서 절개를 지킬 신하들이니, 바라옵건대 폐하께서는 이들을 가까이 두시고 믿으시옵소서. 그리하시면 한실의 융성은 날짜만 세면서 기다리시기만 하면 될 것이옵니다. (親賢臣 遠小人, 此先漢所以興隆也 ; 親小人 遠賢臣, 此後漢所以傾頹也. 先帝在時 每與臣論此事 未嘗不歎息痛恨於桓, 靈也. 侍中,尚書,長史,參軍, 此悉貞亮死節之臣也, 願陛下親之信之, 則漢室之隆, 可計日而待也.)

신은 본래 하찮은 베옷을 입고 남양 땅에서 밭이나 갈면서 난세에 목숨이나 보전하고자 하였을 뿐, 제후를 찾아 일신의 영달을 구하지 않았사옵니다. 선제께서는 신을 보잘것없다 여기지 아니하시고 외람되게도 몸을 세 번씩이나 스스로 굽히시어 저의 오두막집을 찾으시어 세상의 일을 물으셨습니다. 이에 신은 감격하여 선제께 몸을 다 바쳐 뜻을 받들기를 약속하였던 것이옵니다. 그 후 나라가 뒤집어질 패망의 시기에 소임을 맡고 어지럽고 위급할 때 명을 받든 지 어언 21년이 흘렀습니다. 선제께서는 신이 삼가고 신중한 것을 아시고 임종하실 적에 신께 대사를 맡기셨습니다. 저는 선제의 명을 받은 이후 불철주야 근심하며 부탁하신 바를 이루지 못하고 선제의 밝음에 누를 끼칠까 두려워서 지난 5월에 노수를 건너 불모의 땅으로 깊이 들어갔습니다. (臣本布衣, 躬耕於南陽 苟全性命於亂世, 不求聞達於諸侯. 先帝不以臣卑鄙 猥自枉屈 三顧臣於草廬之中, 諮臣以當世之事. 由是感激 遂許先帝以驅馳. 後值傾覆, 受任於敗軍之際, 奉命於危難之間, 爾來二十有一年矣. 先帝知臣謹慎, 故臨崩寄臣以大事也. 受命以來 夙夜憂歎 恐託付不效, 以傷先帝之明 故五月渡瀘, 深入不毛.)

이제 남방은 평정되었고 병사와 무기도 넉넉하니 마땅히 3군을 거느리고 북으로 나아가 중원을 평정하려 하옵니다. 제가 아둔하오나 있는 힘을 다해 간사하고 흉악한 무리를 제거하고 한 황실을 다시 일으켜 옛 수도로 돌아가는 것이야말로 바로 선제께 보답하고 폐하께 충성해야 할 신의 직분이옵니다.

손익을 헤아려 폐하께 충언을 다해야 함은 이제 곽유지, 비의, 동윤 등의 소임입니다. 바라옵건대 폐하께서는 신에게 역적을 토벌하고 한 실을 부흥시킬 일을 명하시옵소서. 만일 이루지 못하거든 신의 죄를 엄히 다스리시어 선제의 영전에 고하시옵소서.

만일 덕을 다시 일으키고자 하는 조언이 없다면 곽유지, 비위, 동윤의 태만함을 책망하시고 온 천하에 드러내옵소서. 폐하께옵서도 마땅히 스스로 헤아리시어 선한 길을 자문하시고, 신하들의 바른말을 잘 살펴 들으시어 선제께서 남기신 유훈을 깊이 좇으시옵소서.

신은 선제께 받은 은혜를 다 감당하지 못해 감격할 따름입니다. 이제 멀리 길을 떠나며 출사표를 올리오니 눈물이 앞을 가려 무슨 말씀을 아뢰어야 할지 모르겠사옵니다. (今南方已定 兵甲已足, 當獎率三軍, 北定中原. 庶竭駑鈍, 攘除姦凶 興復漢室, 還於舊都, 此臣所以報先

帝 而忠陛下之職分也. 至於斟酌損益 進盡忠言, 則攸之, 禕, 允之 任也. 願陛下託臣以討賊興復之效 ; 不效, 則治臣之罪, 以告先帝 之靈. 若無興德之言, 則責攸之, 禕, 允等之慢, 以彰其咎. 陛下亦 宜自謀, 以諮諏善道, 察納雅言, 深追先帝遺詔. 臣不勝受恩感激. 今當遠離 臨表涕泣, 不知所云.)

제갈공명이 첫 번째 북벌을 위해 출발하기에 앞서 후주 유선에게 충성과 각오를 다짐하며, 본인 유고 시에도 나라의 모든 일들이 이상 없이 잘 돌아갈 수 있도록 황제께 당부하는 눈물의 출사표이다.

이 출사표에는 군주 및 신하가 반드시 해야 할 일 등이 잘 정리되어 있어 현대의 지도자들과 부하들이 국가 혹은 조직을 위해 가져야 할 마음가짐과 행동이 잘 나와 있다.
또한 '충성심과 헌신', '겸허한 리더십', 그리고 '진정한 책임감이란 무엇인가'를 잘 알 수 있는 글로서 모든 사람이 깊이 읽고 본받아야 할 명문 중의 명문이다.

삼국지, 한 권으로 끝내기

초판 1쇄 인쇄 2025년 12월 15일
초판 1쇄 발행 2025년 12월 24일
지은이 은빛신사

펴낸이 김양수
책임편집 이정은
교정교열 연유나

펴낸곳 도서출판 맑은샘
출판등록 제2012-000035
주소 경기도 고양시 일산서구 중앙로 1456 서현프라자 604호
전화 031) 906-5006
팩스 031) 906-5079
홈페이지 www.booksam.kr
블로그 http://blog.naver.com/okbook1234
페이스북 facebook.com/booksam.kr
이메일 okbook1234@naver.com

ISBN 979-11-5778-728-9 (03150)

맑은샘, 휴앤스토리 브랜드와 함께하는 출판사입니다.